1904 2004

Bernard Chambaz

l'Humanité

Seuil / l'Humanité

Coordination de l'ouvrage : Isabelle Ducat
Conception graphique, direction artistique,
maquette et recherches de documents à *l'Humanité* :
Olivier Verdon & Isabelle Ducat
Recherches iconographiques : Anne Soto

ISBN : 2-02-063763-4

www.seuil.com

Photogravure : Sele Offset à Turin, Italie
Impression : Amilcare Pizzi à Milan, Italie

Dépôt légal : avril 2004 – N° 63763.

À mon père

l'Humanité
Sauvés!
l'Humanité
Sauvés!
l'Humanité
VOTEZ
Sauvés!

Ci-contre : photo d'amateur 1944-1946.
Page suivante : photo Doisneau.

l'Humanité
VIVE LA COMMUNE!
L'heure du combat
Notre pain quotidien
l'Humanite
MORT AUX OCCUPANTS
SUR LA PLACE ROUGE

Introduction

Demandez *l'Humanité* ! Demandez *l'Huma* ! *l'Huma-Dimanche* !

On est au milieu des années cinquante, j'ai six sept ans, j'entre dans la vie active, il n'y a pas que les dictées du cours élémentaire et les parties de billes dans la cour de l'école qui comptent pour de vrai. Le dimanche matin, j'accompagne mon père au marché de la place Charles-Michels. Non pour déballer des cageots, notre histoire n'est pas là malgré un goût prononcé pour les pyramides colorées de fruits et de légumes, mais pour vendre *l'Humanité-Dimanche*. Évidemment on ne dit pas « vendre » mais « diffuser », on comprend tout de suite qu'on ne se situe pas dans un cycle marchand banal mais dans une perspective autrement exaltante qui est celle des lumières qu'on propage avec un humanisme bon teint. Nous avons des habitués, des fidèles qui disent juste bonjour, d'autres qui s'attardent, qui disputent de la ligne du Congrès ou préfèrent commenter les résultats du Red Star. J'apprends aussi à distinguer les camarades qu'on tutoie et les sympathisants qu'on vouvoie. Les camarades sont *a priori* bons camarades, les sympathisants sont forcément sympathiques. La matinée dispense une leçon de choses sociales, doublée d'un exercice de vocabulaire où un métallo un tourneur un fraiseur rendent le monde ouvrier poétique.

Je ne suis pas sûr d'avoir été très doué pour clamer « Demandez *l'Huma* ! » bien qu'à six sept ans il y eût déjà une étrange sensation de liberté à pouvoir crier à tue-tête dans la rue sans se faire rappeler à l'ordre. En général, j'attends que ça se passe, je suis assis sur le banc où les camarades ont posé leur pile de journaux, je salue Pif, il est probable qu'assez vite je me lève et que mon père m'oblige à me rasseoir, je regarde autour de moi, le ciel les étals les

Page précédente : photo Robert Capa.
Ci-contre : Doisneau, *L'Argent des courses*, 1945.

BYRRH
VIN TONIQUE
BYRRH
VIN TONIQUE
50.000

passants. Le ciel est gris, c'est sans doute l'hiver, on y voit mieux la faucille et le marteau que dans le ciel bleu ciel du mois de mai. Sur les étals, les oranges viennent de loin. Quant aux passants, ils portent des manteaux de laine sombre. J'aime bien quand un passant s'arrête devant le banc. Mon père est content, ses amis aussi. Ils semblent trouver ça naturel, moi j'ai déjà le sentiment que ça tient un peu du miracle. Le trafic n'est jamais monotone. On peut attendre un bon quart d'heure sans voir personne, puis quatre acheteurs défilent en cinq minutes. Parmi les habitués, un vieux avait serré la main de Lénine, il faut dire que le vieux est très vieux et que le marché se trouve dans le XVe arrondissement de Paris, pas si loin de la rue Marie-Rose où Vladimir Ilitch habitait pendant ses années d'exil, et on conviendra que pareille rencontre a de quoi impressionner et susciter notre faculté imaginative. Pour le reste, je jurerais qu'en face du banc un marchand de marrons grillés nous faisait concurrence. En tout cas, nous tenons fermement le poste de CDH.

CDH ça veut dire Comité de défense de *l'Humanité*. S'il faut la défendre c'est qu'elle est attaquée. Par qui ? Par les forces du mal. Je réduis à l'état de slogan une réponse sûrement très dialectique. Il est vrai que j'entends le nom de Speidel (je l'entends encore) décrié par mon père et ses amis du dimanche. Non au réarmement de l'Allemagne Non au fascisme Non à une guerre atomique, de quoi effrayer un gamin de six sept ans. Au bout d'un bon moment, on rentre à la maison par la rue Sextius-Michel. Au passage, on dépose une ou deux *Huma* chez des abonnés. Il y a un mécanicien retraité, ancien champion de patins à roulettes, et un critique d'art qui nous reçoit en patins de feutre devant un Matisse. À l'évidence, il y a deux mondes… en plus du vieux monde qui se défait et du monde à venir qui ne va pas tarder à rayonner. Dès qu'on sort de l'école, les choses se compliquent sérieusement.

À la maison, on ne manque pas d'*Humanité*. Il y a celle qui débarque chaque jour par la poste puisque nous sommes abonnés à la quotidienne. Il y a celle de mon père et celle de ma mère, car il ne semble pas concevable que les économies, pourtant obligées si j'en crois le discours officiel, et effectives dans des registres douloureux comme les gâteaux à la crème, puissent porter sur *l'Huma*. Toutefois il arrive qu'il n'y en ait qu'une, quand mon père et ma mère, pris d'un accès de zèle, abandonnent sur la banquette du métro le numéro du jour afin qu'un bienheureux soit éclairé et gagné à la cause.

CDH ça veut dire Comité de défense de *l'Humanité*. S'il faut la défendre c'est qu'elle est attaquée. Par qui ?

Les hivers se suivent et se ressemblent. *L'Humanité* continue à scander ma vie.

À sept huit ans, je peux y lire – si je veux – un article passionnant au titre enthousiasmant pour tous les amateurs de mammifères ongulés : « Les soviets chez les éleveurs de rennes » ; on y apprend que les éleveurs sinon les rennes disposent désormais d'une traduction d'un dénommé Shakespeare en langue yakoute et que les instituteurs enseignent le français par soixante-dix degrés en dessous de zéro, ce qui impose le respect. Des articles de cette trempe, on devrait en dresser un répertoire, ils témoignent – aussi – d'un certain sens du merveilleux.

À huit neuf ans, je « fais » mon premier enterrement. C'est celui de Marcel Cachin, le directeur de *l'Huma*, qui a quand même quatre-vingt-huit ans. J'y vais avec ma mère en sortant de l'école. Tout le monde a l'air très triste, le froid est vif, l'émotion à son comble quand la foule qui avance par vagues découvre un ciel givré d'un gris lisse parsemé de drapeaux vermillon.

Vendeurs de *l'Huma*,
Aubervilliers, avril 1946.

l'Humanité
l'Humanité
l'Humanité
l'Humanité

Les étés se suivent et se ressemblent. À la fin des vacances, il y a la fête de *l'Huma*. La seule chose qui change, d'année en année, c'est le temps. Ou il fait beau ou il pleut. Visiblement chacun préfère le ciel bleu. Mais la pluie n'entame pas la bonne humeur. En revanche, il vaut mieux mettre des bottes que des chaussures. Cela dit, ce n'est pas pratique pour courir et c'est dommage car il y a le Cross des As où mes favoris portent le maillot frappé des lettres CCCP. Enfin, à la Fête, on dépense son argent sans – trop – compter.

Et puis, personne ne peut prétendre le contraire, *l'Huma* est attaquée pour de vrai. 1) Un automne, l'immeuble est pris d'assaut et on le défend en jetant de l'huile bouillante sur les assaillants comme dans les leçons d'histoire médiévale à la communale. 2) Il arrive que le journal paraisse avec de grandes balafres blanches, c'est la censure décidée par le ministère public, à cause de la guerre d'Algérie, preuve éclatante que nous sommes, comme toujours, du bon côté. 3) Il arrive même qu'un poste de diffusion soit mis à mal par des abrutis navrés par le progrès inexorable du communisme dans le monde. À part ça, Jacques Anquetil et le général de Gaulle ont leur photo à la une. Gagarine ne va pas tarder. Là-dessus et sur Nasdine Hodja et sur Jacques Flash, mon enfance se termine doucement.

Un soleil souverain campe au-dessus de nos têtes. On est maintenant au milieu des années soixante, j'ai seize ans, le bel âge, seize, dix-sept ans, des impératifs opiniâtres. Aimer Courir Lire Aller au cinéma Rêver Blaguer Manifester pour la paix au Vietnam Voyager Déconner Croire au bonheur de l'humanité.

Parallèlement *l'Huma* continue son chemin. Il n'y a aucune raison du contraire. Je la lis, ou la feuillette, j'aime bien les déclarations du bureau politique et la météo, les grands reportages où que ce soit pourvu que ce soit écrit avec la légèreté nécessaire, mais je commence par la page des sports et poursuis – le mercredi – par la chronique cinéma. J'admire en particulier Abel et Samuel.

Abel c'est Michéa. Samuel c'est Lachize. Michéa raconte des histoires de vélo. Tous les mois de juillet il nous emmène sur les routes du Tour de France et il me régale avec ses articles où la table et le monde sont disposés en contrepoint des événements purement cyclistes. D'ailleurs, c'est décidé, je serai journaliste sportif. À moins que je ne devienne critique de cinéma. Lachize raconte des films. Toutes les semaines il nous emmène dans les salles obscures où notre vie bascule à chaque instant.

À ma façon, je reste en contact avec le monde ouvrier de mon enfance. Il faudrait être aveugle pour ne pas voir les colonnes consacrées aux luttes syndicales dans les pages intérieures de *l'Huma*, tout un paysage social auquel je suis sensible, les biscuiteries de Nantes les peaux de Lavelanet les trolleys de Marseille, sans oublier la compassion naturelle pour les mineurs, un large registre qui va des petites batailles pour vingt centimes d'augmentation à l'imminence d'une grève générale dont l'hypothèse sonne comme un coup de cymbales. Ce monde ouvrier, je le côtoie aussi lors des manifestations sur les grands boulevards, par exemple le 1er Mai quand le défilé passe devant l'immeuble de *l'Huma* au coin du faubourg Poissonnière et les camarades sont au balcon et nous saluent, nous qui les saluons, et je ressens alors une émotion comparable à celle que j'éprouverais devant les murs du Kremlin. On ne se méfie jamais assez des émotions. Ça toujours été mon point faible.

Parfois je lis *l'Huma* dans le métro. Je prends un air inspiré auquel les filles ne semblent pas sensibles. Pour être franc, elles ne le sont pas davantage si j'ouvre *L'Équipe*. Tout ira mieux quand

Abel Michéa, Émile Besson, Roland Passevant.

Michéa raconte des

histoires de vélo.

j'arborerai des livres de poésie. Aragon me rendra d'éminents services. Cela dit, Aragon est meilleur dans *Le Fou d'Elsa* que dans l'article à la une de *l'Huma* où il défend des écrivains russes contre les abus du régime soviétique, quand il essaie de refaire le coup de Zola avec « J'accuse ». Lire *l'Huma* dans le métro est néanmoins un sport original. Si d'aventure je fais face à un autre lecteur de *l'Huma*, aussitôt une complicité s'établit. À seize dix-sept ans, les choses paraissent simples. On est entre originaux, qui nous situons du bon côté de la barricade. J'ai remarqué qu'il n'y avait rien de comparable avec un lecteur de *L'Équipe*. On est deux lecteurs de *L'Équipe*, c'est tout.

Je ne le sais pas, mais la lune de miel s'achève. Une histoire d'amour plus rude commence.

Et puis insensiblement on arrive en 1968. J'en suis à bac + 2, je développe un penchant à l'humeur vagabonde, mais côté *Huma* je suis toujours bon public. Le samedi 6 avril, j'y apprends l'assassinat de Martin Luther King qui rend l'Amérique des opprimés encore plus chère à mon cœur. Je découvre à côté un message personnel de Waldeck-Rochet à Mme King, avec son adresse à Atlanta, 413 Auburn Avenue, ça donne une idée de l'étroitesse des liens qui nous unissent, ça vous en impose. À moi en tout cas. À côté encore, un pavé annonce l'article de Michéa sur le Paris-Roubaix du lendemain. À côté toujours, un titre figure la seule ombre au tableau : les quatre congrès de la jeunesse communiste « expriment une même volonté ». Si c'est vrai, ça me paraît ennuyeux.

Je ne le sais pas, mais la lune de miel s'achève. Une histoire d'amour plus rude commence.

Avec la fin des années soixante, quelques lézardes se font jour. En juin 1968, les gauchistes que je connais ne ressemblent pas au portrait qu'en fait

l'organe central du parti. En 1969, la « normalisation » tchécoslovaque ne soulève pas de vagues, quand elle n'est pas carrément approuvée. Pour le moins, je n'aurais pas dit les choses comme ça. Tout simplement parce que je les sentais autrement. Cela dit, est-ce que j'allais cesser de lire les chroniques de Michéa et de Lachize ? Est-ce que j'étais sûr d'avoir raison contre une opinion dominante appuyée sur l'autorité de Duclos + Jaurès + Marx voire + Descartes ? Est-ce qu'on se fie à des sensations ? Descartes prétend justement le contraire, notre prof de philo confirme, pas la peine d'insister.

Un beau jour, j'achète *l'Huma*. Je n'habite plus chez mes parents et je trouve du meilleur goût de payer mon écot à la révolution en marche. Au kiosque, j'hésite longtemps entre demander *l'Huma*, qui installe une connivence de bon aloi, ou *l'Humanité*, qui pose nos relations sur une base plus officielle. Si je l'achète, je ne prends pas tous les commentaires pour argent comptant. Je tiens à mon libre arbitre. J'improvise une sorte de courrier des lecteurs, très personnel, où je ne mâche pas mes mots. Mais je l'achète. Les autres journaux me laissent de marbre. Et pour le mouvement du monde, *L'Équipe* est un peu courte.

Un autre jour, je la diffuse. Je rejoins la grande cohorte des petits soldats qui se pointent à l'entrée du métro ou de la gare sur le coup de six heures du matin, par n'importe quel temps, pour diffuser une *Huma spéciale* avec un tract qui dénonce forcément une forfaiture quelconque. Je deviens même CDH, moi, BC, je porte *l'Huma-Dimanche* aux abonnés le dimanche matin, enfin un dimanche matin sur trois ou sur quatre, ça dépend des forces de la cellule Wodli, on a un territoire assez vaste et assez varié, des HLM des pavillons un foyer de personnes âgées, je n'insiste pas si on ne répond pas à mon coup de sonnette, je ne suis pas très bavard mais je réponds par

Ci-contre : manifestation pour la paix au Vietnam, 1967.
À droite : affiche pour la paix au Vietnam, 1968.

HALTE
A L'AGRESSION
AMERICAINE !
paix
au
viet nam

courtoisie quand on me parle et tant pis s'il faut faire semblant d'avancer des arguments politiques, je refuse rarement un verre parce qu'on m'en propose rarement, je m'excuserais presque d'un regard indiscret sur l'intimité des lecteurs, je découvre la misère, on la perçoit surtout aux odeurs âcres, et aussi dans la gêne du bougre qui feint de ne pas avoir assez d'argent dans son porte-monnaie. En trois heures, la tournée est finie. Une nouvelle page de l'histoire dominicale des révolutions est tournée. Qui jurerait que le grand soir ne se rapproche pas ? Sinon j'ai de bonnes jambes, j'ai joué au foot la veille et il me plaît encore de croire que souvent j'ai marqué un but. Le lendemain, j'enseigne à des gamins de onze ans la construction des pyramides égyptiennes avec supplément de crocodiles et aux aînés la prise du Palais d'hiver avec croquis facultatif. Là-dessus, Salvador Allende est tué et je deviens père.

Le 11 juillet 1992, *l'Huma* paraît comme n'importe quel jour de ce siècle. Elle coûte six francs et porte vaillamment la faucille et le marteau.

Un paquet de gros nuages noirs s'accumule à l'horizon, on est au début des années quatre-vingt-dix, j'ai quarante-trois ans, les pyramides et la prise du Palais d'hiver demeurent mon gagne-pain, je prends ma retraite de footballeur du samedi, je suis toujours un lecteur quotidien de *l'Huma*.

Pourtant j'y ai vu l'union de la gauche se briser, l'eurocommunisme s'évaporer, la glorieuse Union soviétique donner de la bande, l'illusion de 1981 se dissiper, les partis communistes battre de l'aile, le chômage suivre une courbe exponentielle, l'idée de progrès se défaire, le *lider maximo* se métamorphoser en triste bandit, même si elle a rendu compte de tous ces événements assez inégalement. Cependant, je lui reste très attaché – pour son histoire, pour ses reportages sous toutes les latitudes, les chroniques de Claude Prévost où je trouve confirmation de certaines passions littéraires, certaines « pages idées » comme si d'ailleurs les autres pages étaient dépourvues d'idées, pour les dessins de Cardon, la page des sports et la page cinéma, les jamais derniers feux de la Fête. Parfois je m'énerve à cause d'un titre ou d'un article, mais sans conséquence, on ne se refait pas.

Le 11 juillet 1992, *l'Huma* paraît comme n'importe quel jour de ce siècle. Elle coûte six francs et porte vaillamment la faucille et le marteau. Elle rappelle que les « valeurs de gauche [sont] bien vivantes » et qu'il s'agit de combattre les privilèges, la guerre, le racisme, l'oppression, vaste programme peu discutable. Au passage, elle signale que la Russie met en circulation un billet de 5 000 roubles, que la Chine compte ses morts à cause des inondations et que deux astronomes américains de l'université du Michigan ont découvert un trou noir d'une masse équivalente à dix milliards de soleils dans une galaxie située à trente millions d'années-lumière. Trois pages sont consacrées au Tour de France, une à Piero della Francesca. À la rubrique « Mots croisés », on peut lire : « III verticale, en six lettres, prénom masculin ». La réponse figure dans *l'Huma* du lundi : Nestor.

Depuis une dizaine d'années, je suis devenu un lecteur occasionnel. Je ne m'en vante pas. Je ne m'énerve plus. C'est sans doute dommage. Quand je regarde *l'Huma* aujourd'hui, je sens poindre la mélancolie, sans qu'il y ait obligatoirement à faire le partage entre ce qui relève de l'âge (le mien) et ce qui relève du politique (un amenuisement de l'horizon). Je ne doute pas que la vie soit dure pour le journal. Je voudrais qu'un zélateur l'abandonne encore sur la banquette

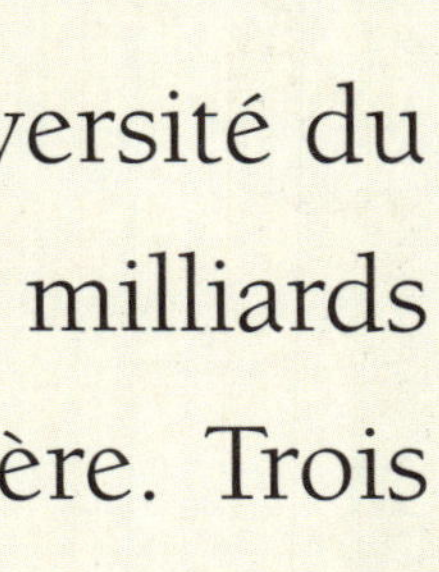

du métro, je l'aperçois affichée sur un panneau de la cité Maurice-Thorez mais qui s'arrête pour la lire, je la vois dépliée chez notre amie Antoinette où elle reçoit avec bienveillance les épluchures de légumes, j'aimerais qu'elle soit lue par les jeunes. Elle sera bientôt centenaire.

Elle atteste par les images et les mots de ce que fut une époque, la nôtre, encore ouverte je veux bien, mais diablement derrière nous. Il n'empêche, mon émotion est vive au moment d'entrer dans les archives de *l'Huma*, de la dépouiller comme disent les historiens, mais ce sera tout sauf lui faire la peau, ce sera une histoire vagabonde, parfaitement subjective, ce sera « mon » *Huma*. Et il n'y a pas grand risque à parier que pour beaucoup elle sera « notre » *Huma*.

Double page précédente :
dessin de Cardon paru
dans *l'Humanité-Dimanche* en 1977.
Ci-contre : carte de CDH, 1950.

COMITÉ DE DÉFENSE DE **L'HUMANITÉ**

CARTE
DE MEMBRE ACTIF

Nom et Prénom du Titulaire :

....

Signature du titulaire :

C.D.H. de : ....

Le secrétaire du C.D.H. :

Le secrétaire de la Section du Parti Communiste :

Honneur aux camarades des C.D.H. dont notre Humanité est si fière.

Marcel Cachin.

« L'HUM
EST UN
À RÉALI
PLUTÔT
RÉALIT
DÉFEND

ANITÉ
BUT
SER,
QU'UNE
E A
RE.»

JEAN JAURÈS

Humanité

l'Humanité

PREMIÈRE ANNÉE. — N° 1

JOURNAL SOCIALISTE QUOTIDIEN

LUNDI 18 AVRIL 1904

5 c. Le Numéro

RÉDACTION, ADMINISTRATION & ANNONCES
110, Rue Richelieu, Paris
Tout ce qui concerne l'Administration du journal doit être adressé à l'Administrateur.
TÉLÉPHONE : 102-62

Directeur Politique :
JEAN JAURÈS

ABONNEMENTS	Paris & Dép.	Étranger
Un Mois	1 fr. 50	» »
Trois Mois	4 fr. 50	9 fr. »
Six Mois	9 fr. »	16 fr. 50
Un An	18 fr.	31 fr. »

Les Abonnements sont reçus SANS FRAIS dans tous les bureaux de Poste.

5 c. Le Numéro

LA RÉDACTION

Directeur politique : JEAN JAURES
Editorial : Gustave Rouanet.
Secrétaire de la rédaction :
Gabriel Bertrand
Rédacteurs politiques :
Allemane, Aristide Briand, Eugène Fournière, Francis de Pressensé, Louis Revelin, René Viviani.
Politique extérieure :
Francis de Pressensé, Lucien Herr, Charles Andler, Jean Longuet, Remy.
Correspondants à l'étranger :
Allemagne : Südekum, député socialiste au Reichstag ; *Angleterre :* Beer, publiciste ; *Autriche-Hongrie :* Friedrich Hertz, publiciste ; *Belgique :* Furnémont, député socialiste ; *Italie :* Bissolati, député socialiste ; *Suisse :* Sigg, député socialiste de Genève.
Collaborateurs littéraires :
Anatole France, Octave Mirbeau, Abel Hermant, Jules Renard, Gustave Geffroy, Tristan Bernard, René Viviani, Georges Lecomte, Jean Ajalbert, Léon Blum, Michel Zevacco, Henry de Jouvenel, Alfred Athis, B. Marcel, Louis Vauxcelles.
Parlement : Paul Pottier, Michaël Py.
Conseil municipal : Eugène Fournière.
Mouvement social :
Aristide Briand.
Communications : A. Mauss.
Mouvement syndical en France et à l'étranger : Albert Thomas.
Coopératives : Philippe Landrieu, Marcel Mauss.
Questions agraires et prolétariat paysan : Gabriel Ellen.
Questions économiques : Edgard Milhaud.
Tribunaux : Henry Bréal.
Information : Henri Amoretti, Daniel Halévy, Géroule, Parassols.
L'Enseignement : Gustave Lanson.
Chronique scientifique : J.-L. Breton.
Chronique médicale : Etienne Burnet.

Notre but

Le titre même de ce journal, en son ampleur, marque exactement ce que notre parti se propose. C'est, en effet, à la réalisation de l'humanité que travaillent tous les socialistes. L'humanité n'existe point encore ou elle existe à peine. A l'intérieur de chaque nation, elle est compromise et comme brisée par l'antagonisme des classes, par l'inévitable lutte de l'oligarchie capitaliste et du prolétariat. Seul le socialisme, en absorbant toutes les classes dans la propriété commune des moyens de travail, résoudra cet antagonisme et fera de chaque nation enfin réconciliée avec elle-même une parcelle d'humanité.

De nations à nations, c'est un régime barbare de défiance, de ruse, de haine, de violence, qui prévaut encore.

Même quand elles semblent à l'état de paix, elles portent la trace des guerres d'hier, l'inquiétude des guerres de demain : et comment donner le beau nom d'humanité à ce chaos de nations hostiles et blessées, à cet amas de lambeaux sanglants ? Le sublime effort du prolétariat international, c'est de réconcilier tous les peuples par l'universelle justice sociale. Alors vraiment, mais seulement alors, il y aura une humanité réfléchissant son unité supérieure dans la diversité vivante de nations amies et libres.

Vers ce grand but d'humanité c'est par des moyens d'humanité aussi que va le socialisme. A mesure que se développent chez les peuples et les individus la démocratie et la raison, l'histoire est dispensée de recourir à la violence. Que le suffrage universel s'affirme et s'éclaire ; qu'une vigoureuse éducation laïque ouvre les esprits aux idées nouvelles, et développe l'habitude de la réflexion ; que le prolétariat s'organise et se groupe selon la loi toujours plus équitable et plus large : et la grande transformation sociale qui doit libérer les hommes de la propriété oligarchique, s'accomplira sans les violences qui, il y a cent dix ans ensanglantèrent la Révolution démocratique et bourgeoise, et dont s'affligeait, en une lettre admirable, notre grand communiste Babeuf.

Cette nécessaire évolution sociale sera d'autant plus aisée, que tous les socialistes, tous les prolétaires, seront plus étroitement unis. C'est à cette union que tous ici, dans ce journal, nous voulons travailler. Je sais bien quelle est aujourd'hui, dans tous les pays, l'âpreté des controverses et des polémiques entre socialistes. Je sais quel est le conflit des méthodes et des tactiques ; et il y aurait enfantillage à prétendre couvrir ces oppositions d'une unité extérieure et factice. L'union ne peut naître de la confusion. Nous défendrons toujours ici, en toute netteté et loyauté, les méthodes d'action qui nous semblent les plus efficaces et les plus sûres. Mais nous ne voulons pas aggraver, par l'insistance des controverses et le venin des polémiques, des dissentiments qui furent sans doute inévitables, et que le temps et la force des choses résoudront certainement. Socialistes révolutionnaires et socialistes réformistes sont avant tout, pour nous, des socialistes. S'il est des groupes qui, ça et là, se laissent entraîner par passion sectaire à faire le jeu de la contre révolution, nous les combattrons avec fermeté. Mais nous savons que dans les deux fractions socialistes, les dévouements abondent à la République, à la pensée libre, au prolétariat, à la Révolution sociale. Sous des formules diverses, dont quelques-unes nous paraissent surannées et par conséquent dangereuses, tous les socialistes servent la même cause. Et l'on verra à l'épreuve que, sans rien abandonner de nos conceptions propres, nous tâcherons ici de seconder l'effort de tous.

Nous voudrions de même que le journal fût en communication constante avec tout le mouvement ouvrier, syndical et coopératif. Certes, ici encore, il y a bien des divergences de méthode. Et ceux qui tentent de détourner de l'action politique le prolétariat organisé, commettent, à notre sens, une erreur funeste. Mais que serait et que vaudrait cette action politique sans une forte organisation économique de la classe ouvrière, sans une vive action continue du prolétariat lui-même ? Voilà pourquoi, sans nous arrêter aux diversités et aux contrariétés de tactiques et de formules, nous serons heureux d'accueillir ici toutes les communications où se manifestera la vie ouvrière; et nous seconderons de notre mieux tous les efforts de groupement syndical et coopératif du prolétariat. Ainsi la largeur même et le mouvement de la vie nous mettront en garde contre toute tentation sectaire et tout esprit de coterie.

C'est par des informations étendues et exactes que nous voudrions donner à toutes les intelligences libres le moyen de comprendre et de juger elles-mêmes les événements du monde. La grande cause socialiste et prolétarienne n'a besoin ni du mensonge, ni du demi-mensonge, ni des informations tendancieuses, ni des nouvelles forcées ou tronquées, ni des procédés obliques ou calomnieux. Elle n'a besoin ni qu'on diminue et rabaisse injustement les adversaires, ni qu'on mutile les faits. Il n'y a que les classes en décadence qui ont peur de toute la vérité : et je voudrais que la [illegible] à nous de cœur et de pensée, fût fière bientôt de constater avec nous que tous les partis et toutes les classes sont obligés de reconnaître la loyauté de nos comptes rendus, la sûreté de nos renseignements, l'exactitude contrôlée de nos correspondances. J'ose dire que c'est par là vraiment que nous marquerons tout notre respect pour le prolétariat. Il verra bien, je l'espère, que ce souci constant et scrupuleux de la vérité, même dans les plus âpres batailles, n'émousse pas la vigueur du combat : il donne au contraire aux coups portés contre le préjugé, l'injustice et le mensonge une force décisive.

Mais tout cela ne serait rien et toute notre tentative serait vaine ou même dangereuse si l'entière indépendance du journal n'était point assurée et s'il pouvait être livré, par des difficultés financières, à des influences occultes. L'indépendance du journal est entière. Les capitaux, dès maintenant souscrits, sont suffisants pour nous permettre d'attendre le développement espéré du journal. Et ils ont été souscrits sans condition aucune. Aucun groupe d'intérêts ne peut directement ou indirectement peser sur la politique de l'*Humanité*. De plus, nous avons inscrit dans les statuts que l'apport de travail fait par les collaborateurs du journal serait représenté par des actions appelées « actions d'apport » qui permettent à la rédaction et à la direction politique de faire équilibre dans la gestion de l'entreprise aux actions en numéraire. C'est, dans la constitution de notre journal, une garantie certaine d'indépendance. C'est à mon nom, comme directeur politique représentant la rédaction, que sont inscrites ces actions d'apport. Ai-je besoin de dire que ce n'est là une spéculation ni de ma part ni de la part de mes collaborateurs ? D'abord, les actions d'apport ne recevront une part quelconque de bénéfice que lorsque les actions représentant le capital en numéraire, celles qui ont été déjà souscrites et celles qui le seront plus tard, auront reçu un dividende de six pour cent. Mais surtout, par une lettre annexée à mon contrat de direction, je remets d'avance au Conseil d'administration, composé d'hommes choisis parmi nos amis, les bénéfices éventuels qui pourraient ressortir aux actions d'apport ; il devra en disposer pour développer le journal, pour améliorer la condition de tous les collaborateurs et pour contribuer à des œuvres de propagande socialiste et d'organisation ouvrière. Dans ces conditions, quand l'heure sera venue pour nous d'accroître le capital du journal, c'est en toute confiance que nous ferons un appel public à la démocratie et au prolétariat. Faire vivre un grand journal sans qu'il soit à la merci d'aucun groupe d'affaires, est un problème difficile mais non pas insoluble. Tous ici nous donnerons un plein effort de conscience et de travail pour mériter ce succès : que la démocratie et le prolétariat nous y aident.

JEAN JAURÈS.

LA·POLITIQUE

A l'Assemblée nationale de 1871, la dernière tentative des conservateurs pour prévenir l'établissement définitif de la République, devenu inéluctable, consista dans la formation d'un groupe politique qui voulait faire la République sans républicains et contre les républicains.

Un groupement analogue s'ébauche dans la Chambre actuelle, sur le terrain des réformes sociales, dans lequel M. Deschanel, touché à son tour par la grâce des circonstances, s'est hâté de prendre place.

Son discours de samedi est la manifestation d'un des futurs leaders du nouveau parti, qui accomplira les réformes ouvrières sans le concours des socialistes et contre les socialistes.

On s'est étonné de la hâte mise à prendre position par notre toujours jeune ex-président. C'est que M. Doumer doit parler le 15 devant la chambre consultative des Sociétés ouvrières de production, et M. Deschanel a jugé qu'il serait imprudent d'attendre.

Donc, lui aussi adhère à la formation nouvelle qui oppose la politique de réformes ouvrières à la politique anticléricale, et expulse du sein de la majorité de demain à la fois, la droite trop compromettante, et les socialistes trop exigeants.

Seul, Millerand, que M. Deschanel ne nomme pas, mais en qui il affecte de personnifier le socialisme réformiste, trouve grâce devant lui. Sa conception se rapproche de la sienne, dit-il, au point qu'il a peine à « comprendre ce qui, sur le fond des choses, sur les principes constitutifs de la société française, le sépare encore de lui ». Mais la part ainsi faite à l'élément de gauche, comme il a rassuré le centre par la répudiation violente du socialisme tout court et de la politique anticléricale du cabinet, il n'hésite pas à croire possible la constitution d'un grand parti où M. Ribot pourrait voisiner, sans trop de heurts, avec M. Doumer et Millerand lui-même.

Nous verrons à la rentrée ce qui restera de ce grand feu et comment opérera ce socialisme sans socialistes. Mais puisque nous en sommes là, que nos utopies d'hier sont devenues tout à coup la réforme urgente qui sert, aujourd'hui, de surenchère et de moyen d'opposition aux adversaires de M. Combes, que le cabinet mette le zèle des réformateurs à l'épreuve.

L'impôt sur le revenu, les caisses de retraites ouvrières, réformes sur lesquelles un accord s'est fait dans la majorité, aussi [illegible] tions, doivent venir en discussion sans retard et être votées à bref délai.

C'est la conclusion pratique qui se dégage du discours de M. Deschanel, aussi bien que de ceux qui l'ont précédé dans cette voie et de ceux qui l'y suivront demain.

Notre collaborateur DANIEL HALEVY *part ce soir pour l'Italie d'où il nous enverra des télégrammes et des correspondances sur le voyage du président de la République.*

LA GRÈVE TEXTILE

NOTRE ENQUÊTE

La situation à Lille. — Résistances patronales. — La question des commissions mixtes.

(Par télégramme de notre envoyé spécial)

Lille, 17 avril. — J'ai pu commencer mon enquête. A Lille, les revendications des ouvriers ont en vue une forme générale et un caractère d'ensemble marqués. Tout le conflit relatif à la filature a été réglé par des dispositions générales.

La grève de la filature est actuellement terminée dans toutes les usines. Les ouvriers ont obtenu une satisfaction partielle, puisque les salaires sont relevés de 3 % et que les patrons se sont engagés, si, au bout d'un mois le salaire de la journée réduite à 10 heures n'apparaissait pas identique au salaire antérieur, à en relever le taux. Mais les ouvriers se plaignent justement que la loi des 10 heures soit en partie éludée ; c'est bien la journée de 10 heures qui sert de base, mais les ouvriers sont obligés d'entrer dix minutes avant et ne peuvent sortir que dix minutes après. Ainsi, si au bout du mois il apparaît que le relèvement de 3 % suffit à assurer le maintien des salaires, ce ne sera point parce que ce relèvement est suffisant pour compenser la diminution d'une demi-heure, mais parce que cette diminution d'une demi-heure aura été aux deux tiers fictive. Il y a là, par la faute des patrons, le germe de difficultés nouvelles, et c'est pourquoi les ouvriers, dans l'industrie textile du Nord, ne sont pas seulement préoccupés de protéger leur salaire, ils voudraient encore, et peut-être surtout, obtenir dans toute la région la constitution de commissions mixtes permanentes analogues à celle qui a utilement fonctionné à Armentières.

C'est sur cette revendication qu'insistent à cette heure les ouvriers des tissages.

Les ouvriers tisseurs lillois en grève, au nombre de 4.500, continuent fermement leur résistance.

Le refus que les patrons opposent à l'augmentation des salaires ne se justifie, quoiqu'ils en disent, ni par la concurrence extérieure que des droits de douane presque prohibitifs réduisent à rien, ni par la concurrence intérieure, puisque, à Armentières, dont l'industrie est la plus analogue à l'industrie lilloise, les tarifs ont été relevés.

D'autre part, les ouvriers ont raison de reprocher au préfet de ne pas insister auprès des patrons pour l'établissement des commissions mixtes patronales et ouvrières. C'est le procédé que, pendant la grève d'Armentières, le préfet du Nord, en des déclarations répétées, avait recommandé pour l'ensemble de la région. C'est le procédé qu'à la même date, dans le débat sur la grève d'Armentières, le ministre du Commerce avait préconisé comme la solution nécessaire.

Hier, les grévistes se sont réunis et ont décidé unanimement de continuer la lutte.

Aujourd'hui, il n'y a eu aucune réunion. C'est demain, lundi, que les ouvriers sont convoqués pour recevoir communication des nouveaux refus injustifiables opposés par le patronat.

Quelques-uns paraissent disposés à suggérer, comme combinaison transactionnelle, que les négociations se fassent par usine, les délégués des diverses usines devant se concerter entre eux pour arrêter des tarifs communs et des dispositions communes.

Vous serez tenus au courant.

ALBERT THOMAS.

LA VIEILLE

C'est, chaque année, plus incroyable qu'elle vive encore.

Quand va-t-elle mourir? Nous attendons. Mourra-t-elle dans son lit, sur la route, à l'hospice? Elle ne veut pas qu'on lui parle de l'hospice et elle menace d'y faire damner tout le monde. Comme elle s'ennuie à la maison, c'est plutôt sur la route qu'elle tombera, sans qu'on la pousse, morte, sans qu'on l'ait écrasée.

Souvent elle s'arrête et dit :

— Ce n'est pas juste de vivre si longtemps.

Elle veut dire: «si longtemps malheureuse», car sa misère dure comme sa vie.

Quoique elle ait le pain et le lard assurés, elle grogne, parce qu'on l'empêche de s'occuper de la marmite.

Sa petite-fille lui dit :

— Grand-mère, vôtre soupe est trempée.

— Je n'en veux pas de ta soupe, répond la vieille.

Elle fait le geste de flanquer, du sabot, son écuelle par terre, puis elle se décide, à cause du lard frit.

Elle reste aussi gourmande du café qu'on lui offre, et elle dit, pour remercier :

— Ce n'est pas de l'eau sale !

Il serait déraisonnable de lui donner beaucoup d'argent à la fois. Ayant, un jour, reçu cinq francs, elle va chez les quatre épiciers de la commune et elle s'offre pour cent sous de fromage de gruyère qu'elle laisse moisir au fond de l'arche.

Donnez lui une pièce de dix sous, c'est bien assez.

— Je ne la perdrai pas, dit-elle, je la cache dans mon mouchoir.

Elle ne la perdra pas, mais elle l'oubliera, parce qu'elle ne se mouche plus.

Cette vieille, aux mains usées jusqu'aux nœuds par les lessives, qui a tant lavé de linge et de vaisselle de riches, perd ses habitudes de propreté paysanne.

— Je descends à la rivière, dit sa petite-fille, ôtez votre jupon, je le savonnerai.

— Non, voleuse ! dit la vieille.

Restée seule, elle rumine, quitte son jupon et le jette dans le feu.

— Si vous êtes maligne comme ça, lui dit-on, vous n'irez pas au paradis.

Sans se redresser, parce qu'il faudrait pouvoir, elle lève sa face humaine, terreuse, déformée par tous les coups du sort, coups de poing, coups de pied, coups de bâton, et elle ouvre une bouche noire, incendiée, éteinte.

— Ah ! dit-elle, le paradis, où donc qu'il est ?

— Ma pauvre vieille, je ne sais pas.

— Le savez-vous ? crie-t-elle [illegible] péter « qu'on ne sait pas », que hausser les épaules.

Elle hausse les siennes et dit :

— Si j'étais seulement morte !

JULES RENARD.

ÉCHOS

Démocrates nationalistes

Les promesses nationalistes reluisent sur les murs, dans l'éclat bariolé des affiches. La démocratie plébiscitaire, patriote et antiministérielle étale ses programmes et ses séductions. N'est-ce pas le moment d'afficher aussi une phrase de M. Maurras, législateur du nationalisme intégral :

« Etre nationaliste et vouloir la démocratie, a dit cet homme solennel, c'est vouloir à la fois gaspiller la force française et l'économiser, ce qui est, je crois, l'impossible. » (*Anthinéa*, préface, p. VII.)

Ainsi, se trouvent jugés du même coup le bavardage de M. Rochefort, le « socialisme » de M. Barrès et les poèmes de M. Déroulède.

M. Maurras constate l'évidence, et sa révélation n'est, au total, qu'un aphorisme ingénu. Après tout, M. Barrès peut encore répondre à l'objection par cette autre confidence de M. Maurras lui-même : « Il ne saurait y avoir rien de plus négligeable qu'une pauvreté dite ou écrite par un royaliste. »

Evidemment !

Scandale aux Beaux-Arts

Un scandale serait à la veille d'éclater à l'Ecole des Beaux-Arts. Des faits d'indélicatesse assez graves auraient été relevés à la charge d'un professeur, pourtant fort estimé jusqu'à ce jour. Ce professeur aurait, à l'occasion d'un concours récent, usé de manœuvres répréhensibles pour favoriser ses élèves au détriment de leurs camarades. Membre du jury de classement, il aurait invité ses favoris à lui remettre un croquis de leurs toiles, afin de les distinguer des toiles concurrentes.

La manœuvre fut découverte et dénoncée. Une enquête fut prescrite et le professeur incriminé — un membre de l'Institut — dut comparaître devant ses pairs. Il se borna à nier les faits qu'on lui reprochait et les plaintes contre lui ne reçurent pas de sanction.

Cependant, les esprits sont très montés à l'Ecole des Beaux-Arts. Certains professeurs et les élèves, lésés par cette concurrence déloyale, ne veulent pas admettre cette solution, ou plutôt, ce défaut de solution. Ils réclament justice.

L'amiral La Palisse

Consolez-vous, amis de la sainte Russie ! Peut-être vos cœurs fidèles ont-ils été attristés de la navrante catastrophe du *Petropavlosk*, et peinés de l'incurie du haut commandement de la marine alliée. Ils ont eu tort. L'auto-torpillage du *Petropavlosk* prouve au contraire la supériorité de l'armement russe sur l'armement japonais. Telle est l'opinion d'un homme de mer illustre, de l'amiral Rieunier en personne.

Le vaillant amiral, interrogé par l'un de nos confrères du *Soleil*, vient, en effet, de lui faire la déclaration suivante :

« Cet accident prouve l'excellente qualité des torpilles russes. Pour qu'une vingtaine d'hommes seulement aient pu se sauver, il faut que le *Petropavlosk* ait reçu une terrible secousse. Il doit avoir coulé à pic en quelques secondes. C'est un résultat que les Japonais n'ont pu obtenir jusqu'ici avec leurs engins. Et pourtant, ils ont eu la partie belle pendant la première attaque, lors du guet-apens du 9 février. »

Plus loin, l'amiral Rieunier, avec cette lucidité que ses adversaires eux-mêmes lui envient, n'hésite pas à reconnaître que l'anéantissement du *Petropavlosk* diminue l'escadre russe d'une unité et il conclut :

« Cela accentue son infériorité numérique vis-à-vis de la flotte ennemie. »

Dernière nouvelle : Un quart d'heure avant sa mort, l'amiral Makharoff était encore en vie.

Mot de la fin

On lit devant Calino une interview du grand duc Wladimir.

Sans un mot de regret pour les autres victimes de l'explosion du *Petropavlosk*, il ne s'occupe que de son fils, le grand-duc Cyrille :

— Décidément, observe Calino, ces grands-ducs ne sont pas chauvins.

LA GUERRE RUSSO-JAPONAISE

LES SUITES DU DERNIER ÉCHEC RUSSE

LA MARCHE OFFENSIVE DES JAPONAIS EN CORÉE

Le rapport japonais sur le dernier échec russe. — Les opérations de l'amiral Togo. — Les sous-marins japonais. — Rumeurs alarmantes démenties. — L'opinion en Russie.

On continue à discuter sur les causes et les circonstances du dernier et terrible échec éprouvé par les Russes.

Après avoir attribué à un « accident » la lamentable destruction du *Petropavlosk* — sinon le torpillage du *Pobieda* et la destruction du *Strachny* — le gouvernement russe admet maintenant qu'elle est le fait des Japonais, mais explique par l'existence de mystérieux sous-marins ce nouveau succès des Nippons. Cette explication paraît bien peu plausible, d'autant plus que l'amiral Togo lui-même, dans son rapport officiel, déclare que l'explosion du vaisseau-amiral russe a été causée par des mines sous-marines posées par ses propres vaisseaux au cours de l'attaque effectuée contre Port-Arthur le lundi dernier 11.

Il apparaît donc de plus en plus clairement qu'en réalité, c'est le mardi 12 que le *Petropavlosk* heurta une de ces mines et sauta. Pendant vingt-quatre heures on tenta de dissimuler la nouvelle à Pétersbourg. C'est ce qui ressort des contradictions flagrantes qu'on peut relever dans les nouvelles qui ont été successivement télégraphiées depuis jeudi et dont la moindre consiste à fixer au jeudi matin 14 avril (c'est-à-dire, avec le retard de Paris sur Port-Arthur, au mercredi soir 9 heures et demie, à Paris), la sortie de l'amiral Makharoff, suivie quelques heures après de sa fin — alors que le mercredi à 5 heures, les journaux du soir avaient déjà annoncé la nouvelle sur les boulevards !

Quoiqu'il en soit, la flotte russe, aujourd'hui diminuée de ses plus fortes unités, n'est plus un facteur important du conflit. Sur les sept cuirassés que comprenait l'escadre de Port-Arthur, lors de la rupture des négociations diplomatiques, avec un tonnage total de 82.928 tonnes, cinq vaisseaux, dont les trois plus importants sont, ou bien hors de combat pour un temps indéterminé, tels le *Cesarevitch*, le *Retvizan*, le *Poltava* et le *Pobieda*, ou complètement détruits comme le *Petropavlosk*. Restent disponibles deux cuirassés, avec un tonnage de 25.634 tonnes, soit guère plus du quart des forces disponibles au début de la lutte. Il faut encore ajouter les croiseurs torpillés, comme le *Bogatyr* et aussi le *Variag* et le *Koreiets*, détruits à Chemulpo, et qu'on ne fait pas figurer dans l'es[illegible] l'état-major japonais a mainte[illegible] sécurité pour poursuivre les opérations militaires en Corée. Aussi, la marche en avant se poursuit-elle, méthodiquement, vers le Yalou. On avait même annoncé le débarquement de troupes japonaises — 12.000 hommes — à l'ouest du fleuve, débarquement qui aurait été repoussé par les Russes, mais cette nouvelle, télégraphiée de Pétersbourg au **Standard**, dès l'abord, semblait fantaisiste, et elle n'a pas été confirmée depuis. En réalité, les Japonais disposent d'au moins 80.000 hommes dans cette région et les forces russes, qu'une dépêche tendancieuse de Shanghaï, hier, n'évaluait qu'à 10.000 hommes, ne comprennent certainement guère plus de 30.000 soldats. Le résultat des opérations importantes qui ne vont pas manquer de se produire avant peu sur terre ne nous semble, par conséquent, pas douteux. Là aussi, de sérieux échecs attendent les forces moscovites.

Toute la question est de savoir ce que les Japonais feront ensuite et s'ils consentiront à se prêter, avec une invraisemblable candeur, à la manœuvre renouvelée de la campagne de 1812 et par laquelle Kouropatkine s'efforcerait de les entraîner derrière lui dans les immenses plaines désertes de la Mandchourie — pour les écraser ensuite sous les masses innombrables qu'on déclare amener par le Transsibérien.

Il est beaucoup plus vraisemblable de supposer que les Japonais, au lieu de s'enfoncer vers Moukden et le nord de la Mandchourie, donneront pour objectif à leurs efforts ce Liao-Yang, d'où les efforts de la Russie, alors appuyée par l'Allemagne et la France, les avaient chassés en 1895.

Les approvisionnements russes

On annonce le passage à Karbine, le 12 avril, de plusieurs wagons expédiés vers les points de concentration des troupes et contenant les cadeaux de Pâques de l'impératrice Alexandra Feorodovna aux soldats. Ces wagons portent, dit-on, 30.000 livres de jambon et des quantités proportionnelles de sucre, de thé et de gâteaux.

La maison Goubkine et Kouznetzov, de Moscou, donne aux troupes, à l'occasion des solennités de Pâques, 12.000 livres de thé. Il existe d'ailleurs, à Dalny, la quantité fabuleuse de 4 millions de kilogrammes de thé, destinés à la consommation générale de la Russie. Ce thé, qui ne peut plus être transporté par mer ni non plus par le transsibérien, exclusivement affecté aux services militaires, serait expédié par caravanes, prendrait l'ancien chemin commercial de la Mongolie puis des grands fleuves sibériens, et parviendrait finalement en Russie par la voie ferrée de Tioumen à Perm.

Les sous-marins japonais

Saint-Pétersbourg, 16 avril. — La plupart des journaux russes expriment la conviction, que partage déjà également la majeure partie du public, que les Japonais possèdent des sous-marins, au moyen desquels ils ont fait sauter le *Petropavlosk* et torpillé le *Pobieda*, après avoir habilement attiré l'escadre russe à l'endroit où ces mystérieux bateaux la guettaient.

M. Souvorine, directeur de la *Novoïé Vrémia*, rapporte même qu'un Anglais lui a affirmé que les croiseurs *Kasuga* et *Nisshin* ont apporté au Japon deux sous-marins commandés en Angleterre l'été dernier.

Nous avons dit plus haut pourquoi cette opinion nous semblait devoir être acceptée sous toutes réserves.

Rapport officiel japonais sur les derniers combats.

Les journaux anglais publient le rapport suivant des opérations de la semaine, reçu de Tokio :

Londres, 17 avril. — « La flotte japonaise a commencé ses opérations lundi dernier, et le lendemain, à minuit, elle a repris le bombardement et a continué le feu contre Port-Arthur jusqu'à une heure trente.

« Les contre-torpilleurs japonais ont coulé un contre-torpilleur russe et ont failli en capturer un autre.

Le *Petropavlosk* a touché une mine automatique qui avait été immergée par les Japonais avant l'attaque, dans l'après-midi de jeudi, et leur flotte a continué le feu contre Port-Arthur jusqu'à une heure trente.

« Dans l'après-midi de vendredi, les croiseurs *Nishin* et *Kasuga* ont bombardé indirectement Electric-Hill pendant deux heures.

« Les canons de ces deux navires ont donné toute satisfaction.

« Les Japonais n'ont eu que deux hommes légèrement blessés.

« Pendant les bombardements successifs, les navires japonais n'ont éprouvé que des avaries légères et qui sont déjà réparées.

« La flotte japonaise a manœuvré parmi les mines de l'ennemi sans subir aucun dommage. » (*Havas. Source japonaise.*)

Nouveaux détails sur la destruction du « Petropavlosk »

Les journaux anglais publient aussi une dépêche de Port-Arthur, *via* Saint-Pétersbourg, expédiée le 15 avril, dans laquelle se trouve un récit des opérations au cours desquelles furent coulés le *Strachny* et le *Petropavlosk* :

Mercredi soir, huit torpilleurs russes prirent la mer pour opérer des reconnaissances. Le lendemain matin, vers cinq heures et demie, pendant que la flottille regagnait le port, le *Strachny* et le *Smely* furent gagnés de vitesse par les navires japonais qui croisaient dans le voisinage de Port-Arthur, mais hors de la portée des batteries des forts. Le *Strachny* et le *Smely* furent attaqués par six torpilleurs japonais, appuyés par quatre croiseurs et deux cuirassés. Un obus japonais ayant pénétré dans la chambre des torpilles du *Strachny* y provoqua une explosion à la suite de laquelle ce torpilleur coula. Le restant de la flottille de torpilleurs russes étant venue à l'aide du *Strachny*, ainsi que le croiseur *Bayan*, le feu de l'ennemi se concentra alors sur le *Bayan*. Cinq hommes de l'équipage du *Strachny* furent recueillis par ce croiseur, [illegible] des torpilleurs.

A l'arrivée de ceux-ci, l'amiral Makharoff, mis au courant de ce qui se passait, quitta aussitôt le port avec les navires *Petropavlosk*, *Pobieda*, *Askold*, *Diana* et *Novik*, et [illegible]

En revenant, une explosion se produisit à bord du *Petropavlosk*, qui coula en deux minutes. Soixante-quinze hommes de l'équipage furent recueillis, mais les autres périrent.

Les corps retrouvés après l'explosion ont été enterrés le 16 avril à trois heures.

(*Havas*).

Rumeurs alarmantes démenties

Saint-Pétersbourg, 16 avril. — Les rumeurs alarmantes qui ont couru relativement à de prétendues nouvelles pertes de cuirassés russes sont dénuées de fondement.

D'autre part, la nouvelle suivant laquelle les communications entre Port-Arthur et Inkéou seraient interrompues, parce qu'on aurait fait sauter un pont du chemin de fer, est également fausse.

Lire la suite à la Dernière heure.

"SUR LA PIERRE BLANCHE"

Nous commençons aujourd'hui, en seconde page, la publication du livre que vient d'achever **Anatole France** : *Sur la pierre blanche*. Il paraîtra sous la forme d'un feuilleton. C'est une suite de dialogues philosophiques, où, à l'évocation du monde gréco-romain se mêle une vision utopique de sociétés communistes de l'avenir. Nous remercions le grand écrivain d'avoir réservé à des lecteurs socialistes, la primeur de cette œuvre forte et charmante.

CHRONIQUE

GRÈVE D'ACADÉMICIENS

Par RENÉ VIVIANI

L'Académie ayant à présenter au ministre de l'Instruction publique un candidat pour la chaire laissée vacante par M. Emile Deschanel, n'a accordé que quelques voix à M. Abel Lefranc, a accumulé les bulletins blancs et, une fois de plus, a laissé se dissiper son génie dans l'abstention. Là-dessus, on recueille comme une leçon politique donnée au pouvoir et une revanche de M. Brunetière, le résultat du scrutin. *Le Temps*, qui flagelle toutes les oppressions, remercie l'Académie de s'être sacrifiée, en tout cas héroïquement exposée, pour manifester contre l'intrusion de la politique dans les régions éthérées de l'enseignement. Nous ne sommes pas très éloignés, mais à un autre point de vue que nos confrères, de trouver parfait le sacrifice. Les académiciens sont, dit-on, au nombre de quarante, et chacun d'eux touche à chaque séance un jeton de présence. Or, sur quarante, vingt-sept seulement se sont dérangés, ce qui est la manifestation d'un beau dédain pour le maigre profit. Il n'en fut pas toujours ainsi. On n'a pas oublié, en effet, le spectacle qu'offrit, pendant les journées de juin, aux passants terrifiés, un homme qui, s'avançait péniblement sur le pont des Arts, courbant la tête au sifflement des balles ; à sa démarche prudente, à son allure hésitante, on le prenait pour un aveugle désireux de terminer, sur une aumône de la mort, une vie évidemment privée d'éclat. Or, c'était un académicien. Ce héros, dont Plutarque, plus juste que nous, eût recueilli le nom, s'é-

« NOTRE BUT »

La première *Humanité* paraît le 18 avril 1904. On est lundi, le dimanche a été pluvieux, c'est ce qu'on peut lire en page intérieure. Pour aujourd'hui, le tout nouveau journal socialiste quotidien annonce qu'un temps assez doux à ondées est « probable ». La prévision figure à la rubrique « faits divers », avec deux suicides, une « tamponnade » de trains, un drame de la jalousie, un gendre disparu en banlieue, une multitude de mondes possibles et d'amorces de roman(s). Le numéro vaut cinq centimes, quand une ombrelle en tissu Labrador vaut 4,50 F. Les courses à Longchamp se disputent sur terrain lourd, ce qui conduit nos camarades à donner La Mandchourie comme favori de la deuxième, Pépère dans la quatrième et Turenne dans le prix Vélasquez. Le journal compte quatre grandes pages. La rédaction et l'administration sont sises 110, rue de Richelieu, l'imprimerie rue du Sentier.

On lit d'abord, en haut à gauche, sous la liste détaillée des journalistes, un éditorial de Jaurès. Il est intitulé « Notre but ». Il est limpide, il présente le journal. Il peut surprendre quand il s'explique sur le titre : l'humanité est un but à réaliser, plutôt qu'une réalité à défendre. Pour lui, l'humanité « existe à peine » dans la mesure où elle est entravée « par l'antagonisme de classes » et « seul le socialisme [...] résoudra cet antagonisme [...] et fera de chaque nation [...] une parcelle d'humanité ». Elle apparaît donc d'emblée comme un horizon, à double dimension, nationale et internationale. Si le directeur postule que l'humanité existe à peine, on peut penser à Nietzsche qui considère l'homme comme un animal prometteur et à Marx qui juge que nous n'en sommes qu'à une espèce de longue préhistoire.

Ainsi *l'Humanité* ce 18 avril ce serait un peu l'invention de l'avenir dans la presse, une sorte de journal d'avant-garde, une projection de futur. Une chose est l'objectif, autre chose sont les moyens, mais Jaurès insiste sur leur parenté. Il s'agit d'éviter la violence et les violences, hypothèse rendue possible par le progrès républicain, illusion certaine, parfaitement sincère, consciente de sa fragilité, contrebalancée par une référence subtile à « notre grand communiste Babeuf ». Gracchus B. est le premier nom cité par Jaurès, l'égide jacobine sous laquelle il place son projet. L'éditorial défend la cause prolétarienne et promeut l'unité des socialistes en distinguant – sans tourner autour du pot – les révolutionnaires et les réformistes selon

Page précédente : Jaurès.
Ci-contre : premier numéro de *l'Humanité*, paru le 18 avril 1904.
Double page suivante : à gauche, Jaurès ; à droite, manuscrit de l'éditorial du 18 avril 1904.

H. Manuel
Jean Jaurès

18 avril 1904

Notre but.

Le titre même de ce journal, en son ampleur, marque exactement ce que notre parti se propose. C'est en effet à la réalisation de l'humanité que travaillent tous les socialistes. L'humanité n'existe point encore ou elle existe à peine. À l'intérieur de chaque nation, elle est compromise et comme brisée par l'antagonisme des classes, par l'inévitable lutte de l'oligarchie capitaliste et du prolétariat. Seul le socialisme, en absorbant toutes les classes dans la propriété commune des moyens de travail, résoudra cet antagonisme et fera de chaque nation enfin réconciliée avec elle-même une parcelle d'humanité. [De nations à nations c'est un régime barbare ses propres mots. On sent poindre le congrès fondateur de la SFIO qui aura lieu dans un an pile salle du Globe. Il entend privilégier aussi les relations avec le mouvement syndical, sans s'arrêter aux divergences de tactiques. En tout cas, *l'Humanité* veut donner à ses lecteurs des « informations étendues et exactes » qui leur permettent de « comprendre et juger eux-mêmes les événements du monde ». Il souligne enfin la complète indépendance du journal à l'égard des milieux d'affaires. Il précise qu'il n'y a pas de conditions fixées par les capitaux investis dans cette aventure, pour l'essentiel deux de ses amis, peut-être la banque Rothschild, on ne sait pas.

Jaurès est déjà l'âme et l'artisan du journal. Toutefois il n'est évidemment pas encore « le » Jaurès que nous connaissons, plus ou moins statufié par la mort et la légende. Il a quarante-cinq ans et la barbe le vieillit, l'école de la rue d'Ulm s'éloigne, il est corpulent, il parle bien, très bien, il écrit bien, très bien, et plutôt sans rature, il suffit de regarder le manuscrit de son premier éditorial rédigé – on peut l'imaginer – dans le brouhaha et la fumée des bouffardes au 110, rue de Richelieu. Six ans plus tôt, en 1898, sa vie a connu un nouvel élan, quand il a pris parti dans l'affaire Dreyfus et s'est lancé dans l'entreprise monumentale d'une *Histoire* de France qu'il qualifie de « socialiste » alors que l'école positiviste triomphe à l'Université et est devenu codirecteur de *La Petite République*, quotidien socialiste parisien. Deux ans plus tôt, il a retrouvé son siège de député de Carmaux, pays de mineurs où il a découvert la lutte des classes. Et il rêve d'une humanité accomplie et peut-être de ses étés d'enfance au bord du Tarn quand l'oncle Alphonse lui racontait ses histoires de zouave et qu'il lisait à l'ombre épaisse d'un platane les tragiques grecs. Il lui reste dix ans à vivre. C'est le temps qu'Ulysse met à rentrer chez lui après la guerre.

Ainsi *l'Humanité* ce 18 avril ce serait un peu l'invention de l'avenir dans la presse, une sorte de journal d'avant-garde, une projection de futur.

D'autres noms figurent en bonne place. Albert Thomas est fils de boulanger et ancien élève de la rue d'Ulm. Il adresse le compte rendu très bref d'une enquête (« par télégramme de notre envoyé spécial ») à Lille sur la grève dans les industries textiles, provoquée notamment par les résistances patronales à la loi des dix heures. René Viviani signe une chronique d'un intérêt mineur à propos d'une « grève » d'académiciens. Jules Renard appose son nom sous une cinquantaine de lignes courtes. Outre l'éditorial, un article attire l'attention et illustre la vocation du journal de rendre compte des événements du monde. La guerre russo-japonaise est à la une. On y apprend le torpillage des bâtiments russes, on se familiarise avec tout un lexique de géographie asiatique, on peut lire la dépêche Havas qui transmet les rapports officiels des amiraux.

En page intérieure, on peut lire une note de Gustave Geffroy sur le Salon de 1904 au lendemain du vernissage, en vis-à-vis d'un écho de la bourse du travail de Castres où un buffet populaire a rencontré un magnifique succès. Il y a encore toute une panoplie d'interventions variées ; des « convocations » pour assister à des meetings dans le cadre des prochaines élections municipales ; une rubrique « Les grèves », une autre « Les coopératives », une « Dernière heure » qui continue sur la guerre russo-japonaise ; une plutôt maigre revue de presse ; du beau monde requis pour les deux feuilletons avec Anatole France en personne et même George Sand, morte depuis près de trente ans ; le programme des théâtres et des spectacles, ce lundi *Rigoletto* à l'Opéra, mais aussi la revue des Folies-Bergère ou *Frou-Frou et Culottes rouges* à La Cigale, à 8 h 30, etc.

Au dos du journal, la réclame mange presque toute la page. Il ne faut pas rater les saisies, mises en vente aux Magasins Généraux. On reste confondu par l'étendue du choix. Au hasard : une chambre à coucher Louis XVI en noyer frisé, ciré, avec glace biseautée, d'une valeur de 450 F pour 298 F, ou une table à thé en palissandre pour 79 F ou autrement une Jeanne d'Arc en bronze tenant un étendard de 50 cm de hauteur pour 69 F seulement ou – dans la catégorie « liquides » – les plus grands crus de rouge et aussi de blanc, les 12 bouteilles de château-yquem pour 51 F. Chers amis et camarades, ne laissez pas passer l'occasion.

Cent vingt mille exemplaires de ce premier numéro sont vendus. Mais j'y repense soudain : pourquoi ce titre ? Il a bien dû hésiter, Jaurès, avant de choisir ce nom, que son camarade Lucien Herr

Ci-dessous : portrait de Gracchus Babeuf. Ci-contre : Tristan Bernard écrit un article intitulé « Cours du soir pour les Apaches ». Page suivante : Dufy, *La Rue pavoisée*, 1906, Centre Pompidou.

Etats. L'exercice du meurtre n'appartien
u'aux Etats qui sont les maisons d
ros de l'assassinat, et en détiennent l
onopole. Le meurtre au détail n'es
as permis, sauf, naturellement, à u
mployé de l'Etat dont on a relevé le
onctions, en qualifiant de hautes œuvres l
esogne meurtrière qu'il est chargé d'exécu
r. Mais ce petit meurtre accidentel n'es
u'un article réclame, destiné à montrer au
paches ignorants que l'Etat instruit et civi
sé a seul le droit de tuer. Et ce droit, i
exercera, tant que les assassins — stupide
u malades — n'auront pas donné à l'Eta
olicé, intelligent, conscient de ses actes
exemple de ne pas tuer. On veut bien sup
rimer la peine de mort, mais « que messieur
s assassins commencent ! » a dit une bou
de victorieuse, et longtemps admirée. E
Etat suivra, jusqu'à ce qu'ils en changent, l
orale de messieurs les assassins. Il rester
ans la sauvagerie, tant que l'initiative pri
e des Apaches ne l'en fera pas sortir.
Mais, répétons-le, ces petits meurtres isolé
sont qu'une exception. En toute autre oc
sion, la vie humaine est sacrée, sauf bien
tendu, quand la chasse à l'homme est ou

Raoul Dufy

Le 14 juillet, un éditorial de Jaurès propose un bref historique du lien entre drapeau rouge et drapeau tricolore.

– bibliothécaire de l'École normale supérieure – lui aurait soufflé. Ça tranche avec tous les titres de gazette, sauf *Le Figaro*, ça ne reprend ni les éternelles catégories de temps ou d'espace qui tournaient un peu en rond, ni les habituelles identités politiques qu'elles fussent nationales ou socialistes ou conservatrices, ni les traditionnelles métaphores de la renommée comme *L'Écho* et *Le Clairon*, alors là, oui, quelque chose de massif, à la fois évident et obscur, mais qui s'impose, va pour *l'Humanité*.

★

Le mardi 19 avril paraît le deuxième numéro. Il n'est pas moins riche. Il ressemble au numéro 1. En supplément, le lecteur dispose de la liste des conférences dispensées dans les universités populaires parisiennes : rue Mouffetard : « La reproduction » ; quai de Valmy : « Forces et état du féminisme » ; avenue d'Italie : « Contre le féminisme, pour la femme » ; rue de Belleville : « Le suicide », etc. Il dispose aussi des cours de la Bourse, oui, une analyse laconique toutefois accompagnée d'une incise prudente : « La rédaction politique n'assume aucune responsabilité dans les indications de ce bulletin », on a droit au cours des farine fleur, blé, seigle, avoine, colza, huile de lin, alcools, sucre, sans oublier les rentes et les établissements de crédit, en détail, par exemple vos actions des Mines du Rio Tinto ont pris deux points.

À ce rythme, on n'en finirait jamais. Rien qu'à une page de présentation par numéro, on arriverait à trente-six mille cinq cents pages, sans compter les années bissextiles. Et tant mieux, ou tant pis, pour ce côté catalogue qui tient parfois à l'Histoire voire à la littérature.

Le 18 mai, l'abonné n'a aucune raison de ne pas renouveler son abonnement mensuel. Au contraire. Depuis le 18 avril, il a pu découvrir d'innombrables pistes de réflexion et s'instruire en plusieurs domaines.

Rien qu'à une page de présentation par numéro, on arriverait à trente-six mille cinq cents pages, sans compter les années bissextiles.

Un article de Gustave Geffroy – le fondateur de la toute récente académie Goncourt – revient sur le Salon de 1904 ; il commence par évoquer Whistler avec finesse avant de passer en revue une pléiade de peintres aujourd'hui oubliés. Un autre article, signé Octave Mirbeau, paraît en bonne place ; il est consacré à Monet, long, très élogieux. Pendant la première semaine, on s'attarde sur la grève du personnel des chemins de fer de l'État hongrois. On s'intéresse aussi à la loi des dix heures, à la nécessité de défendre cette conquête ouvrière. En revanche, le 1er Mai ne fait pas recette dans le numéro du 1er mai. Il faut attendre le surlendemain pour trouver quelques échos, larges sur le plan de la géographie, mais brefs. La lutte des classes prend parfois une tournure inattendue ; ainsi parmi les faits divers : « Les tramways homicides », après qu'une fillette de cinq ans eut été écrasée par un tram dépourvu de protection, preuve que nous vivons dans un « pays où la vie humaine paraît [moins] importante à considérer que les intérêts des capitalistes ». Aussi occupée soit-elle de Grand Soir, *l'Humanité* ne néglige pas les soirées électorales.

Il y a place pour une actualité plus légère. Une note vous suggère d'aller assister à une course cycliste au vélodrome Buffalo ou à un match de la « Football Association ». Une autre note annonce la mort de Norodom, le roi du Cambodge, « maître de la surface intérieure », précise-t-on avec toute l'étiquette et la poésie nécessaires, un roi qui buvait du madère et ne pouvait plus donner audience qu'après des massages et quatre ou cinq pipes d'opium. Dans ce registre, on pourrait placer le texte de Tristan Bernard, drôlement intitulé « Cours du soir pour les apaches », les truands parisiens, un article suggéré par les réalités de la guerre en Extrême-Orient, « il faudrait bien leur expliquer que si les particuliers n'ont pas le droit de tuer pour se faire justice, il n'en est pas de même des États ».

Il y a place aussi pour la réclame. Que ce soit pour l'*Histoire socialiste* de Jaurès et même pour ses *Discours parlementaires*, on n'est jamais si bien servi que par soi-même, ou « ÉMILE ZOLA POUR RIEN », pas de quoi hésiter devant pareille dépense. Le cas échéant, l'abonné peut s'offrir un coffre-fort Petitjean ; on le garantit incombustible et incrochetable ; la chambre syndicale des mineurs de Monceau-les-Mines le

Ci-dessous : Jack London, souvent publié en feuilleton dans *l'Humanité*.
Ci-contre : bal populaire du 14 Juillet sur une place de Paris.

recommande, c'est tout dire. Le 18 mai, le quotidien annonce un nouveau feuilleton, un grand roman populaire inédit, *Le Crime d'Abel*, par Rémy Saint-Maurice, « auteur de romans pleins de vie, d'action, et d'intérêt dramatique [...] c'est le récit d'une émouvante aventure criminelle et judiciaire ; c'est encore une poignante tragédie familiale qui met à nu la cupidité, féroce jusqu'au crime, dissimulée sous les dehors de l'austérité bourgeoise ; c'est enfin une pathétique histoire d'amour ». On devine ce qui se profile.

Et pourtant les chiffres de vente diminuent nettement. Le lecteur fidèle ne sera pas déçu même si la lecture peut le laisser perplexe. Le 16 juin, il est confronté à un choix draconien : aux Buttes-Chaumont le 21e régiment d'infanterie coloniale jouera *Les Noces de Figaro* et un *Adagio cantabile* de Haydn tandis que place de la Nation le 46e d'infanterie jouera *Les Petits Farceurs* de Delmas et *Valse poudrée* de Popy. Ensuite la seconde moitié de l'année 1904 passe très vite. On croise une actualité considérable. Somme toute, c'est comme ça chaque année, et – à une autre échelle – chaque jour. Qu'est-ce que j'y vois ?

Le 11 juillet, quelques lignes signalent l'arrivée de la deuxième étape du (deuxième) Tour de France cycliste (la première semble être passée inaperçue). Le 14 juillet, un éditorial de Jaurès propose un bref historique du lien entre drapeau rouge et drapeau tricolore ; il signale que le premier drapeau rouge révolutionnaire est apparu le 10 août 1792, qu'auparavant c'était le drapeau de la loi martiale encore utilisé lors de la fusillade du Champ-de-Mars le 17 juillet 1791 ; il rappelle que David avait prévu pour le costume des conventionnels un chapeau à trois plumes, la rouge étant la plus haute ; il vient de lire les *Mémoires* de Garnier-Pagès qui raconte qu'en 1848 il avait suggéré un drapeau tricolore avec un nœud rouge à la

1904

Geffroy salue les Cézanne du Salon d'automne. Il se félicitera de l'entrée, fût-elle tardive, d'*Olympia* au Louvre.

hampe. Le 15 juillet, on peut lire les comptes rendus du 14, un jour de fête, la liberté dans la rue, la foule joyeuse, *L'Internationale* chantée dans les faubourgs pour ouvrir et clôturer les bals. *L'Huma* dresse même un répertoire des rues les mieux décorées et accorde quelques mentions spéciales. Les grandes traditions restent de mise. En août, Geffroy présente une belle lettre de Nadar, bientôt quatre-vingt-cinq ans, qui propose la création d'un musée de la Révolution.

La même semaine, Jaurès consacre en une les deux premières colonnes à la mémoire d'Étienne Dolet, humaniste lyonnais, pendu le 3 août 1546, pas vraiment un compte rond pour une commémoration, mais ses imprimeries étaient « tout à la fois comme une grande maison d'édition et comme un grand journal de combat ». Le message est clair. En page intérieure, des « convocations » sont destinées aux militants socialistes, rendez-vous précis quartier par quartier. Le lendemain, un compte rendu de la manifestation signale l'affluence, l'émotion, et les violences policières. *L'Humanité* est déjà là, dans sa volonté de contribuer aux luttes émancipatrices.

Cet été, la canicule est de sortie. Le journal lui consacre un grand reportage. « Ses méfaits. Comment se préserver du coup de chaleur. Conseils d'un médecin colonial. La folie et la chaleur. À l'infirmerie du Dépôt. » Pour autant, l'actualité politique ne se dément pas. Une grande place est accordée pendant plusieurs jours à la fusillade de Cluses, en Haute-Savoie, trois jeunes grévistes abattus par les quatre fils du patron lors d'une manifestation d'ouvriers horlogers en grève ; *l'Huma* dénonce les « crimes patronaux » et dépêche des rédacteurs sur les lieux. La laïcité retient l'attention, en particulier le jour de la rupture des relations diplomatiques avec le Vatican, par la publication d'un long discours de Jaurès aux écoles laïques de Castres pour la distribution des prix ; il y présente la laïcité comme condition nécessaire de la démocratie et insiste sur le but de « réconcilier l'humanité avec elle-même ». On est bien au cœur du sujet.

La politique étrangère est un versant essentiel du journal. Il manifeste un vif intérêt pour les massacres d'Arménie, inlassablement dénoncés, et pour la guerre russo-japonaise qui restera l'objet de nombreux éditoriaux y compris par Jaurès qui s'inquiète : « Est-ce que l'humanité civilisée va laisser se reproduire [...] » pareille horreur ? Dans la seconde quinzaine d'août, le congrès d'Amsterdam tient la vedette. La réunion de la IIe Internationale arrache des articles enthousiastes à Albert Thomas. Plusieurs discours sont reproduits, tout va dans le sens de la paix et de l'unité socialiste. En septembre, personne n'oubliera de célébrer le 40e anniversaire de la fondation de la Ire Internationale lors du meeting de St. Martin's Hall.

Ci-contre : Cézanne, *Une moderne Olympia*, 1873, musée d'Orsay.
Ci-dessus : Gustave Geffroy, critique d'art, signe une chronique aux débuts du journal.

L'automne glisse à travers une actualité un peu moins dense. En quatrième page, on relève de larges encarts de publicité pour les grands magasins, une semaine le Louvre et le Bon Marché la semaine suivante la Samaritaine et les Galeries Lafayette. Le lecteur peut rêver devant un peignoir élégant en nubienne très belle qualité, garni d'un entre-deux dentelle écru, ou s'il préfère devant un jupon en taffetas toutes nuances, haut volant en tulle, point esprit, orné de motifs et comètes froncées, pour 28 F au lieu de 59 F. Parfois la réclame est de moins bon goût. Ainsi les pastilles Valda se font-elles une place douteuse sous un gros titre : « POURQUOI DEVIENT-ON TUBERCULEUX ? »

Sinon, « l'idée du théâtre populaire est en marche » et Geffroy salue les Cézanne du Salon d'automne. En mars, il se félicitera de l'entrée, fût-elle tardive, d'*Olympia* au Louvre. Un nouveau feuilleton est proposé. Cette fois, il s'agit d'*Amours de duchesse* où le fameux E. A. Spoll, « auteur de tant d'œuvres palpitantes dont les titres sont encore dans toutes les mémoires [...] s'est surpassé ». *L'Humanité* tient son rôle de journal d'information en publiant parfois des documents inédits. Et elle suit avec passion le procès des assassins de Cluses, d'autant qu'Aristide Briand est l'avocat des grévistes. Et puis elle annonce une grande conférence de Jaurès pour le parti socialiste français, sous la présidence d'Anatole France, sans omettre d'indiquer le prix des places : loges découvertes 3 F, loges couvertes 2 F, comme quoi il s'agit d'être vu comme au théâtre, estrade 1 F, tribunes 50 centimes, et encore parquet où distinguer le premier rang des autres rangs. Sinon, je vous rassure, la révolution se rapproche.

★

Ci-contre : Gorki vers 1900.
À droite : appel en faveur de Gorki paru dans *l'Humanité* le 31 janvier 1905.

et accroître la majorité du citoyen Deslandres dimanche prochain.

POUR GORKI

Les dernières nouvelles de Russie font craindre que le despotisme russe s'acharne sur Maxime Gorki. Dans les cercles les mieux informés, on envisage comme possible sa déportation ou sa condamnation à mort.

A Berlin, tous les centres littéraires et artistiques se sont émus et une protestation a circulé, rapidement couverte des signatures de tout ce qui compte dans le monde de l'art et de la pensée.

Un groupe d'écrivains français a pris la même initiative à Paris. Voici la formule de protestation qu'il a rédigée :

Les écrivains français soussignés, partisans résolus de la liberté de penser et d'écrire, protestent contre l'arrestation de Maxime Gorki.

Tous les écrivains et les artistes qui voudront s'associer à cette protestation de la pensée française pourront adresser leur adhésion aux bureaux de l'*Humanité*.

Nous publierons demain la première liste des signatures recueillies.

ÉCHOS

Paris. — Imprimerie des Arts et Manufactures, 8, rue du Sentier. (M. Barnagaud, imp.)

MAXIME LEROY

LE CODE CIVIL

Les Annonces et Réclames sont reçu[es aux] bureaux du journal l'HUMANIT[É], rue Richelieu, Paris (2e).

On ne s'étonnera pas que 1905 ressemble à 1904.

En janvier, *l'Humanité* annonce la mort de Louise Michel. Si elle lui consacre beaucoup moins de place qu'à la mort de l'ancien président du Conseil – dreyfusard – Waldeck-Rousseau quelques mois auparavant, elle y revient les jours suivants en ouvrant une souscription pour couvrir les frais de ses obsèques. Quant à Blum, il signale la première représentation en France du *Roi Lear*. Toutefois, l'événement dominant est la révolution russe qui a éclaté à Pétersbourg. Il l'est en janvier, il le restera toute l'année. Jaurès titre son premier éditorial : « La mort du tsarisme » et considère que le tsar s'est porté « un coup mortel » par la répression sauvage qu'il a ordonnée. Le lendemain, une souscription pour les familles des victimes des massacres est ouverte. L'initiative est originale, la première liste de souscripteurs imprimée à la une. Pendant toute une semaine, les articles rapportent la situation, analysent les faits, prophétisent la révolution. Pour la première fois, l'actualité a repoussé des rubriques en page intérieure et reporté les *Amours de la duchesse*. La lecture s'effectue à la lumière de la Révolution française. Pressensé – par ailleurs président de la Ligue des droits de l'homme – compare le 22 janvier au « 5 octobre 1789 + 17 juillet 1791 », renforçant ainsi l'impression que le mouvement de l'histoire s'accélère. Une enquête propose au lecteur « Le jugement des penseurs », écrivains, savants, philosophes sollicités de donner leur opinion sur le tsarisme. Un appel est lancé en faveur de Gorki qui a été arrêté. Une de ses nouvelles est choisie comme feuilleton. On perçoit la nature du lien entre littérature et politique qui anime *l'Humanité*. Tolstoï aussi fait recette. En revanche, la mort de Tchekhov passe inaperçue.

Une souscription pour les familles des victimes des massacres est ouverte. L'initiative est originale, la première liste de souscripteurs imprimée à la une.

La révolution n'empêche pas de curieuses petites annonces, au caractère provisoire. Offres d'emploi comme « bonne à tout faire », écrire 119, rue Caulaincourt, Paris XVIIIe. Demandes d'emploi, ainsi : capitaine, 40 ans, libéré de tte oblig. milit., décoré, sit. quelc. Elle n'empêche pas davantage les réclames les plus surprenantes, cet immense succès en vente partout, *Hygiène et Médecine des deux sexes*, splendidement illustré, le meilleur guide et la plus belle œuvre de vulgarisation du siècle, on n'est qu'en 1905 il est vrai.

En février, *l'Huma* appelle à une manifestation de solidarité aux prolétaires russes auxquels sont associés les prolétaires japonais, « tombés obscurément sur les champs de bataille de Mandchourie ou fusillés à Pétersbourg ». Blum en profite pour consacrer sa chronique littéraire aux « choses » de Russie. Un article de Lucien Herr évoque l'attentat du Kremlin, le grand-duc Serge tué par une bombe, le considérant comme de « justes représailles ». L'éditorial y revient le lendemain, assurant qu'« un parti organisé riposte par des actes de violence dont il a le droit de rejeter la responsabilité morale sur [le régime oppresseur] ». La même attitude prévaudra en 1908 lors de l'attentat contre le roi du Portugal. L'idée apparaît que la France a le droit et le devoir d'intervenir, le droit en raison des crédits investis là-bas, le devoir en raison de sa fondatrice Déclaration des droits de l'homme.

Sur le front intérieur, un numéro de six pages (le premier) est consacré au congrès socialiste de Rouen, qui prépare l'unification. Le catalogue des grèves ne désemplit pas. La condition des répétiteurs de collège est dénoncée à cause de leurs journées de vingt heures. Une notule informe de la création d'une chaire d'histoire au Collège de France ; on avait déjà eu quelques nouvelles de l'École normale supérieure de la rue d'Ulm et on aura la liste des admissibles en juillet. On s'inquiète pour la santé de Briand, mais il est seulement alité, une vilaine grippe qui fait néanmoins la une. Pour se remettre en forme, il pourrait acheter une des cent bicyclettes que les cycles Star, par un accord avec *l'Humanité*, proposent aux lecteurs.

Le 18 avril, il n'y a pas de célébration du premier anniversaire. On peut retenir l'accent mis sur la journée sanglante de Limoges, l'usage par la troupe des fusils Lebel. « Le haut patronat porcelainier doit avoir son compte de cadavres. » *L'Huma* ne mâche pas ses mots. Par ailleurs, elle témoigne des grèves et les encourage, aujourd'hui les dockers de Nantes et les soixante tailleurs de pierre de La Cabanasse

Ci-contre : encart publicitaire paru le 6 novembre 1904.
Ci-dessous : Tolstoï, souvent publié en feuilleton dans *l'Humanité*.

Insurrection à Odessa, grande lumière

du *Potemkine*, l'*Humanité* s'enflamme.

employés à la construction d'un chemin de fer pyrénéen. Trois cent soixante-six numéros ont paru. La boucle est bouclée, la première, l'abonné peut repartir pour d'autres aventures. Le lecteur impatient attend déjà *l'Humanité* du lendemain.

Il faut accélérer. Accélérons.

Du 23 au 26 avril a lieu le congrès du Globe qui fonde la SFIO. Dans son éditorial du 26, Jaurès rappelle le « sublime idéal » du communisme et se place résolument dans cette trace, « pénétré de l'incommensurable supériorité de la conception collectiviste ou communiste qui est notre raison d'être et notre différence essentielle avec tous les partis bourgeois ». Courant mai, la vie du parti prend régulièrement place en une. Il en va de même des congrès des fédérations syndicales. En juin, on note de multiples interventions dans le débat sur patriotisme et internationalisme, y compris un texte venu d'outre-Rhin signé Bebel.

Là-dessus, la révolution russe recommence. Insurrection à Odessa, grande lumière du *Potemkine*, *l'Humanité* s'enflamme. Elle annonce la reddition du *Potemkine*, annonce le contraire le surlendemain, dénonce alors les mensonges du gouvernement russe. Courant juillet, elle propose encore des documents et des commentaires sur « l'épopée » du cuirassé *Potemkine*. Parallèlement, elle publie une série d'articles d'Albert Thomas, « Vie de banlieue », qui débute par « Le train de 7 h 55 ». Elle confie aussi à Gustave Rouanet une rubrique intitulée « Barbaries coloniales », où ce proche de Jaurès flétrit les supplices exercés sur des indigènes par des individus ayant pignon sur rue, une série qui lui vaudra un banquet au printemps suivant en « témoignage de reconnaissance et de solidarité ». Elle s'intéresse au krach des sucres et de jour en jour le lecteur peut en suivre les aléas dans une sorte de feuilleton. Elle contemple l'éclipse du 30 août à travers un petit morceau de verre fumé. Elle paye son dû aux faits divers : crimes en tous genres suicides chiens écrasés, composant une espèce de collage dont la mode inspirera Dos Passos pour *Manhattan Transfer*. Elle s'enthousiasme pour la traversée de Paris à la nage et souligne la victoire d'un nageur français. Elle n'oublie pas la grande figure de Blanqui. Elle ne cesse d'affirmer l'impératif de la paix.

L'Humanité réaffirme sa "volonté de saisir tout vif le mouvement du monde entier, chaque jour".

À l'automne, elle parle d'elle-même. Elle réaffirme sa « volonté de saisir tout vif le mouvement du monde entier, chaque jour ». J'aime ce *tout vif* et cette volonté insatiable qui me complique diablement la tâche. Cela dit, *l'Humanité* reconnaît qu'elle ne rencontre pas un grand succès. C'est une litote. Les ventes sont tombées à 12 000 exemplaires et on n'est pas loin de devoir mettre la clé sous la porte. Rue de Richelieu, les rédacteurs écrivent dans la pénombre et attendent le dernier moment pour allumer des bougies. Pour éviter les intermédiaires de la vente au numéro, elle recommande au lecteur de s'abonner. L'abonné pourra y lire la suite de la révolution russe, des contributions sur Fourier et Kropotkine, une défense et illustration du droit de grève, une vigoureuse dénonciation des maladies professionnelles et des attentats antisémites. Et apprendre le jour de Noël que Moscou est à feu et à sang.

★

1906. J'avance avec une lenteur qui est le pendant de la tendresse qui m'attache à ces premières années lointaines.

Malgré sa belle ambition, *l'Humanité* traverse toujours de grandes difficultés financières. Début avril, la direction procède à une extension de la rédaction politique. Aux noms de Jaurès, Rouanet, Pressensé, Thomas, Longuet, s'ajoutent désormais ceux d'Allemane, Bracke, Lafargue, Sembat, Vaillant, qui représentent les diverses tendances du parti unifié. La tonalité de Lafargue est plus acérée. Il n'hésite pas à prôner « la dictature sociale » et s'en prend à Briand qui « se tapit dans son fromage ministériel ». Le plus grand nombre de rédacteurs soulage Jaurès au quotidien. Même s'il intervient souvent contre *Le Temps*, donnant à son rôle de journaliste un tour moderne. En revanche, quelques plumes comme Blum ou Geffroy finissent de s'évanouir dans la nature.

Ci-dessous : la catastrophe de Courrières, journal du 18 juillet 1907.
Ci-contre : Alexandre Varenne et sa femme en 1905.

n brandissant leur baïonnette. Se sentant moins nombreux et moins | kiosques, chez tous les libraires et dan toutes les gares.

COURRIÈRES!

Devant la Chambre des mises en accusation

MINEURS TRAVAILLANT A PERCER UNE GALERIE

C'est une des lampes suspendues à la voûte qui a produit l'explosion de grisou

La catastrophe de Courrières vient d'ê re remise au premier plan de l'actualité ragique par la magistrature de Douai. C'est hier, en effet, qu'est venue, devant la

il repoussa dédaigneusement cette humbl et juste requête. C'est alors que le minis tre, informé par le citoyen Basly de c cruel et cynique déni de justice, répondi

La question resurgit à l'automne. Un éditorial de Jaurès n'y va pas par quatre chemins. « Notre crise » établit un diagnostic cru : « Nos forces sont à bout, et si nous ne recevons pas une aide immédiate, nous succomberons au fardeau. » Le tirage est faible, le déficit de 13 000 F par mois, l'hypothèse de liquidation au 15 octobre très sérieuse. Certes il y a des offres d'aide mais elles ne vont pas sans pressions financières et politiques. Jaurès les refuse. Son appel est entendu. Dans une « tribune coopérative », Xavier Guillemin apprécie que *l'Humanité* s'intéresse à la « vraie » vie, qu'elle ait donné à lire la révolution russe comme une « tragédie », au lieu du « bluff » et des « calembredaines » des autres journaux ; il considère les luttes dans le monde comme « un vaste roman » dont le peuple est « le principal acteur » ; il propose que les coopératives comblent le déficit. La une du lendemain annonce une grande réunion publique au manège Saint-Paul, samedi, entrée 50 centimes. Jaurès y donne des chiffres précis : 30 000 lecteurs dont 4 300 abonnés alors qu'il y a 60 000 cotisants SFIO et que le journal trouverait son équilibre à 45 000. La réponse ne se fait pas attendre. En dix jours, 1 500 nouveaux abonnements parviennent rue de Richelieu. Blum verse 100 F de souscription mensuelle jusqu'au point d'équilibre. Le SPD allemand verse 25 000 F. Les listes sont publiées ; dans la quatrième, on peut lire :

Hardi tenez bon ! (Ruffec)	*10 F*
Trois instituteurs socialistes de Saint-Hilaire-du-Harcouët	*3 F*
Un camarade du XVIIIe empêché samedi, son entrée	*0,50 F*
Etc.	

Avril 1906. Sembat, Allemane, Vaillant, Lafargue

font désomais partie de la rédaction politique.

L'Humanité s'en sort, provisoirement. Elle rêve du succès de son confrère socialiste américain, *Appeal to Reason*, réalisé dans le Far West, Kansas, une bourgade nommée Girard, 225 000 exemplaires hebdomadaires en moyenne, trois millions pour le numéro spécial sur les trusts.

Toute l'année, la révolution russe reste un thème majeur. Le journal la soutient, donne à lire les « impressions d'un témoin oculaire », publie un appel de Gorki, salue la Douma, multiplie les encadrés, souligne les progrès. Il en ressort à la longue qu'on doit comprendre la révolution comme un processus. *L'Humanité* se passionne pour toute la politique étrangère. Elle donne – en « dernière heure » – les résultats des élections anglaises, les premières avec des candidats socialistes, et elle est fière de proposer la liste nominale des élus « du prolétariat », accompagnée de leur profession. Elle propose aussi un long article sur le congrès du Bund, le mouvement israélite dans la révolution russe. Des échos réguliers viennent de tous les horizons.

Les questions sociales sont dominantes. Que ce soit, très régulièrement, les retraites ouvrières, ou la catastrophe de Courrières, aussi bien l'accident que les responsabilités de la compagnie minière ou les funérailles avec l'ouverture d'une nouvelle liste de souscription ; ou un article du docteur Meslier sur la tuberculose analysée comme conséquence de la misère ; ou le 1er Mai longuement préparé sur le thème de la journée de huit heures et fêté avec huit colonnes à la une ; ou autrement la condition féminine, prudemment amorcée sous l'angle britannique et par l'opinion des militants avec en point d'orgue l'éditorial « Pour la femme » de Lafargue. La CGT se voit offrir de nombreuses tribunes syndicales. Toutefois, son congrès d'Amiens, mi-octobre, passe un peu au second plan.

L'Humanité rêve du succès de son confrère socialiste américain, Appeal to Reason.

Souvent la question sociale jouxte le champ politique. C'est le cas début mai avec les élections législatives. C'est encore le cas en octobre avec un débat ouvert autour du discours de Viviani, ministre d'un nouveau ministère du Travail. Quant à la proclamation de l'innocence de Dreyfus, elle est exigée puis célébrée. C'était déjà le cas en janvier à propos de la laïcité, avec une initiative originale : le pardon laïc des pêcheurs de Paimpol, le clergé local organise une contre-fête à Ploubazlanec, *l'Humanité* publie les deux programmes : « À nos camarades de choisir » : à 6 h, d'un côté des salves d'artillerie, de l'autre des sonneries de cloches ; de 8 h à 10 h, d'un côté des jeux variés avec nombreux prix, de l'autre des prières et des quêtes ; à 11 h, d'un côté concert, de l'autre sermon en breton ; à midi, d'un côté banquet populaire pour tous les amis, de l'autre repas des archiprêtres et des curés ; et ainsi de suite jusqu'à 5 h, d'un côté bataille de confettis, de l'autre salut du saint sacrement ; jusqu'à 9 h le soir, d'un côté bal, de l'autre « au lit ».

Sur le plan culturel, on peut observer un reflux. Certes le bon Zola se hisse des rubriques « célébration » et « réclame » à la rubrique feuilleton. Daudet l'y rejoint, d'abord *Le Petit Chose*, puis, en raison du succès rencontré, *Jack*. Il y aura bientôt Eugène Sue, défendu par Rouanet qu'on a connu mieux inspiré, contre le dédain des « amateurs de l'écriture artiste pour qui toute la littérature tient dans l'analyse des états d'âme malsains de la courtisane en passe de vertu ou d'épouses en mal d'adultère ». Et puis *l'Humanité* s'intéresse à la propriété littéraire, aux droits de « nos » romanciers traduits à l'étranger (on croit rêver). Sinon, les morts font déjà recette. Curie a toute notre sympathie, ne serait-ce qu'à cause de cet accident stupide, une glissade sous un fiacre, dont le détail ne nous est pas épargné. Ibsen donne lieu à un « Ibsen et le socialisme ». Cézanne a droit à son paragraphe, puisque « ses paysages et ses natures mortes avaient surtout de la réalité et du relief ».

Les événements du monde trouvent naturellement leur place, comme les séismes de San Francisco et de Valparaiso. Et quand l'année 1906 s'achève, « la révolution russe » est devenue en page intérieure « la situation en Russie », et « on mande de Perpignan » que la neige tombe toujours en abondance et des amours tragiques ont endeuillé Niort et la grève des ouvriers constructeurs de taximètres se poursuit et on reparle du tunnel sous la Manche et les Mines du Rio Tinto ont pris en une journée 43 points et à 8 h 30 à l'Opéra-Comique vous verrez *Madame Butterfly*, voilà, c'était le 28 décembre, le monde est infini.

★

Ci-dessous : 6 mars 1907, un des très nombreux articles témoignant de la passion éprouvée par *l'Humanité* pour les aléas de la révolution russe. Ci-contre : suffragettes revendiquant le droit de vote pour les femmes, Paris, 1914.

Directeur Politique :
JEAN JAURÈS

La Douma devant le Tsar !

La Droite, debout, acclame.
La Gauche reste assise et se tait

LE CANDIDAT DE GAUCHE EST ÉLU PRÉSIDENT PAR 331 VOIX

Hier, Pétersbourg semblait être en fête. Les rues étaient pleines de monde. C'était l'ouverture de la Douma d'Empire. Près du palais de Tauride où la nouvelle assemblée allait tenir sa première séance, la foule, difficilement contenue par des barrages d'agents et de gendarmes et des cordons de troupe, se pressait. On acclame les députés qui se rendent à la Douma. Le peuple crie : « Amnistie ! » et pousse des hourras. Les députés se découvrent.

Au palais de Tauride

Ils se réunissent dans le même palais que leurs devanciers. On l'a choisi pour l'immensité de ses salles. Son histoire est intéressante. C'est une résidence princière construite sous Catherine II au plus fort de la faveur de Potemkine et que ce dernier vint occuper après l'annexion de la Crimée. Potemkine gratifié du titre de prince de Tauride donna son nom à sa nouvelle résidence. Situé dans la rue Chpalernaïa, éloigné du centre de Pétersbourg, le palais est entouré de parcs et de jardins, qui font du quartier l'un des plus agréables de la ville en été.

Les députés siègent dans la grande Salle des Fêtes du Palais et occupent les quatre rangées d'un amphithéâtre pourvu de larges fauteuils, capitonnés de cuir gris-bleuté, et séparés de cinq en cinq par des passages. Une haute estrade porte la tribune, le fauteuil présidentiel et le portrait deux fois grandeur nature du tsar.

Derrière le fauteuil présidentiel s'ouvre la

d'État, des chefs de départements, des généraux, de la suite des impératrices, avait lui-même lu un discours de bienvenue adressé aux représentants de la nation.

Cette année, il en a été différemment. D'abord un *Te Deum*, célébré par le métropolite Antoine, assisté de deux évêques. Le métropolite ayant prié l'assistance de faire œuvre de concorde et de travailler au bien du pays, certains députés ont cru utile de faire une manifestation loyaliste et ont chanté deux fois l'hymne national.

La première séance n'a cependant pas manqué de grandeur. C'est le vice-président du conseil de l'Empire qui déclare la séance ouverte.

Le secrétaire d'État donne lecture de l'oukase impérial qui convoque la Douma d'Empire. Une centaine de députés de la droite, debout, crient alors : « Vive le tsar ! » Les acclamations sont accueillies par un morne silence. Tout le reste de l'assemblée restée assise ne répond que par le mépris.

Ensuite, tous les membres ont prêté serment. Les socialistes et les démocrates n'ont pas assisté à l'ouverture officielle de l'assemblée. Ils ne sont entrés dans la salle que pour prêter serment.

On procède ensuite à l'élection du président et comme on pouvait le prévoir, dès le matin, c'est M. Golovine, député cadet de Moscou, qui est choisi.

M. Golovine a été élu par 331 voix contre 91 à M. Kromjakoff, 3 à M. Kousmin-Karavajeff, 2 à M. Stakhovitch et 1 à M. Teslenko.

Décidément les années se suivent et se ressemblent. 1907 n'échappe pas à la règle. Tout commence par une adresse, « Aux travailleurs de France », signée *l'Humanité.* Elle se prévaut d'un tirage de 60 000 exemplaires, de 7 615 abonnés et d'une « société nouvelle » qui émet 3 000 actions de 25 F. Elle propose régulièrement des bulletins de souscription. Le 1er juin, quand elle fait le point, l'optimisme est de rigueur. Une semaine plus tard, elle signale « un nouveau péril » et appelle les fédérations départementales du parti à la rescousse. À l'automne, elle propose « un peu de comptabilité », indique poste par poste les frais, suggère de relever le tarif de l'abonnement. Elle se met aussi au goût du jour : le 14 mars, les deux premières photographies paraissent, bord à bord, et représentent le port de Toulon après l'explosion d'un bâtiment. La nouveauté doit plaire car on voit désormais plusieurs photographies selon une mise en page plus soignée dans une maquette plus claire.

Si les échos de la révolution russe s'amenuisent forcément, on se rattrape avec un long article sur « La Chine révolutionnaire », un autre sur le congrès socialiste japonais et un reportage sur les élections finlandaises où – pour la première fois – les femmes votent. Une semaine plus tôt, Bracke a intitulé son éditorial : « Les femmes doivent voter », et six semaines plus tard la rédaction reçoit les suffragettes en visite rue de Richelieu. En août, le journal se passionne pour les débats du congrès de l'Internationale à Stuttgart.

Parmi les grèves innombrables, une place particulière est dévolue au très dur conflit de Fougères. La solidarité prend une forme originale : en une, plus gros que le nez au milieu du visage, le quotidien des prolétaires publie un poème dédié aux grévistes, « Les enfants », écrit par Bouchor (dont on peut apprendre le surlendemain qu'il a pris une action à 25 F de *l'Huma*) :

Le numéro du 1er mai 1906 consacre huit

colonnes à la journée de huit heures.

LA MOISSON SANGLANTE

On remonte les cadavres et l'on ramasse des débris humains. Les causes de la catastrophe ? – L'opinion de M. Berthelot.

Dans notre numéro d'hier, nous avons donné, en leur horreur tragique, les informations qui nous parvenaient d'heure en heure sur l'effroyable catastrophe du *Iéna*.

Le nombre des victimes est heureusement moins grand que celui qu'on redoutait. Mais cependant, quelle hécatombe ! cent dix-huit morts, quarante-six blessés, — toute une jeunesse épanouie et forte, que le destin stupide a impitoyablement fauchée !

Nous ignorons encore les causes réelles de

Névé Théodore, maître timonier, état peu grave ;

Le Bic Pierre, quartier-maître de timonerie, état peu grave.

Une autre dépêche apportait sur le nombre des survivants les renseignements suivants :

Le chiffre approximatif du personnel pouvant être présent à bord de l'*Iéna* était de 630 hommes.

Il y a 407 hommes de l'équipage in-

A TOULON. — *Un coin du port militaire. — L'entrée de l'Arsenal où se trouve la cale sèche dans laquelle était échoué le « Iéna ».*

1907

Les deux premières photographies paraîssent le 14 mars, et représentent le port de Toulon après l'explosion d'un bâtiment.

C'est l'hiver ; point de flamme au foyer ; on grelotte.
Le père n'osant pas regarder les petits
Le cœur serré, se tait, et la mère sanglote
Tandis que dans ses bras, tous, les voilà blottis.

Parallèlement à la première grève des ouvriers électriciens de Paris, l'anniversaire de la Commune est l'occasion d'appuyer les luttes : une double page en supplément, un dessin expressif en une, un article de Jaurès, des extraits de Marx et de Vallès, un témoignage d'Allemane, « Ce que j'ai vu », qu'il signe « ex-forçat de la Commune, député de la Seine », et le bref pamphlet chimérique de Lafargue : « Le prochain 18 mars sera la victoire du prolétariat ». Le 1er Mai relance le mouvement ; la rédaction prépare un grand jour et elle se fait une joie de dénoncer l'état de siège le lendemain ; mais la passion retombe. *L'Humanité* cloue « LES MINISTRES AU PILORI », oui, le journal de Jaurès ne badine pas. Quant à Briand, il est traité de renégat, de traître, et même de « réacteur ». Après réflexion, le lecteur de 2004 comprend que *réacteur* vaut pour *réactionnaire*. En juillet, ce sera le tour de Sembat de monter en exergue « la tête de mort » de Clemenceau, dans une description de type réaliste où la violence du propos peut surprendre.

La crise viticole met *l'Humanité* en émoi. Elle est perçue comme une « préparation révolutionnaire » par Lafargue qui, visiblement, n'en peut plus d'attendre. Après la répression meurtrière des manifestations à Narbonne, elle titre « MAJORITÉ D'ASSASSINS » et entrevoit la guerre civile. Elle reçoit au siège du journal Marcelin Albert, le chef des Gueux, et publie la photo du citoyen Maynaud dans son cercueil qui rappelle les boîtes où on avait déposé les morts de la Commune, pareils à des sardines. Et puis encore une fois le mouvement retombe. Le 3 juillet, elle met à la une le grand prix de l'Automobile Club de France avec une photo et une carte. À côté, l'éditorial de Sembat emprunte son titre à une belle citation d'Ibsen : « Il y a des moments où l'histoire de l'humanité m'apparaît comme un grand naufrage. »

Au-delà des luttes, les questions sociales n'échappent pas à la sagacité de la rédaction. Le lecteur a notamment droit à un plaidoyer contre la peine de mort, à un historique de la grippe par le docteur Meslier, à une série de reportages sur l'hygiène déplorable du métro, à une nouvelle enquête d'Albert Thomas sur les « espaces libres », perspective originale qui vante la démarche des villes allemandes et américaines consistant à engager des dépenses pour aménager des terrains de jeux et des jardins publics dans les quartiers ouvriers, soutenue par le postulat que « ce n'est pas de logis infects que viendra le prolétariat de la révolution socialiste ». Et puis « la femme » revient au premier plan sous une forme inattendue : c'est pendant plusieurs jours « La Femme coupée en morceaux » qui devient parfois « La malle sanglante », sombre crime dont *l'Humanité* se fait un devoir de relater les détails qui réjouissent ou épouvantent les cœurs, c'est selon.

À sa façon, la culture demeure au cœur du projet de journal socialiste quotidien. Elle figure déjà en filigrane dans les textes de Jaurès. Elle ressort aussi de la diversité des feuilletons : *Jacquou le Croquant*, et dans un registre autrement rural *Le Chien des Baskerville*, et *L'Assommoir* puis *Nana*, et encore Tourgueniev qui a sûrement le double mérite d'être russe et d'avoir écrit *La Foule devant la guillotine*. Les grands morts font recette, eux et les monuments qu'on leur élève, ainsi, au hasard, Flaubert et Garibaldi. Le chimiste Berthelot et le poète Sully Prudhomme les rejoignent. Une lettre inédite de Maupassant est publiée à la une ; nous sommes prévenus : Maupassant y exprime « le dégoût que lui inspirent les classes dirigeantes », en effet, c'est le moins qu'on puisse dire. Les écrivains « socialistes » sont salués : Wells et London dont une note signale qu'après son arrivée aux îles Sandwich il a fait un exposé brillant sur le socialisme devant la Société d'études scientifiques de Honolulu. Sinon le bon Rouanet reprend épisodiquement la rubrique littéraire abandonnée depuis longtemps par Blum et rebaptisée « Lectures pour tous ». La rédaction défend toujours le principe d'un théâtre populaire, selon l'idée que le public des faubourgs n'est pas moins éclairé que le public « bourgeois », et elle commente la liste des prix Nobel avec ses propres suggestions. Peu avant Noël, une « vieille fête par laquelle les sociétés primitives saluaient le Soleil

Double page précédente : manifestation des terrassiers du métro pour la journée de huit heures, mars 1913.
Ci-dessous : Marcelin Albert, chef de file des vignerons languedociens, le 17 juin 1907.

heures et demie.
le cabinet de M
à clef ; ordre fut
verrouiller les por-
entre les deux cou-

porté presque ex-
du misérable, qui
ccusations d'immo-
e lui.

ue vous avez com-
r votre belle-sœur,
e, sur Mlle Juliette

ublé, explique qu'il
d de venir chez lui
u'elle lui avait de-
te, il fut pris du
e fille ; il se jeta
égager à temps et

: pour étouffer les
leilland lui aurait
bouche et tordu la
nenacée d'un poi-

sta pas et la laissa

uer que si la jeune
une ruse ; elle se
le qu'avait ouverte
er de l'eau sur sa

moins dans ses dé-

z tard dans la soi-

s. — Après avoir
énération par sa
le « chahut », la
re époque par des

de Sambre-et-Meuse.

— Tout se paie dans la vie, lui cria-t-il, e
joignant le geste à la parole, il lui planta

POUR LE JOURNA

Bulletin de

Je soussigné **(Nom)** ....

profession ....

.... ***Dépa***

Souscrirai .... ***action***

la **SOCIÉTÉ NOUVELLE DE L'**

ment la somme de ....

total qui me rendra titulaire d

L'HUMANITÉ ***publiera ma sousc***

(1) Indiquer les nom, pseudonyme
Envoyer ce bulletin au citoyen **P**
gué de l'Humanité, 110, rue de Richel

s, portait un ter-

ble condition, à tout ce qui était gracieu

LE PERSONNEL DES ECOLES MUNICIPALES

La chambre syndicale du personnel de service

L' « HUMANITÉ »

Souscription

(Prénom)

emeurant à

nent

VINGT-CINQ *francs de*
MANITÉ », et verse immédiate-
ncs, à valoir sur le versement
action.
ion sous la désignation (1)

SIGNATURE :

itiales.

PPE LANDRIEU, administrateur-délé-
Paris.

tion.

La commission d
fédéral le citoyen
adjoint, en rempla
missionnaire.

Le citoyen Cha
plus grand nomb
de la commission,
désigné comme tit

Conformément a
les sections soient
vœux et propositi
les correspondanc
voyées à la comm
communiquées, ne
du Conseil fédéral.

La commission
tion de la commi
les fonds nécessai
port.

La séance est le

Le

CON

MOUVE

A LA BO

Matin :

Industries électri
Tabletterie : Sall
Potiers d'étain :
Maçons démoliss
Travailleurs du
1er étage.
Chapeliers : Sall

Après-midi :

Voiture : Grande
Ferblantiers : Sa
Gantiers : Salle

nademoiselle de Cardoville pour la premiè-
e fois, il est revenu frappé de sa grâce

que l'expression d

invaincu », elle annonce l'ouverture d'une librairie de *l'Humanité* qui propose en vue des étrennes toute une panoplie d'ouvrages à vertu sociale mais aussi un aimable *Mes premiers coloriages*.

À noter encore – pour le plaisir – l'aventure d'Amundsen au pôle Nord et la réclame « Au Cotillon du Prolétariat » qui met à la portée de votre bourse des épingles de cravate et des broches ornés par un imparable bonnet phrygien, ou des insignes « Prolétaires de tous les pays unissez-vous ! ».

★

Personne ne devrait s'étonner que 1908 s'ouvre par un regard rétrospectif sur les comptes de *l'Humanité* en 1907. Il en ressort que la hausse des ventes correspond aux événements ouvriers, que la situation est stabilisée (un graphique le montre) et que la confiance est de rigueur. En mars, Jaurès lance un nouvel appel à un nouvel effort pour défendre le journal « socialiste et prolétarien » qu'il définit comme un outil et une arme pour les combats. Par économie, 10 000 F par an, la rédaction déménage rue du Croissant, au 16. Et, pour la première fois, *l'Humanité* ne paraît pas le lundi 3 août en raison d'une grève des ouvriers du livre.

Si on cherche de quoi être – relativement – étonné, on ne sera pas déçu.

Le sport prend du galon. Un premier journaliste sportif officie régulièrement. Il s'appelle Henri Kleynhoff. En janvier, il présente longuement le match de « ballon oval » (sans *e*) entre le Bordeaux Universitaire Club et le Stade français. Toutefois, malgré mes recherches dans les numéros des jours suivants, nous ne saurons pas le résultat. Au lendemain du 1er Mai, on a droit à la photo de l'équipe première de football de l'Union sportive du parti socialiste. Sous peu, les sportifs y trouveront les convocations pour leurs matchs. En juillet, on apprend l'ouverture des Jeux olympiques, à Londres, un article assez favorable, dont il ressort surtout que toutes les nations y sont représentées. En revanche, on court toujours après les résultats. Petit-Breton gagne le Tour de France et se voit propulsé en pleine lumière de la une. À l'automne, on peut se passionner pour une course assez spécifique, celle des rouleurs de tonneaux, sur les boulevards des maréchaux, ce n'est pas une plaisanterie, le vainqueur met 4 heures 48 minutes.

"Il y a des moments où l'histoire de l'humanité m'apparaît comme un grand naufrage."

S'il ne dispute pas la course des rouleurs de tonneaux, Anatole France roule sa bosse. En guise d'éditorial, le lecteur découvre deux pages de *L'Île des pingouins* qui paraît le même jour dans toutes les librairies. C'est le principe des bonnes feuilles, comme quoi sur le plan commercial Anatole n'est pas manchot.

Dans un registre plus grave, un certain étonnement demeure quant au terrorisme. Après l'assassinat à Lisbonne du roi Carlos Ier et du prince héritier dans leur voiture découverte, Jean Longuet juge cet acte comme « le recours suprême des peuples écrasés » et dénonce « le sempiternel cliché sur l'inutilité des attentats en tous temps et en tous lieux – alors que c'est surtout une question d'opportunité – [qui] reçoit une fois de plus un complet démenti au Portugal ». Il remet ça lors du voyage du président Fallières chez Nicolas II, « le Tsar rouge », le rouge valant alors pour sanglant. Il cite alors l'article 27 de la Constitution de 1793, rappelant sans ironie visible qu'elle a été conçue sous l'égide de Condorcet. « Que tout individu qui usurperait la souveraineté soit à l'instant mis à mort par les hommes libres. » Âmes sensibles, passez votre chemin.

Passez aussi le paragraphe suivant. Encore que la rédaction de *l'Humanité* vous engage à y porter le regard tout en prévenant qu'elle déroge à ses habitudes en publiant une image de meurtre, qui en règle générale tend à exciter « les instincts les plus bas ». Il s'agit de la photo de trois artilleurs annamites condamnés – sans appel – au prétexte qu'ils avaient empoisonné la soupe puisque les soldats avaient souffert de coliques ; l'état-major n'avait pas lésiné ; ils avaient eu la tête tranchée au coupe-coupe puis exposée en public en guise d'avertissement. La rédaction fustige aussi la traduction rapportée des dernières paroles des Annamites : au lieu du très officiel : « Les condamnés remercient la population de Hanoï et le cordon de

Ci-contre : Lucien Petit-Breton au départ d'un Paris-Roubaix.
Ci-dessous : Anatole France.

À l'automne, on peut se passionner pour une course assez spécifique, celle des rouleurs de tonneaux sur les boulevards des maréchaux.

l'Humanité

SIXIEME ANNÉE. — N° 1840. JOURNAL SOCIALISTE QUOTIDIEN SAMEDI 1er MAI 1909.

5 C. Le Numéro

RÉDACTION, ADMINISTRATION & ANNONCES
16, Rue du Croissant, Paris
Tout ce qui concerne l'Administration du journal doit être adressé à l'Administrateur.
TÉLÉPHONE : 102.69

Directeur Politique :
JEAN JAURÈS

ABONNEMENTS	Paris, Seine et Seine-et-Oise	Départts	Etranger
Un An	18 fr. »	21 fr. »	31 fr. »
Six Mois	9 fr. »	10 fr. 50	16 fr. 50
Trois Mois	4 fr. 50	5 fr. 25	9 fr. »
Un Mois	1 fr. 50	1 fr. 75	

Les Abonnements sont reçus SANS FRAIS dans tous les Bureaux de Poste.

5 C. Le Numéro

LE 20e PREMIER MAI

troupes d'être venus assister à leur exécution », un moins courtois : « Peuple de canailles ! Des frères se lèveront pour nous venger. » Et la rédaction – qui entonne la grande chanson anticoloniale – souhaite que le lecteur y puise des « sentiments d'horreur et de haine ».

Pour le reste, *l'Humanité* s'inscrit davantage dans la tradition souvent originale qu'elle commence à forger. On peut retenir la question des retraites ouvrières qui revient de façon récurrente, le 25e anniversaire de la mort de Marx, le choix, après *Le Chat noir* d'Edgar Poe, du roboratif *Appel de la forêt* de Jack London en feuilleton, le caractère de plus en plus épisodique et aléatoire de la rubrique littéraire, le métro décidément insalubre et les ravages de la gale du ciment dans la catégorie des « métiers qui tuent », les numéros spéciaux pour la Commune et, le 1er mai, les soupes communistes afin de soutenir les ouvriers en lutte, une demi-page de une accordée à Tolstoï pour une protestation contre le tsar.

Le drame de Draveil tient une place à part. La manchette « TUEURS D'OUVRIERS » s'impose après que les gendarmes ont tiré par les fenêtres sur une réunion de grévistes. Jaurès se fâche : « Il ne leur suffit pas de tuer des ouvriers, il faut qu'ils tuent la vérité elle-même », phrase qu'on peut lire dans un sens chronologique (d'abord ils tuent les ouvriers, ensuite ils tuent la vérité), mais aussi dans un sens autrement logique (non seulement ils tuent des hommes mais ils tuent aussi des idées). Les jours suivants, *l'Humanité* apporte « des preuves », les preuves qu'il s'agit bien d'une tuerie, les témoignages « d'honorables citoyens », propriétaires, rentiers, marchands de vin, notifiés comme tels sur la liste des témoins. Pas étonnant alors qu'elle se flatte d'un compliment exprimé par le *Daily News* qui apprécie en elle une « brillante leçon objective » et joint en un même hommage le talent des rédacteurs et le dévouement des lecteurs.

★

Après ce premier lustre, cinq années d'*Humanité(s)* nous séparent encore de la guerre. Je les égrène, année après année, histoire de m'en imprégner, de comprendre ainsi à quoi elle ressemble, à quelle volonté elle correspond et quels horizons elle aborde, convaincu du caractère fondamental des origines d'une aventure pour en saisir le sens. J'irai ainsi jusqu'à la guerre. À partir de 1914, nous ferons un peu de galop, voire de survol.

Justement, l'aviation fait des apparitions de plus en plus fréquentes. On loue « nos aviateurs », toute la fine fleur des fameux faucheurs de marguerites y passe, avec leurs médaillons. L'enthousiasme culmine avec Blériot en juillet quand il franchit la Manche (hourra !) et quand Paris l'ovationne (hourra !). On va ainsi « de merveille en merveille », on bat des records de distance, d'altitude, de vitesse. On a aussi notre lot d'accidents et de morts. À tous points de vue, l'automobile n'est pas mal non plus et attire autant de spectateurs, mais le ciel demeure incomparable.

L'enthousiasme culmine avec Blériot en juillet quand il franchit la Manche (hourra !) et quand Paris l'ovationne (hourra !).

Blériot vaut bien Jeanne d'Arc. Les années passées, *l'Humanité* a tranquillement célébré Jeanne d'Arc. Cette année, sa béatification agace les laïcs et le journal socialiste se fait une joie de rappeler que c'est l'Église qui l'a brûlée par l'entremise de ce « scélérat » évêque de Beauvais. Côté célébration, dès le 15 janvier, le centenaire de la naissance de Proudhon a fait long feu. Si le raisonnement d'Albert Thomas est construit sur le mode « sans doute il n'eut pas la rigueur et la netteté de Marx, il n'empêche que sa pensée est nôtre », si on sent poindre l'idée de concilier leurs pensées, il regrette qu'il n'ait pas été l'occasion d'une grande fête ouvrière.

À l'horizon national, on suit les vives tensions sociales aiguisées par le ministère Clemenceau. Elles donnent lieu à une démarche originale : sous l'enseigne « VOICI LES NOMS », la publication en pleine une de la liste des députés ayant voté pour le gouvernement qui se refusait à réintégrer les fonctionnaires révoqués. « Fonctionnaires souvenez-vous ! » Puis, pendant neuf jours, toute la une est occupée par la grève des Postes. Le journal veut contribuer à la lutte ; il multiplie les détails ; le 18 mars, il publie un article : « Comment la Commune réorganisa le service des Postes » ; il publie une deuxième fois la liste des députés.

Dessin de Steinlen,
à la une du 1er mai 1909.

Pour le vingtième 1er Mai, *l'Humanité* demande un dessin à Steinlen et évoque les premiers brins de muguet. D'autre part, après le vote par la Chambre de l'impôt sur le revenu et l'éditorial favorable de Jaurès, elle propose un grand tableau inédit : « Ce qu'on paiera avec l'impôt sur le revenu ».

À l'horizon international trône toujours la Russie. On peut lire les plus vigoureuses protestations contre la visite du tsar en France et aussitôt la publication en feuilleton de *Terreur en Russie* de Kropotkine, qui accompagne *Le Père Goriot*. L'Espagne est de retour ; la grève générale en août suscite la passion, l'éloge d'un peuple en « pleine révolution » ; ensuite l'heure est aux comités de défense des victimes de la répression, à la mobilisation pour sauver Francisco Ferrer ; un appel à la conscience européenne est lancé ; mais il est impuissant et on lit avec désespoir « FERRER ASSASSINÉ » ; une manifestation déjà « grandiose » a lieu, *l'Humanité* appelle à une nouvelle manifestation le dimanche, publie le plan avec points de concentration et parcours du cortège et les mesures décidées par le comité d'organisation, « n'apporter ni drapeaux, ni emblèmes, ni pancartes », le succès est en effet grandiose, plus de cent mille manifestants. En décembre, elle reçoit rue du Croissant Soledad Villafranca, la compagne de Ferrer, et publie son témoignage forcément émouvant.

L'Humanité donne les chiffres des abonnements par départements. En tête du hit-parade avec 203 abonnés, on trouve la Seine-et-Oise, puis les très surprenantes Ardennes, la Seine-Inférieure, le Tarn (merci Jaurès), le Nord (bonjour Guesde), le Jura, et en queue avec 6 abonnés la Vendée (bonjour les chouans) et la non moins surprenante Saône-et-Loire. *L'Humanité* signale aussi la rupture de son contrat avec Hachette pour assurer directement ses messageries. Elle cherche à s'améliorer en tous points. « Est-ce que le socialisme pourrait négliger, sans danger pour lui-même, l'une quelconque des branches de l'activité humaine ? » S'il y a un danger, ce serait plus sûrement les divisions qui deviennent perceptibles, qui prennent le pas sur les divergences qu'on a vues fructueuses, qui traduisent l'inquiétude des révolutionnaires jugeant que les réformistes disposeraient d'une plus large place. Douze jours plus tard, un éditorial du révolutionnaire Allemane met les choses au point en appelant à dépasser les querelles de personnes (je suppose, les attaques mesquines contre Jaurès) et en profitant pour dénoncer les insuffisances de la syndicalisation. La crise se dénoue par une décision du conseil d'administration de *l'Humanité* : qu'elle soit « bien » l'indiscutable « propriété » du socialisme et du prolétariat.

Jules Guesde, figure majeure du socialisme français.

L'année s'achève comme elle avait commencé : par des comptes et des projections sur *l'Humanité*. Ils ont été réguliers. Fin décembre, la question devient : « Ferons-nous six pages ? » La réponse oscille entre « Pas encore » et « Aidez-nous ». En effet, s'ils sont réels, les progrès financiers sont insuffisants. Et il faut faire fi des reproches sur le recours à la publicité, car renoncer à ces 36 000 F ouvrirait un gouffre. Parfois la réclame prend un tour militant ; ainsi le « phonographe socialiste », à 120 F en 12 mois, car les socialistes ne doivent ménager aucun moyen de propagande. Par ce biais, ils diffusent *L'Internationale*, la *Marche du 1er Mai* ou encore *L'Insurgé* que l'acheteur peut apprendre à chanter chez lui en secret. Le quotidien convient à nouveau qu'il n'accorde pas une place suffisante à l'art, à la science, à la vie quotidienne, et pourtant le lecteur découvre que les agressions nocturnes ne reculent pas à Puteaux, que les grèves s'étendent à Paris chez les briqueteurs et mosaïstes et en province chez les tanneurs de Graulhet, que la tempête s'essouffle sur la péninsule Ibérique, qu'on donnera *Quo vadis ?* à 19 h 45 au théâtre lyrique de la Gaîté, et toutes sortes de choses autrement essentielles comme la démission du ministre de la Guerre grec, le colonel Lapattiotis.

★

L'année suivante (1910) commence sur une autre comptabilité : « 4 mois de prison pour 15 poires ». C'est le tarif d'une nuit à la belle étoile. Un vagabond dort dans un verger, les gendarmes l'arrêtent, dressent un constat au terme duquel ils ont vu quinze poires à côté du dormeur, le tribunal le condamne à quatre mois ferme. *L'Huma* joue dans le registre Valjean, qui lui va bien. Elle s'insurge et donne le nom du président de la chambre des appels correctionnels qui a prononcé la condamnation.

L'HUMANITÉ

LE PHONOGRAPHE SOCIALISTE

CHANTS SOCIALISTES

COMBES, baryton,
Premier prix du Conservatoire.
…ternationale, Pottier et Degeyter.
Marianne (La Diane), Souëtre et Léon Trafiers.
…oq Rouge, Maurice Boukay et Marcel Legay.
…ne au Drapeau Rouge (chœur), Pottier et Arthur Maquaire.
…rier prends la Machine, Ch. K. et J. G.
Soleil Rouge, Maurice Boukay et Marcel Legay.
…, J.-B. Clément et Manescau.
…che du Premier Mai, Charles Gros et F. Fenouil.

CONDITIONS DE VENTE

120 FRANCS

Payables en douze fractions (dont la première en souscrivant)

DE 10 FRANCS PAR MOIS

CONDITIONS DE LIVRAISON

Aussitôt reçu le premier versement de 10 francs, avec le bulletin de souscription, l'**Humanité** expédie :

1° L'APPAREIL COMPLET COMPRENANT : La boîte avec son mouvement et son plateau ; Le diaphragme à aiguille ; Le bras acoustique et le pavillon forme fleur ; La boîte de 200 aiguilles.

2° DIX DISQUES DOUBLE FACE, choisis à la volonté de l'acheteur dans la collection des morceaux socialistes ou non dont nous donnons les nomenclatures.

Recouvrements

Les recouvrements seront faits par la poste et sans frais le **5** de chaque mois. Il sera fait pour le paiement au comptant de la somme totale **une remise de 5 0/0.**

CONSIDÉRATIONS UTILES

En dehors du diaphragme qui est la partie délicate, deux choses sont surtout importantes à considérer quand on achète un phonographe : la **grandeur du pavillon**, pour l'amplitude des sons, la **surface chantante du disque** pour la durée des morceaux. Voici les dimensions de l'appareil établi à notre demande par la Société l'Apga pour les lecteurs de l'**Humanité**.

La **boîte** qui contient le mouvement d'horlogerie a pour base 31 centimètres sur 31, et une hauteur de 16 centimètres. Elle supporte un **plateau** de 25 centimètres de diamètre.

Le **pavillon**, forme fleur, a une longueur de 55 centimètres. Son diamètre d'ouverture est de 50 centimètres, et sa circonférence de 1 m. 55.

Les disques double face ont la surface que donne notre dessin, et comprennent chacun **deux** morceaux, sauf pour quelques chants socialistes qui ont exigé les deux faces du disque pour n'être pas inutiles.

Disques sans appareil et accessoires

Les personnes qui possèdent déjà un appareil peuvent utiliser nos disques socialistes. Si elles ont un appareil avec diaphragme à aiguille, rien n'est plus simple et nous donnons plus bas le prix des disques. Si elles ont un appareil avec diaphragme à saphir, nous pouvons leur fournir un diaphragme s'adaptant sur les appareils à saphir et permettant de jouer les disques à aiguille qui sont très supérieurs à tout autre système. Nous livrons ce **diaphragme adaptateur** au prix de **15** francs, port en plus.

Pour la vente des disques séparés, voici les prix :
La collection des dix disques : 50 fr. — Chaque disque séparé : 5 25
La boîte de 200 aiguilles : 1 fr.
Les 5 boîtes de 200 aiguilles : 4 fr.

100 Disques. -- 200 Morceaux

CHANTS SOCIALISTES (*Suite*)

8. **Kyrié des Moines**, Aristide Bruant.
La Machine, J. Gueux et H. Weyts.
9 **A bas la Guerre**, N. Reybar et Fribourg…
Les Chiens couchants, Mouret et R… Chantegrelet.

M. GHASNE, baryton de l'Opéra-Comique.
10 **L'Internationale**, Pottier et Degeyter.
11 **La Chanson du Semeur**, J.-B. Clément et Marcel Legay.
L'Insurgé, J.-B. Pottier et Ghesquière…

M. Xavier PRIVAS, le prince des chansonniers.
12 **La Vraie Justice**, Xavier Privas.
La Révolte, Xavier Privas.

CHŒURS DE L'OPERA
13 **L'Internationale**, Pottier et Degeyter.
14 **Le Coq Rouge**, M. Boukay et Marcel Legay.
Hymne au Drapeau Rouge, Pottier et Arthur Maquaire.
15 **La Complainte du Prolétaire**, Lucien Roland.

1909

Les socialistes ne doivent ménager aucun moyen de propagande. Par ce biais, ils diffusent *L'Internationale*, la *Marche du 1er Mai* ou encore *L'Insurgé* que l'acheteur peut apprendre à chanter chez lui en secret.

Sauvez

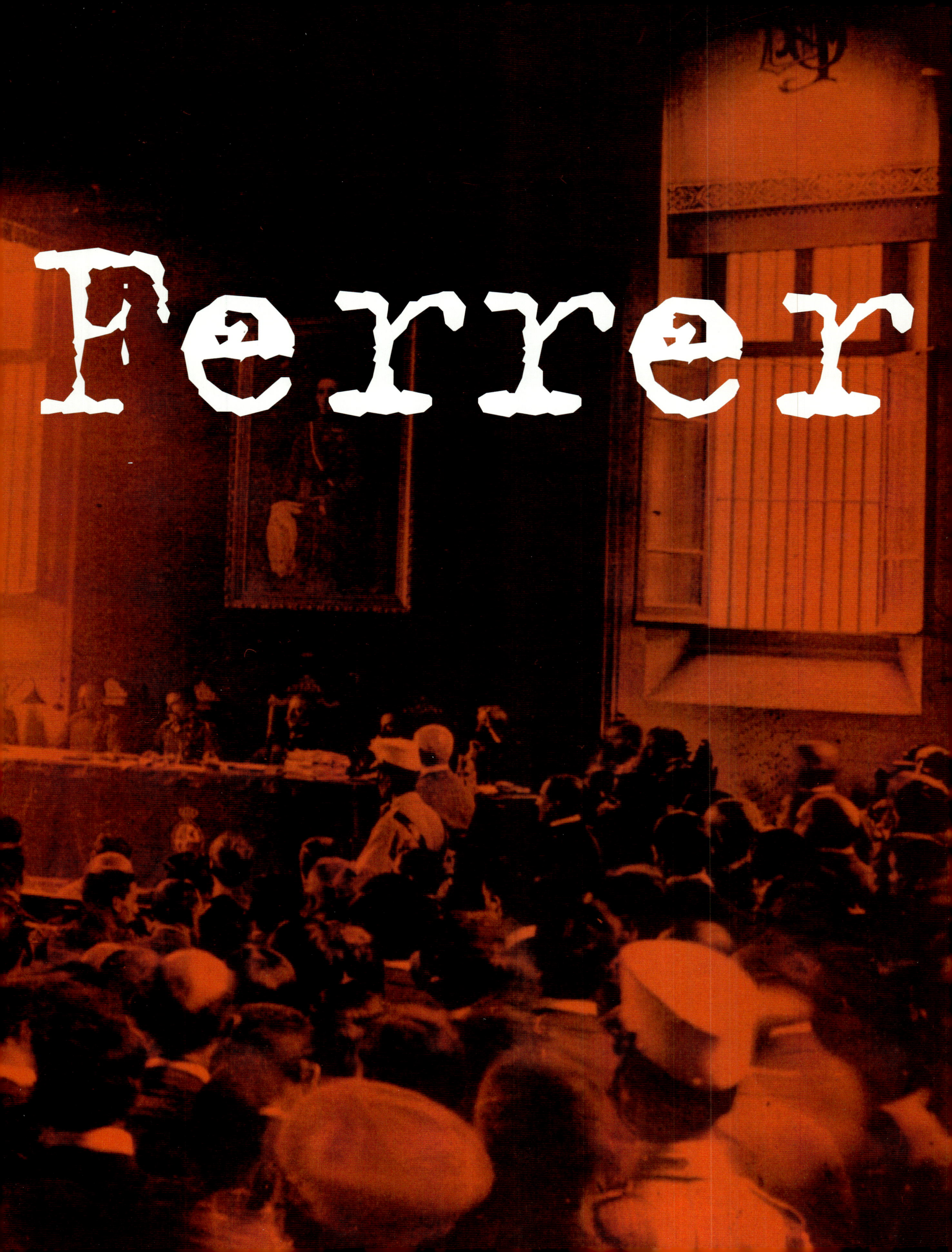
Ferrer

Voilà une drôle d'année, avec la comète de Halley, avec les inondations de la Seine qui conduisent Jaurès – frappé par la situation des « petits et moyens-bourgeois » dont les pavillons ont été sinistrés – à suggérer un droit à l'assurance (sociale), avec la fête pour les soixante-dix ans de Bebel qui reçoit le double titre de « Führer » et de « guide aimé », avec l'intérêt porté par deux fois à l'amour libre (*free love* dans le texte d'un jeune reporter qui revient assez ému d'outre-Manche et nous apprend que le peuple est artiste « d'instinct »), avec la réclame pour le talon tournant Dunlop qui permet de sérieuses économies, avec l'hommage funèbre rendu à Tolstoï par une Chambre des députés un peu précipitée qui le croyait déjà mort alors qu'il était seulement « enfoncé dans la solitude où il [voulait] vivre ses derniers jours », dit très bien Jaurès, avec un message de félicitations à la citoyenne Mauger – institutrice – qui refuse le ruban violet de la Légion d'honneur. Qu'on me permette d'ajouter les miennes.

L'année suivante commence sur une autre comptabilité : "4 mois de prison pour 15 poires". C'est le tarif d'une nuit à la belle étoile.

Au premier semestre, un débat agite le journal. La controverse est ouverte et porte sur les retraites ouvrières. En face de Jaurès qui en défend le principe, Lafargue dénonce une « escroquerie capitaliste » et pose la question : pourquoi une part du salaire de l'ouvrier servirait-elle à sa retraite puisqu'il sera mort à cette heure ? La rédaction invente une rubrique « Les rentes des travailleurs » destinée à signaler les morts dans des accidents du travail. Le sujet passe les frontières, on peut lire les contributions de McDonald, de Kautski, des socialistes autrichiens, des camarades suédois et finlandais, etc. À la veille du deuxième tour des élections législatives, Longuet dénonce la folie de l'abstentionnisme et le journal prend le soin de publier une liste de nos élus, classés par professions, où le lecteur peut compter une majorité d'ouvriers.

Au second semestre, le lecteur est réveillé en octobre par un vibrant « VIVE LA RÉPUBLIQUE PORTUGAISE ». Il n'a pas le temps de se rendormir. Deux jours plus tard « LA GRÈVE GÉNÉRALE EST DÉCLARÉE », au moins dans les chemins de fer, c'est en toutes lettres dans la deuxième édition qu'il a fallu boucler à la hâte et dans l'enthousiasme. L'heure est à la fureur à l'égard du « ridicule et odieux » ministère Briand. Encore deux jours et *l'Humanité* s'offre une de ces facéties qui feront sa légende. En première page, elle publie une photo du camarade Renault, arrêté par « les flics » au siège du journal, assis pour la circonstance à la table de travail où naguère Briand rédigeait ses articles. En dernière page, elle met en évidence un encart de réclame pour signaler que la librairie de *l'Humanité* vend toujours pour 10 centimes *La Grève générale*, écrite par le même Briand.

Sinon, les cours de la Bourse disparaissent. Celui qui voudrait connaître le cours des Mines du Rio Tinto doit acheter une autre gazette.

★

Ci-dessous : Aristide Briand.
Ci-contre : comité de grève à Espéraza (Aude), 1910.

Qui connaît Durand ?

Personne.

Et pourtant il y eut une affaire Durand. La rédaction de *l'Humanité* y entrevit même une nouvelle affaire Dreyfus. Et j'aimerais placer l'année 1911 sous le signe de Durand. Le dimanche 1er janvier, le lecteur découvre ce nom en grands caractères, qu'il avait pu apercevoir en minuscules quelques mois auparavant au détour de ce qu'on appelait alors « l'affaire Dongé ». Une banale histoire d'ouvrier tué dans une rixe sur les docks du Havre si la Compagnie transatlantique n'avait connu un conflit où grévistes et jaunards s'affrontaient. La police avait arrêté le gréviste Durand, la justice avait établi sans preuve sa culpabilité, la cour d'assises de Rouen avait prononcé sans état d'âme la peine de mort, commuée par le président Fallières en sept ans de réclusion. Alors *l'Humanité* martèle : « Pas de demi-mesure : la liberté. »

L'idée de l'Affaire revient au poète Bouchor. Elle est présentée par Renaudel en ces termes simples : si les intellectuels se sont mobilisés pour un des leurs (Dreyfus), il serait bon qu'ils se mobilisent pour un

fils du peuple (Durand). Leur point commun : être victime d'une machination. Un appel est lancé à Fallières. Il est déjà signé par France, Mirbeau, Basch, Hadamard, Élie Faure, Marcel Mauss, et dans la semaine par Durkheim, Lévy-Bruhl, Simiand, Mathiez, Seignobos, Lucien Febvre (professeur au lycée de Besançon), Félix Gouin (avocat à Marseille), A. Dreyfus, allez savoir, et dans le mois par Tristan Bernard, Vuillard (peintre), de nombreux enseignants, la liste ne cesse de s'allonger et de s'étoffer. Le 2 janvier, *l'Humanité* publie une « Lettre à madame Dongé, mère », par laquelle Clara Zetkin salue « la voix de l'humanité la plus noble » parce qu'elle s'est associée à la demande de recours en grâce de l'assassin présumé de son fils. Le 4, de Pressensé titre « La nouvelle affaire Dreyfus ». En février, le journal enquête à la prison de Rouen, annonce que Durand entame une grève de la faim, appelle à une manifestation « grandiose », rend compte du débat à la Chambre, applaudit à la libération de Durand. Jaurès enfonce le clou. Il dénonce après coup « le déchaînement d'outrages » dans la presse à l'encontre de *l'Humanité* et il en tire les conclusions optimistes qui lui ressemblent sur « la force de la vérité » et les vertus de la liberté républicaine.

Cependant l'affaire connaît un triste épilogue. On apprend en mars que Durand est devenu « fou », en avril qu'il a été interné à l'hospice du Havre, en juin qu'il ne va pas mieux, en septembre que son « odyssée » le conduit à l'hôpital Sainte-Anne. On apprendra l'année suivante que, si sa condamnation a été annulée, le malheureux reste à Sainte-Anne et que l'affaire l'a définitivement brisé.

Qui connaît Lafargue ? Plusieurs mains se lèvent. Il y a ceux qui connaissent le gendre de Marx, l'époux de Laura, l'auteur du splendide *Droit à la paresse*, le médecin créole, le compère du socialisme français, le rédacteur de l'éditorial « Retraite pour les Morts » l'année précédente. Personne ne devrait ignorer l'histoire de sa mort. *L'Humanité* l'annonce le 27 novembre et publie la magnifique lettre qu'il nous a laissée :

Ci-contre : kiosque à la Belle Époque.
À droite : une du 4 janvier 1911.

Six Mois	9 fr. »	10 fr. 50	16 fr. 50
Trois Mois	4 fr. 50	5 fr. 25	9 fr. »
Un Mois	1 fr. 50	1 fr. 75	

Les Abonnements sont reçus SANS FRAIS dans tous les Bureaux de Poste.

5 Le Numéro

POUR LA LIBÉRATION DE DURAND

La Nouvelle Affaire Dreyfus

En présence du faisceau des preuves qui démontrent l'innocence absolue de Durand et qui jettent un jour si éclatant sur les vices de l'instruction, sur l'embrigadement des témoins à charge, sur la partialité de la Cour, sur les préventions d'un jury façonné par une presse sans pudeur, M. Fallières a reculé devant le crime irréparable de l'exécution. Du même coup, il a rendu inévitable la grâce entière, prélude et gage de la revision.

Peut-être des politiciens à courte vue ont-ils cru, en substituant à un acte simple et fort de justice un expédient bâtard, arrêter adroitement le mouvement déchaîné dans le pays par le verdict de Rouen : ils n'ont fait que s'enlever le mérite, la bonne grâce d'une réparation qui n'en demeure que plus nécessaire. Les partisans de la libération, de la *restitutio in integrum* de Durand avaient déjà les mains pleines d'arguments propres à convaincre tous les hommes de bonne foi, le président de la République nous en donne un nouveau, en avouant officiellement l'innocence de Durand sans oser aller jusqu'au bout des conséquences inéluctables de ce fait. Bien loin que ce geste étriqué et imparfait puisse donner le signal de l'apaisement, j'y vois un motif de plus, et impérieux, de redoubler nos efforts.

* * *

Je ne m'attarderai pas aux criailleries hypocrites des officieux qui dénoncent, dans cette campagne de justice, une tentative d'intimidation. A qui feront-ils croire qu'eux et leurs patrons, ils se

l'on ait raison de dire : « Ils se sont lancés dans la bataille pour un homme de leur classe — pour une cause qui faisait appel à leur sensibilité — qui ne mettait en jeu ni leurs intérêts ni leurs privilèges de caste ; ils ont fui le jour où il s'est agi d'un ouvrier — d'un épisode du grand conflit social ?

S'abstenir aujourd'hui, c'est désavouer, c'est flétrir, c'est déshonorer votre propre passé. Et ce n'est pas tout. Il y va, en dernière analyse, des destins de notre démocratie elle-même.

A une heure trouble, en pleine tourmente, quand un esprit de vertige et de réaction souffle sur les classes possédantes et dirigeantes, notre société est-elle capable d'assurer envers et contre tous les garanties d'une justice exacte, d'une rigoureuse légalité aux soldats mêmes de l'armée ouvrière ? Y aura-t-il des hommes assez épris de droit, d'âme assez haute et de raison assez ferme pour épouser la cause d'un adversaire avec autant — je voudrais oser dire : avec plus — de zèle que celle d'un ami ?

* * *

L'épisode tragique de Durand n'est qu'une page dans une histoire déjà longue — dans l'histoire de la guerre au prolétariat organisé et au socialisme. Consciemment ou non, ce que l'on a sauvagement frappé en Durand, secrétaire de syndicat, c'est l'organisation syndicale en l'un de ses modestes artisans.

A cette heure, la République, enfin aux mains des partis dits avancés, sous la conduite de l'ex-apôtre de la grève générale et de la révolution des piques et

proposer une solution quel
les augures de la bourge
nt en vain sur les budget
es charlatans du nationalis
aux ignorants et aux ni
ouilles de l'ennemi suffir
les caisses publiques, il n'
nme sérieux qui, en hauss
; ne se détourne de leur o
ravailleurs de tous les pay
ys vaincus, ceux des pays
réclament de nouvelles con
grèves énormes partout, e
au Canada, en Italie, en
gique, et jusque chez les

Sain de corps et d'esprit, je me tue avant que l'impitoyable vieillesse, qui m'enleva un à un les plaisirs et les joies de l'existence et qui me dépouilla de mes forces physiques et intellectuelles, ne paralyse mon énergie et ne brise ma volonté et ne fasse de moi une charge à moi-même et aux autres. Depuis des années, je me suis promis de ne pas dépasser les soixante-dix ans, j'ai fixé l'époque de l'année pour mon départ de la vie et j'ai préparé le mode d'exécution de ma résolution : une injection hypodermique d'acide cyanhydrique. Je meurs avec la joie suprême d'avoir la certitude que, dans un avenir prochain, la cause à laquelle je me suis dévoué depuis quarante-cinq ans triomphera. Vive le communisme ! Vive le socialisme international !

On voit qu'il ne tenait pas des comptes d'apothicaire, qu'il lui restait de la marge jusqu'à son anniversaire le 15 janvier, et qu'il croyait dur comme fer à l'avènement rapide du communisme. L'honnête Jaurès reste déconcerté. Il salue « le mystérieux mélange émouvant d'idéalisme et de paradoxe, dans sa vie comme dans sa mort ». Quelques voix également attristées – et inquiètes – déplorent le geste et répètent bien fort que Lafargue n'était pas si vieux ni décati que ça. Sembat écrit la plus belle page. Il l'intitule « Tous les deux », rendant par là hommage à Laura qui accompagnait Paul dans la mort ; il s'incline devant un acte « fier et magnifique » ; il s'appuie à la fois sur Wells pour l'euthanasie et en conclusion sur La Fontaine :

La mort avait raison : je voudrais qu'à cet âge
On sortît de la vie ainsi que d'un banquet,
Remerciant son hôte, et qu'on fît son paquet ;

La disparition de Lafargue a pour conséquence l'intronisation d'un représentant de son courant à la direction du journal. C'est Cachin. Il y restera près d'un demi-siècle. Son premier éditorial paraîtra au début de l'année suivante. Il aura pour sujet la situation à Roubaix.

Évidemment, 1911 ce n'est pas que Lafargue et Durand. Ni la girafe offerte en étrennes par le Négus au président Fallières. Ni les soixante-dix ans de Vaillant fêtés avec un an de retard par la presse internationale alors que le vieux communard avait décliné fermement la cérémonie d'un hommage souhaité par ses camarades français. Ni la réclame pour une merveilleuse mandoline napolitaine en bois de palissandre, qui aurait pu servir à la fête. Ni le très beau récit de voyage de Topffer au col du Grand-Saint-Bernard. Ni le vol de *La Joconde*.

Il y a la situation intérieure traitée de manière souvent approximative. Que ce soit une affiche à l'occasion des élections municipales complémentaires de Paris où on peut lire : « Les bourgeois de Paris – conseillers municipaux radicaux & nationalistes – ont livré les richesses de Paris : électricité, gaz, transports, eau À LA HAUTE BANQUE » sous un dessin de Poncet, une touche antisémite qui contredit la déclaration dénonçant le Capitalisme sans épithète « ni juif, ni catholique, ni franc-maçon ». Que ce soit l'article « La crèche tueuse d'enfants » où on peut lire que les enfants meurent parce qu'on les sépare de leur mère.

Il y a la situation internationale traitée dans toute son ampleur. Au programme – si on résume – l'aventure coloniale au Maroc ; l'attentat contre Stolypine où Longuet paraît soudain moins catégorique dans la mesure où il s'affirme « opposé à toute effusion de sang », même si l'assassin est un jeune *militant* terroriste qui « mourra admirablement » ; et surtout la litanie des meetings contre la guerre, en particulier à Trafalgar Square, sans oublier les actions de l'Internationale des enfants.

Il y a les arts. Léon Rosenthal visite le Salon des indépendants. Il tient la chronique de « l'art social » comme si l'art ne pouvait être que social mais il la tient avec intelligence. Il signale au passage Matisse et Van Dongen (« quelques-uns réduisent leur notation à quelques taches intenses ») et porte un jugement sévère sur les jeunes artistes davantage soucieux de technique plutôt que d'écouter « la chanson douloureuse et bienfaisante de l'humanité qui peine ». Toutefois il leur accorde sa confiance : « C'est ici que se prépare l'art de demain. » Par ailleurs, un éditorial de Compère-Morel consacré au dernier livre de

Ci-contre : Marcel Cachin.
Ci-dessous : le 28 novembre 1911, *l'Humanité* rend hommage aux époux Lafargue.

l'Humanité
JOURNAL SOCIALISTE QUOTIDIEN
5c — Directeur Politique : JEAN JAURÈS — 5c
UN DEUIL SOCIALISTE
LA DESTINÉE
LA PRÉPARATION DE LA MORT
Paul et Laura Lafargue
DEUX INTERVIEWS
Chez Jules Guesde
CONDOLÉANCES
Dernier Témoignage
Chez Vaillant

Guesde, *En garde*, vante aussi ses grandes qualités littéraires, suivez mon regard, « qu'aucun fin lettré n'a le droit de dédaigner ».

Quant à la vie de *l'Huma*, elle va son bonhomme de chemin. Au congrès de Saint-Quentin, qui entonne un hymne au régional Babeuf, une motion vise à l'élargissement de la direction. Elle tient à ne pas froisser Jaurès, dont le premier chapitre de *L'Armée nouvelle* paraît en éditorial et en librairie. Le débat est vif, mais la défiance n'est pas de mise, et Renaudel affirme que *l'Humanité* est déjà le journal du parti depuis trois ans. La preuve, si on veut, elle subit des poursuites. Malgré les efforts, les ventes baissent au cours du second semestre. La direction reconnaît les premières difficultés sérieuses depuis la « renaissance ». Un nouvel appel à la souscription est lancé.

★

Il sera repris en mars 1912. Il nous faut 200 000 F en un an. « C'est possible. » Un objectif est fixé pour soutenir la démarche : un journal à six pages. Et toute une série de meetings est organisée pour dynamiser le combat « contre la puissance formidable d'une presse de mensonges, de privilège brutal, de chauvinisme grossier », selon les mots mêmes de Jaurès.

Cela dit, le ton est donné dès le début du mois de janvier par « la marche triomphale » de la social-démocratie allemande. La majorité des socialistes français en rêvent et l'admirent, quelles que soient les réticences des syndicalistes. Et quand la crise des Balkans éclate en octobre, *l'Humanité* signale les manifestations internationales contre la guerre, publie côte à côte un double manifeste : « le prolétariat français contre la guerre » – une colonne la SFIO, une colonne la CGT. Elle assure un suivi quotidien de la guerre balkanique, avec des cartes claires, des analyses sérieuses, elle pense que la « grande guerre générale » sera encore évitée. Mais on n'est jamais trop prudent, et dans la seconde quinzaine de novembre elle repart en campagne. « TOUS DEBOUT », des meetings se tiennent en présence des dirigeants de l'Internationale à Berlin, Vienne, Londres, Rome.

Idem à Paris où retentit le cri « VIVE L'INTERNATIONALE OUVRIÈRE – À BAS LA GUERRE ». Le lecteur n'a qu'à suivre le plan pour se rendre au Pré-Saint-Gervais, sur la butte du Chapeau-Rouge. Un programme précis est arrêté, huit tribunes sont édifiées, les orateurs y montent pour des discours simultanés. Le succès est au rendez-vous. Le surlendemain, *l'Humanité* se livre à un exercice inédit. Elle propose une revue de presse des journaux hostiles, méprisants, qui se moquent d'une « armée socialiste » peu nombreuse, des prolétaires « bien nourris », venus écouter les « bonisseurs », simples curieux attirés par un spectacle gratuit, rentrés chez eux crottés, boueux, à cause de la pluie. Sous peu, le Manifeste de l'Internationale unanime au congrès de Bâle vient couronner la campagne contre la guerre.

Ci-dessous : une du 1er mai 1911.
Ci-contre : Braque, *Hommage à J. S. Bach*, 1912.

l'Humanité
JOURNAL SOCIALISTE QUOTIDIEN
Directeur Politique : JEAN JAURÈS
5c
5c
TRAVAILLEURS, UNISSEZ-VOUS !

Et puis *l'Humanité* s'illustre encore dans ce qu'elle appelle l'affaire Aernoult, une longue affaire qu'elle contribue pour l'essentiel à rendre publique, un épisode majeur de la lutte contre les bagnes militaires. Elle appelle à une manifestation. 150 000 personnes suivent le cercueil d'Aernoult le 11 février. On n'avait rien vu d'aussi puissant depuis la Commune. Elle soutient par principe les grèves. Le 1er mai, sous le dessin traditionnel, elle propose une belle citation de Mirabeau : « Prenez garde : ne dédaignez pas ce Peuple qui, pour être formidable, n'aurait qu'à être immobile. »

Léon Rosenthal défend le Salon d'automne, c'est le dixième, contre les multiples attaques dont il est l'objet. Il en profite pour rappeler que le rôle des socialistes est de « soutenir les artistes novateurs [...] examiner avec sympathie toute tentative, si choquante, si inintelligible qu'elle nous paraisse au premier abord », bravo, quand bien même il signifie « les pires extravagances des cubistes ».

Pour le reste, on peut retenir la dénonciation d'un « monstrueux » crime antisémite à Kiev, la disparition assez discrète du *Titanic*, le succès rencontré par nos camarades américains d'*Appeal to Reason* avec un numéro spécial sur les juges vendu à trois millions d'exemplaires, le *happy birthday* souhaité à Kropotkine pour ses soixante-dix ans avec en prime un *toast* de Shaw, à croire que tout le monde a

1912

“Examiner avec sympathie toute tentative, si choquante, si inintelligible qu’elle nous paraisse au premier abord.”
Léon Rosenthal

été et de ce qui n'était plus.

— Mathilde, murmurait-il, nous aurons des fraises énormes cette année... Les Louisebonne ont été épargnées par la gelée, les duchesses aussi... Il faudra

me.

— Qu'est-ce que je suis alors ?

— Un bandit !

— Je suis un bandit parce que je me débarrasse d'un arbre qui me gêne ?

Adresser toutes les demandes de renseignements régionaux : Paris, Bordeaux, Lyon, Tours, Lens, nes, Epinal, Château-Regnault. — Pour la zone Foron.

Siège social : à Paris, 208, rue Saint-Maur.

A TRAVERS L

Nos Cours de Culture physique

PREMIÈRE PARTIE

POUR FORTIFIER LES MUSCLES DU TORSE

PREMIERE LEÇON

Les dorsaux. — Les pectoraux. — Les dentelés. — Les abdominaux. — Le cou. — Le dos et les reins. — Exercices respiratoires.

Les muscles du torse comptent parmi ceux qu'il est le plus nécessaire de développer. Outre qu'il n'est rien de plus lamentable qu'un torse étique, bâti tout d'une pièce et où le ventre seul forme saillie, rien n'est plus dangereux, au point de vue purement sanitaire, que de ne pas avoir un « coffre solide ». Une poitrine vaste, contenant des poumons vastes, un

Fig. 1

Fig. 2

abdomen bien protégé par une solide tunique musculaire, voilà ce que tout homme, même absolument dépourvu d'ambitions athlétiques doit posséder.

1° Pour développer les pectoraux (A)

Les pectoraux, on le sait, sont ces deux masses musculaires insérées à l'épaule et sur le sternum, et qui constituent ce qu'on appelle communément la poitrine.

Les haltères aux mains, placez-vous devant la glace, les talons réunis, le corps bien droit. Tenez vos haltères de façon à

Fig. 3

Fig. 4

avoir les ongles tournés vers le sol. Cette condition remplie élevez alternativement chaque bras bien tendu, jusqu'à hauteur d'épaule. Marquez alors un léger temps d'arrêt, puis abaissez le bras, toujours tendu, jusqu'à ce que le côté de votre main vienne effleurer la couture de la culotte.

En effectuant le deuxième temps du mouvement, contractez fortement votre pectoral, qui doit être alors dur et gonflé.

Ce mouvement, outre qu'il développe excellemment la poitrine, fait travailler également les muscles de l'épaule (deltoïdes) et les muscles situés derrière les bras (triceps) vingt fois de suite (ce qui fait dix par bras). On augmentera progressivement le nombre jusqu'à quarante, chiffre qu'on ne dépassera pas. (Fig 1.)

Pour les dorsaux, les dentelés et les pectoraux

Pour développer les dorsaux et les dentelés (muscles en forme de scie placés sous les bras) ramener les haltères à hauteur des épaules, les ongles face aux oreilles. Les talons toujours joints et le corps droit, élever alternativement les haltères en les ramenant — toujours alternativement — à hauteur des épaules. Avoir soin d'exécuter le mouvement d'une façon absolument correcte, assez lentement et en contractant bien à fond.

En même temps que les dorsaux et les dentelés, ce mouvement fait travailler le biceps, le triceps, les deltoïdes et les pectoraux supérieurs.

A exécuter vingt fois d'abord, en augmentant progressivement jusqu'à quarante. (Fig. 2.)

Pour développer les pectoraux (B.)

Ce mouvement s'exécute sans haltères. Pour être efficace, il doit être exécuté avec

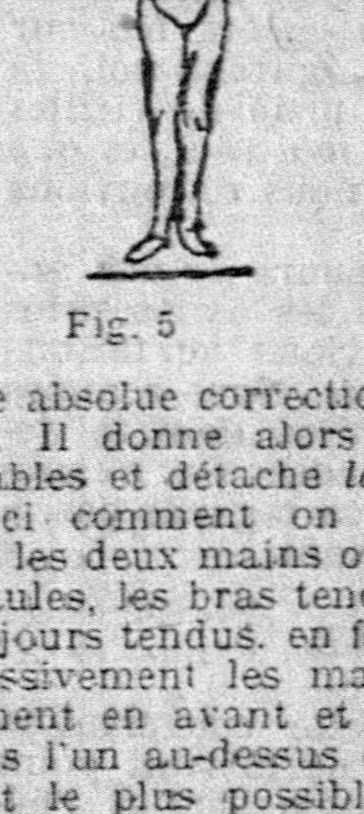

Fig. 5

Fig. 6

une absolue correction et une grande énergie. Il donne alors des résultats remarquables et détache *la ligne* des pectoraux. Voici comment on doit procéder : Elever les deux mains ouvertes, à hauteur des épaules, les bras tendus. Abaisser les bras, toujours tendus, en fermant et serrant progressivement les mains. Se courber légèrement en avant et faire passer les deux bras l'un au-dessus de l'autre, en les portant le plus possible de côté et en contractant à fond les pectoraux.

D'abord 10 fois et augmentation progressive jusqu'à 20 seulement, car sous de débonnaires apparences ce mouvement est des plus fatigants (fig. 3).

Pour les muscles du dos

Développement des muscles du dos par contraction des bras ramenés en arrière.

Ce mouvement fait saillir étonnamment les muscles du dos et s'exécute sans haltères. Porter les bras tendus derrière le dos. Saisir le poignet gauche avec la main droite et tendre violemment les bras en contractant les muscles du dos.

Pour les dorsaux

Développement des dorsaux par simple contraction.

Ramener les bras, légèrement incurvés, à hauteur des épaules. Contracter les bras — sans les abaisser — ainsi que les dorsaux. Si le mouvement est exécuté correctement, on verra saillir les dorsaux de chaque côté du torse, en même temps qu'on sentira fort nettement une sensation de chaleur, indice certain du travail effectué.

D'abord 10, puis 20 fois (fig. 5).

Pour les obliques (A)

Ce sont les muscles servant à faire pivoter le torse sur le bassin et à maintenir l'abdomen.

Pour les développer, exécuter le mouvement suivant : les jambes écartées, le torse bien droit, élever les deux bras au-dessus de la tête, mains ouvertes et appuyées l'une contre l'autre. Pencher alternativement et le plus possible le torse à

Fig. 7

droite et à gauche, en laissant les bras dans le prolongement du tronc.

D'abord dix, puis vingt fois (fig. 6).

Pour les obliques (B)

Les jambes toujours écartées, mettre les mains aux hanches et faire pivoter lentement le torse sur le bassin.

Les jambes doivent rester tendues, le corps droit et la tête haute. D'abord dix, puis vingt fois. (*Fig.* 7.)

Entre ce dernier mouvement et le précédent, il ne devra pas y avoir de temps de repos.

Henry DISPAN.

POUR LES JEUX OLYMPIQUES

A Londres le baron P. de Coubertin indique ce qui se fait dans le monde en faveur des Olympiades

Le British Olympic Council a donné à Londres un grand dîner en l'honneur du baron Pierre de Coubertin, président du Comité international olympique.

Le dîner, auquel assistaient des représentants de toutes les fédérations sportives anglaises, ainsi que du Canada, de l'Australie et du Sud-Afrique, était présidé par le duc de Somerset.

Dans un bref discours en anglais, le baron Pierre de Coubertin a répondu, et après avoir remercié, il a évoqué le souvenir de la quatrième olympiade si brillamment célébrée à Londres en 1908. Il a dit qu'on pouvait s'étonner qu'une réaction se fût produite dans une partie de l'opinion anglaise à la suite de cette célébration et qu'à la différence des autres pays l'Angleterre montre en ce moment quelque hésitation à se préparer à la prochaine olympiade. Mais à la réflexion il n'y a rien là de surprenant.

Le sport, fut pour l'Angleterre, pendant la plus grande partie du dix-neuvième siècle, une sorte de trésor jalousement gardé et d'où la nation tirait sa force. Cet « or du Rhin » a été dérobé et les autres na-

ressent q
son privil
Les vrai
quiètent d
parle des j
d'argent,
nance ? E
olympique
coup trop,
terre mais
Les Finl
belle place
préoccupés
ses subven
attendu le
tre à l'œu
En troisi
certains m
pisme en
des Anglo-
règne défin
La sixième
rizon que
qui seront
citent des
A Budap
constructio
nement s'i
municipali
A Anvers,
est sur pie
dre la can
activité sa
tendances
nir olympi
Mais ce q
timent spo
ront aux j
anglaise p
En termi
ternational
Olympic C
de Somers
du révéren
fait pour l
pique en A

LA PRE

On écrit
olympique
voyage d'é
tembre de
de l'Atlant
paration d
Le choix
champion
lein, que
athlètes le
existé. Kra
allemande
Le nouv
l'œuvre. I
grand nom
ront faire
des en 191
sera limité
traînement
mais il a
nombre co
disposition
il y a qu
athlètes a
comme so
seront cho
pique allem
sonnes se
de profess
mettre en
ces profess
ments ann
prochainen
Kraenzle
lin, mais
temps des
imitant en
berg, afin
accomplis.

ents et Entrepôts
Montceau-les-Mi-
: à la Roche-sur-
Nord 45-27, 48-30.

S SPORTS

rtume de la perte de ntiment s'évanouira. en d'autre part, s'in- minance — dès qu'on iques — des questions quoi cette prédomi- s inhérente aux jeux et on en parle beau- seulement en Angle- ssi.

i ont conquis une si lm, s'étaient-ils donc ble d'obtenir de gros- en Allemagne a-t-on rlement pour se met-

n semble croire, dans anniques, que l'olym- urnant où il dépend rendre au Nord son tel n'est pas le cas. est à peine sur l'ho- tième et la huitième, n 1920 et en 1924, sus- t des efforts.

de magnifique est en terrain et son gouver- à l'entreprise et la n appui chaleureux. rt, un plan colossal ité chargé de défen- e la cité déploie une A Amsterdam des e manifestent. L'ave- c hors de discussion. bonifié, c'est le sen- es athlètes apporte- t en ce que l'action ifester utilement. ésident du Comité in- la santé du British son président le duc lui qui en est l'âme. y Laffan, qui a tout ment de l'idée olym-

EN ALLEMAGNE

que la commission qui a terminé son États-Unis, le 30 sep- gage de l'autre côté raineur pour la pré- allemands. ureux. C'est l'ancien pied, Alwin Kraenz- compter parmi les ux qui aient jamais du reste d'origine

ur s'est déjà mis à à trouver le plus d'athlètes qui pour- es couleurs alleman- Son champ d'action ourra surveiller l'en- s athlètes allemands, us-entraîneurs et un de professeurs à sa nois Waitzer, qui fut, s, un des meilleurs a déjà été désigné r ; les deux autres rd. Le comité olym- nnoncer que les per- s à remplir le poste , dès maintenant, se vec lui. Le choix de auront des appointe- 000 francs, se fera

ra en principe à Ber- endra de temps en travers l'Allemagne, aîneur suédois Hjert- e compte des progrès

Quelques Aperçus sur le Rugby

Equipe du Sporting Club de Vaugirard

Au moment où, dans toute la France, vont commencer les matches de championnats régionaux de football rugby, il nous a semblé utile d'examiner la situation des équipes que nous possédons et de voir si nous allons pouvoir aborder avec confiance les rencontres internationales de cette saison.

Si nous jetons un coup d'œil en arrière dans l'histoire du football rugby, nous constatons qu'il y a seulement cinq ou six ans, le championnat de France se réduisait à une simple lutte entre le Stade Français, le Racing Club de France, pour Paris ; le Stade Bordelais, le Football Club de Lyon, et le Havre Athletic Club pour la province.

Depuis, le Stade Toulousain, le Stade Nantais, le Sporting Club Universitaire et, plus récemment, Tarbes, Périgueux, Perpignan, Compiègne, Bayonne et le Sporting Club de Vaugirard se sont nettement imposés.

L'Aviron Bayonnais et le Sporting Club de Vaugirard, notamment, arrivèrent, en deux saisons, à la première série.

Voilà que, cette année, Pau, Dax, Carcassonne viennent s'ajouter à la liste, sans compter à Bordeaux, à Toulouse, à Perpignan, les sociétés rivales qui ont l'air de vouloir marcher sur les traces de leurs aînées.

Ajoutez à cela le nombre grandissant des sociétés pratiquant ce sport, et vous devez constater que c'est dans toute la France un grand élan qui se manifeste en faveur du rugby.

Bien qu'il soit difficile, à un début de saison, d'être fixé sur la valeur exacte des équipes, nous pouvons voir, dès maintenant, que, cette saison, dans la lutte pour le championnat de France, les clubs possédant des équipes pouvant prétendre à la finale seront certainement plus nombreux que l'an passé. Il y a là des éléments nouveaux qui doivent aider à perfectionner les anciens et nous permettre de faire figure honorable dans la compétition internationale.

Jusqu'à ce jour, à part une victoire de justesse à Paris, chaque rencontre fut, pour nous, l'occasion d'une défaite, et certaines se terminèrent par un nombre respectable de points, à notre désavantage.

Notre dernier match contre le Pays de Galles, où notre équipe ne succomba que de 11 points à 8, est-il le présage de victoires pour cette saison ?

...tient beaucoup à la sélection de notre équipe représentative. Sur cette question, deux camps sont nettement définis. Les uns sont partisans de former l'équipe avec nos meilleurs joueurs pris dans différents clubs, les autres demandent d'opposer simplement notre meilleure équipe de club. La commission de rugby a tenté cette dernière expérience en décidant que le premier match de sélection Probables du Sud contre Possibles du Sud qui aura lieu à Tarbes le 30 novembre, opposera l'équipe de l'Aviron Bayonnais à une équipe choisie parmi les meilleurs joueurs méridionaux. Quel que soit le résultat de cette rencontre, il est certain qu'il serait dangereux de désigner une équipe de club pour nous représenter. S'il s'agissait d'un seul match à disputer en fin de saison, on pourrait, avec bien des réserves, désigner l'équipe champion de France, mais il y a quatre rencontres et la première a lieu en janvier. A cette époque, il est impossible de pouvoir dire quelle est notre meilleure équipe. A l'heure actuelle, peut-on affirmer que Bayonne est la meilleure équipe du Sud ? Si l'on se base sur les matches Bayonne-Tarbes, Tarbes-Toulouse, on est obligé de reconnaître que Toulouse est en ce moment supérieure, ce qui pourra très bien ne plus exister dans trois mois. Telle équipe, excellente en janvier, peut être surclassée en mars.

Les partisans de l'équipe de club ne font valoir que jusqu'à ce jour l'homogénéité nous a manqué dans les rencontres internationales.

Mais cette homogénéité peut-elle compenser la qualité que nous pouvons avoir en sélectionnant nos meilleurs joueurs ? Je ne le crois pas et le match Penarth-Bayonne en est une preuve à l'appui.

Nous devons pour l'instant travailler ferme dans les équipes de rugby, au point de vue pratique et théorique, et tâcher surtout d'obtenir de nos joueurs de se plier au régime sévère exigé pour se maintenir en forme. C'est à ces seules conditions que nous pourrons aborder la lutte avec chances de succès.

Je terminerai en continuant à déplorer que les clubs de la Fédération sportive athlétique socialiste ne se remuent pas plus pour arriver à former des équipes de rugby. Pendant ce temps, les capitalistes mettent la main sur ce sport et, comme partout ailleurs où ils sont les maîtres, ...

...les pluies récentes empêchent Belleville ... combinaisons d'aboutir. Les deux équipes attaquent à tour de rôle et les arrières sont à l'ouvrage. Meudon multiplie les descentes et rentre successivement 3 buts. La mi-temps est sifflée sur ce résultat.

La seconde mi-temps est tout aussi intéressante, mais le terrain est la cause de bien des « loupages ». Sur une du 15e, la balle bien reprise par l'avant-centre entre dans les buts de Meudon ; celui-ci redouble d'ardeur et malgré l'énergique défense des locaux rentre deux nouveaux buts dont l'un sur penalty. La fin est sifflée sur ce résultat.

Club athlétique socialiste bellevillois (1) bat Club athlétique socialiste du 18e par 2 buts à 0. — Belleville n'a que 10 joueurs sur le terrain, cependant les joueurs de cette équipe imposent leur jeu et Lucien Chanteau rentre deux buts ; le premier par une tête superbe et le second par une prise de volée imparable.

Au 18e, le goal fit d'excellents arrêts et à Belleville tout le monde est à féliciter.

Club athlétique socialiste dionysien (1) bat Club athlétique socialiste de l'Egalitaire (1) par 11 buts à 0. — Joué sur un terrain gras qui gêna malheureusement les combinaisons de Saint-Denis, ce match fut assez intéressant à suivre. Dans la première mi-temps, l'Egalitaire, qui possède quelques bonnes unités, se défendit énergiquement et 3 buts seulement furent marqués. A la reprise, Saint-Denis domine manifestement et marqua 8 buts. L'Egalitaire découragé fera quelques échappées peu suivies. A Saint-Denis, toute l'équipe est à féliciter. Elle a une belle allure sur le terrain et possède de bons éléments.

Première série. — Equipes secondes

Club athlétique socialiste du 18e (2) bat Club athlétique socialiste bellevillois (2) par 1 but à 0. — Dès la première mi-temps, le 18e impose son jeu et réussit à rentrer six buts malgré la belle défense de Belleville. A la deuxième mi-temps, le C.A.S. Belleville se reprend et fait quelques belles descentes qui sont arrêtées par les arrières adverses ; le 18e ne peut rentrer qu'un but 10 minutes avant la fin.

Remarqué la bonne défense de Belleville. Au 18e, bonne ligne d'avants qui sait placer son jeu, et beaux arrêts des arrières.

Meudon-Clamart Stade (2) bat Club sportif de la Jeunesse socialiste du 15e (2) par 2 buts à 1. — Partie amicale jouée avec beaucoup d'énergie. A la première mi-temps, Sifflet de Meudon rentre deux buts imparables. Dans la seconde mi-temps, le 15e rentre un but à son tour, mais ne peut parvenir à égaliser.

A Meudon, le goal, les arrières et la ligne des demis firent une bonne partie ; au 15e, on joua courageusement.

Championnat de Charentonneau. — L'Utilité sociale contre Lutèce. L'Utilité sociale bat Lutèce par forfait.

FEUILLETON DU 10 NOVEMBRE 1913 — 114

Le Magicien de l'Air

PAR

PAUL ZAHORI

TROISIEME PARTIE

L'HOMME DES TOITS

VIII

Les aventures de Gérard Rovalis

— SUITE —

« Puis, le lamentable criminel, tombant à genoux, se mit à pleurer et à geindre comme un enfant ! Il invoquait sa mère ! Il la suppliait de lui accorder un suprême baiser ; il demandait pardon ! Il lui demandait de le bercer sur ses genoux, comme si elle eût pu l'entendre ! En d'autres circonstances, je n'aurais pu supporter un pareil spectacle. J'aurais fui devant ce malheureux, à qui je ne pouvais adresser un mot de consolation, car il en était indigne. Mais les paroles qu'il m'avait adressées venaient de changer toutes mes résolutions. Lui voulait mourir ? Eh bien ! moi, je voulais vivre ! En effet, je t'avais accusée, jugée et condamnée sur des apparences ! Je me devais de faire appel de ces soupçons. Je ne pouvais plus disparaî-

Nase gym 1. pou bicy M Arm LE Phél Drin Gay 11 Ram M. d Kam 14 Cliti Lelio Perd 9 f Souv La T Sina 11 Ex A Va T 4 Mani Beau Xiph Au Sain HER Co Eco Sorbe rie d'ap gard de M 5 la F U. quiè tions U. et su Soi Chér rité, des ricid Il appr vant Il les v laiss viron à su Il c'est quoi la l' cour Je nior pou plus C N Un me

1913

Un éditorial de Bracke traite du système Taylor, après une grève mouvementée aux ateliers Renault.

soixante-dix ans à la veille de la guerre, le succès d'Amundsen au pôle Sud, le retour rapide de Tolstoï avec *Résurrection* en feuilleton. J'aimerais juste ajouter l'avant-goût discret d'un Sacco et Vanzetti qui se termine bien : l'arrestation sans fondement des syndicalistes américains Ettor et Giovanitti, la lutte pour leur libération, leur acquittement.

★

1913 passe pour une année faste. Elle n'usurpe pas sa renommée. La lecture de *l'Humanité* en apporte une nouvelle démonstration.

Les six pages sont pour la fin janvier et elles seront plus longues à lire. Elle se veut désormais « un grand journal d'information populaire », et non plus seulement prolétarien, « nécessaire au travailleur, intéressant pour la femme, éducatif pour la famille ». Une nouvelle rubrique « La vie en famille », visiblement destinée aux femmes, présente des blouses « pratiques », des petits chapeaux, toute la panoplie d'une mode très honorable. En mai, elle pose quelques questions à nos lectrices : 1) Faites-vous vos robes vous-mêmes ? 2) Voulez-vous suivre la mode simple ? 3) Des recettes de cuisine vous sont-elles utiles ? Les réponses arrivent on ne peut plus vite puisque, dès la semaine suivante, Jeannine donne la recette de l'épaule de mouton farcie (« Trempez la mie de pain dans un peu de lait… », je vous passe la suite, de toute façon ça échappe à mes compétences). L'été, la lectrice ne rate pas un titre original, « La déconfiture des confitures », qui introduit un article sur la pénurie de fruits aux Halles. À la fin de l'été, Albert Thomas pense qu'il n'est pas trop tard pour s'intéresser aux « vacances de nos enfants » dans les premières colonies.

Le travailleur, lui, se reporte à la nouvelle rubrique « Dernières nouvelles de la nuit », qui autorise *l'Humanité* à se flatter de ses « fils spéciaux » et de ses correspondances et dépêches dans les grandes capitales jusqu'à New York et Stockholm. Il retrouve la « Vie sociale » promue, une page entière mais quelque peu exilée page 6. Il découvre l'actualité ou la vie scientifique, qui couvre l'ensemble du champ, proposant par exemple une contribution sur l'oxyde de carbone – à propos de la mort de deux collégiens – et une autre sur la pêche à la sardine sans raison explicite. Il dévore aussi une rubrique sportive plus conséquente. Kleinhoff est épaulé par Dispan de Florian – qui signe Dispan – et ils ajoutent aux activités déjà traditionnelles les sports de neige, un « abracadabrant » polo en automobile, et même pour le dernier Noël d'avant-guerre un « délicieux » sport d'hiver, le yachting sur glace. Dispan réfléchit au sujet, aborde le culte du biceps avec photos à l'appui, montre ce qu'il ne faut pas devenir (la gonflette), le but qu'il faut atteindre (Praxitèle). À l'automne, *l'Humanité* propose des cours de culture physique, avec schémas, le volontaire peut se mettre le jour même à fortifier les muscles de son dos. Pas d'inquiétude, le reste suivra.

Avec tout ça, les ventes progressent. En un mois, on compte 10 000 nouveaux lecteurs dans le seul département de la Seine. En cinq mois, les ventes ont doublé. Pendant le second semestre, le nombre d'abonnés, indiqué chaque jour à la une dans un encadré, augmente gentiment.

La vie économique et la vie artistique ne sont pas en reste. Le journal dispense au lecteur des leçons plutôt complexes sur le capitalisme illustrées par de nombreux exemples concrets. Mais la contribution la plus originale est extérieure à la rubrique ; elle est à porter au crédit d'un éditorial de Bracke sur le système Taylor, après une grève mouvementée aux ateliers Renault. Toutefois, quand Marx resurgit, ce n'est pas pour ses analyses du capital mais pour le questionnaire classique que lui a soumis sa fille et que commente son petit-fils, Jean Longuet, qui en présente les réponses comme des confessions. Il figure à la une du 28 juin :

Quelle est votre vertu préférée :	*la simplicité*
Quelle est votre principale caractéristique :	***l'étrangeté des desseins***
Quelle est votre idée du bonheur :	*lutter*
Quelle est votre idée du malheur :	*se soumettre*

Ci-contre : soupe communiste chez les grévistes Renault, 26 février 1913.
Ci-dessous : Marx (Karl).
Double page suivante : Jaurès à une tribune du Pré-Saint-Gervais le 25 mai 1913.

Quel est le vice que vous excusez le plus :	***la crédulité***
Quel est le vice que vous détestez le plus :	*la servilité*
Quelle est votre occupation préférée :	*bouquiner*
Quel est votre héros préféré :	*Spartacus, Kepler*
Quelle est votre fleur préférée :	*le laurier*
Quelle est votre couleur préférée :	*le rouge*
Quel est votre plat préféré :	*le poisson*
Quelle est votre devise :	De omnibus dubitandum

Douter de toutes choses, belle attitude philosophique, moindre habitude en politique, c'est ainsi. Quant aux arts, Léon Rosenthal campe sur ses positions à la fois ouvertes et dubitatives à l'égard des cubistes. Il rassure d'abord son lecteur : « Rassurez-vous, je n'ai pas l'intention de vous parler des cubistes. » Et il en dit quand même deux mots. S'il admet que leurs recherches peuvent être intéressantes, il considère qu'elles sont décidément trop obscures et leurs explications trop abstruses et que le mieux à faire consiste à « les laisser travailler et attendre ». Par ailleurs, le ciment armé puis les gratte-ciel new-yorkais sont à l'honneur. En contrepoint, *l'Humanité* nous offre un exposé sur les idées de la Convention de 93 en matière de rôle social de l'art. Et elle reproduit en une *Les Blanchisseuses* de Degas quand la collection Carondo entre au Louvre, le saluant en compagnie de Renoir et Monet comme un des maîtres de la peinture française, un statut à part étant dévolu au bon Courbet.

Dans l'éventail des maîtres littéraires, on note bien sûr Diderot, mais sans passion particulière, Vallès, et plus étonnamment Vigny. On aura même en prime, *in extenso*, le poème *La Mort du loup*. Cela dit, le journal semble adopter une position de retrait. Certes il ouvre ses colonnes à des textes d'auteurs novateurs, Bataille ou Tagore, mais il n'a plus à proprement parler de rubrique littéraire. Et si jamais le nom d'Apollinaire y était apparu, il eût été noyé dans la masse. Le lecteur retrouve Barrès, Loti, un étonnant Loti adoubé par Jaurès pour parler de la Turquie après la guerre balkanique et qui accepte l'invitation parce que *l'Humanité* n'a pas injurié les vaincus. La rédaction préfère emprunter des articles déjà publiés dans des revues, y compris la *NRF*, ainsi, coucou le revoilà, une étude de Blum tirée de la *Revue de Paris* sur la prochaine génération littéraire. La rédaction reprend à son compte une enquête lancée par son rival *Le Temps* : quels sont vos trois livres préférés ? Les réponses des lecteurs affluent. Elles sont très diverses, choisissent des auteurs anciens, des classiques, des modernes, pas mal aujourd'hui retombés dans l'oubli, quelques œuvres qui ont eu le privilège du feuilleton comme *Résurrection* de Tolstoï, mais quand un lecteur cite *La Guerre et la Paix*, c'est Proudhon, pas Tolstoï.

L'été, la lectrice ne rate pas un titre original, "La déconfiture des confitures".

Les miens, ce serait pour ce siècle et notre langue : les *Lettres à Lou* d'Apollinaire, *L'Usage du monde* de Nicolas Bouvier et *L'Acacia* de Claude Simon. Je sais, personne ne me le demande, mais ce n'est pas une raison. Aussi bien les *Lettres à Lou* que *L'Acacia* ont intimement à voir avec la guerre. La remarque suffirait à suggérer que la littérature la plus narcissique tient viscéralement au monde et a le pouvoir de toucher à l'universel.

Longtemps cette année, le risque de guerre est le leitmotiv. En mars, dans le cadre de la lutte contre les armements, *l'Humanité* publie un « Manifeste des Partis socialistes allemand et français », côte à côte, l'allemand en caractères gothiques. Elle se donne à fond dans la campagne contre le service militaire (la loi) de trois ans. Un nouveau meeting a lieu au Pré-Saint-Gervais, un autre en mai où Jaurès parle de la tribune 6, un autre encore le 14 juillet où Jaurès parle cette fois de la tribune 4. *L'Humanité* affiche hautement l'assez formidable « Foutez le camp » lancé par Anatole France alors que les casernes connaissent des troubles. Elle publie les belles caricatures de Simplicissimus. Elle croit à l'amitié des peuples allemand et français. Au point sans doute de relâcher son attention à l'automne.

Ci-dessous : après le vol de *La Joconde* en 1911.
Ci-contre : manifeste pour la paix publié en allemand et en français le 1er mars 1913.

Manifeste
DES PARTIS SOCIALISTES
Allemand et Français

Au moment où, en Allemagne et en France, les gouvernements se préparent à déposer de nouveaux projets de loi qui vont encore accroître les charges militaires déjà formidables, les socialistes français et les socialistes allemands estiment que c'est leur devoir de s'unir plus étroitement que jamais pour mener ensemble la bataille contre ces agissements insensés des classes dirigeantes.

Les socialistes français et les socialistes allemands protestent, unanimement et d'une même voix, contre les armements incessants qui épuisent les peuples, les contraignent à négliger les plus précieuses œuvres de civilisation, aggravent les défiances réciproques, et au lieu d'assurer la paix, suscitent des conflits qui conduisent à une catastrophe universelle, et qui aboutissent à la misère et à la destruction des masses.

Les socialistes des deux pays ont le droit de se regarder comme les interprètes, tout à la fois du peuple allemand et du peuple français, quand ils affirment que la masse des deux peuples, à une majorité écrasante, veut la paix, et qu'elle a horreur de la guerre. Ce sont les classes dirigeantes qui, d'un côté et de l'autre de la frontière, provoquent artificiellement, au lieu de les combattre, les antagonismes nationaux, attisent l'hostilité réciproque, et détournent ainsi les peuples, dans leur pays, de leurs efforts de civilisation et de leur bataille émancipatrice.

Pour assurer tout à la fois le maintien de la paix, l'indépendance des nations et le progrès dans tous les domaines de la démocratie des deux Etats, les socialistes…

In Deutschland und in Frankreich bereiten die Regierungen wiederum Gesetzentwürfe vor, durch welche die ungeheuren militärischen Lasten noch weiter gesteigert werden. In dieser Stunde erachten es die deutsche und die französische Sozialdemokratie als ihre Pflicht, sich noch enger aneinander anzuschließen, um vereint den Kampf zu führen gegen dieses an Wahnsinn grenzende Treiben der regierenden Klassen.

Die französische und die deutsche Sozialdemokratie erheben einmütig und einstimmig Protest gegen die unaufhörlichen Rüstungen, die die Völker erschöpfen, sie zur Vernachlässigung der wichtigsten Kulturaufgaben zwingen, das gegenseitige Mißtrauen steigern, und, statt den Frieden zu sichern, Konflikte heraufbeschwören, die zu einer Weltkatastrophe führen, mit Massenelend und Massenvernichtung im Gefolge.

Die Sozialdemokratie beider Länder darf sich mit Recht als Wortführerin des deutschen, wie des französischen Volkes betrachten, wenn sie erklärt, daß die Volksmassen mit überwältigender Mehrheit den Frieden wollen und den Krieg verabscheuen. Die herrschenden Klassen hüben und drüben sind es, die die nationalen Gegensätze, statt sie zu bekämpfen, künstlich verschärfen, die gegenseitige Feindseligkeit schüren und dadurch die Völker von ihren Kulturbestrebungen und ihrem Befreiungskampf im Innern ablenken.

Um den Frieden, die Unabhängigkeit der Völker und den Fortschritt der Demokratie auf allen Gebieten in beiden Staaten zu sichern, fordert die Sozialdemokratie…

L'Humanité se donne à fond dans la campagne

contre le service militaire (la loi) de trois ans.

Elle s'en prend aussi à la barbarie où qu'elle sévisse. Elle n'hésite pas devant les têtes marocaines coupées par les tirailleurs sénégalais. Elle innove en reproduisant deux fois le cliché en question à un mois de distance. Et puis, en octobre, je tombe en page 6 sur un reportage tout sauf anodin, une grève dans les mines du Rio Tinto, oui, celles-là mêmes qui étaient cotées en Bourse jusque dans les pages socialistes, une grève qui s'amplifie au point de monter à la une du journal, et qui se solde par la victoire des mineurs de la province de Huelva, sans qu'on sache de combien les actions ont chuté.

Puisque l'année est faste, un phénomène fastueux n'échappe pas à la sagacité de *l'Humanité* : la spéculation sur les tableaux de maître. Un million de francs pour un Rembrandt (la *Bethsabée*) en juin, record battu la semaine suivante par un portrait du « célèbre » Romney, puis par un Greco, enfoncé six mois plus tard par Titien, deux millions de francs, pour *Danaé*, avec pour les lecteurs du journal la lettre du Titien au roi Henri VIII Tudor sur le bon usage de Danaé. Sinon on s'inquiète de l'interdiction du tango à New York, observe avec satisfaction que la République a remplacé la girafe du président qui s'était laissée mourir, offre un récit du vol de *La Joconde* par le voleur une fois *La Joconde* retrouvée, se réjouit à Saint-Ouen devant la maquette du premier monument à Robespierre le jour de Noël et constate sans émoi que la première neige recouvre la capitale à l'avant-veille de la nuit de la Saint-Sylvestre.

★

Personne ne le sait, personne ne le pressent vraiment, mais – pour beaucoup – l'année 1914 ne finira pas et – pour tous – elle sera un choc considérable. On s'en doute, *l'Humanité* n'échappe pas à la règle.

Étrangement on peut être pris de vertige devant le nombre de morts salués dans le journal dès le premier semestre de l'année 1914. Je l'ai été. Ce sont ainsi des élus socialistes, le colonel Picquart de l'affaire Dreyfus, l'ami fidèle Francis de Pressensé qui venait de donner une série d'articles sur le drame social en Afrique du Sud. On lit éloge funèbre sur éloge funèbre. C'est en quelque sorte l'intuition aiguë de la mort d'une époque juste avant la mort de cette époque.

En même temps, non moins étrangement, *l'Humanité* accorde une place de premier choix à la préhistoire. Plusieurs articles reviennent sur nos ancêtres du paléolithique. Bien sûr, ils sont liés à une actualité scientifique rendue vivante par les découvertes au cours de fouilles et par les querelles sur la théorie de l'évolution, mais j'y verrais volontiers une prescience inconsciente de la barbarie qui attend les hommes. Le mois de l'attentat de Sarajevo, on apprend encore la mise au jour de la tombe d'Osiris dans les sables d'Abydos, où les oiseaux volent sur des plafonds jaune d'œuf. Le monde ne cesse d'élargir ses frontières. On se promène ainsi à travers des expositions de statuettes africaines et les estampes japonaises au pavillon de Marsan.

Le mois de l'attentat de Sarajevo, on apprend encore la mise au jour de la tombe d'Osiris dans les sables d'Abydos où les oiseaux volent sur des plafonds jaune d'œuf.

Une modernité moins surprenante n'est pas en reste. Le cinéma affiche ses lettres de noblesse. À partir de février, « La semaine du cinéma » propose des chroniques signées Dufilm sur des thèmes variés, tels que « Le roman gagne-t-il à être filmé ? ». On y voit des invitations pressantes à se rendre dans les salles obscures applaudir *Le Chevalier de Maison-Rouge*. En guise de modernité, les suffragettes n'abdiquent rien. Mais cette fois-ci le quotidien socialiste trouve qu'elles exagèrent. Il faut dire que l'une d'elles a tailladé à la hachette une *Vénus couchée* de Vélasquez à la National Gallery.

Le premier semestre est plutôt tranquille, surtout en comparaison de l'année 1913. Le risque de guerre semble éloigné, sinon écarté. En avril, la semaine précédant les élections législatives, *l'Humanité* s'attache même de façon très inhabituelle aux fêtes officielles organisées pour les dix ans de l'Entente cordiale. Elle publie des photographies de la capitale pavoisée, du roi George V et du président Poincaré. Elle laisse entendre que le socialisme commence déjà à rapprocher les peuples. Elle prend son désir pour

une réalité. Elle trouve dans la réalité matière à alimenter son désir. Début mai, elle salue la grande victoire des socialistes argentins. Elle se félicite aussi de ses propres résultats. Parmi ses nouveaux élus, on retient notamment Longuet, « né socialiste », Cachin à Paris, Laval le benjamin, présenté par un paradoxal : « Laval ? Un youpin ! clamaient les antisémites… S'ils voulaient dire par là que les Auvergnats peuvent lutter avec les juifs – un Auvergnat est de taille à rouler trois juifs, dit-on –, peut-être avaient-ils raison. » L'avenir se présente bien.

Même le coup de feu de Sarajevo ne remet pas en cause cette vision optimiste. Malgré un article de Jaurès, l'attentat n'est pas au premier plan le 30 juin. Il ne suscite presque aucun commentaire le 1er juillet. La première quinzaine a un avant-goût de vacances. Walt Whitman et ses poèmes font toute une colonne au cœur de la une. Thys domine Pélissier sur le Tour de France cycliste. Le journal met l'accent sur la fête qu'il organise le 14 juillet, à Pavillons-sous-Bois, fête de la Liberté, première fête de *l'Huma*, avec un sous-bois pour déjeuner, un canal pour un concours de natation, le tournage d'un film afin de conserver le souvenir de cette journée et de montrer « aux hésitants » le vrai visage des socialistes. Que, malgré la pluie, la fête fût un grand succès, ne put que conforter les participants et les lecteurs dans une douce euphorie qui était le contrepoint à l'angoisse d'une guerre de plus en plus probable.

Double page précédente : groupe
de la Jeunesse socialiste
et révolutionnaire de Suresnes, 1913.
Ci-dessus : délégation de la SFIO
au mur des Fédérés, mai 1913.

CAFE DU CRO

Café du Croissant
après l'assassinat de Jaurès.

Le 17 juillet, on perçoit pour la première fois la conscience du danger. On s'interroge sur le voyage de Poincaré et Viviani à Saint-Pétersbourg, on n'est plus si sûr que la crise se dénouera comme les précédentes crises balkaniques. Mais cette conscience retombe ou semble retomber, au moins pendant une semaine. Le procès de Mme Caillaux, qui vient de tuer le directeur du *Figaro*, fait une bonne moitié de la une.

À partir du 25, *l'Humanité* relate les étapes du mécanisme diplomatique qui conduit à la guerre. Elle laisse cependant toute sa place à la traditionnelle rubrique « Les choses en riant ». Le 29, en même temps que l'annonce de la déclaration de guerre de l'Autriche à la Serbie et l'éditorial de Jaurès intitulé « Sang-froid », une note laconique mais fondamentale est consacrée à la fourmi banioc. Le 30, le quotidien rappelle que l'Internationale se prononce contre la guerre, et Jaurès envoie de Bruxelles où il tient meeting un texte bref, « L'action », dont la brièveté même traduit aussi bien que les mots l'urgence de la situation. Le 31, on peut lire (et croire) que la paix reste possible.

L'après-midi, Jaurès ne veut rien laisser au hasard. Il demande à voir Viviani en vue d'une intervention déterminée et déterminante auprès du tsar afin d'empêcher l'irréparable. Il est reçu par le sous-secrétaire d'État. Il lui déclare : « Nous allons vous dénoncer, ministres à la tête légère, dussions-nous être fusillés. » Il pense sûrement à Robespierre le 9 thermidor. Le sous-secrétaire lui demande ce qu'il compte faire. Jaurès affirme : lutter contre la guerre. Le sous-secrétaire lui rétorque qu'il ne le pourra pas, qu'il sera tué au premier coin de rue.

Le soir-même, Jaurès est assassiné au café du Croissant. Il fait chaud, les fenêtres sont ouvertes, Jaurès est descendu dîner et discuter avec Renaudel et l'administrateur Landrieu, il réfléchit à l'agencement de deux ou trois mots essentiels pour l'éditorial qu'il va écrire et – à ce que j'ai lu – il mange une tarte aux fraises quand cet abruti de Villain fait feu.

Le lendemain, quel autre titre s'impose que « JAURÈS ASSASSINÉ ». Et pourtant la vie – si on peut dire – continue. Sur les presses du journal, s'impriment également un article consacré à l'âge des arbres fruitiers, un compte rendu de la fête d'Alfortville, une réclame pour la lotion Carlosa qui arrête la chute des cheveux, la relâche à l'Opéra ce 1er août, et en feuilleton la suite de *La Débâcle* de Zola.

ME ANNÉE. — N° 3758

Pages — 5c

AUX BERLIN / LONDRES
RIS (2e) : 142, Rue Montmartre
LÉGRAPHIQUE : HUMANITÉ-PARIS
GUTENBERG 02-57 / 02-69
ANNONCES
142, Rue Montmartre, 142

l'Humanité

JOURNAL SOCIALISTE

Directeur Politique : JEAN JAURÈS

SAMEDI 1er AOUT 1914

6 Pages — 5c

Le journal l'HUMANITÉ est vendu en Belgique 0fr 10

ABONNEMENTS
Sans frais dans tous les Bureaux de Poste

	1 an	6 mois	3 mois	1 mois
Seine et Seine-et-Oise	18 fr.	9 fr.	4 50	1 50
Départements et Colonies	21 »	10 50	5 25	1 75
Étranger Union postale	31 »	16 50	9 »	3 »

JAURÈS ASSASSINÉ

…s est mort ; il a été tué sous nos yeux, …x balles assassines. …minute où il fut ainsi mortellement frappé, …etenait avec nous des événements si graves …ent l'Europe à une catastrophe sans pré… dans l'histoire. Il cherchait à écarter …e, le terrifiant péril. Il nous disait com… par un viril et lucide effort, le gouverne… …ançais pouvait encore sauver des horreurs

JEAN JAURÈS

…aclysme universel la France et l'Europe …

…mort maintenant. Sa grande voix ne re… …lus. Son intelligence lumineuse n'essaie… …le percer le secret des événements pour …e tous les dangers qui les guettent le …t et l'humanité. Sa volonté ne s'appli… …as à orienter dans les voies de l'avenir le …t de son pays et le prolétariat interna…

…il qui nous frappe n'est pas que notre …ous seulement, en effet, travailleurs et …s. Il est le deuil de tous les hommes de conscience droite qui veulent dans les angoisses et les ténèbres du présent acheminer les peuples vers un demain de conciliation et de concorde.

Et voilà qu'il disparaît par une terrible ironie du destin à l'heure où sa présence était le plus indispensable au Parti auquel il avait voué toute son intelligence et tout son cœur et par delà ce Parti, à la France, à l'Europe et au monde.

Faut-il donc désespérer ?

Non. De cette noble vie qui vient de s'éteindre ainsi si tragiquement, c'est une leçon d'action, c'est une leçon de courage quand même qui doit, au contraire, se dégager pour nous. Il a noblement fait sa tâche. Restons dignes de lui en remplissant la nôtre chacun dans la mesure de son intelligence et de ses forces.

Un soldat de la civilisation et de l'humanité est tombé avec lui au poste de combat et d'honneur ; mais l'humanité et la civilisation demeurent. C'est ce que notre grand mort nous crierait, s'il pouvait parler encore.

LOUIS DUBREUILH.

SA VIE

…t pas dans ces lignes, écrites sous une …n d'horreur et de désolation, que nous … retracer dignement la vie du grand …ui vient d'être arraché au socialisme, à …, à l'humanité civilisée.

…e songeons point à dire ici quel fut son … remplit l'histoire politique de la France …ngt-cinq ans, et qui grandissait chaque … le socialisme lui-même.

…aurès est né à Castres, le 3 septem… Il allait donc avoir bientôt cinquante… Sa constitution était merveilleusement …sa puissance de travail sans limite, et …ocialistes avaient l'espoir de conserver …le très longues années cette incompara… au service de leur cause.

… le neveu de l'amiral Jaurès.

… études au lycée Louis-le-Grand, à Paris, … l'Ecole normale supérieure en 1878. Il …grégé de philosophie, en 1881.

…ur de philosophie au lycée d'Albi (1881-…s à la faculté des lettres de Toulouse, …nt l'érudition était immense, resta tou…r une part un homme d'enseignement … de tous les hauts problèmes de phi…et de morale qui ont passionné les …

…arades de l'Ecole normale ont souvent …ès son jeune âge s'affirmaient ses ad… …dons d'éloquence qui devaient prendre …nifique développement.

… fut élu député pour la première fois …arn, son pays natal, aux élections de …t nommé au scrutin départemental par …ants. Il s'était présenté sur la liste ré… au Parlement, comme orateur, une situation incomparable.

A cette époque troublée par les menées boulangistes, Jaurès défendit sans hésitation l'intérêt républicain.

En 1889, le scrutin d'arrondissement étant rétabli, il fut candidat dans la première circonscription de Castres et fut battu par 9.632 voix contre 8.766 par M. Abrial, monarchiste.

Il reprit son poste à la faculté de Toulouse, fut reçu docteur ès lettres avec des thèses sur la *Réalité du monde sensible* et les *Premières bases du socialisme allemand chez Luther, Kant, Ficht et Hegel.*

En 1893, il se représenta dans la deuxième circonscription d'Albi, avec le programme socialiste nettement affiché. Dans la plénitude de sa pensée, dans l'épanouissement de son génie, Jean Jaurès venait de se donner délibérément à la cause ouvrière qu'il a servie jusqu'à la mort.

Dès lors, avec cette activité intellectuelle qui fit l'admiration de tous ceux qui l'ont connu, avec cet optimisme et cette ardeur confiante qui animaient hier encore ses propos lorsqu'il nous parlait, tandis que le bras de l'assassin s'allongeait derrière lui, il se donna tout entier au mouvement socialiste.

Orateur parlementaire, propagandiste populaire soulevant l'enthousiasme des foules ouvrières, journaliste, il fut tout.

Nous n'essayerons pas aujourd'hui de retracer son action au sein du Parti, de 1893 à 1905, date de la fondation définitive de l'Unité socialiste. Il est inutile de dire que cette unité, il la voulut passionnément et travailla …

… la tribune de la Chambre, au nom des premiers élus de notre Parti qui venaient d'y pénétrer.

C'était la période de l'affaire Dreyfus. Il se donna tout entier à la cause du droit et fut, pour les défenseurs de l'iniquité, un terrible adversaire et c'est à partir de cette époque que furent répandues contre lui, dans la basse foule ignorante, les haines atroces qui ont abouti au crime horrible.

Aux élections de 1898, la réaction le combattit avec le pire acharnement et il fut vaincu par le marquis de Solages qui fut élu par 6.702 voix contre 5.115.

Quatre ans après, Jaurès était réélu et depuis il représenta sans interruption la deuxième circonscription d'Albi, soutenu par le dévouement socialiste des mineurs de Carmaux, malgré les luttes furieuses de la réaction qui ameutait contre lui les passions cléricales qui existent dans l'esprit de nombreux paysans des Cévennes. Peu à peu, d'ailleurs, il brisa les résistances, conquit les consciences et, aux dernières élections, sa position était imprenable.

Nous ne pouvons, nous l'avons déjà dit, que jeter aujourd'hui des notes hâtives qui ne sauraient résumer complètement la vie de Jean Jaurès.

Nous avons parlé de son rôle dans l'affaire Dreyfus, époque où grâce à son prodigieux effort, le socialisme gagna tant de terrain dans des milieux où il n'avait point encore pénétré. Nous voulons aussi rappeler son action ardente contre la réaction anti-ouvrière, ses admirables discours à la Chambre et dans les réunions populaires, de 1906 à 1910, au moment de la période des grandes grèves, si durement réprimées.

Mais ce qui dominera sa vie, c'est son apostolat pour la paix, c'est cette bataille ininterrompue, dans laquelle, depuis tant d'années que la menace de guerre plane sur l'Europe, il lutta à la tête de tous les hommes de cœur du monde entier, contre les forces de barbarie, contre les risques de conflit, pour le rapprochement fraternel des peuples.

Tous les périls qui ont troublé la paix du monde pendant la dernière période, il les avait prévus et souvent il en dénonça la cause à temps.

Sa campagne contre l'expédition marocaine, dont nous subissons encore, en ces jours tragiques, les lointaines conséquences, est encore dans toutes les mémoires et l'on sait avec quelle fureur il fut attaqué à ce sujet.

C'est pour avoir toujours défendu la paix et combattu les forces de guerre qu'il fut tant injurié, tant haï par tous les fauteurs de troubles internationaux, par tous les sauvages du chauvinisme. Et pourtant qui plus que lui avait la passion de la France et qui en parla jamais plus magnifiquement ?

Il ne séparait pas la cause française de celle de la civilisation et nous qui avons reçu chaque jour l'expression de sa pensée, nous pouvons lui rendre ce témoignage que jamais ce double souci ne fut chez lui plus vif qu'à l'heure même où, en pleine action socialiste et française, il est tombé assassiné.

Pour l'histoire, Jean Jaurès, gloire de la France républicaine et du socialisme, restera le martyr sublime de la Paix.

GROUPE SOCIALISTE AU PARLEMENT

Citoyens,

Un lâche et odieux attentat vient d'atteindre au cœur le groupe socialiste au Parlement. Avec Jaurès, c'est la conscience la plus droite et la plus noble qui s'éteint. C'est l'éloquence la plus belle mise au service de notre grand idéal de liberté, de justice sociale et de fraternité universelle qui se tait.

Dans la douleur qui nous accable nous nous groupons autour de sa mémoire, conscients de satisfaire au vœu ardent de toute sa vie, en continuant avec plus d'ardeur que jamais la lutte dans laquelle il vient de tomber prématurément.

Le Prolétariat socialiste international, toute l'humanité coalisée s'inclinera avec nous devant la dépouille mortelle de ce grand citoyen.

Le Groupe socialiste au Parlement.

LA FÉDÉRATION DE LA SEINE

C'est avec la plus grande tristesse que les membres de la Fédération apprendront la nouvelle brutale de la mort du citoyen Jaurès, assassiné dans les conditions les plus inqualifiables.

En leur nom, nous saluons la dépouille de celui qui, sans ménager ni compter ses efforts et ses peines, se mit si vaillamment à son service.

… calme et la grandeur qui convient aux grandes douleurs.

Au nom de la Fédération, nous adressons à sa famille, au Parti, à l'Internationale tout entière, l'assurance de la part profonde que nous prenons à leur deuil.

Le secrétaire : BEUCHARD.

A NOTRE DIRECTEUR

Quelque crime toujours précède les grands crimes... L'hécatombe exécrable que préparent à cette heure, dans leurs ténèbres, les partis militaires et les nationalismes de tous les pays aura eu pour prélude un monstrueux assassinat.

Le citoyen Jaurès, notre ami, notre père, notre maître, l'homme dont nous ne savions s'il excitait en nous plus d'admiration que d'amour, a été assassiné hier, tandis qu'entouré de ses collaborateurs, ayant achevé en hâte son dîner du soir, il s'apprêtait à regagner notre journal afin d'y préparer le numéro du jour.

Il est mort quasi foudroyé. Mort de la plus sublime et de la plus sainte des morts, celle du militant, du héros, du martyr, et cette mort tragique, en pleine fièvre de combat, couronnera sa grande vie du nimbe glorieux du sacrifice.

...Jaurès est mort, tué par un fanatique de basse espèce à l'heure où, dans le déchaînement des passions les plus brutales et les plus aveugles, son noble esprit si magnifiquement clair, si généreusement français, allait être plus que jamais nécessaire, non seulement à son Parti, non seulement à son idée, mais à la France dont il était un des cerveaux pensants.

Il est mort... Et nous, ses collaborateurs, nous qu'il aimait avec tendresse et dont il n'est pas un — oh ! nous supplions qu'on nous croie — qui n'eût donné sa vie pour conserver la sienne, nous restons accablés, les yeux pleurant, le cœur brisé. Notre ami, notre père, notre maître !... Qu'il était grand, qu'il était bon, et comme nous l'avons aimé !

C'était une vieille croyance orientale que le sang d'un seul juste pouvait racheter l'humanité du crime, de la souffrance et de la mort. Puisse le sang du juste qui vient de périr à son poste, victime de haines inexpiables, soulever dans le monde une si grande horreur que les peuples, dressés soudain contre la guerre, y trouvent la force d'arrêter — il en est temps encore — le bras des égorgeurs.

C'est le vœu que devant le cadavre sanglant de son directeur, la rédaction de l'*Humanité* formule ici de toute la force de son cœur.

LA RÉDACTION

LETTRE du président de la République à Mme Jaurès

Madame,

J'apprends l'abominable attentat dont votre mari a été la victime. Jaurès avait été souvent mon adversaire ; mais j'avais une grande admiration pour son talent et son caractère, et à une heure où l'union nationale est plus nécessaire que jamais, je tiens à vous exprimer les sentiments que j'avais pour lui.

Je vous prie, madame, de croire dans le deuil qui vous frappe, à ma profonde et respectueuse sympathie.

R. POINCARÉ.

LE MANIFESTE DU GOUVERNEMENT

Dès qu'il connut la nouvelle du lâche attentat, le gouvernement décida de faire immédiatement imprimer et afficher un manifeste, dont voici la teneur :

RÉPUBLIQUE FRANÇAISE

Citoyens,

Un abominable attentat vient d'être commis. M. Jaurès, le grand orateur qui illustrait la tribune française, a été lâchement assassiné.

Je me découvre personnellement et au nom de mes collègues devant la tombe si tôt ouverte au républicain socialiste qui a lutté pour de si nobles causes et qui, en ces jours difficiles, a, dans l'intérêt de la paix, soutenu de son autorité l'action patriotique du gouvernement.

Dans les graves circonstances que la Patrie traverse, le Gouvernement compte sur le patriotisme de la classe ouvrière … que nous donnions, en ces graves périls, l'exemple du sang-froid et de l'union.

Pour le Conseil des Ministres :

Le Président du Conseil,

René VIVIANI.

L'ASSASSINAT

Comment l'horrible chose s'est-elle passée ? Il faut le dire. Il faut fixer ici pour l'histoire la scène épouvantable.

Jaurès était venu au journal un peu avant huit heures. Il venait du ministère des affaires étrangères où, délégué par le groupe socialiste, il avait vu M. René Viviani. Renaudel et Longuet l'accompagnaient.

Il s'entretint un instant avec notre administrateur Philippe Landrieu et quelques-uns de nos amis. Il n'avait pas dîné et il avait beaucoup à travailler.

— Allons d'abord dîner, dit l'un de nous.

— Allons dîner...

Nous descendîmes au restaurant du Croissant, à deux pas de l'*Humanité* et nous prîmes place à la longue table qui est à gauche de l'entrée. Jaurès avait Landrieu à sa droite, Renaudel à sa gauche. Etaient encore assis à cette table tragique le citoyen Poisson et la citoyenne Poisson, Amédée Dunois, Ducquercy, Daniel Renoult et son frère André, Georges Weil, Maurice Bertre et Jean Longuet... La gravité de l'heure mettait en nous une émotion profonde. Non loin de nous, à une autre table, le citoyen Dolié, du *Bonnet Rouge*, dînait avec sa jeune femme.

Le Croissant est un établissement fréquenté. On entrait, on sortait, nous ne prêtions d'attention à personne. La citoyenne Poisson fit toutefois cette remarque que Jaurès était comme toujours un sujet de curiosité.

Jaurès parlait de sa belle voix grave.. Il donnait quelques instructions à ses collaborateurs politiques, à Dunois, à Daniel Renoult. Les instructions de Jaurès ! Il faut les avoir entendues pour savoir de quelle voix caressante Jaurès donnait ses instructions.

Nous achevions de dîner. A cet instant, le citoyen Dolié se lève et vient auprès de nous, une photographie en couleurs à la main. Il la tend à Landrieu, disant :

— Voyez, c'est ma petite fille.

— Peut-on voir, dit Jaurès avec un bon sourire.

Il prit la photographie, l'examina un instant, demanda l'âge de l'enfant, fit au jeune père un compliment flatteur..

Il était dix heures moins vingt.

Tout à coup — souvenir atroce ! — deux coups de feu retentissent, un éclair luit, un cri de femme, épouvantable : **Jaurès est tué ! Jaurès est tué !**

Jaurès, comme une masse, venait de s'effondrer sur le côté gauche, et tout le monde était debout, criant, gesticulant, se précipitant. Ce fut une minute de confusion et de stupeur. Tandis que quelques-uns d'entre nous se précipitaient dans la rue — car les deux coups de feu avaient été tirés du dehors, à bout portant, par la fenêtre ouverte contre laquelle Jaurès se trouvait adossé, on étendit l'assassiné sur la banquette. Il respirait à peine et il avait les yeux fermés. A-t-il eu conscience du crime ? Nous ne le saurons jamais...

Il ne mourut pas tout de suite. En attendant le médecin qu'on était allé chercher, un dîneur, pharmacien de son état, s'approcha, tâta le pouls du mourant, puis secoua la tête. On ouvrit la chemise, le cœur ne battait plus qu'à peine. Le corps fut placé sur une table. Compère-Morel, accouru, tenait en pleurant la main inerte. Renaudel, avec des serviettes, épanchait le sang qui sortait de la blessure, un tout petit trou rouge à l'arrière du crâne, avec, autour, un peu de matière blanchâtre.

— Messieurs, dit le médecin qui venait d'arriver, je crains bien qu'il n'y ait rien à faire.

Des sanglots roulaient dans nos gorges serrées. Rien à faire ! Se peut-il qu'il n'y ait rien à faire ? Se peut-il que cette grande vie soit brisée, brisée à jamais ?

Trois minutes s'écoulèrent encore.

— Messieurs, dit le médecin, M. Jaurès est mort.

Les sanglots contenus éclatent. Tout le monde se découvrit pour saluer celui qui venait d'expirer.

— Et quand même, dit l'un de nous, il faut aller faire le journal ; il faut paraître à l'heure, comme s'il était encore là...

LA MORT

Vainement, plusieurs de nos amis s'étaient précipités chez des médecins du voisinage. La fatalité voulut qu'aucun praticien ne put être rejoint avant de longues minutes.

Oh ! ces minutes atroces, pendant lesquelles, autour de notre pauvre et grand ami …

1914

1920

DOUZIEME ANNEE. — N° 3964

4 Pages — 5c

FILS SPÉCIAUX { LONDRES

ADRESSE PARIS (2e) : 142, Rue Montmartre

ADRESSE TÉLÉGRAPHIQUE : HUMANITÉ-PARIS

TÉLÉPHONE : GUTENBERG { 02-57 / 02-69

PUBLICITÉ ANNONCES 142, Rue Montmartre, 142

l'Humanité

JOURNAL SOCIALISTE

MARDI 23 FEVRIER 1915

4 Pages — 5c

Le journal l'HUMANITÉ est vendu en Belgique 0 fr. 10

ABONNEMENTS

Sans frais dans tous les Bureaux de Poste

	1 AN	6 MOIS	3 MOIS	1 MOIS
Seine et Seine-et-Oise	18 fr.	9 fr.	4 50	1 50
Départements et Colonies	21 »	10 50	5 25	1 75
Étranger Union postale	21 »	16 50	9 »	3 »

Fondateur : JEAN JAURÈS

La Relève

MARCEL CACHIN

Arrestation de Rosa Luxembourg

La Haye, 22 février. — Le *Vorwærts* annonce l'arrestation de Rosa Luxembourg, léader féminin socialiste appartenant à l'extrême-gauche. Cette arrestation aurait été causée par un discours prononcé dans une réunion publique. — (*Havas.*)

M. Chevillon, député de Marseille
TUÉ EN ARGONNE

Dans les couloirs de la Chambre, on apprenait, hier, la mort d'un des députés des Bouches-du-Rhône, M. Chevillon, qui représentait au Parlement, la 4e circonscription de Marseille. Il est tombé au champ d'honneur, le 21 février, dans l'Argonne. M. Chevillon était parti dès la mobilisation générale, prendre place dans l'armée, avec le grade de sous-lieutenant. Il avait été cité à l'ordre du jour pour sa belle conduite et proposé pour la croix. Il était né le 12 janvier 1879.

LES SOCIALISTES AU COMBAT
CENT QUINZIEME LISTE

[Nous rappelons à nos correspondants que les noms des morts et des blessés ne peuvent être publiés qu'après que les familles ont été avisées. Nous ne pouvons insérer que si la famille est prévenue.]

NOS MORTS

Henri Rémond, de la 18e section, tué le 8 septembre, au combat de Villers-au-Vent.

Claude Forge, sergent au 221e d'infanterie, conseiller municipal de Franchesse (Allier.)

Georges Berthomier, conseiller municipal de Franchesse. (Tous deux de la Fédération de l'Allier.)

François Collignon, ancien bibliothécaire du Parti socialiste, membre du Syndicat des ouvriers peintres et de la 18e section (groupe de la Goutte-d'Or.), tué d'un éclat d'obus, dans la région de Verdun.

Ferdinand Tessier, de la section de Pantin, tué le 11 janvier.

Emile Vincent, de la section de Toulon, agrégé d'histoire tué en Argonne.

Agognepain, du Syndicat des monteurs en boîtes de Besançon.

NOS BLESSÉS

Georges Bogaert, de la section de Tourcoing, en traitement à l'hôpital auxiliaire de Bourganeuf.

Jean Gravières, de la Jeunesse socialiste du 14e, en traitement à Autun.

LA MORT DE FRANÇOIS COLLIGNON

Nous apprenons avec douleur la mort de François Collignon, ancien membre du parti ouvrier français, un des plus anciens militants de nos organisations syndicales et socialistes.

Il a trouvé la mort près de Verdun : frappé par un éclat d'obus à la tête, il a été transporté à l'hôpital de Commercy, où il est mort presque aussitôt. Il n'avait que 40 ans.

Nous ne pouvons laisser partir cet excellent camarade, cet ami solide, ce socialiste parfait, sans saluer sa mémoire et envoyer à sa jeune veuve l'assurance de notre sympathie attristée. — M. C.

COMMUNIQUÉS OFFICIELS
du 22 Février

15 heures

Rien d'important à ajouter au communiqué du 21 février au soir.

Entre ARGONNE et MEUSE, à la lisière du bois de Cheppy, nous avons enlevé une tranchée ennemie et élargi nos positions.

Aux EPARGES, nous avons, sur un point, gagné du terrain et légèrement reculé sur un autre.

Des combats d'infanterie où l'ennemi a engagé trois régiments se sont poursuivis EN ALSACE, sur les deux rives de la Fecht. Nos avant-postes se sont repliés sur notre ligne de résistance que nous occupons fortement. L'ennemi a attaqué en formations denses et profondes qui lui ont occasionné de lourdes pertes.

23 heures

Un Zeppelin a bombardé CALAIS ce matin. Il a lancé dix projectiles, tué cinq personnes apartenant à la population civile et causé quelques dégâts matériels sans importance.

Nos batteries ont démoli une pièce lourde établie PRÈS DE LOMBAERTZYDE.

ENTRE LA LYS ET L'AISNE, tirs efficaces de notre artillerie sur des rassemblements et des convois qui ont été dispersés.

L'ennemi a bombardé REIMS violemment dans la nuit du 21 au 22 et dans la journée du 22. Ce bombardement a fait d'assez nombreuses victimes auxquelles les Allemands ont ainsi fait payer leurs échecs de ces derniers jours.

Sur le front SOUAIN-BEAUSEJOUR, nous avons réalisé de nouveaux progrès, enlevé une ligne de tranchées et deux bois, repoussé complètement deux contre-attaques particulièrement violentes, fait des prisonniers nombreux et infligé à l'ennemi des pertes élevées.

EN ARGONNE, notre artillerie et notre infanterie ont pris l'avantage, notamment PRÈS DE FONTAINE-AUX-CHARMES et de MARIE-THERÈSE, ainsi qu'au BOIS DE BOLANTE.

ENTRE ARGONNE ET MEUSE, nos progrès des deux derniers jours au BOIS DE CHEPPY ont été élargis et consolidés.

AUX EPARGES, nous avons, par de nouvelles attaques, continué à gagner du terrain. Nous tenons maintenant la presque totalité des positions de l'ennemi. COMBRES (SUD-EST DES EPARGES) est ainsi sous notre feu.

Au BOIS BOUCHOT (Sud des Eparges), une attaque allemande a été repoussée.

Au BOIS BRULE (FORET D'APREMONT), nous avons enlevé une tranchée.

EN ALSACE, nous avons occupé la plus grande partie du vilage de STOSSWIHR dont nous ne tenions hier que les lisières.

L'ATTAQUE DES DARDANELLES

Le « Suffren » qui a pris part au bombardement

LA SITUATION

I. — La Fecht est un affluent de l'Ill qui descend, par plusieurs bras, des hauteurs boisées du Hohneck. Ces bras se rejoignent à Münster, au pied de la montagne. C'est sur l'un d'eux — exactement celui du sud, qui baigne les villages de Sondernach et de Metzeral, que des combats d'infanterie d'une certaine violence se poursuivent depuis quelques jours. Les Allemands ont annoncé qu'ils avaient occupé, à la suite d'engagements, les deux villages précités. C'est, sans doute, à ce fait — désagréable en soi, mais d'une importance essentiellement limitée — que fait allusion le communiqué d'aujourd'hui, quand il énonce que nos avant-postes se sont repliés sur notre ligne principale de résistance. Le communiqué ajoute, on l'a vu, que nous tenons fortement cette ligne, mais l'emploi seul du mot de résistance fait clairement entendre que nous avons affaire, sur ce point, à une offensive ennemie.

Elle semble, cette offensive, n'être pas dénuée d'ampleur. Elle est menée par trois régiments, qui ont attaqué en masses denses et profondes ; dans une vallée fortement encaissée comme celle de la Fecht, une formation aussi serrée est commandée en quelque sorte par la disposition du terrain ; il n'est pas étonnant, en tout cas, qu'elle ait occasionné à l'assaillant de lourdes pertes. Toute offensive est onéreuse, mais elle l'est particulièrement quand elle a lieu dans une vallée dont l'assailli occupe les parties supérieures.

Aux Eparges (sud-ouest de Fresnes-en-Woëvre), nous progressons sur un point et regressons sur un autre. Les opérations se compensent.

Enfin au sud-est de Varennes (Argonne), une tranchée allemande a été enlevée par nos troupes, cependant que dans l'Argonne proprement dite nous prenons nettement l'avantage sur les points encore contestés.

De nouveaux progrès ont été réalisés sur le front Souain-Beauséjour. C'est nous qui sur ce point, avons pris l'offensive.

Ajoutons que Reims a subi une canonnade violente qui a fait, dans la ville, d'assez nombreuses victimes. Calais également a été bombardé ; c'est un zeppelin qui s'est chargé de cette opération : cinq personnes ont été tuées.

II. — Nous avons, par les soins du quartier général russe, un aperçu d'ensemble des opérations qui se sont déroulées des rives du Niémen à celles de la Vistule au cours des deux semaines qui viennent de s'écouler. Cet aperçu, d'ailleurs, ne nous enseigne rien que nous ne connaissions déjà. Il déclare que les forces allemandes qui ont soutenu cette offensive et qui étaient considérables, avaient été prélevées sur le front occidental d'une part, et sur le front Rawka-Bzoura de l'autre. Il confirme la nouvelle déjà connue, selon laquelle un des corps composant la dixième armée russe se trouva, dans sa retraite, presque complètement cerné et que des détachements séparés réussirent seuls à s'échapper.

Mais il nie que l'armée russe ait été proprement battue. Elle s'est repliée simplement. Elle s'est repliée « lentement, pas à pas », arrêtant l'ennemi durant neuf jours sur un parcours que l'on franchit ordinairement en quatre jours.

Les combats continuent maintenant sur une ligne d'une étendue d'environ 250 kilomètres allant d'Ossovietz à Plotzk.

En Galicie, la situation est stationnaire et favorable aux troupes russes, sauf dans la partie orientale où les Autrichiens ont occupé Stanislaw.

NOTES

L'Autre Bulletin

Il n'y a pas que le *Bulletin des Armées de la République* pour nous raconter des faits de guerre, affirmer le droit et inciter aux espoirs... Il y a le *Bulletin de la chambre syndicale des propriétaires*. Ah ! ce *Bulletin* !... Une bravoure indomptable l'anime, il fait feu des quatre pieds, il taille, il pourfend, il provoque l'adversaire et le pulvérise...

Messieurs les propriétaires trouvent scandaleux les décrets qui ont réglé provisoirement la situation juridique des locataires, et ce qu'ils pensent du gouvernement qui les a rendus, ils ne le lui envoient pas dire! M. Vautour s'est tiré une plume de l'aile et, l'ayant trempée dans le fiel de son ressentiment, il écrit: tout net :

« Le droit prime la force, nous a-t-on dit, mais il y a loin des paroles aux actes, et nous devons subir les décrets relatifs aux loyers... »

« Les collectivistes et les socialistes veulent que la force prime le droit... »

« ... les propriétaires versent à la patrie, sous forme d'impôts, ce que les citoyens *paresseux* ou *imprévoyants* ne pourront jamais lui offrir... »

« ... la situation des propriétaires de Paris, aggravée par les élus de Paris et de sa banlieue et les politiciens qui assiègent les ministères... »

« ... *le gouvernement de collectivistes ou socialisants qui nous opprime...* »

« ... les maîtres du jour... Par la volonté ministérielle les *abus criants* continueront et les locataires continueront à *narguer leurs propriétaires.* »

C'est tout plein de mignonnes petites choses de ce genre et ça se termine par un couplet de bravoure qui annonce que nous allons voir ce que nous allons voir, que paiera bien qui paiera le dernier, que l'heure de la revanche viendra et qu'on ira « jusqu'au bout ! »

En leur genre, Messieurs les propriétaires sont des poilus !

Ils ont leurs martyrs, ils ont leurs gloires ! Témoin ce brave des braves qui, plutôt que de consentir un rabais de 50 francs sur un loyer de 1,250 francs, a préféré perdre une année de location !...

En résumé, Messieurs les propriétaires ont reculé jusqu'ici, mais ils comptent sur leur revanche de la Marne. Jusque là ils lutteront. Et le jour où ils pourront enfin lancer leurs huissiers contre les absents mobilisés ou les veuves des soldats morts à l'ennemi en défendant leurs immeubles, ou contre ceux que la guerre a privés de leur pain et de leur gagne-pain, ce jour-là ils entonneront une triomphale *Marseillaise* et leur *Bulletin* enregistrera la définitive victoire !... — Victor SNELL.

Un Zeppelin
SUR CALAIS

Un nouveau raid aérien DES ALLEMANDS sur la côte anglaise

Un dirigeable a survolé Calais hier à 4 h. 10 du matin. Il paraissait se diriger vers le sud.

Il a lancé des projectiles qui ont légèrement détérioré la voie ferrée de Saint-Omer-Hazebrouck-Dunkerque, dans le voisinage de la gare des Fontinettes.

Le service a été immédiatement rétabli. Trois bombes incendiaires sont tombées sans occasionner de dégâts.

Deux engins ont détruit les immeubles portant les numéros 8 et 10 de la rue Dognieu, près de la gare des Fotinettes, occupés par les familles Blondel et Gressier. Ils ont fait cinq victimes.

La population n'a manifesté aucune panique.

SUR LA COTE ANGLAISE

Dans la soirée de dimanche un appareil aéronautique allemand a effectué un raid dans le Comté d'Essex, sur la côte anglaise de la mer du Nord. Il aurait lancé des bombes qui n'auraient occasionné que des dégâts matériels.

Il est encore difficile de préciser si l'appareil en question était un aéroplane ou un dirigeable. Les dépêches suivantes qui sont parvenues dans la journée d'hier sont, en effet, assez confuses sur ce point.

Londres, 22 février. — Entre huit et neuf heures, cette nuit, on a entendu un aéroplane passer au-dessus du comté d'Essex.

Une bombe incendiaire est tombée dans un champ, près de Braintree, mais n'a causé aucun dégât.

Une autre bombe s'est enfoncée dans le jardin d'une maison, près de Colchester ; la maison a été légèrement endommagée, les fenêtres des maisons contiguës ont été brisées. Personne n'a été blessé. — (*Havas*).

Londres, 22 février. — Dans la nuit de dimanche, une bombe qu'on a lieu de croire avoir été lancée par un avion allemand est tombée à Colchester, dans un jardin, près des casernes militaires. Trois villas ont été partiellement endommagées. Aucune perte humaine n'est à déplorer.

Une famille entière, qui se trouvait sur les lieux, l'a échappé belle.

D'autre part, on annonce qu'une autre bombe a été jetée sur le village de Coggeshall.

Après avoir lancé son projectile, l'aéroplane fut aperçu s'enfuyant vers l'est. — (*Agence Fournier*).

Londres, 22 février. — Un aéroplane ennemi a survolé hier soir Colchester, dans le comté d'Essex.

Il a jeté une bombe qui n'a causé aucun dégât.

L'appareil, qui volait à une très grande hauteur, ne fut pas aperçu, mais le bruit du moteur a été entendu fort distinctement, à 8 h. 40.

L'avion s'est dirigé ensuite sur Braintree, où il a lancé trois bombes ; puis sur Coggeshall, où il a jeté encore une bombe qui a fait dans le sol un trou de huit pieds sur quatre.

Le pilote est parti alors vers Harwich, dans la direction de la mer. — (*Times*).

Londres, 22 février. — Des bombes incendiaires et explosives ont été lancées par des dirigeables allemands la nuit dernière, sur différents points du comté d'Essex.

Il n'y a pas eu de morts.

Une villa a été endommagée.

La plupart des bombes tombèrent dans les champs et dans les faubourgs des villes. L'une d'elles cependant éclata à moins de deux cents mètres des casernes d'artillerie de Colchester. — (*Daily Chronicle*).

[A rapprocher de cette dernière version, le fait que deux Zeppelins et un Parseval ont été vus samedi sur la mer du Nord, au large du Danemark. A la nuit, ils firent des signaux lumineux Morse avec des navires de guerre allemands.]

Une décision allemande

Par contre, le correspondant du *Daily Mail* à Copenhague télégraphie :

Les désastres aériens de ces derniers jours ont bouleversé les plans élaborés par l'état-major allemand en vue de nouveaux raids sur la côte anglaise et modifié le plan de blocus de von Pohl.

L'état-major allemand a déclaré qu'il ne ferait pas courir, sur la mer du Nord, durant cette période de tempête, de nouveaux risques aux Zeppelins.

?

Aux membres du Conseil de direction de l'Humanité

BRACKE.

UNE CORRESPONDANCE
entre Karl Legien et Appleton

Voici deux documents. Le premier émane de K. Legien, député au Reichstag, secrétaire de l'Association syndicale internationale. Legien n'a pas hésité à mettre sa double fonction au service du Kaiser. Car sa lettre à Appleton ressemble visiblement à ces « Handelsblad » que le gouvernement allemand jette sur tous les pays pour se concilier des sympathies qui le fuient. A sa lourde apologie, Appleton répond avec cette « humour » anglaise qui est une des formes les meilleures de l'esprit. Appleton est le secrétaire de la grande organisation anglaise des Trade-Unions. Nous avons eu l'occasion de le voir à Londres. Un trait vous le dépeindra. Comme notre ami Luquet lui demandait quelle impression la mort de Jaurès avait produite sur nos amis anglais, le visage jusque-là souriant d'Appleton se contracta, s'assombrit ; il resta silencieux un moment, puis : « camarade Luquet, j'ai un jardin de roses rouges, jamais on ne les a coupées ; au printemps prochain, je veux vous les envoyer, vous les déposerez sur la tombe de Jean Jaurès ». Cette pensée délicate et pieuse n'étonnera pas ceux qui connaissent Appleton, elle n'étonnera pas non plus ceux qui liront sa réponse à Legien. — P. R.

Lettre adressée par K. Legien, député au Reichstag allemand (social démocrate) et secrétaire de l'Internationale à W. A. Appleton.

Berlin, 27 août 1914.

Cher Appleton,

Nos relations internationales qui, il y a quelques semaines — pensions-nous — étaient définitivement assises, vont se trouver présentement suspendues à cause de cette effrayante déclaration de guerre.

Du moins, vais-je m'efforcer de maintenir nos rapports avec les Etats neutres, afin de montrer que, d'un côté, la guerre n'a aucune influence sur les bonnes relations des travailleurs de ces pays avec ceux de l'Allemagne et que, de l'autre, nous pourrons recevoir de ces pays des nouvelles de la situation et en donner de celles de l'Allemagne.

Dans la presse étrangère du travail, j'ai pu lire certaines nouvelles sur l'Allemagne, dont la fausseté depuis a dû être reconnue par les éditeurs de ces journaux, comme celles, par exemple, qui représentaient les organisations du travail molestées dans leur activité, nos représentants politiques emprisonnés et même fusillés. Tout cela est absolument faux.

Au contraire, les autorités s'entretiennent avec les représentants syndicalistes et de la social-démocratie sur un grand nombre de questions et demandent leur avis, notamment sur les moyens de remédier au chômage et sur la meilleure façon de rentrer les récoltes.

En outre, j'ai lu que les étrangers étaient, en Allemagne, traités de grossière façon. Cette assertion ne peut également être prouvée. A part quelques individus, qui n'ont rien à voir avec le mouvement organisé syndical ou les autorités politiques et qui ont pu se laisser aller à quelques incartades, les étrangers sont ici bien traités et reçoivent tous soins désirables.

Nous regrettons vivement que de semblables nouvelles se trouvent dans la presse du travail, car elles mettent notre organisation du travail dans une fâcheuse posture et nous souhaitons ardemment que les éditeurs de ces journaux — après avoir eu durant des années de bonnes relations avec la classe ouvrière allemande — examinent attentivement ces mauvaises nouvelles avant de les publier et s'assurent de leur véracité.

Le parti de la social-démocratie ayant décidé de voter pour l'emprunt de guerre, quel reproche peut-on lui adresser, si l'on se met dans l'esprit que l'Allemagne se trouve en guerre à la fois contre la Russie et la France ? En cette question, les partis socialistes des autres pays ont agi de même. Dans tous les cas, notre décision ne doit pas être interprétée comme étant l'abandon de l'idéal du mouvement international ouvrier.

J'espère que cette lettre vous parviendra et dans l'attente de vos nouvelles,

Fraternel salut.

K. LEGIEN.

Réponse de W.-A. Appleton, secrétaire de la « General Federation of Trade Unions », à K. Legien, secrétaire de l'Internationale allemande.

Londres, 18 septembre 1914.

Cher Legien,

Comme vous, je regrette profondément l'effet désastreux de la guerre sur nos relations internationales et suis stupéfait de voir avec quelle aisance la minorité domine et détruit la majorité. Ce n'est pas parce que la majorité manque d'intelligence ou de capacités, mais bien plutôt parce que la minorité possède l'ambition, l'arrogance et les instruments de gouvernement. A travers toute la crise, je me sens réconforté en pensant que cette guerre — horrible et dévastatrice comme elle est, et comme elle doit l'être — ouvrira les esprits du pauvre peuple dans tous les pays et les mènera conscients et unis vers une civilisation ayant uniquement en vue le bien-être et le bonheur au lieu d'agrandissements nationaux et de prestige.

Il y aura certainement des difficultés pour ceux qui cherchent à ouvrir les yeux de la masse et ces difficultés seront accrues par les excès de ceux qui font la guerre, ainsi que par les habitudes de mensonge de ceux qui écrivent, sur la guerre, les faits ordinaires aussi bien que les cas de bestialité les plus circonstanciés.

Ce que vous signalez dans votre lettre et dont vous vous plaignez — à juste titre — était courant dans les premiers jours de la guerre, mais rien ou presque de cela n'a lieu maintenant. Il est généralement admis à présent qu'en Allemagne les organisations ouvrières fonctionnent et que leurs représentants sont traités avec considération. J'ai fait de mon mieux pour en persuader mes amis.

Vous n'êtes pas les seuls à souffrir des fausses nouvelles. Tout ce que est publié en Allemagne au sujet de la situation désespérée de l'ennemi n'est basé sur aucun fondement. Nous cueillons parmi les
informations publiées par le « Wolff
reau » les suivantes : que les Indes et
lande sont en révolte, que l'armée
glaise a deux fois été annihilée et que
France, il y a quelques semaines, a per
en dehors des tués et blessés, 800.000
sonniers et 12.000 canons. On nous a
aussi que le Parti ouvrier avait publié
manifeste condamnant la guerre. Au
de ces faits n'est vrai, bien qu'il soit
faitement exact que le Parti indépend
du Travail, composé de 20.000 membre
refusé d'engager la campagne pour le
crutement. Mais les membres du Parti
Travail, au Parlement, ont battu to
les parties de l'Angleterre comme ag
recruteurs, avec un plein succès.

Je pense qu'il serait utile que vous
fassiez une idée de l'attitude du pe
britannique au sujet de la situation.
vous étiez parmi nous, vous vous rend
compte que — bien que déplorant
guerre — nous sommes convaincus de
pas en être responsables. Nous ne l'av
pas désirée, mais, en tout honneur, n
sommes obligés de la voir se poursu
jusqu'au bout. Quelque grotesque que c
conception puisse vous apparaître, n
sommes des millions qui croyons que c
guerre est une guerre de libération co
la domination du militarisme et que
succès des Alliés signifiera et aura des
sultats bienfaisants pour le peuple a
mand qui n'appartient pas à l'ensem
de ceux qui suivent les enseignements
Treitschke et de von Bernhardi. La v
et l'impression produite par le livre d
dernier sont énormes et son enseignem
sera un plus grand obstacle dans la
prise de nos relations internationales
la guerre elle-même.

La publication du Livre Blanc, rela
les faits qui ont immédiatement précéd
guerre, particulièrement celui, récemm
publié, concernant la volonté de l'Au
che d'arranger son différend avec la
bie, par l'arbitrage, a profondément
pressionné non seulement notre peu
mais aussi celui des Etats-Unis. Tous
grettent profondément que cette vol
n'ait pu s'accomplir grâce à la précip
tion des ultimatums de l'Allemagne à
Russie et à la France.

Les affaires ici, maintenant, se rap
chent de la normale. Pendant les pre
res semaines, il y avait un peu de dé
roi, mais aujourd'hui les vivres sont
grande quantité et les prix très peu
dessus de la moyenne, tandis que le p
centage des sans travail est 7.1 ou 2.4
dessous de ce qu'il était en 1909.

Je suis très heureux de pouvoir
qu'il n'y a eu ici aucune manifesta
contre les Allemands, à moins que vou
considériez comme telle l'obligation d
déclaration de résidence. Quelques A
mands se sont attiré des ennuis pour
pas s'être conformés à cet ordre, ou
pour ne pas avoir déclaré qu'ils po
daient des armes à feu ou autres. Ces
têtés ont bêtement eu à supporter l'
prisonnement ou l'amende quand
même ces armes ne fussent pas aussi
gereuses que celles de l'armée.

Quelques-uns se trouvaient dans l'
gence et ont été arrêtés plutôt dans
intérêt que dans un but d'hostilité.
en avait qui étaient mobilisables et
pouvaient pas être relâchés. Ils sont
traités et bien nourris. En fait, ils
dans de meilleures conditions que les
liers de réfugiés belges qui viennent c
cher l'hospitalité à Londres.

Vous pouvez déjà concevoir combien
d'animosité existe ici et combien n
peuple désire vous démontrer qu'il pos
cette culture qui se traduit, tout enti
en bonté et courtoisie chevaleresque,
le fait suivant :

Le train du roi allait partir, mais
avait des blessés allemands qui alla
être envoyés à un hôpital militaire. Le
a ordonné de faire partir les blessés
bord, après leur avoir rendu visite et a
conversé très amicalement avec ces mê
blessés allemands. L'opinion publ
n'aurait pas compris que le roi eût
autrement.

Nos regards sont tournés vers la fi
la guerre que nous n'entrevoyons pas
sitôt. Nous nous rendons compte de
gravité de la situation et du coût de
guerre en vies humaines comme en
gent. Nous paierons sans murmurer
but est atteint et si la puissance de
caste militaire est écrasée.

Il n'y a ici aucun désir d'agrandi
ment territorial ni d'injustice envers
cune nationalité et c'est précisément
cause de cela que nous espérons qu'il
possible de condenser nos communs
forts pour assurer à jamais véritablem
la liberté, l'égalité et la fraternité.

Votre dévoué,

W.-A. APPLETO

UN VAPEUR AMÉRICAIN
coulé par
UNE MINE ALLEMAN

Londres, 22 février. — Le *Lokal An
ger* apprend de Brême que le vapeur a
ricain *Evelyn*, allant de New-York
Brême, avec une cargaison de coton
heurté une mine, vendredi dernier,
nord de l'île Borkum et a coulé.

L'équipage a été sauvé par un va
allemand.

Washington, 22 février. — Le dépa
ment d'Etat a reçu confirmation, pa
consul de Brême, de la perte du va
Evelyn.

M. Bryan a prié MM. Page et Gér
ambassadeurs d'Amérique à Londres
Berlin, de lui envoyer des détails. — (
vas.)

BARQUES DE PÊCHE HOLLANDAISES SAISIES PAR L'ALLEMA

La Haye, 21 février. — On annonce
la suite de la saisie par les autorités
vales allemandes de quelques barques
pêche hollandaises, le gouvernemen
prescrit que tous les bateaux sortant
eaux territoriales doivent être en pos
sion d'une déclaration en langue
mande et en langue anglaise, signée
les autorités militaires et contenant l'i
cation des noms, résidence et nation
des membres de l'équipage, en plus du
cument qui, conformément à l'article
de la convention de la mer du N
prouve la nationalité du bâtiment. — (
vas.)

“LE SOCIALISME CONTINUE”

Ce qui advient début août est à la fois bien connu, assez incompréhensible et tout à fait explicable. Avec la SFIO et la CGT, *l'Humanité* tourne le dos à ses engagements et participe à ce qu'on appellera sous peu l'Union sacrée. J'avais lu – et j'en étais demeuré à cette idée – que les numéros de la guerre étaient les pages les plus sombres, voire une tache, dans l'histoire du journal. J'attendais donc un journal belliciste et chauvin digne du *Matin*. Mon souvenir des *Thibault* et une identification naïve à Jacques étayaient ce préjugé. Il y avait pourtant une question essentielle que j'oubliais de me poser : comment des hommes comme Vaillant ou Cachin ou Sembat avaient-ils pu imaginer rester fidèles à leur idéal ?

À la lecture, la question s'est vite imposée à moi. Bien entendu, l'impression est tout autre, beaucoup plus nuancée. Dès les premiers jours, l'accent est mis sur l'agression allemande et plus particulièrement sur la violation de la neutralité belge. Voilà la conviction intime et le tour de passe-passe : on ne fait pas la guerre au peuple allemand mais à l'impérialisme allemand et au militarisme prussien. *L'Humanité* – réduite à deux pages – cite volontiers les camarades étrangers. HG Wells ne dit pas autre chose. Une déclaration bienvenue du parti socialiste italien affirme carrément que la victoire française « signifiera la libération du prolétariat allemand », *grazie mille*. Dès le 7 août, *l'Humanité* est fière d'exhiber une déclaration d'un modeste club de lecture allemand : « Nous ne pouvons plus aimer une patrie qui attaque un peuple pacifiste. » La même semaine, des échos font état de révoltes dans plusieurs villes outre-Rhin. Avant la fin du mois, le lecteur peut lire le compte rendu intégral des séances qui entérinent le vote des crédits de guerre par le Reichstag. Quand deux socialistes (Guesde et Sembat) deviennent ministres, il est clair qu'ils entrent dans un gouvernement de *défense* nationale. Et le 4 septembre, *l'Humanité* est sûre de faire entendre la vérité au lecteur qui « par impossible » ne l'aurait pas entendue.

Toutefois, à force de dénoncer les fausses nouvelles parues dans la presse allemande, *l'Humanité* ne fait part que des prétendus succès militaires de l'Entente sur tous les fronts, belge, serbe, russe, français. Et elle dénonce aussi de « nombreux actes de sauvagerie » qu'elle impute aux autorités allemandes plutôt qu'aux soldats. Pendant la bataille de la Marne, le vieux communard Édouard Vaillant intitule un éditorial « 1914-1870 » ; il y compare les deux guerres, explique la faillite de 1870 par deux décennies de corruption impériale et la tenue de 1914 par la force de l'esprit républicain. S'il n'ignore pas les réalités de l'impérialisme, il en reporte les tares sur l'Allemagne. Après le bombardement de la cathédrale de Reims, perçu comme

Page précédente : soldat et son barda.
Ci-contre : *l'Humanité* censurée du 23 février 1915.
Double page suivante : à gauche, infanterie française de la Marne, septembre 1914 ; à droite, début d'un éditorial de Vaillant, novembre 1914.

un crime contre l'humanité, Cachin traite le Kaiser de « fou » et de « déséquilibré », ce qui est un peu court, et demande un sursaut au peuple allemand, ce qui est un peu fort.

Courant septembre, on perçoit chez Longuet une tonalité distincte. Il s'en prend au *Matin* qui appelle à « l'égorgement des prisonniers allemands », et il stigmatise le déshonneur d'un pareil discours. Fin septembre, on devine les réticences socialistes quand Renaudel (qui a succédé à Jaurès) réaffirme qu'il ne s'agit pas d'une guerre de conquête. Le lendemain, Vaillant indique toutefois que même si l'armée allemande reflue au-delà de ses frontières, il faudra continuer tant que le peuple allemand n'aura pas renversé le Kaiser.

La même semaine, la réclame est de retour. Banania est de circonstance, suralimentation intensive, idéale, la preuve, l'explorateur Stanley se nourrissait exclusivement de farine de banane sur les rives du lac Tanganyika. Les sports réapparaissent avec le dimanche un match entre le Red Star et Levallois, au profit des joueurs blessés à la guerre, et même plusieurs clubs qui reprennent leur entraînement. Apparaissent aussi les premières listes de « socialistes morts au combat ». Péguy figure dans une autre rubrique où l'émotion accompagne un jugement sur son « style tourmenté, souvent fatigant ». Deux mois plus tard, le journal ouvrira un livre d'or de l'instruction publique avec des listes de professeurs et d'instituteurs tués ou blessés.

Comment des hommes comme Vaillant ou Cachin ou Sembat avaient-ils pu imaginer rester fidèles à leur idéal ?

Un poème de Bouchor, dans le style de Bouchor, avait salué Jaurès le 31 août. Un article de Jaurès salue la mort de Jaurès les 1er et 2 septembre. Il a été retrouvé dans ses papiers et date de début juillet. Mais le même jour, Vaillant met les points sur les *i*. Il intitule son éditorial « Le neutre » et il y assomme sans intelligence ni ménagement « l'individu qui autant par égoïsme que par incapacité intellectuelle et morale hésite entre toutes les causes ». La situation lui paraît simple : on ne peut pas être neutre et socialiste, c'est pure hypocrisie, et c'est attendre le dénouement pour choisir le camp des vainqueurs. Quand les socialistes américains proposent – tout à leurs frais – la tenue d'un congrès international pour la paix, Longuet repousse une « initiative prématurée ».

Et pourtant, fin octobre, une note d'Amédée Dunois salue la voix de Romain Rolland. Il fait l'éloge de ses articles du *Journal de Genève*, qui donneront le fameux *Au-dessus de la mêlée*, non sans regretter que le professeur Aulard lui ait reproché sa tendresse à l'égard des « boches » : « On n'a vraisemblablement rien écrit, depuis bientôt trois mois, de plus parfaitement noble. » Et, mi-novembre, Dunois présente un nouvel appel de Romain Rolland en faveur des prisonniers de guerre.

Quant à la guerre même, elle affiche sa présence par la publication quotidienne des communiqués officiels, par la censure militaire, qui ne provoque pas de grief, et la censure civile qui en provoque. Les socialistes ont cru aussi que la guerre serait brève et ils s'installent insensiblement dans la durée. Ils croient toujours à leur bon droit et à leur belle étoile et ils adressent leur « bravo » à leur camarade Liebknecht quand il vote contre les crédits de guerre en décembre. Un peu avant Noël, le journal reparaît sur quatre pages. Le lecteur y retrouve un feuilleton, *L'Invasion*, d'Erckmann-Chatrian, qui se passe en 1814, et la liste des séquestres des maisons allemandes, et le programme du soir qui déconcerterait les poilus avec *Andromaque* à la Comédie-Française, *La Fille du régiment* à l'Opéra-Comique et « il faut se hâter de louer pour la soirée du réveillon à l'Olympia ». En prime, *l'Humanité* propose à ses lecteurs des cartes de visite : 1,50 F la centaine, supplément pour un bandeau de deuil, pareil les enveloppes : 0,80 F la centaine, 1,20 F avec bandeau de deuil. L'année aurait pu mieux finir.

★

On avait donc cru que si la guerre n'était pas finie aux vendanges elle le serait à Noël. Il faut déchanter. Avec l'année 1915, les chroniques traditionnelles sont de retour. Outre les feuilletons qui nous valent entre autres *La Guerre des mondes* de Wells, *L'Amour de la vie* de Jack London, dont la rédaction

Ci-contre : ouvriers parisiens manifestant leur sympathie à l'égard de la révolution bolchevique le 1er mai 1919. Ci-dessous : H. G. Wells, écrivain et socialiste anglais.

annoncera avec peine mais sans précision la mort en novembre 1916, *Les 500 Millions de la Bégum* de Jules Verne, le lecteur retrouve « l'actualité artistique » avec Léon Rosenthal qui « reprend ses causeries un moment interrompues par la guerre ». À croire qu'elle serait finie. Pour la première, il évoque son voyage dans la « pauvre » Belgique et le génie d'un peuple, exprimé par Van Eyck et Verhaeren. Une autre fois, on verra passer le fantôme de Rembrandt, à propos de sa faillite financière, mais on peut parier que son *Bœuf écorché* n'y est pas tout à fait étranger. Le lecteur a droit aussi aux textes des classiques sur la guerre dans « l'actualité littéraire » : Voltaire (son article du *Dictionnaire philosophique*), Rousseau, Rabelais, Bossuet, Fénelon, Diderot, tous embarqués sur le radeau d'une guerre du droit.

Pour la littérature, force est de patienter. Car l'actualité nous convie aux poètes de la guerre, par exemple M. Georges Maître « dont on appréciera la vigueur et la nette sobriété », par exemple :

Plus qu'en l'élan sabreur des rudes chevauchées
Plus qu'au fort des combats livrés à cœur égal
Plus qu'en la charge épique ou l'assaut triomphal
L'héroïsme est debout la nuit dans nos tranchées

… qu'on me permette d'arrêter au bout d'un quatrain et de renvoyer aux *Poèmes à Lou*. Et si Gustave Rouanet a repris sa rubrique, il la consacre pour l'essentiel à des livres sur la guerre. Le lecteur a notamment droit à des critiques de deux types d'ouvrages : ceux qui étudient la guerre à l'époque de la Révolution française (le génie de Carnot, le problème des munitions, les soldats de l'an II) et ceux qui étudient les origines de la guerre (donc les responsabilités allemandes). Au cas où il ne suivrait pas très bien les leçons, le lecteur bénéficie d'une séance de rattrapage grâce à « l'actualité scientifique ». Là il apprend tout

Ci-dessus : à gauche, dans les tranchées ; à droite, réclame parue le 7 février 1915.

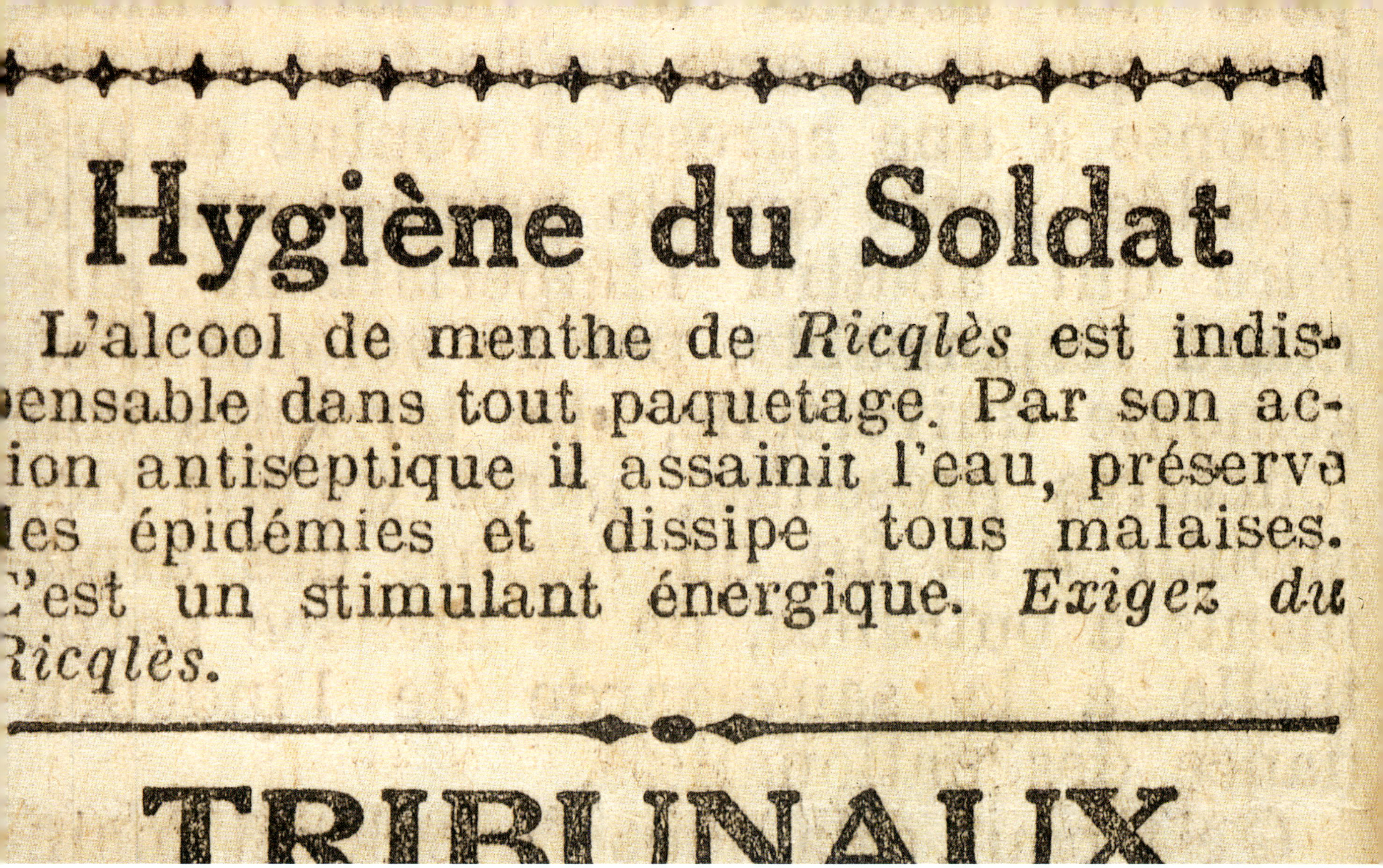
Hygiène du Soldat

L'alcool de menthe de *Ricqlès* est indis-
ensable dans tout paquetage. Par son ac-
ion antiseptique il assainit l'eau, préserve
les épidémies et dissipe tous malaises.
'est un stimulant énergique. *Exigez du*
icqlès.

TRIBUNAUX

ce dont il a besoin sur l'évolution de l'artillerie depuis au moins François Ier, l'artillerie à tir rapide, les projectiles, « comment éclate l'obus » avec schéma explicatif, la leçon suivante au prochain numéro.

Au-delà des livres, la question des origines de la guerre s'impose avec force dans *l'Humanité* de 1915-1916. L'entière responsabilité est rejetée sur l'Allemagne et Renaudel indique sans sourciller que la France mène « la guerre pour la paix ». Si le journal signale – sans commentaire – qu'un manifeste de la minorité du SPD considère que la guerre n'est plus défensive, s'il prête une attention constante aux débats à l'intérieur du SPD, et s'il s'appuie sur une déclaration de Bernstein opérant une distinction entre socialistes allemands et socialistes français parce que la France a été attaquée, il n'en répète pas moins que l'immense majorité des Allemands est annexionniste. La logique de *l'Humanité* est simple : la France républicaine défend le droit et la liberté comme les révolutionnaires de 1792. Bracke va même jusqu'à comparer les poilus de 1914 aux communards de 1871. Toutefois des nuances existent. Compère-Morel affirme que « chaque nation a ses impérialistes » et se prononce contre toute politique de conquête. À quoi le pauvre Vaillant répondra encore, un mois avant de mourir, lui qui avait bataillé toute sa vie contre la guerre et que cette guerre aura désespéré et usé, par des propos tristement banals sur « l'orgueilleuse vanité [...] de la nation et la race allemandes ». Plus largement, on perçoit le thème du cauchemar allemand dont le peuple allemand finira bien par se réveiller.

Cependant *l'Humanité* renouvelle certaines de ses rubriques. À l'endroit des femmes, elle propose des recettes de cuisine désormais limitées aux pommes belges, aux boulettes de pommes de terre, aux croquettes de riz et aux gâteaux de semoule. L'été sera propice aux confitures de cassis, cerises, fraises, rhubarbe, et aux gelées de framboises et de groseilles. Elle prodigue avec une légèreté déroutante des conseils pour les robes de deuil ; considérant que le crêpe augmente le prix des vêtements et que le châle noir des femmes de marin est désuet, « on peut prendre de la vigogne ou du drap, ou bien encore du

Ci-contre : veuve de guerre.
À droite : réclame parue
le 29 février 1916.

i l'avons tant de fois proclamée
; si évidente que soit cette vérité,
ne volonté d'apôtre pour la propa-
r la faire pénétrer partout, dans
milieux, dans toutes les classes —
léau alcoolique sévit dans toutes
es — et pour faire admettre les
; nécessaires et conformes à l'in-
la nation.
e tâche d'apôtres de nombreuses
alités se sont consacrées et à côté
au milieu d'elles, souvent à leur
militants ouvriers mènent aussi
et ingrate bataille contre un en-
autant plus redoutable et dange-
e ceux qui, vivant de lui, le protè-
nt paré de façon aimable et en
le plus séduisant des malfaiteurs,
engageant des meurtriers, le plus
des criminels.
quant l'horrible spectre, le mon-
us ses véritables traits, le faisant
re tel qu'il est : hideux et repous-
nérateur de bassesse et de crime,
ble de mille turpitudes, agent de
de folie, de bestialité, de créti-
'abêtissement, de lâcheté, des gens
en ont entrepris à nouveau le
imanche, à la Bourse du Travail.
ments qu'ils ont développés, les
qu'ils ont fournis, tout cela a
les auditeurs et les a convain-

ent en serait-il autrement ? Qui ne
dans nos milieux ouvriers, l'in-
pernicieuse de l'alcool? Qui ne sait,
us ceux qui luttent pour arracher
-être, combien l'alcoolisme est un
au triomphe des revendications
s les plus légitimes ?
lées, éloquemment exposées par
, secrétaire de la C.G.T.; par Quil-
l'Union des Syndicats, et par
camarades, ont reçu l'adhésion
e de savants comme M. Debove,
nes de lettres comme Mme Séve-
and enfin elles seront admises par
solutions que préconise la classe
auront fait un grand pas. --

sion administrative permanente

éance du mardi 15 février

s : Beuchard, Braemer, Camélinat,
. Givors, Granvallet, Héliès, Lévy.
Mouret, Poisson, Pressemane, Re-
Roland, titulaires ; Sellier, Morizet,
s.
rapporte au nom de sa sous-com-
l'administration et conflits sur les

LOC
CL

Vendredi
une interru
les trois qu
qué qu'on c
les treize m
qués », on v
dresser et p
gné, des pa
le bruit. D'
aurait dit :

Sur ces trei
nombre sont
diers et bea
vous, jeunes
front.

C'est, ram
concise, la t
m'oppose bi
congénères s
injures. Or,
ces dernières
des aboyeu
Gailhard-Ba
courtois, n
indignations
ce que nous
mations.
Et d'abord
gens, qui d
Qu'est-ce à
socialiste a
son point de
qué publiq
qu'il faisait
rester au po
placés. Pour
cette attitud
M. de Gailh
articles publ
collègues et
aimé et Jos
Parole.
Mais si M
autre opinion
ment ne s
d'incriminer
che, ses adve

cachemire de l'Inde [...] comme doublure on peut prendre du satin de Chine ou de la polonaise noire [...] il sera bon d'avoir en dessous de cette mante un gilet intérieur doublé de flanelle [...] les voilettes sont toujours en tulle uni [...] les gants seront de laine noire ou de suède... », on se demande quand même à qui s'adressent ces lignes. Et elle ne fait pas preuve du meilleur goût pour évoquer les morts :

> AUX LECTEURS de *l'Humanité* :
> pour perpétuer le souvenir de ceux qui vous sont chers
> adressez-nous leurs photographies...
> GRAND PORTRAIT ARTISTEMENT RETOUCHÉ
> joli cadre en noyer massif sculpté
> POUR 9 FRANCS.

Autrement, elle se réjouit en une de l'ouverture de la pêche le 18 juin 1916, évoque guinguettes et ombrages, décrit une atmosphère joyeuse puisque « les pêcheurs ne font la guerre qu'aux poissons ».

Parmi les sujets nouveaux, la question du pain revient à plusieurs reprises et un article est intégralement censuré en mai. Le marasme économique, le gaspillage – les « tripotages » – autour des formidables besoins créés par la défense nationale sont dénoncés. Les échos des soldats au front constituent une rubrique, « Les faits qui parlent », la plus souvent censurée, ainsi « Toubib or not toubib » dont on peut juste deviner le propos. Quelques photos montrent les tranchées. En juin, le journal donne ses premiers reportages sur le front et même à Verdun. Ce faisant, *l'Humanité* se définit comme un journal comme les autres « sans le bluff ». En février 1916, elle critique la droite conservatrice qui redoute de « se perdre dans les réformes sociales hasardeuses ». Cette distinction la conforte dans son sentiment de justesse politique. Elle lui permet de récuser le reproche de « ministérialisme » qu'on lui adresse parfois. Dans cette logique, Renaudel et Bracke accusent même la droite de ne pas respecter l'Union sacrée.

La conférence de Zimmerwald se tient à l'automne 1915. On a prétendu que *l'Humanité* était restée silencieuse. C'est faux.

À l'évidence, les socialistes français ont le sentiment de rester fidèles à leurs principes. Il est vrai qu'au nom du droit et de la justice *l'Humanité* ne manque pas de dénoncer le sort tragique réservé aux Juifs en Russie et aux Arméniens, ouvrant encore une liste de souscription. Elle revendique hautement le nom de Jaurès. Mais, en août 1915, Renaudel juge « nécessaire » une réponse à un « étrange article » de Rappoport. À partir de souvenirs personnels de juillet 1914, il imaginait la conduite de Jaurès s'il était encore là. Renaudel s'indigne et dénie à Rappoport le droit de se l'approprier et d'induire ce qu'il aurait fait. Cela dit, les références à Jaurès tendent de plus en plus vers un Jaurès intime. Le lecteur découvre ainsi une lettre où le tribun s'intéresse aux grillons, à « la tournure mélancolique de leur chanson ».

Malgré tout, des nuances sont perceptibles. Rouanet fait l'éloge d'*Au-dessus de la mêlée* et de Dunois qui l'a présenté. Et puis la conférence de Zimmerwald se tient à l'automne 1915. On a prétendu que *l'Humanité* était restée silencieuse. C'est faux. Certes, quand elle l'évoque, elle titre « Ni la mort de l'Internationale ni la paix de Zimmerwald », et elle réfute l'argument d'une guerre seulement impérialiste, mais elle publie de larges extraits du manifeste. À l'automne 1916, elle adopte une position plus rigide à l'égard de la conférence de Kienthal qu'elle estime être une « entreprise de division ». Un autre regard sur la guerre est révélé par l'accueil réservé au *Feu* de Barbusse, « un chef-d'œuvre ». Mieux encore, un remarquable article de Compère-Morel, le 6 mars 1917, rapporte sa rencontre avec un soldat dans le hall de la gare du Nord. C'est un instituteur, à son trentième mois de guerre, il clame sa haine à l'égard de l'« arrière » et du bourrage de crâne de la presse officielle ; « si les lecteurs de *l'Humanité* veulent savoir ce que c'est, qu'ils lisent *Le Feu* d'Henri Barbusse [...] la réalité, l'ignominieuse réalité est là ». Enfin, le lecteur n'a plus sous les yeux une guerre image d'Épinal mais celle de la boue.

Ci-contre : départ de soldats.
Ci-dessous : Compère-Morel, auteur d'un remarquable article sur la lassitude des soldats paru le 6 mars 1917.

★

On ne devrait pas s'étonner que la révolution russe ait une immense influence sur le profil de *l'Humanité*. Les souvenirs de 1905 suffisent à l'éclairer. Avec le décalage du calendrier, les premières nouvelles parviennent le 16 mars 1917. Ce n'est encore que « la crise russe » et on formule « quelques bons pronostics ». Le lendemain, toute la une est barrée par un retentissant « LA RÉVOLUTION TRIOMPHE EN RUSSIE ». Le journal manifeste son enthousiasme, envoie un message vibrant « À nos frères de Russie », et encourage les prolétariats allemand et autrichien à les imiter. On nage alors dans une sorte de foi naïve en un mouvement de l'histoire conforme à ce qu'on peut voir dans les évangiles sociaux. Le journal est fier d'indiquer que les réfugiés russes qui font leurs adieux disent « merci » au peuple français. De surcroît, à la place d'un tsar autocrate détesté, on se réjouit d'un allié russe parfaitement honorable. En attendant que les bons pronostics deviennent réalité, on peut fêter l'événement par une soirée à l'Ambigu avec *Mam'selle Nitouche* ou assister aux championnats de boxe rue de Malte ou donner son obole à l'association Valentin-Haüy qui attire l'attention sur le sort des soldats aveugles doubles manchots.

Décidément il semblerait que l'année 1917 ne réserve que de bonnes surprises. Le président Wilson demande au Congrès américain de voter la guerre. Et s'il le fait, après tant d'hésitations, c'est au nom de la démocratie, du droit des peuples et de la liberté de toutes les nations. Le lecteur de *l'Humanité* est invité à s'émerveiller devant le message de Wilson, devant la noblesse des buts de guerre que s'assignent les États-Unis, devant l'ère nouvelle qui s'ouvre dans l'histoire du monde et les relations internationales. Il doit bien y avoir quelques doutes ici et là puisque aussitôt Bracke s'en prend sans barguigner aux « imbéciles qui vous susurrent : alors vous croyez comme cela que les Américains agissent sans vues d'intérêt ? », eh bien oui, Bracke le pense, et à peu près tout le monde au journal, sauf sûrement Dunois. Bracke juge même l'argument des intérêts économiques américains comme une vulgaire et très condamnable « propagande boche ».

Cela dit, les choses se compliquent dès le printemps.

D'une part il y a Lénine, qu'on connaît mal et qu'on estime peu, dont on relève surtout l'intransigeance. Ce diable sort de sa boîte suisse et rentre en Russie. Il n'y rentre pas n'importe comment : par le train à travers les empires centraux et avec leur bénédiction. Le bolchevik risque de gâcher le paysage, de casser le beau jouet démocratique, voilà, ça ne manque pas, quelques lignes discrètes, en bas de page intérieure, mettent en relief les arguments « anarchistes » de ses discours qui provoquent des bagarres. Et surtout ce diable d'Asiate se bat à cor et à cri pour la signature d'une paix séparée.

D'autre part il y a les problèmes de ravitaillement, les restrictions qui concernent la viande, le pain, le sucre. La vie est plus dure. Et encore moins douce, bien que *l'Humanité* apporte son soutien au congrès de la pâtisserie française qui se tient aux Sociétés savantes, avec des mots qui iront droit au cœur de l'ouvrier pâtissier Jacques Duclos : « Menacés gravement dans leurs intérêts sinon dans leur existence, les pâtissiers – c'est humain – se défendent avec une belle énergie. »

Ci-dessous : Kerenski, chef du gouvernement provisoire russe. Ci-contre : massacre d'Arméniens à Alep.

Pendant l'été, la question russe passe au premier plan. Elle cristallise le débat entre majoritaires et minoritaires au sein du parti socialiste et les minoritaires peuvent faire valoir leur point de vue par des tribunes. Le compte rendu de voyage en Russie de Cachin et Moutet conduit finalement à accepter le principe, jusque-là refusé, d'une conférence de la paix à Stockholm à la condition expresse que les socialistes allemands soient mis au pied du mur. Mais ne nous y trompons pas. *L'Humanité* se situe à fond derrière le socialiste Kerenski. En juillet, elle applaudit son « magnifique ordre du jour » aux troupes russes pour qu'elles repartent à l'offensive ; elle se réjouit à la fois du refus d'une paix séparée et que le drapeau rouge soit remis aux régiments victorieux. Elle se réjouit derechef de l'échec du coup de force des « léninistes ». En août, elle développe un plaidoyer subtil en faveur de Kerenski face au comminatoire « Knoutez et sabrez » venu de Paris. En septembre, lors de la tentative de coup d'État du général Kornilov, suivi avec sympathie et espoir dans la presse française conservatrice, alors que les socialistes ne font plus partie du nouveau

1916

L'Humanité **ne manque pas de dénoncer le sort tragique réservé aux Juifs en Russie et aux Arméniens, ouvrant encore une liste de souscription.**

“La révolution triomphe en Russie”

ministère, Cachin loue Kerenski en butte à deux adversaires déterminés : les cadets qui boudent le pouvoir et les bolcheviks qui organisent l'émeute.

En même temps, *l'Humanité* relève en une la mort de Guynemer, « l'As des as », dix-huit mois après l'avoir déjà inscrit à la une lorsqu'il avait abattu son huitième avion, retrouvant sa passion d'avant-guerre pour les aviateurs. Elle relève aussi la mort de Degas, lui il ne vole plus depuis longtemps, et Rosenthal nous fait le portrait intelligent d'un Degas révolutionnaire, qui n'a « rien concédé à la mode ni à la routine », habité par « un âpre désir de perfection [...], demandant à la couleur de fixer des sensations fugitives ». Et je suis heureux de voir en feuilleton *La Main enchantée* de Nerval.

Il n'y a pas grand-chose sur la lassitude au front depuis l'article de Compère-Morel, rien sur Craonne sinon des communiqués officiels et un bref exposé à caractère géographique. En revanche, il y a des phrases saisies au vol et destinées à faire de l'effet au Café de l'Univers : « Je ne dis pas ça pour moi qui suis bien plus utile à l'arrière [...] avec trois sous-marins et trois hydravions, je m'en charge [...] aussi vrai que ce Picon-curaçao n'est pas de l'orgeat. » Je ne suis pas sûr que le soldat instituteur rencontré par Compère-Morel dans le hall de la gare du Nord ait été amusé par ces pitreries. Et pourtant, on peut commencer à percevoir des doutes sur le bien-fondé de l'Union sacrée, qu'on appelle désormais Union nationale.

Éclate alors le coup de tonnerre de la révolution d'Octobre. « Un coup d'État en Russie – les maximalistes maîtres à Petrograd – Kerenski a été déposé. » On ne s'étonnera pas que le jugement soit sévère. Si le journal reconnaît que le gouvernement n'a plus le soutien des soviets, il s'inquiète du péril d'une paix immédiate et déplore « toutes les surenchères qu'une masse ignorante accueille sans discernement ». Ce jour-là, le lecteur peut se réconforter en allant voir *Les Mousquetaires* à la Gaîté-Lyrique, ou voir un signe favorable dans l'« importante » réunion des limonadiers à la Bourse du travail. Le lendemain, il se précipite sur l'article de Roubanovitch, qu'il connaît bien puisqu'il parlait au côté de Jaurès dans les meetings du Pré-Saint-Gervais, et qui le rassure par un verdict sans appel : les bolcheviks ne tiendront pas, ils sont bons pour détruire, impuissants à construire, ouf. Les jours suivants, il suit les aléas de la résistance au gouvernement maximaliste. Renaudel la compare aux forces démocratiques de la Révolution française. Mais on sent le journal et les hommes du journal bousculés, ballottés par les événements, sûrement troublés par la haine que ce cycle de révolutions suscite chez les possédants, indécis sur l'attitude à adopter.

L'Humanité titre le 2 septembre "Lénine est mort", propose sa biographie le 3, nous apprend qu'il va mieux le 6.

Il n'y a pas qu'à Petrograd que l'hiver est froid. En janvier, *l'Humanité* déplore les glaçons dans la Seine et le verglas sur les quais. Heureusement le président Wilson vient réchauffer les cœurs. Les fameux 14 points signifient « la Paix du droit ». L'éditorial de Renaudel pose l'équation « Wilson = Jaurès ». C'est tout dire. À son tour, Cachin en fait l'éloge, notamment quant à ses propos sur la Russie, qu'il oppose à ceux de Clemenceau. En fait, les pourparlers de Brest-Litovsk font couler de l'encre au printemps 1918. Cachin en relève le caractère contradictoire ; il reconnaît « le rayonnement de la révolution russe » et dénonce la nouvelle Sainte-Alliance des possédants, tout en reprochant à la droite française de ne pas avoir soutenu Kerenski et le socialisme démocratique quand il en était temps. Sur sa lancée, il titre « Réaction » à l'encontre de la bourgeoisie française, et il vante à l'inverse les nationalisations américaine et anglaise des *railways* et la conception anglo-saxonne d'une guerre juste. Pour autant, personne ne va jusqu'à exiger la paix et encore moins exhorter les soldats à des actes pacifistes, voire des mutineries, sur lesquelles *l'Humanité* reste silencieuse.

Quelques grands cœurs cessent de battre ces mois-là. Rodin. Durkheim, à la santé chancelante depuis la mort de son fils unique dans la retraite de Serbie à l'automne 1915. Vidal de La Blache, même s'il n'a pas les honneurs de *l'Humanité* : en janvier 1915 il avait reçu la médaille d'or de l'American Geographical Society des mains de l'ambassadeur Sharp pendant que son fils Joseph mourait en commandant une attaque du 3e bataillon du 150e de ligne dans les tranchées de l'Argonne ; le 5 avril 1918, il s'éteint à l'hôtel

Double page précédente : soldats allemands et russes fraternisant après l'armistice du 5 décembre 1917, rendu possible par la révolution d'Octobre. Ci-contre : Lénine dans la cour du Kremlin, octobre 1918.

FÊTE

e et un ans aujour-
o de Paris s'emparait
st du moins ce que
stoire officielle débi-
ns les écoles de l'Etat
uvent pas mieux que
père Loriquet servie
es.
saillants n'étaient pas
nous assurent des té-
ui, évidemment, peu-
l vu ou mal compté.
nt difficile d'avoir le
vénement et le bour-
te pas, quoi qu'on en
de guerre.
, la Bastille fut prise,
s faits marquants de
lutionnaire.
bole : la chute de la
elle de la royauté
levait vraiment tom-
1792 ; c'était tout au
égime d'abus et d'ini-
esse représentait par-
du peuple toujours
r sous la forme d'un
nage ou d'un monu-
ses prédilections.
t la prison d'Etat où
ens avec une facilité
permet aujourd'hui
a Santé ; la Bastille,

Une Visite au

ICI L'ON REFAI

Par les deux photos qui illustrent c
article vous pouvez d'un coup d'œil jug

Val-de-Grâce

DES VISAGES !

n fait d'abord un moulage ordinaire de
ur figure. Puis, sur ce moulage, et en les

LA F
DES DENTE
DU P

L'industrie à domi
par le capi

Il faut en prendre so
mes à une époque où
supérieure à la cuisine,
savoir, l'artificiel au na
Tenez : la confection
telles du Puy, que vous
musées, exigeait autre
minutieuse. Le métier
une carrière artistique.
France, une carrière n
s'habillait en dentelles
partout ». A tel point
lancé la mode ridicule
dite « fraise », à caus
ressemblance avec la
hué à Saint-Germain p
tudiants qui lui cria
reconnaît le veau ! »
... Notre vieille indu
aujourd'hui sur le poi
là encore, le naturel c
facture mécanique rem
la main... C'est une d
grand mouvement de c
mique engendré par la
Avant la guerre, la
était fabriquée presqu
des ouvrières à domic
sannes disséminées da

des Tamaris à La Seyne-sur-Mer d'une crise cardiaque sous la moustiquaire pendant son sommeil ; on trouve dans son portefeuille de cuir noir une feuille blanche pliée en quatre, de 11 x 11 centimètres, où il avait recopié de sa fine écriture le compte rendu de l'attaque fatale écrit par le colonel du 150ᵉ.

Et quand *l'Humanité* célèbre en grande pompe pendant plusieurs jours le 100ᵉ anniversaire de la naissance de Marx, elle met en exergue des phrases de ses œuvres qui fustigent la guerre de conquête et l'usage bourgeois de la guerre destinée à défaire la classe ouvrière.

Inspiré par son voyage l'été précédent, Cachin intervient volontiers sur la question russe. Il regrette le recul de l'influence française en Russie, critique le refus d'accorder des passeports aux candidats visiteurs, le départ de l'ambassadeur Noulens, et se moque de son errance finlandaise sur des chemins défoncés avec les caisses d'archives, un beau sujet de roman pour qui voudrait. En même temps, il propose une lecture critique et *ouverte* des bolcheviks : « L'histoire dira leurs fautes. » Mais voilà que Kerenski débarque à Londres puis à Paris. *L'Humanité* et Renaudel et Sembat, sinon le lecteur et Cachin et le parti, sont à ses pieds. Kerenski devient une sorte de pape des catacombes, ressuscité par miracle, qui demande une intervention armée des Alliés en Russie. Aussitôt le prudent Thomas répond favorablement à l'invitation, en toute bonne conscience, au nom du droit et de la démocratie. Et *l'Humanité* en profite pour prétendre que les ouvriers de Petrograd manifestent contre le gouvernement bolchevik *et* pour la reprise de la guerre contre l'Allemagne. On peut supposer que par cette insistance la direction politique du journal scelle son destin.

L'hypothèse puis la réalité de l'intervention armée achèvent de faire basculer le journal. Cachin fait valoir son opposition en développant l'argument robespierriste (on a assez à faire ici). Fin juillet, le Conseil national du parti déclare son hostilité à l'intervention. Mais *l'Humanité* annonce que l'Allemagne prête son concours militaire aux bolcheviks. Elle titre encore le 2 septembre « Lénine est mort », propose sa biographie le 3, nous apprend qu'il va mieux le 6. Huit jours plus tard, Renaudel annonce par lettre qu'il quitte la direction politique du journal. Il y écrira encore et Cachin deviendra directeur le mois suivant.

À partir de septembre, une large place est dévolue aux offensives alliées et à la retraite allemande. Et puis on observe en novembre une accélération générale. Le 7 novembre, « au-delà des divisions et de la désinformation », la une décide de célébrer le premier anniversaire de la République des soviets. Toutefois, le surlendemain, Thomas répond par l'ironie, juge que les bolcheviks représentent l'anarchie contre la démocratie. Il fait valoir – non sans raison – qu'une légende se forme, qu'un rêve confus s'empare des âmes. Son esprit pragmatique en conclut le bien-fondé d'une méfiance. Encore deux jours, et le lecteur apprend qu'une révolution pacifique a eu lieu à Berlin. On est le 11 novembre. Un dernier communiqué officiel indique qu'à 23 h (la veille) « nos troupes ont largement progressé sur l'ensemble du front ». Le lendemain matin, des gros titres barrent la une : « Bas les armes citoyens – vive la République allemande – vive la République universelle ». Au regard du deuil, Cachin parle trop uniment d'une journée d'allégresse. En bas de page, une réclame est d'actualité : « Prévenez et guérissez la grippe par l'Urométine, 4 cachets par jour. » C'est trop tard pour Apollinaire.

★

Si la guerre est finie, la guerre est très loin d'être finie. On le sait bien.

D'ailleurs, *l'Humanité* continue sur le même registre. Elle souhaite une paix honorable pour la République sociale allemande présidée par un ouvrier sellier. Si elle n'approuve pas la révolution « spartacienne », elle déplore l'assassinat de Liebknecht et Rosa Luxemburg. Elle ne cesse de prôner une paix juste, attitude qui la conduira à condamner le traité de Versailles en juin.

Quant à Blum, qui dissertait aimablement sur Jaurès dont il semblait se faire un fonds de commerce, il entreprend une critique du bolchevisme. De son côté, Longuet se montre plus sensible aux attaques fusant des milieux conservateurs : « Comment on calomnie la révolution russe ». On voit bien que le sujet passionne et qu'il établit une ligne de partage avant même que ne se pose la question de l'adhésion

Double page précédente : reportage publié dans *l'Humanité* du 14 juillet 1920.
Ci-dessous : une du 19 mai 1919.
Ci-contre : Degas, *Les Blanchisseuses*, 1885, musée d'Orsay.

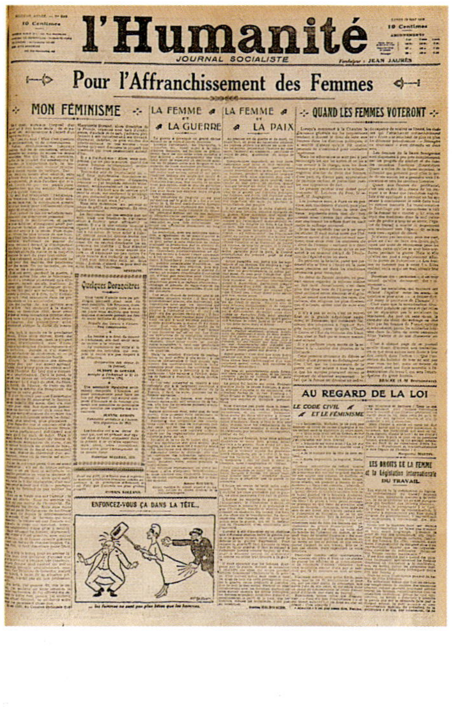
l'Humanité
JOURNAL SOCIALISTE
Pour l'Affranchissement des Femmes
MON FÉMINISME
LA FEMME ET LA GUERRE
LA FEMME ET LA PAIX
QUAND LES FEMMES VOTERONT
AU REGARD DE LA LOI
ENFONCEZ-VOUS ÇA DANS LA TÊTE...

1917

Rosenthal nous fait le portrait intelligent d'un Degas révolutionnaire.

…INZIEME ANNEE. — N° 5354.

10 Centimes

…SSE PARIS (2e) : 142, Rue Montmartre
…SSE TÉLÉGRAPHIQUE : HUMANITÉ-PARIS
…PHONE : GUTENBERG 02-69
…LICITÉ ANNONCES
142, Rue Montmartre, 142

l'Humanité

JOURNAL SOCIALISTE

SAMEDI 14 DECEMBRE 1918

10 Centimes

ABONNEMENTS

	1 AN	6 MOIS	3 MO…
Paris, Seine et Seine-et-Oise	25 fr.	13 fr.	7 …
Départements Colonies et Suisse	27 »	14 »	7 …
Étranger (Suisse exceptée)	35 »	18 »	9 …

Fondateur : JEAN JAURÈS

Salut au Président W. Wilson !

Nous saluons avec respect et sympathie le président Wilson, qui est entré dans cette guerre pour la terminer en faveur des peuples et non à l'avantage des puissances industrielles et financières qui, dans tous les pays, en ont tiré de monstrueux profits, et pour établir sur les ruines de l'Europe impérialiste et militaire une Europe laborieuse et pacifique.

Nous saluons le chef d'Etat qui, même dans l'ardeur de la lutte ne détourna pas ses regards des régions sereines de la justice et apporta au monde troublé les préceptes d'une sagesse qui peut seule garantir aux peuples les vrais biens et les solides richesses.

Tout le monde connait les quatorze articles qu'il juge nécessaires à l'établissement d'une paix durable et, par conséquent, d'une paix juste: car, seule, peut durer une paix fondée sur la justice. Le premier de ces articles est à ce point capital que nous voulons le proposer, en ce jour solennel, à la méditation de tous les citoyens. Il se rapporte à la publicité des accords diplomatiques. C'est dans le secret des ambassades que, toujours, les guerres ont été préparées.

Supprimer ce secret, c'est supprimer la principale cause du choc effroyable des armées et des peuples. Il y a plus de dix ans déjà, il m'en souvient, le parti socialiste s'est élevé, en France, bien vainement, hélas ! contre ce secret du prince, dont on prévoyait alors parmi nous, les terribles dangers.

Aussi, quelle n'est pas notre satisfaction d'entendre le président Wilson protester contre ces ruses cachées qui préparent les carnages, et poser ce principe : « Accords de paix conclus ouvertement, après lesquels il n'y aura plus d'accords internationaux secrets d'aucune sorte. La diplomatie procèdera toujours franchement et publiquement. »

Pensée bienfaisante exprimée pour le salut de millions et de millions d'existences humaines !

Nous approuvons aussi de toutes les forces de notre esprit et de notre cœur le principe que le président Wilson a posé, que chaque peuple doit être laissé libre de déterminer lui-même le régime sous lequel il veut vivre. Puissions-nous ne jamais voir, en violation de ce principe, les soldats d'un peuple libre étouffer la liberté hors de leurs frontières !

Enfin, aux vœux du président Wilson, en faveur d'une Société générale des Nations, nous joignons nos vœux pour cette union des peuples dont les premiers liens, frêles encore, ont été formés au prix des plus généreux efforts dans le monde entier, par le Socialisme et l'Internationale ouvrière.

Nous saluons, en Woodrow Wilson, le président d'une grande république et un Citoyen du monde.

ANATOLE FRANCE

LA VIE …e Woodrow Wilson

…Wilson descend d'une famille puri… qui, de l'Ulster, vint s'établir à …delphie au début du siècle der… Son grand-père, son père, étaient …s, de haute culture et de sévère …té. Sa mère, une presbytérienne …se, elle-même fille de pasteur.

…rmine ses études à la fameuse …sité de Princeton, l'une des plus il… du Nouveau-Monde. Il y devient …seur et il enseigne la jurispru…

…uis sa vingtième année, il était … par les problèmes politiques ; il … l'organisation du meilleur pou… …ompare les diverses constitutions, … sur la conception de l'Etat un …qui fonde sa réputation. Dans le …temps, il publie sur l'histoire des …Unis, sur les présidents Washing… Lincoln de remarquables études. …st un professeur et un éducateur …e pair. Aussi, après douze années …gnement, ses collègues l'appellent … présidence de l'Université. Situa… …nsidérable aux Etats-Unis, et qui … au rang des plus hauts personna… … l'Etat. Il occupe huit années ce …éminent. Un jour, ce puritain éga… …veut imposer aux jeunes gens, fils …lliardaires, qui fréquentent à Prin… … un régime semblable à celui des …nts moins riches. Les parents des …nts s'opposent à son dessein. Ils …ent, par leurs manœuvres, à quit… …inceton. Il écrit : « J'ai rencontré …r la première fois, Wall street. …street se met en travers de tout ce …n essaye pour le bien du pays. » … son échec l'a grandi soudain, et … démocrate le choisit comme can… …au poste vacant de gouverneur de …rsey. Il est élu avec une majorité …due et considérable ; cependant, il …té combattu non seulement par les …ces d'argent qu'il menaçait net… …, mais par la « machine politi… …mmorale de son propre parti.

…t pendant deux ans gouverneur …ssant Etat ; il lutte avec la plus …gente vigueur contre les financiers, …apareurs, les hommes des trusts … politiciens corrompus qui favori… … « affaires ». Et lorsqu'en 1912, …ocrates doivent faire choix d'un terme à leurs méfaits, il propose une refonte entière de l'organisation des trusts, une transformation des banques, un nouvel examen des tarifs de protection à l'abri desquels la Nation est rançonnée ; et, enfin, une extension des pouvoirs présidentiels pour faire équilibre à la puissance des politiciens véreux, à la solde des hommes d'affaires.

Il s'acquitte de son mandat de telle sorte qu'en 1916 il est réélu président de la République, cette fois par 9 millions de citoyennes et de citoyens.

Ses électeurs sont, pour une bonne part, des petites gens, des ouvriers, des fermiers. La Fédération américaine du travail ne fait pas de politique, mais elle ne cache pas ses sympathies pour Wilson. Le président accorde la journée de huit heures à une large fraction du prolétariat américain, fait voter une loi excellente sur le travail des enfants, appelle dans les services directeurs des usines de guerre autant d'ouvriers que de patrons, prépare une législation nouvelle de la production et des transports. Pour marquer son attachement à la classe ouvrière, le président Wilson assiste en personne au dernier congrès de la Confédération générale du travail américaine.

D'autres diront ici sa conception sur les relations internationales des peuples. Pour l'avoir défendue, il est devenu le politique le plus illustre de son temps. Qu'il me soit permis de rappeler seulement trois actes essentiels de sa gestion.

Il y a quelques années, il chasse d'un consortium de banquiers internationaux les hommes de la Bourse de New-York qui voulaient imposer à la jeune République chinoise des emprunts usuraires.

Malgré les plus vives résistances, il proclame que le canal de Panama sera ouvert à tous les navires, sans avantages spéciaux pour les bateaux américains.

Dans le conflit qui éclata entre son pays et le Mexique, au temps de Huerta, il eût pu écraser par la force et annexer le voisin turbulent. Il préféra s'en tenir aux deux principes suivants, qu'il formula au plus fort de l'échauffourée : « Nous devons combattre non par le canon, mais par le droit. » — « Nous interviendrons non comme ennemis, mais

WOODROW WILSON

Hommages à l'Apôtre du Droit

Ferdinand BUISSON

Ancien député
Président de la Ligue des Droits de l'Homme

Tout le monde connaissait ou croyait connaître le fameux « principe de Monroë ». On l'énonçait en ces termes abrégés : « L'Amérique aux Américains », c'est-à-dire défense aux nations d'Europe de prétendre s'introduire au Nouveau Monde par voie de conquête ou de colonisation.

Au nom de l'histoire, le président Wilson a singulièrement élargi cette interprétation : « Je propose en somme que les « nations adoptent d'un commun accord « la doctrine du président Monroë, à savoir qu'aucune nation ne cherche à imposer sa politique à une autre, mais que « chaque peuple soit laissé libre de déterminer lui-même ses conditions d'existence sans que le plus petit ait rien à craindre du plus grand. »

Il rétablit ainsi dans son sens plein l'unité de la pensée américaine, qui depuis la guerre de l'Indépendance n'a pas varié.

Dès 1823, la doctrine du président Monroë était une énergique protestation contre la Sainte-Alliance, contre l'œuvre des Congrès de Vienne et de Vérone. A cette époque même le gouvernement des Etats-Unis, tout en reconnaissant l'impossibilité matérielle d'une expédition par delà l'Océan, n'hésitait pas à affirmer que c'était la mission de ce peuple de défendre la liberté de tous les peuples ; il osait écrire : « Nous avons le même intérêt au maintien des lois qui garantissent l'indépendance des nations qu'ont les individus au « maintien des lois de la société. » Il prenait fait et cause pour l'émancipation de la Grèce. Le secrétaire d'Etat écrivait ces fières paroles : « Nous avons jeté une semence de liberté et d'union qui germera « peu à peu sur toute la terre. Un jour « viendra où les Etats-Unis seront le lé- victoire, mais pour devenir par là l'arbitre de la paix. Il l'est déjà, puisque ce sont ses propositions qui ont été acceptées, de part et d'autre, comme conditions préalables de l'armistice.

La grande République américaine se trouve en effet désignée, en la personne de son président, pour assumer cette haute fonction, car, n'ayant pris les armes que pour assurer la victoire de ce qu'elle a jugé être le bon droit et n'ayant rien à réclamer pour elle-même, pas même des réparations, elle se trouvera naturellement au Congrès de Paix représenter un principe de justice supérieur aux intérêts, si légitimes soient-ils, des autres belligérants.

Mais il ne faudrait pas croire, quelque enthousiaste que soit l'accueil qui attend le Président, que sa tâche sera facile. Elle sera, au contraire, lourde, très lourde, et probablement même irréalisable si elle ne trouve pas un point d'appui solide dans les organisations démocratiques des pays de l'Entente.

LÉVY-BRUHL

Professeur à la Sorbonne

Aux yeux du monde entier, qui sont fixés sur lui, le président Wilson symbolise la paix juste. Il est naturel, par suite, qu'il soit invoqué passionnément par les vaincus. Car ils s'estimeront trop heureux s'ils sortent de leur désastre sans subir un abus de la force. Non moins naturellement, la paix juste de Wilson n'est pas du goût de certains vainqueurs. Ils voudraient exploiter leur victoire « jusqu'au bout ». Ils ne s'aperçoivent pas que, sous leurs uniformes, français ou autres, ils portent des âmes de pangermanistes.

Soyons sans crainte ; ni les flatteries obséquieuses des uns, ni la mauvaise humeur plus ou moins dissimulée des autres, formule comprend tout ce que la justice nous permet de stipuler. Encore serait-il possible, sous l'influence de la passion, d'en déduire les exigences les plus exorbitantes. M. Wilson l'interprètera sagement. Il voudra, sans doute, que toutes les précautions soient prises pour prévenir à jamais, s'il est possible, le retour de l'effroyable catastrophe. Mais il liera ces précautions mêmes, à l'institution d'une Société des nations, c'est-à-dire d'un régime de droit international qui assurera à tous les peuples libres, grands et petits, le respect de leur indépendance et la sauvegarde de leurs droits.

Aussi bien, les positions se dessinent déjà. Au Congrès de la paix, M. Wilson aura contre lui les impérialistes, ou, plus exactement, dans les grandes nations (sans excepter la sienne), les classes imbues de l'esprit impérialiste. Mais il aura pour lui une partie au moins des intellectuels, et les masses profondes des peuples. Il le sait, et il compte sur elles. Ce grand représentant d'une puissante nation qui n'est guère socialiste, s'appuie sur les principes de justice qui sont à la base même du socialisme français, dans ce qu'il a de plus noble et de plus généreux. Si Jaurès vivait, il serait aujourd'hui le premier et le plus enthousiaste des partisans de Wilson.

D'ESTOURNELLES DE CONSTANS

Sénateur

La réception que prépare la France au président Wilson sera magnifique. La population tout entière est déjà debout pour l'attendre, avec le gouvernement, et pour l'acclamer.

Il a contribué à finir victorieusement la guerre du Droit contre la violence

POUR le Président Wilso…

La Commission mixte d'organisat… de la C.G.T. et du Parti socialiste con… me sa résolution de ne pas faire a… aux travailleurs de Paris en vue d'… démonstration particulière cet ap… midi.

Elle compte en revanche sur tous … ouvriers et ouvrières, sur tous les … cialistes, tous les démocrates, pour … surer au président des Etats-Unis l'… cueil le plus chaleureux.

Sur tout le parcours qui conduit … Bois de Boulogne à sa demeure, le … sident Wilson sentira ce matin vib… le cœur de la foule parisienne. Mêlé… celle-ci, avec elle, les travailleurs saur… allier l'enthousiasme et le souci d'é… ter les prétextes aux polémiques emp… sonnées des réacteurs.

Si des incidents devaient se produ… qu'eût évités avec certitude une démo… tration ordonnée, disciplinée, comme … est capable la classe ouvrière organ… de Paris, la responsabilité doit en … laissée à l'avance, au président du C… seil, qui n'a pas voulu lui faire confi… ce.

La Commission compte sur la cl… voyance de tous ceux qu'elle convi… saluer le président Wilson *pour que … gouvernement ne puisse se prévaloir … la situation singulière et délicate d… laquelle il a placé le prolétariat p… sien.*

Les travailleurs acclameront sim… ment, chaleureusement le prési… Wilson.

Vive Wilson !
Vive la paix juste !
Vive la Société des Nations !
Vive la République universelle.

La Confédération Générale du Travail.
Le Parti Socialiste.

L'ÉTOUFFEMENT

M. Clemenceau déteste le socialis… qu'il n'a jamais compris, qu'il a co… battu, haï, poursuivi, persécuté dura… toute sa vie de journaliste, de chef … parti et de chef d'Etat.

Il fait volontiers des appels publ… et d'apparence bonhomme à l'union, … l'entente entre Français, à l'oubli … querelles. Les journaux de la bourge… sie se pâment et la Chambre applau… Puis, le président du Conseil, sûr de … presse, du Parlement, d'une opini… savamment préparée accumule con… la classe ouvrière, qu'il croit désarm… toutes les avanies et les provocatio…

Geste peu élégant et, au reste, f… dangereux !

Il vient d'interdire, avec une bru… lité non exempte de perfidie, non seu… ment à Paris, mais dans toutes les gra… des villes où elles se préparaient, … manifestations des prolétaires en l'ho… neur du président Wilson. C'est un a… d'arbitraire que rien ne justifie, … me pas quelques rapports truqués … police. Et le pis, c'est que M. le pré… dent du Conseil a tenté, avant de le … quer, de compromettre, dans une … qualifiable aventure, le prestige de … tre hôte d'aujourd'hui. Il est facile … le pronostiquer. Celui qui sortira di… nué de cette vilaine machination, … ne sera pas le président de la Répub… que des Etats-Unis.

Nos organisations sauront aujo… d'hui relever la nouvelle offense … leur est faite et conserver toute le… dignité. Elles eussent voulu, non p… en dehors de la nation, mais de la … çon qu'elles avaient librement réso… assurer M. Wilson de toute leur sy… pathie.

Ouvriers, ouvrières, travailleurs … Paris et de tous nos grands centre… soldats socialistes, paysans venus d… villages, tous et toutes voulaient a… jourd'hui, dans l'ordre et avec la sol… nité que réclame un tel moment, d… au Président que dans sa lourde tâc… contre les impérialismes, ils étaient … ses côtés. On a redouté de les voir tr… nombreux, trop vibrants, trop for… trop enthousiastes.

Mais on ne les empêchera pas de … faire entendre. On n'étouffera pas leu… voix. Pas davantage, on ne les pou… sera aux imprudences, aux actes … grettables dont on ne manquerait p… de tirer parti contre leurs idées, con… leur esprit de générosité, d'humanité … d'idéalisme.

Marcel CACHIN.

GROUPE SOCIALISTE AU PARLEMENT

à la future IIIe Internationale. Jaurès reste toutefois un enjeu de taille. On le constate à nouveau à l'occasion du procès de Villain en mars 1919, de son acquittement ressenti comme un déni de justice, de l'appel à la manifestation comme aux grandes heures d'avant-guerre, et du compte rendu vibrant le lendemain.

Le héros vivant de l'après-guerre reste pour *l'Humanité* le noble Wilson. Dès décembre, elle sort un numéro spécial Wilson pour sa venue en France. Elle signale le nombre élevé de commandes. Il est accueilli par sa photo sur un bon quart de la une et par un message d'Anatole France. Sa cote grandit encore quand l'administration américaine reconnaît « sans réserve » le gouvernement russe, au grand dam et à la fureur de la presse « bourgeoise ». Son mythe pâlira rapidement avec les réalités de la conférence de la paix, et quand Harding et Cox se disputeront sa succession ils seront qualifiés de « bonnet blanc » et « blanc bonnet ». Des héros mineurs s'imposent : le capitaine Sadoul, le mécanicien Marty, l'un à Moscou, l'autre sur la mer Noire, grâce à leur solidarité active avec les bolcheviks. On ne s'étonnera pas que leur légende ait été introduite par Dunois et Cachin.

Pour autant, *l'Humanité* ne renonce pas à sa vocation sociale. En mars, elle titre « LA VIE CHÈRE A ASSEZ DURÉ » sur toute la largeur de la une. Le 1er mai, elle insiste sur les troubles, les morts, et dénonce une « provocation » gouvernementale. En juin, elle énumère grèves et grèves et grèves. Elle fait tout ce qui est en son pouvoir pour amplifier le mouvement. Le lecteur et la lectrice ont aussi la satisfaction de découvrir un numéro qui milite « pour l'affranchissement des femmes » mais ils ne seront pas surpris dans la mesure où deux ans plus tôt Bracke avait indiqué comme un exemple à suivre le suffrage des femmes voté par le Parlement anglais. Pas grand-chose en revanche sur le deuil, ni sur les combattants démobilisés. Peut-être, indirectement, le faire-part de naissance du groupe Clarté sous l'égide de Barbusse qui appelle les écrivains et les artistes à se grouper en vue d'une action sociale, écrire 13, rue Grange-Batelière, Paris. Cela dit, on notera en une le récit d'une visite au Val-de-Grâce : « Ici on refait les visages », avec photographies, avant/après. Et, quand il sera question de transférer au Panthéon les restes d'un soldat inconnu, on observera le dessin d'un squelette et la légende « Mais foutez-moi donc la paix nom de Dieu ».

Le journal peut se diriger allègrement vers le congrès de Tours qui débute le jour de l'inauguration du premier institut de paléontologie à Paris.

Forte d'avoir retrouvé le nombre de lecteurs d'avant-guerre, *l'Humanité* s'ouvre à de nouveaux « leaders » et de nouveaux rédacteurs. Parmi eux, Georges Chennevière qui déplore l'état de misère du Jardin des Plantes, attristé par « un lion borgne affaissé sur une litière [...], les mangoustes dans des clapiers dont s'exhale un vieux relent d'ammoniac », tout juste consolé par la contemplation du plumage velouté d'un goéland à manteau bleu. Parmi eux, Roger Salengro qui part à la recherche de son concitoyen Adolphe Degeyter : « J'ai voulu savoir ce qu'est devenu l'ouvrier lillois qui a écrit la musique de *L'Internationale.* » Moi aussi j'aimerais bien, d'autant qu'Eugène Pottier a la part belle dans cette belle histoire. Eh bien, voilà, selon Salengro, il était fort comme un Turc, athlète, fine lame, baryton, déçu par son frère qui prétendait être l'auteur de la chanson, affligé par la mort de sa femme au point de ne plus supporter d'entendre la moindre musique, de boire, puis de se pendre, à cinquante-sept ans, ses funérailles civiles en 1916 suivies par une poignée de camarades sous une pluie torrentielle, sa tombe abandonnée, une croix de bois, une plaque de cuivre verdie, une couronne blanche « À notre oncle », c'est tout. Quant à Salengro, les calomnies de la droite extrême le conduiront au suicide pendant le Front populaire.

Après la défaite électorale en novembre, *l'Humanité* repart à la bataille. Parfois aimablement, avec les reines de la mi-carême qui ont souri à la foule, et ce même jour une liste des convocations « reçues trop tard », sans négliger cette invitation à une vente d'automobiles américaines, Ford Cadillac Dodge Packard, le prolétaire a le choix. Parfois rudement, lors des grèves de mai, avec le reproche public d'indiscipline lancé par la CGT aux métallos parisiens pour « abandon prématuré du travail ».

Toutefois, le grand sujet de 1920 semble être encore la révolution russe. Si l'histoire s'en charge, Renaudel y revient par un éditorial fin juillet : « Entre Lénine et Jaurès il faut choisir ». La réplique ne se

Ci-contre : une du 14 décembre 1919.
Double page suivante :
grève des cheminots, mai 1920.

**En juin 1919, *l'Humanité* énumère grèves et grèves et grèves.
Elle fait tout ce qui est en son pouvoir pour amplifier le mouvement.**

fait pas attendre. Elle est violente, signée Vaillant-Couturier, qui rétorque qu'on ne choisit pas, qu'on n'a pas le droit de faire parler les morts, et que Renaudel est en quelque sorte *mort* en 1914. En même temps, avec les télégrammes envoyés de Moscou par Cachin et Frossard, *l'Humanité* publie plusieurs interventions favorables à l'adhésion à la IIIe Internationale. Mi-août, le programme est affiché : « Pour la révolution russe ». Et puis commence la série des articles qui rendent compte du voyage des deux délégués en Russie : « Ce que nous avons vu ». Ils ont vu une ville en été, avec des arbres et des parcs, « c'est encore l'Europe et c'est déjà l'Orient », donc toute la magie du voyage, redoublée par son versant social, une maison de repos pour les ouvriers fatigués qui y séjournent sur avis des médecins de quinze jours à trois mois, de belles usines, de beaux villages à la campagne, tous les bienfaits du système, les cours de musique et les leçons de dessin pour les enfants, les assurances sociales, la culture prolétarienne, les samedis communistes et les trains rouges, en trois semaines tout y passe, ou presque, bien qu'il n'y ait rien sur la théorie du verre d'eau qui résume la liberté amoureuse, mais c'est peut-être un peu tôt. Tout ça vous a un petit côté paradis. Ainsi ça ne manque pas. « Le paradis » est le titre choisi par Cachin pour se défendre contre les attaques. Non nous n'avons pas été aveuglés par le soleil de Moscou et nous reconnaissons aussi que les conditions de vie sont pénibles à cause de la guerre. D'ailleurs, nous ne sommes pas les seuls à être émerveillés. De retour de là-bas, une cousine de sir Winston Churchill a relaté une « *fascinating story* ».

Ici, pour le paradis, mieux vaut regarder du côté de la réclame. Valentin, le roi du caoutchouc, s'en charge : l'imperméable est à 59 F avec en prime un « superbe » chandail offert à tout acheteur porteur de ce journal. Le journal peut donc afficher pour le troisième anniversaire « Vive la République des Soviets » et se diriger allègrement vers le congrès de Tours qui débute le jour de l'inauguration du premier institut de paléontologie humaine à Paris et qui se clôt par un message reçu six colonnes sur six à la une : « Le socialisme continue ». On est le 31 décembre, il ne reste plus qu'à se féliciter que Monet ait fait don des *Nymphéas* à notre République bientôt soviétique, à porter un toast avec un verre de mandarin, à se coucher dans un lit National, fabrication contrôlée, c'est dire, autant être en forme pour le match du lendemain, CAS 20e contre US Cheminots, à Bagatelle, arbitre Pillet, on ne sait jamais.

X-SEPTIEME ANNEE. — N° 6126.

Le Numéro : 20 Centimes

VENDREDI 31 DECEMBRE 1920.

ABONNEMENTS

	1 an	6 mois	3 mois
Paris, Seine et Seine-et-Oise	55 fr.	28 fr.	15 fr.
Départements et Colonies	58 »	30 »	16 fr.
Étranger	70 »	36 »	19 fr.

Chèque postal : 209-61

l'Humanité

JOURNAL SOCIALISTE

ADRESSE PARIS (2e) : 142, Rue Montmartre
ADRESSE TÉLÉGRAPHIQUE : HUMANITÉ-PARIS
TÉLÉPHONE : GUTENBERG 02-69
PUBLICITÉ ANNONCES 142, Rue Montmartre, 142

Fondateur : JEAN JAURÈS

Le Socialisme continue !

…s représentants socialistes de la classe …ière et paysanne française ont voté à … majorité énorme l'adhésion à la … Internationale.

… aucun moment peut-être de l'histoire …otre Parti, une question plus grave ne …vait été posée.

…mais, à coup sûr, majorité plus compacte … groupa autour de la motion victorieuse. … vote a été obtenu dans des conditions …larté et de loyauté absolues que nul ne … honnêtement contester. Pendant cinq …, une propagande ardente opposa les …eptions les plus diverses ; pendant cinq …, textes et documents ont été étudiés, …tés, commentés amplement et contra…oirement dans chacune des sections de … grand Parti.

…ue signifie la décision ainsi obtenue ? …ns doute, affirme-t-elle tout d'abord la …larité, la sympathie, l'affection sans …es des travailleurs français pour la …olution russe. Mais elle marque en même …s leur volonté de préparer en notre pays … conditions favorables à une bataille des …es chaque jour plus rude et plus âpre.

…hacun des congressistes avait le senti… profond de la grandeur insolite du …t. Dans le dur conflit qui nous mit aux …s et qui vient d'aboutir à la rupture de …cienne unité, nul ne pouvait maîtriser …angoisse intense ; des adjurations pathé…s échangées entre vieux compagnons de … étaient suivies des silences les plus …nants. L'incident Clara Zetkin porta à … comble l'émotion commune.

…'un bout à l'autre de ces six journées si …gées, le Congrès entier sut conserver la … tenue, et, si j'ose dire, la solennité …les circonstances imposaient.

…orsque vinrent les minutes du déchire…, comme tout au long de la discussion, …assistants offrirent le plus impression… spectacle de sérieux, de dignité, de …rise de soi.

…n devra rendre aux orateurs de la majo… cette justice qu'ils multiplièrent les …ts pour justifier leur attitude et pour …er les inévitables ruptures. Aujourd'hui …événements, plus forts que les hommes, …décidé, et ce n'est pas sans une profonde …esse qu'un socialiste peut enregistrer … d'hier et qu'il envisage ceux que nous …ve-demain.

… la lutte intensifiée qui attend le Parti … les temps proches, voudront participer … les prolétaires qui lui sont présentement …és. La majorité a parlé : elle a parlé …ment. Chacun des militants n'a qu'à …liner devant le verdict souverain.

…ous faisons ici appel à tous les ouvriers …aysans groupés en nos sections et fédé…ns pour qu'aucun d'entre eux ne quitte …ieille et solide organisation qui seule … abriter les espérances des masses pro…iennes.

Marcel CACHIN.

…ière à nos abonnés dont l'abonnement est …vé à expiration le 31 décembre et à qui … avons adressé un mandat-carte de nous …renvoyer par retour du courrier, afin …iter des frais de recouvrement et un …rd dans la réception du journal.

LE MANIFESTE DU PARTI

Le Congrès de Tours marquera une date historique dans la vie longue déjà et glorieuse du socialisme français. S'il restaure parmi nous les conceptions traditionnelles de Marx et d'Engels, la doctrine jadis consacrée et trop souvent désertée dans la pratique, il s'adapte en même temps aux nécessités des temps nouveaux, aux obligations impérieuses que nous impose la crise révolutionnaire mondiale.

Les méthodes de préparation et d'action qui doivent désormais prévaloir en présence du régime capitaliste qui croule politiquement, économiquement, socialement, nous imposent une discipline renforcée.

En face de tout ce qui accélère la chute de la classe déclinante, une conscience plus précise de la lutte de classes s'affirme devant la masse socialiste du pays.

Tel est le sens de l'adhésion du socialisme français à cette Internationale communiste qui a relevé le véritable drapeau de l'Internationale des travailleurs, et la majorité des trois quarts des suffrages exprimés qui s'est manifestée à Tours donne à cette adhésion sa valeur de souveraine puissance.

◦◦◦

C'est avec toutes les forces vives de la classe ouvrière que nous allons poursuivre notre tâche.

Du Congrès inaugural de la première Internationale, il y a 56 ans, au Congrès d'Amsterdam, en 1904, et de notre Congrès d'unité de 1905 au Congrès de Tours, la chaîne est continuée.

La droite de notre Parti, un petit nombre d'hommes, des élus plus que des militants, dont certains comptaient des états de service, mais qui s'étaient laissé conquérir par les conceptions révisionnistes et purement parlementaires, nous ont quittés délibérément. Leur position était prise d'avance ; ils avaient préparé leur schisme au Congrès de la Fédération de la Seine. Le secrétaire du Parti avait démasqué leurs desseins. Ils n'ont pas voulu comprendre la loi d'airain des temps nouveaux. Nous passons.

Au centre, d'autres, en plus grand nombre, ont rompu avec nous. Ils ont hésité jusqu'à la dernière minute, irrésolus et incapables de faire leur choix entre le réformisme parlementaire et le communisme marxiste. Ils se sont rapprochés des hommes qu'ils combattaient hier encore.

Partisans, suivant leur motion, d'une adhésion à la IIIe Internationale, ils se sont refusés à suivre aucun des chemins qui pouvaient y conduire.

Ils sont les véritables auteurs de la crise, si restreinte soit-elle, où pénètre notre Parti.

Ils ont montré, par leur geste, aux masses laborieuses de ce pays, qu'ils en assumaient la responsabilité. Ce n'est pas sur un vote de principe qu'ils sont sortis, mais sur la lecture d'un document d'allure polémique, un message de l'Internationale Communiste dont ils ont voulu méconnaître la signification réelle.

C'est en vain que nous leur avons offert tous les apaisements légitimes. C'est en vain que nous avons pris l'engagement catégorique de consacrer, dans un statut, le droit des minorités. C'est en vain que nous nous sommes prononcés contre les exclusions pour les actes du passé.

Des considérations d'amour-propre, qu'ils ont révélé l'esprit petit-bourgeois, des raisons que le prolétariat ne peut comprendre, lui qui met la cause de la révolution au-dessus des personnes, les ont conduits à la rupture.

Qu'ils en gardent devant l'histoire la lourde responsabilité.

◦◦◦

Après cette séparation, qui éloigne de nous des hommes dont certains avaient un long passé socialiste, nous travaillerons avec joie à accroître la puissance belle et majestueuse de notre Parti.

Toutes les fédérations industrielles sont avec nous. Les fédérations paysannes sont venues, par leurs renforts, attester le fécond travail qui s'accomplit dans les masses rurales et qui se marque par leur solidarité grandissante avec les travailleurs des villes, par la croissance de l'esprit de classe, cette condition même de l'élaboration de la société future. C'est la clarté tranchante de la politique menée en commun par tous les partisans sincères de la IIIe Internationale qui a frappé le plus vivement la conscience du prolétariat.

Ainsi s'est réalisée en France l'union intime et désormais indissoluble de tous les socialistes communistes.

C'est la France salariée, la France en révolte contre le régime capitaliste, régime de guerre et de faillite, régime de rapine, d'exploitation et de servitude, c'est toute cette France militante qui est avec nous, c'est elle qui défendra demain, de concert avec toutes les sections de l'Internationale communiste, la paix, le droit des peuples et la révolution menacée par les impérialistes, masquant leurs intérêts de classe derrière la défense nationale. L'œuvre qui s'impose à notre Parti est énorme ; elle ne nous effraye pas.

Le vieux monde s'effondre devant l'esprit des temps nouveaux. La révolution qui s'annonce, qui est née en Russie et qui grandira de proche en proche dans les Etats de tout le continent, trouvera des millions et des millions d'artisans sévères. L'âpre lutte continuera, patiente quand il faudra, rapide et décisive à l'heure venue pour la libération des nouveaux esclaves. Le régime bourgeois chancelle sur ses bases, au lendemain de la plus cruelle des guerres. Nous lui apporterons seulement le dernier coup.

Prolétaires, Paysans et Ouvriers !

Votre devoir s'accroît dans la mesure où le temps s'avance. Vous ne vous laisserez séduire ni par ceux qui veulent trouver dans le parlementarisme exclusif, dans l'abandon des principes socialistes, dans les concessions à l'adversaire capitaliste, les avantages illusoires des transactions mortelles pour la révolution, ni par ceux qui cherchent leur voie à tâtons sans jamais se résoudre et qui, constamment, paralysent l'œuvre d'affranchissement.

Vous tous, vieux militants de notre Parti, qui le servez par votre dévouement opiniâtre, jeunes hommes soulevés par le cyclone de la guerre et qui affluez dans nos rangs, vous viendrez à nous pour continuer l'œuvre commencée.

Que notre Parti soit fort et discipliné, maître à la fois de ses militants et de ses élus !

Qu'il soit digne de son passé, digne de Babeuf, digne des hommes de Juin 1848, digne de la Commune, digne de Jaurès, digne de l'avenir glorieux qui s'ouvre à tous !

Le combat continue plus ardent et plus ample. Nous n'allons pas vers des émeutes d'aventures. En travailleurs, toujours équipés avant l'heure de l'offensive, nous creuserons nos parallèles de départ, toujours à l'affût d'un ennemi que nous savons implacable et préparé.

Que la décision de Tours soit l'acte qui réunira tous les prolétaires français !

Que l'adhésion à la IIIe Internationale retentisse à travers le monde comme l'annonce des grands changements prochains !

Vive le Socialisme révolutionnaire français !
Vive l'Internationale Communiste !

la trésorerie, il conviendra de considérer les conséquences financières du départ de quelques élus.

Ernest Lafont intervient pour demander si, ayant été délégué du groupe parlementaire au Congrès, il est encore délégué aujourd'hui.

On lui répond par l'affirmative. Cela conduit à dénombrer les députés qui restent fidèles au Parti. Il est convenu, suivant la suggestion d'Ernest Lafont, que tous les élus seront considérés comme adhérant au Parti jusqu'à ce qu'ils aient manifesté leur volonté de le quitter. On les convoquera afin de connaître leurs intentions.

Il paraît résulter des renseignements produits par divers camarades, qu'au moins : Ernest Lafont, Alexandre Blanc, Philbois, Vaillant-Couturier, Marcel Cachin, Morucci, Maurel, Dormoy, Nadi, Georges Lévy et Aussoleil resteront dans le Parti.

Frossard conclut que les membres du Parti devront dorénavant, du fait du départ de certains élus, s'imposer des sacrifices plus considérables.

Nous avons l'avenir devant nous, ajoute-t-il, parce que nous continuerons d'affirmer avec fermeté notre doctrine de vérité révolutionnaire. (Applaudissements).

SEANCE DE L'APRES-MIDI

Pierpont (du Nord), préside, assisté de *Philbois*, député de l'Aube et *Alexandre Blanc*, député du Vaucluse et le Congrès, aussitôt, passe à la discussion des rapports.

Les Jeunesses

A propos du rapport du secrétaire, la discussion s'engage sur la situation des Jeunesses.

Nous déciderons, dans notre Congrès administratif, dit Laporte, si la Fédération des Jeunesses proclamera ou non son autonomie. Nous pouvons annoncer au Congrès que depuis la scission, nous avons doublé nos effectifs.

Il faudra qu'un acte d'alliance soit conclu entre les deux grandes organisations communistes, ajoute *Laporte* très applaudi.

Vandomme précise qu'il serait souhaitable qu'un délégué des Jeunesses soit admis au sein du Comité directeur.

Guignard propose que ce délégué soit admis à titre consultatif.

Victor Méric combat cette proposition comme incompatible avec les nouveaux statuts.

— Nous n'insistons pas, réplique Laporte, pour mettre fin à la discussion. Nous ne demandons qu'une chose, c'est que dans le nouveau Comité directeur, les portes nous soient ouvertes, que nous ne soyons pas obligés de faire antichambre.

Le rapport de la Trésorerie

On passe au rapport de la Trésorerie.

Coen insiste pour qu'une commission soit immédiatement nommée qui devra décider l'augmentation des cotisations.

Métra (Rhône) demande que la question de l'avance faite par le Parti au *Populaire* soit réglée au plus tôt, qu'elle soit remboursée ou qu'elle soit passée par profits et pertes.

D'autres délégués veulent qu'on se préoccupe surtout de faire rembourser aux élus les sommes qu'ils doivent au Parti, même en les poursuivant en remboursement.

Ce n'est pas l'avis de *Clamamus*.

— Nous fournirions des arguments faciles à nos adversaires en recourant à la justice bourgeoise. La situation est bien simple. Ou les élus resteront dans le Parti et ils paieront ou ils ne paieront pas et ils s'en iront.

Surtout qu'on ne fasse plus d'avances aux élus ni aux candidats, demande un camarade, cependant que *Raffin-Dugens* montrant la situation du *Populaire du Centre* et du *Droit du Peuple* demande qu'on attende que la situation soit plus nette et plus claire avant de prendre une décision rigoureuse.

— Le Parti aura autre chose à faire qu'à poursuivre cette action en remboursement, déclare *Frossard* qui demande au délégué du Rhône de renoncer à sa proposition.

Quant à l'augmentation de la cotisation, il serait préférable de consulter les fédérations par voie de referendum.

Delagrange voudrait qu'on statue immédiatement, et *Coen* qu'on retînt l'idée d'établir pour les timbres une valeur proportionnée à la situation particulière de chaque membre du Parti, le prix de la carte étant fixé bien entendu.

Finalement le rapport de la trésorerie est adopté avec les indications de Frossard.

La Commission de contrôle

Servantier rapporte alors, au nom de la Commission de contrôle. Celle-ci a constaté le faible rendement des timbres de solidarité et insignes. Elle combat le système des prêts, propose de balancer par profits et pertes les cotisations des anciens élus non réélus.

Servantier estime que le Congrès a le devoir de sauvegarder l'honneur des trésoriers Loriot et Grandvallet en votant la proposition suivante :

Le Congrès, étant donnée la situation actuelle, estime inutile d'engager une discussion sur les propositions soumises par les rapports de la trésorerie et de la Commission de contrôle. Toutefois, il accepte à l'unanimité le rapport de la Commission de contrôle, constatant la bonne gestion financière des trésoriers Loriot et Grandvallet.

Le rapport de l'Humanité

On aborde le rapport de *l'Humanité*.

Laporte observe que dans le passé, on a donné une très grande place au sport et peu d'espace aux Jeunesses. Il convient, dans l'avenir, non de supprimer la rubrique sportive, mais de donner quelque place aux Jeunesses.

Palicot conclut qu'il y aurait beaucoup à dire sur l'*Humanité* tant au point de vue politique qu'au point de vue administratif. Mais c'est la tâche du Comité de direction de demain.

Le rapport du groupe parlementaire

Le débat sur le rapport du groupe parlementaire s'ouvre par une intervention de *Raffin-Dugens*. Celui-ci rappelle qu'il est entré au Parlement avec l'idée que la révolution se ferait non par la violence, mais par en haut. Il a changé de sentiment. *Raffin-Dugens* parle ainsi parce qu'il convient que le régime parlementaire soit critiqué par ceux qui l'ont pratiqué.

Frossard demande qu'on ne s'attarde pas à discuter le rapport parlementaire et qu'on passe à l'ordre du jour.

Le débat s'ouvre alors sur la situation

LE COMMUNISME AU PARLEMENT

…lara Zetkin et Lénine ont les honneurs de la séance à la Chambre des Députés

Inopinément survenu, Marcel Cachin fait entendre, sous les huées bourgeoises, la parole révolutionnaire

… grand geste historique de « l'adhé… » a eu hier, à la Chambre, son pre… retentissement.

… prétexte : torturer le ministre de …érieur sur la courageuse équipée de … grande et chère Clara Zetkin.

… but : frapper un premier coup contre …propagande révolutionnaire — auda…e et large propagande d'idées — dont …anisation, nous en prévenons charita…ent M. Steeg, sera désormais la be… essentielle du socialisme.

…rivé de Tours à 16 heures, Cachin, …édiatement prévenu du débat qui … s'engager, s'en fut d'une traite à la …mbre.

… bataille commençait à peine quand, … h. 10, il s'asseyait à son banc.

… Vallat, député royaliste de l'Ardèche, …estionnait » à la tribune M. Steeg, assis … banc de torture. La droite se frottait … mains et troussait des lèvres gour…des à l'annonce d'un dépècement mi…riel.

… vrai dire, M. Vallat ne fut pas très … méchant : ses blessures de guerre …quent sans doute, et excusent la débi… de son intervention :

… **Vallat.** — Il y a quelques jours, le Gou…ment refusait des passeports à plusieurs …ationnaires allemands, entre autres la ci…ne Clara Zetkin, propagandiste connue, … au Reichstag.

… hier, le journal officiel du parti socialiste …ait la manchette suivante : « A la barbe de …lice, Clara Zetkin, arrive à Tours ». (Applau…ments à l'extrême gauche. — Interruptions …clamations au centre et à droite) et nous …nt quelques détails sur cet incident théâ…bien réglé ! (Très bien ! très bien !)

… Vallat veut toutefois bien concéder … Clara Zetkin, excellente communiste, … parmi les rares consciences qui, ou…thin, protestèrent, en 1914, contre la …tion de la Belgique et l'agression … nous étions alors les victimes. »

… **Vallat.** — Quoi qu'il en soit, on a re… des passeports à Clara Zetkin, et, avant… elle était à Tours.

…t-il eu reculade du gouvernement ? Au…tion de la dernière heure ?

…, le ministre de l'intérieur est le prison… de l'*Action française* et Léon Daudet …ait pas toléré pareille faiblesse. (On …

…a Zetkin s'est donc introduite en Fran… malgré les ordres donnés.

M. Vallat conclut par un trait où … retrouve la délicate inspiration lit…téraire en honneur à l'*Action Française* :

Les soldats de France ont fait taire les berthas. Il appartient au gouvernement de la République de fermer la bouche aux Claras.

A droite, au centre, à gauche, c'est une furie d'applaudissements. Ah ! la faune agréable que celle de l'hémicycle.

Elle réserve d'ailleurs à M. Steeg, réduit par destination et par nécessité à croquer du bolcheviste à chaque séance, un accueil aussi sympathique.

M. Steeg à la tribune

Le remarquable ministre de l'Intérieur, si fâcheusement roulé par une vieille femme de soixante-dix ans, est amusant à souhait :

M. Steeg. — Je ne puis admettre que des étrangers, et surtout des Allemands, viennent faire chez nous une propagande de guerre civile alors surtout que certains de nos concitoyens n'hésitent pas devant cette tâche lamentable.

Ça, M. le ministre ne peut pas l'admettre... La Chambre non plus : elle en témoigne consciencieusement par des cris d'indignation partis d'un peu partout et par de furieux applaudissements, partis d'un peu partout aussi.

Le ministre continue. C'est toujours très intéressant :

M. Steeg. — Mardi soir, à cinq heures, Mme Clara Zetkin pénétrait dans la salle du congrès de Tours entourée de quelques membres de l'assemblée. Immédiatement les portes se fermèrent sur elle, et elle prononça un discours dont, après tout, il n'est pas mauvais que nous ayons entendu l'expression, car il prouve que la propagande bolcheviste chemine par des routes diverses, mais que l'une de ces routes passe certainement par Berlin. (Vifs applaudissements à gauche, au centre et à droite).

Très soutenu par la majorité, M. Steeg poursuit :

La déléguée de la firme révolutionnaire germano-bolcheviste a flétri le traité de Versailles qu'elle a appelé un traité de fer et de sang, et il est triste de penser que des assistants français, oubliant la provocation 1914 (Vifs applaudissements à gauche, au centre et à droite), oubliant toutes les souffrances de la patrie (Nouveaux applaudissements), aient applaudi de tels propos, je ne dirai pas avec enthousiasme, mais avec résignation. (Vifs applaudissements à gauche, au centre et à droite).

D'une voix de cuivre, Cachin jette de son banc :

— Si, si, avec enthousiasme !

Une salve de hurlements explose des travées radicales aux travées royalistes.

« Boche ! Boche ! » cria avec persévérance une voix anonyme, tout en haut du centre.

« A la porte ! La censure ! » Le bruit est infernal.

Dominant le grouillement de l'hémicycle, le président intervient doctoralement du haut de son fauteuil :

M. Raoul Péret. — Vous heurtez le sentiment patriotique de l'Assemblée par des paroles qui ne peuvent pas être entendues par des oreilles françaises. (Vifs applaudissements à gauche, au centre et à droite).

Je vous rappelle à l'ordre.

M. Balanant. — Nous demandons la censure, monsieur le président. (Applaudissements.)

(VOIR LA SUITE EN 2e PAGE.)

La fin du Congrès

Cette dernière journée a été marquée par un fait politique dont il convient de souligner la gravité sans retard. Les délégués de la fraction du centre, groupe Longuet-Paul Faure, qui avaient quitté le Congrès la veille, après le départ des représentants de la droite, sans préciser la décision qu'ils allaient prendre, ont fait alliance avec cette droite dans une réunion tenue en commun avec elle.

Les camarades Raoul Verfeuil et Lussy, qui avaient voté avec la fraction centriste, ont tenu alors à protester contre cette attitude et à affirmer leur indestructible dévouement au Parti.

Ils sont revenus au Congrès, qui les a fraternellement accueillis ; nul doute que ce noble geste ne soit imité, dans les sections et fédérations, par un grand nombre de camarades ayant voté la motion Longuet-Paul Faure et qui n'avaient jamais pensé qu'on put les conduire à un acte de révolte contre la volonté souveraine du Parti.

Le Congrès a voté un énergique appel au pays socialiste en faveur de l'action et de la discipline. Il sera entendu des masses profondes du Parti.

Avant de se séparer, le Congrès, à la demande de Frossard, a invité les fédérations à se réunir le plus tôt possible, pour triompher des manœuvres dirigées contre le Parti, et les délégués ont quitté Tours, fiers de l'œuvre historique accomplie, résolus à redoubler d'efforts pour la propagande parmi les populations laborieuses des villes et des campagnes.

L'Internationale Communiste doit étendre, grâce aux efforts de tous et de chacun sur le pays tout entier, son activité révolutionnaire. — D. R.

Nos lecteurs trouveront à la deuxième page le compte rendu des dernières heures de la séance de nuit qui n'a pu trouver place dans notre numéro d'hier. Disons tout de suite, avant de rendre compte de la journée d'hier, que cette séance de nuit s'est terminée à près de trois heures du matin par le vote de la motion Renoult, qui obtint 3.247 mandats, tandis que la motion Mistral n'en obtenait pas 1.398.

ETRENNES UTILES

par LUCIEN LAFORGE

— Marianne, qu'est-ce qui te ferait plaisir ?
— Un bon balai.

LA SEANCE DU MATIN

(PAR TÉLÉPHONE DE NOS ENVOYÉS SPÉCIAUX)

La séance du matin s'est ouverte à 11 heures 40, sous la présidence de *Grandclément* (Rhône), assisté de la camarade *Dora Montefiore* (déléguée du parti communiste anglais), et de *Frossard* (Pas-de-Calais).

Frossard indique qu'il s'agit surtout ce matin de fixer l'ordre du jour. Puis on fera l'appel des fédérations pour bien montrer que le Parti est ici et non dans quelque autre salle.

Enfin, il convient de nommer une Commission qui rédigera un manifeste invitant les militants à rester dans l'organisation.

La Commission sera composée de *Daniel Renoult, Vaillant-Couturier, Paul Louis, Aussoleil, Ferdinand Faure.*

Frossard fait alors l'appel des fédérations.

A part cinq ou six, dont les représentants sont déjà retournés dans leurs régions, toutes les fédérations répondent présent.

L'appel qui se prolonge une dizaine de minutes est très impressionnant. On a le sentiment que c'est le prolétariat de France lui-même qui répond qu'il est là.

Le secrétaire du Parti rappelle que le Congrès aura à se préoccuper des répercussions locales de la décision de la veille.

Puis, le Congrès devra poursuivre son ordre du jour et examiner les rapports.

A l'occasion du rapport du secrétariat, on parlera de la situation des Jeunesses dans la section française de l'Internationale communiste. Au sujet du rapport sur

1921

1932

ABONNEMENTS

	1 an	6 mois	3 mois
… Seine …-et-Oise	55 fr.	28 fr.	15 fr.
…ements …lonies	58 »	30 »	16 fr.
…anger	70 »	36 »	19 fr.

Chèque postal : 209-61

l'Humanité

JOURNAL COMMUNISTE

ADRESSE PARIS (2ᵉ) : 142, Rue Montmartre

ADRESSE TÉLEGRAPHIQUE : HUMANITÉ-PAR…

TÉLÉPHONE : GUTENBERG 02-68, 02-57

PUBLICITÉ ANNONCES 142, Rue Montmartre, 142

Fondateur : JEAN JAURÈS

…SSASSINS !

…ien capitaine Messimy était minis… …a guerre quand commença la gran… …rie impérialiste. L'émissionnaire …harleroi et Morhange, il reprit du …colonne officier, et conquit le grade …ral de brigade.

…battu aux élections du 16 novem… …cours de sa campagne électorale …endit cent fois accuser d'avoir, com…éral, fait tuer inutilement des mil… hommes.

…se justifier, il livra à la publicité …tres qu'il avait adressées, pendant …re, l'une à M. Poincaré, l'autre au … Gallieni, la troisième à son géné… …division.

…constituent un réquisitoire formi… …contre les états-majors, et leur pu…n, à l'heure où le Bloc national …e refuser l'amnistie à des milliers …vres soldats, marque d'éternelle in… …les grands chefs dont le crime a …t moins besoin d'être amnistié qu'il …nais été puni.

…la première lettre de M. Messimy. …25 juillet 1915. Destinataire : M. …nd Poincaré, président de la Répu… :

…Monsieur le Président,

…us remercie des sentiments que …oulez bien m'exprimer dans votre …u 18 courant.

…isis cette occasion pour protester …ndignation véhémente, auprès du …l'État contre les mensonges du …nique.

…d'il y a deux jours annonce :

…ue nous avons pris pied sur la crê… …Linge ;

…ue nous avons enlevé le Barenkopf.

…le premier, ce sont « mes deux …ons » qui y ont combattu, sous mes …. Or, je ne n'ai pas pu prendre pied …crête du Linge ; jamais je n'ai pu …er, et pour cause !

…t à l'enlèvement du Barenkopf, il …coûté des centaines de morts et …sés et 1.500 prisonniers, et la 5ᵉ …, de chasseurs, qui y avait pris …'a pu s'y maintenir plus de quatre …

…jeunes et beaux bataillons (les 106ᵉ …y ont été anéantis.

…chec sanglant est dû aux officiers …ands états-majors, qui, ignorants …constances locales, du terrain, ve…ux fois sur place pendant deux heu… …nt suggéré au commandement un …randiose, en contradiction formelle …e projet très modeste et discret que …hef, le colonel Brissaud, que vous …u à Plainfaing, avait présenté et que …ssieurs avaient trouvé de trop petite …re.

…monsieur le président, ne dira ja… …es méfaits sanglants :

…u communiqué, pour lequel on a …er des hommes par centaines, par … ;

…e « l'officier de liaison » qui arrive …terrain, ganté de frais, détenteur …doctrine, et finit par imposer ses …ux chefs usés et âgés auprès des… …l sert.

…n réussit, il a tout le mérite. Si on … « irresponsable » et paisible, il re…ra en auto pour retourner à l'arrière, …table, pendant que des milliers …mes agonisent par sa faute.

…ut absolument, monsieur le Prési… …que le gouvernement impose aux …ndants d'armée et au G. Q. G., de …er tous ces beaux messieurs et à ne …voir comme collaborateurs que des …s ayant servi six mois au feu, dans …pe.

…divorce était grand entre les troupes …états-majors ; je le vois s'accentuer …ndir, mais ce sont les troupes qui …

…ne vois dans l'obligation morale, …e part, de vous dire toute ma pen… …sujet de l'offensive générale dont …ds parler sans cesse pour septembre. …s m'avez dit, le 9 juin, que le géné… …ffre vous avait promis la fin de la … pour septembre 1915, avec la vic…

…énéral Joffre est très loin des champs …taille et le séjour de Chantilly me …lui donner de bien dangereuses il…s.

…ensive générale coûtera cent mille …es et, sans aucun doute, *je l'affirme*, …a conscience de la responsabilité de …ffirmation, elle ne réussira pas à dé… …notre territoire.

…grand fait nouveau de la guerre mo… …est le fil de fer ; vouloir lancer des …ès par centaines de mille contre des …de fil de fer barbelés, c'est essayer …verser une grille en fer forgé avec …ompe à incendie.

…guerre militaire est finie pour un …assez long, au moins en France, la …ger offensivement par des attaques …sse, appuyées par un matériel en…insuffisant, n'aboutira qu'à saigner …ion à blanc sans résultat.

…guerre politique et économique est à …entamée ; c'est par elle surtout que …pourrons, que nous devrons vaincre. …ous supplie de ne pas croire les af… …ions des gens intéressés, qui préco… « l'offensive à outrance ». Ce sont, …ce qui est de notre théâtre d'opéra… …de France, *des ignorants néfastes et …reux.*

…ous serais reconnaissant de placer …lettre sous les yeux de Briand, dont …connu la clairvoyance et le bon … Elle a pour le moins le mérite d'éma… …un homme qui fait la guerre volon… …ent dans la troupe *et qui n'est pas …osséder quelques clartés des données …mble du problème.*

…yez à mon dévouement.

MESSIMY.

…qu'il faut retenir de cette lettre, c'est …our *le communiqué*, des états-majors …onsables, galonnés sur toutes les cou… …ont fait tuer des hommes par cen…

RÉPUBLIQUE FRANÇAISE

ORDRE DE MOBILISATION

Par décret du Président de la République, la mobilisation des armées de terre est ordonnée, ainsi que la réquisition des animaux, voitures, harnais et véhicules automobiles nécessaires au complément de ces armées.

Le premier jour de la mobilisation est le ______________________

Tout Français soumis aux obligations militaires doit, sous peine d'être puni avec toute la rigueur des lois, obéir aux prescriptions du FASCICULE DE MOBILISATION.

Sont visés par le présent ordre TOUS LES HOMMES non présents sous les Drapeaux et appartenant à l'ARMÉE DE TERRE y compris les TROUPES COLONIALES et les hommes des SERVICES AUXILIAIRES.

Les Autorités civiles et militaires sont responsables de l'exécution du présent décret.

Le Ministre de la Guerre,

Pendant qu'on imprime l'affiche, ils chantent "l'Internationale"

L'affiche dont nous produisons ici le fac-simile nous est parvenue, fraîche encrée de l'Imprimerie Nationale, où, depuis quelques jours, elle est composée, tirée, brochée, mise en ballots, prête à être répandue dans le pays qui ne s'attend pas à la recevoir.

Nous rassurerons immédiatement M. Barthou sur la situation sociale des complices qui nous ont fait tenir l'exemplaire ci-dessus. Ce ne sont pas des ouvriers de l'Imprimerie Nationale. Ce ne sont pas non plus des employés. L'expéditeur, l'unique expéditeur du poulet gouvernemental est un gros bonnet, une « personnalité bien renseignée », l'X... de ce modeste roman vécu. Aux limiers de la Sûreté générale à le découvrir, nous n'en dirons pas plus long.

Toutefois, pour confirmer à nos concitoyens l'authenticité de ce *libelle* ministériel, nous rappellerons que l'affiche a été commandée, il y a peu de semaines, qu'elle sort des presses de l'imprimerie depuis huit jours et qu'elle est actuellement aux ateliers de brochure, où de braves ouvrières la préparent pour les services d'affichage.

Nous fournirons également le chiffre du tirage. Il est imposant. Il monte à SIX CENT MILLE (600.000) *exemplaires*.

L'affiche pour la prochaine

fourbir sa baïonnette rouillée de sang pour se préparer à la prochaine fraîche et joyeuse.

Le timbre officiel est imprimé déjà, car on ne se prépare jamais assez tôt. L'affiche ainsi brevetée par le gouvernement, va être expédiée dans les préfectures, sous-préfectures, gendarmeries, bureaux de recrutement, mairies. Combien de temps y dormira-t-elle ?

En vérité, lorsque nous affirmions dans l'*Humanité* et l'*Internationale*, que le ministère de la guerre, en accord avec le G.Q.G. occulte du boulevard de Courcelles, envisageait l'éventualité d'une mobilisation partielle ; nous ne pensions pas recevoir aussi rapidement, du gouvernement même, confirmation. Nos renseignements étaient sûrs, nous le savions, malgré qu'on en ait pu dire, comme tous ceux que nous avons publiés ou que nous publierons. Nos lecteurs s'apercevront, une fois de plus, que nous ne leur avons pas menti.

Les premières victimes

Après avoir si bien dégonflé le mystère de la mobilisation, après avoir si généreusement démasqué les batteries de l'état-major du petit Barthou, nous devons continuer à nous occuper de ceux qui sont déjà victimes de l'armée.

Leurs protestations s'élèvent, à chaque moment plus nombreuses, plus véhémentes, plus significatives. Entre les centaines

bestiaux, restant deux jours sans manger, ceux *du 506ᵉ R. C. C. (chars de combat)*, à Besançon, retenus en caserne par le lieutenant Moulinier, et ceux *du 12ᵉ d'artillerie, de Saint-Dié*, revenus de l'armée d'Orient, nourris comme des porcs.

Il y a ceux encore *du 110ᵉ d'infanterie*, à Dunkerque, récoltant la prison pour des vétilles. Il y a ceux aussi du camp de concentration de Jessains, par Troyes, que l'on punit de prison sans motif.

Pour chanter l'« Internationale »

A la 14ᵉ compagnie d'autos, les mobilisés sont partis de Clermont-Ferrand en wagons à bestiaux pour Nancy. Arrivés là, ils ont dû coucher sur la paille pourrie et se faire insulter par le lieutenant Caisson.

Un détachement du 13ᵉ C.O.A. est parti d'Epinal pour la Ruhr, dans la nuit de lundi, en chantant à pleine voix l'« Internationale » et nos autres hymnes révolutionnaires.

Dans l'aprèsmidi du lundi, ceux du 13ᵉ C. O. A. qui restaient se sont mis à protester vigoureusement contre la nourriture ignoble et, en manière de protestation, ont refusé le service.

Un réfugié des régions dévastées, à Reims a dû partir pour le 160ᵉ d'infanterie, à Sarrebourg. Au 21ᵉ trains de Strasbourg, il y a des hommes mariés ayant fait la campagne de Cilicie. A Orléans, il y a des

teur assidu d'un journal communiste, a été trouvé possesseur de tracts de propagande révolutionnaire ainsi que de lettres de membres d'associations soviétiques. A tenu des propos antifrançais et chanté des hymnes révolutionnaires.

Cette punition a d'ailleurs été portée à quinze jours...

Au 135ᵉ d'infanterie, à Angers, le premier détachement est parti au chant de l'« Internationale ».

Pour finir, notons qu'un ami de la CLASSE 1912 a reçu un ordre d'appel daté du *13 mai* lui enjoignant de se présenter à la caserne du Port-Royal.

M. Barthou peut rétablir les allocations, renvoyer les engagés militaires. S'il veut que la situation soit nette, que la paix renaisse au cœur des hommes encasernés, qu'il les démobilise.

La classe !

Bernard LECACHE.

LE 1ᵉʳ CONGRÈS NATIONAL des Jeunesses Communistes

C'est aujourd'hui que s'ouvre, Salle de l'Egalitaire, 17, rue de Sambre-et-Meuse, Paris, Xᵉ (métro : Combat ou Belleville), le 1ᵉʳ Congrès National de la Fédération des Jeunesses Communistes.

L'ordre du jour est composé ainsi :

1. Rapport moral du Comité National ; 2. Rapport des délégués au Congrès mondial ;

LES ÉPREUVES de L'ENTENTE CORDIA…

Le discours de Lloyd George à… Chambre des Communes aura… la politique européenne d'inca…lables répercussions. Comme …séquence immédiate, on peut affirmer qu… Premier anglais vient de porter à l'alli… des deux bourgeoisies de France et d'An…terre le coup le plus sensible.

Dès la fin de la guerre, et à chaque oc…sion, les oppositions n'ont cessé de s'a…mer entre les diplomates de Londres et … du quai d'Orsay.

De même se heurtèrent sur presque … les problèmes du traité les intérêts co…dictoires des capitalismes des deux côté… la Manche. En dix réunions du Conseil … prême, au prix de compromis et de co…sions verbales, on tenta de faire éva… les divergences et d'apaiser les rivalités… plus aiguës. Mais lorsque vint l'heure … résolutions décisives, celles relatives … Ruhr et à la Silésie, le choc se prod… avec les résultats qu'il était aisé de pré…

Fidèle à une tradition séculaire, le … reign Office veut maintenir sur le conti… la politique de la « balance » et de l'é… libre entre les puissances. Il y a cent … il abattit Napoléon qui avait prétendu m… l'Europe sous l'hégémonie de la Fra… Pour les mêmes raisons, il a contribué à … bas l'impérialisme allemand de 1914. … jourd'hui, il entend limiter les prétent… de la France militaire et capitaliste ; … tolérera pas le dépècement de l'Allem… auquel songent ici (et ils le signifient … une brutale indiscrétion) les tenants du … tionalisme intégral.

Que les capitalistes français occupen… Ruhr ; que la Pologne, vassale de Pari… liée au quai d'Orsay, reçoive le bassin… Silésie ! Voilà l'Allemagne privée de … que toute son industrie ; voilà la France … surée de la première place en Europe ! … pective que n'acceptera jamais la diplo… de Londres. Telle est la vraie significa… du discours de Lloyd George.

Ajoutez à cela la dualité des intérêts … cantiles et financiers ! Au bout de deux … nées de controverses et d'oppositions, l'… tente cordiale se trouve ainsi gravement … teinte, et l'attitude de la politique bourg… européenne à son tournant le plus da… reux. Le prolétariat international se doi… surveiller de plus en plus activement les … nements qui vont suivre.

Marcel CACHI…

Parti Socialiste (S. F. I. C.)

CONGRÈS NATIONA…

Le Congrès national administratif du … s'ouvre aujourd'hui dimanche dans la gr… salle de l'Union des Syndicats, 33, rue … ge-aux-Belles.

L'échange des mandats contre les cart… délégués se fera de 9 h. 30 à 10 h. 30… première séance commencera à 10 h. 30 … cises. Les délégués devront être en me… de justifier, conformément à l'article … règlement du Parti, de cinq années de … sence dans le Parti.

Ordre du jour : 1. Rapport du secrét… général ; 2. Rapport de la trésorerie ; 3. … statuts du Parti.

Le secrétaire général du Part…
L.-O. FROSSARD.

POLÉMIQUES

Le Jardin de Lespar…

Le Petit Parisien a renié la mémoi… Jean Dupuy pour devenir une sorte de … letin honteux de la propagande clé… ciste. Aussi, n'hésite-t-il pas à prendre … tre la vérité quelques-unes de ces li… que la morale réprouve, mais que la p… bourgeoise tolère.

Il nous annonçait, hier, entre autre… lembredaines, que le Conseil général … Gironde, présidé par Jeroboam, venai… battre, malgré les premières chaleurs … véritable travail d'Hercule : 241 affair… une seule session. C'est, paraît-il u… cord.

« Si la Garonne avait voulu, Lante… mais la Garonne veut maintenant. … veut, d'une volonté ferme, depuis … extraordinaire animateur d'énergie, … gré des bords du Mein, est venu écl… sur ses rivages.

Vive Jéroboam et vive la Gironde … accueilli dans son giron le sous-ver… Perd-la-Prostate !

A Paris, M. Mandel n'est plus rien… cessera bientôt d'appartenir à la polém… voire aux revues de fin d'anné… Bordeaux, il est resté quelque cho… à l'ombre des puissantes maisons fé… de la vinocratie, la tente de ce no… reste solidement plantée.

A Paris, il n'obtient même plus, … il parle à la Chambre, un succès de … sité. A Bordeaux, il fait encore … quand, laissant tomber de son fauteui… sidentiel une manne abondante d'ap… mes biscornus comme sa personne, … dresse par delà l'Assemblée départe… tale, au pays tout entier, à l'Europ… Monde, à l'Avenir, et même à Dieu.

Malheureux ! le pays s'en fout, et … rope, et l'Avenir, et le monde et Die… cette Chambre aussi qui est née d… sang, mais qui te renie parce que t… que ridicule depuis que tu n'es plu… doutable.

Oui, ils s'en foutent royalement, … ces beaux Messieurs du Bloc Nation… particules démontables, dont tu cour… bulletins dans les urnes tronquées … novembre.

“ IMITEZ LES SOVIETS ”

Tôt le matin, le jour du 31 décembre encore noyé dans les eaux brumeuses de la Loire, Marguerite Cachin avait eu l'heureuse idée de se rendre chez Camelinat pour lui demander de maintenir *l'Humanité* dans le camp des majoritaires. Le vieux communard avait accepté de bon cœur. En repartant, elle avait croisé dans l'escalier Renaudel. Le quotidien fondé par Jaurès deviendrait donc communiste.

Si je le pouvais, je serais heureux de continuer ce périple année par année, tant les événements et leur approche ont le pouvoir de nous passionner. Mais le temps file. Ce sera désormais un survol de *l'Humanité*. Et ça n'en restera pas moins une plongée dans l'abîme de ses numéros et de l'histoire qu'ils circonscrivent.

Dès janvier 1921, le journal lance une souscription pour le développement du parti socialiste (SFIC), autrement dit du nouveau parti communiste, qui se place dans une tradition de probité révolutionnaire initiée par Jaurès. Le ton sans concession est donné : « Que les gros sous des prolétaires remplacent les cotisations des élus traîtres au parti ». Aussitôt le jeune Vaillant-Couturier fixe un nouvel horizon à *l'Humanité*. Il suggère de nouveaux sujets et de nouvelles rubriques. À bien y regarder, ce sont pourtant – quoi qu'il en dise – pour une bonne part des sujets et des rubriques analogues sinon identiques. Certes l'ancien combattant veut que le quotidien dispose d'un « équipement de combat » et on parle de « tribunes » plutôt que de rubriques. La première tribune est celle du soldat et elle porte sur la misère des mutilés. En tout cas, on retrouve les mêmes réclames : grands magasins, lit National, « Je guéris la hernie ».

Le 8 avril, le journal arbore enfin sa nouvelle identité : journal communiste. Pourtant il ne le signale pas. Alors même qu'il signale – au programme du jour – l'éclipse à ne regarder qu'à travers un verre fumé et le conflit dans la verrerie ouvrière et *La Nuit des rois* au Vieux-Colombier. On voit aussi apparaître impromptu la faucille et le marteau dans un petit cartouche où figure la première lettre de l'éditorial de Cachin. En août 1922, *l'Humanité* se définit comme un organe d'information, d'éducation et de propagande. Elle inaugure « la page du parti ». Évidemment elle répond à un « vœu unanime » des communistes. Sur la lancée, elle se métamorphose en organe central du parti à partir du 8 février 1923 et le 4 octobre 1924

Page précédente : Paul Vaillant-Couturier.
Ci-contre : ordre de mobilisation vierge publié le 15 mai 1921.

elle arbore la faucille et le marteau. Le symbole est placé à gauche du nom. À droite, une citation de Lénine établit une précieuse symétrie. En même temps, *l'Humanité* affiche sa vocation d'être « tout à fait » un journal prolétarien, donc « aussi » composé et édité par des ouvriers, relayé par des « correspondants ouvriers ». Les prolétaires pourront ainsi lire dans leur journal des lettres voire des textes de prolétaires. Mais la tentative n'aura jamais d'ampleur.

On perçoit la conscience aiguë que les rédacteurs ont de la singularité de leur journal. À l'automne 1923, ils proposent une série d'articles sur « l'abominable vénalité » de la presse française. Ainsi, le 12 décembre, ils reprennent leur démonstration, documents à l'appui, sur son attitude belliciste avant guerre ; ce jour-là, *l'Humanité* signale un ciel peu nuageux avec des gelées blanches en matinée sur le sud de la région parisienne et une grève des cordonniers du cousu main à Alger et la baisse sur le prix du lapin et du maquereau aux Halles, sans oublier *La Flûte enchantée* à l'Odéon et *La Femme nue* au Vaudeville. La diffusion d'une presse indépendante s'affirme donc comme un combat majeur. Un dessin en une l'année suivante résume la situation et l'objectif : si le parti compte 900 000 électeurs, *l'Humanité* ne compte que 200 000 lecteurs. « POURQUOI ? » On se doute que la réponse n'est pas loin. Parce que le lecteur ne cherche pas un nouveau lecteur. On voit ce qu'il reste à faire.

Charlot bolchevik, oui, mais “ce n'est pas un film”. Toutefois l'imagerie bolchevique ne perd rien de sa magie.

Au printemps 1926, elle met en place une nouvelle formule et table sur « un nouvel élan ». Elle a l'ambition de concilier la conception d'un journal politique « de classe » et celle d'un journal d'information, et elle y voit une réorientation. Vaillant-Couturier en devient rédacteur en chef. Mais ses séjours en prison et le besoin de repos l'éloignent un temps et Florimont Bonte le remplace. Globalement, les aléas de la vie politique, les arrestations des dirigeants communistes, les perquisitions au journal, sa saisie empêcheront la *possibilité* de ce renouveau. Le point d'orgue a lieu l'été 1929. Une souscription est lancée. Jaurès, Lénine, Sacco et Vanzetti, Camelinat sont appelés à la rescousse. Visite est rendue au plus vieux lecteur. Amand Perreau vient d'avoir cent ans, c'est un ancien scieur de bois, un rouge depuis 1848, il a la main et la voix fermes, il lit sans lunettes, il pose à la une, fier, il ne l'a pas volé.

Les comités de défense locaux font leur apparition. L'été suivant, ils sont organisés. Le CDH a désormais une carte, paie des timbres. On suggère des exemples à imiter : dans un village de 500 habitants, un camarade a diffusé 275 exemplaires du journal. On deviendrait confiant à moins. Fin décembre, la rédaction songe à une enquête. Elle procède à un recensement de ses lecteurs. Nom (facultatif), profession, âge, etc. ; elle pose notamment des questions sur le contenu ; elle énumère les rubriques et le lecteur peut cocher : laisser tel quel/ augmenter/ réduire/ améliorer/ … innover. Autant répondre, il y a des gagnants au jeu qui consiste à deviner le nombre de réponses ; le premier prix est un appareil radio ; sinon vous pouvez toujours remplir un bon de commande pour une montre à bon prix.

À moins de l'acheter à la fête du journal. Le 4 juillet 1921, *l'Humanité* fête sa première, à Garches. Un beau dimanche, 30 000 personnes sont venues – écouter un discours, acheter des insignes de la faucille et du marteau, pique-niquer dans un paysage de drapeaux rouges et de cèdres, participer à des jeux et des « ris », s'ébattre joyeusement dans une clairière féerique, « on songe aux fêtes de Watteau », écrit le chroniqueur. L'été suivant, retour à Garches ; la Fête est champêtre, la kermesse magnifique à en croire le chroniqueur ; les 30 000 sont devenus 50 000 et les « personnes » sont devenues « une famille ». Il chante la procession rouge des enfants, les concerts donnés par la Phalange artistique et sociale, les jeux, les baraques qu'on appellera bientôt stands, la vente aux enchères – « un triomphe » – où vous emportiez une caricature rehaussée d'aquarelle de Raymond Lefebvre pour moins de 300 F et un autographe de Trotski pour 615 F Le plus beau est néanmoins, à en croire le chroniqueur, la course cycliste, 94 coureurs engagés, départ devant Chez Titine rue Montmartre, boucle de 56 kilomètres gagnée par Paulot au sprint en 1 h 57 min 03 s. Par la suite, ou la Fête est interdite ou l'intérêt décline. Au milieu des années vingt, la

Ci-dessous : quand l'humour dicte une grille de mots croisés, le 25 mai 1925. Ci-contre : quand la faucille et le marteau apparaissent dans *l'Humanité*. Double page suivante : à gauche, enquête de *l'Humanité* publiée le 19 décembre 1930 ; à droite, local syndical avec buste de Jaurès.

mentation considérable des effectifs destinés au front, due à l'arrivée de renforts et, d'autre part, l'étendue de

QUAND TU
AS LU TON
“HUMANITÉ”
NE LA
REPLIE
PAS SANS
EN AVOIR
EXAMINÉ
TOUTES LES
ANNONCES

4e ENTENTE
DES JEUNESSES COMMUNISTES

Aujourd'hui 25 mai, à 20 h. 30, salle de la Bellevilloise, 23, rue Boyer :

fête de famille devient la fête du prolétariat. Et en 1930, à Bezons, le visiteur remarque quelques nouveautés : un service d'ordre, des CDH, un square qui a reçu le nom de Sacco-et-Vanzetti.

En règle générale, *l'Humanité* n'est pas une adepte du repentir. En septembre 1921, elle procède pourtant à un *mea culpa* exceptionnel. Elle se reproche d'avoir rapporté des propos de Chaplin hostiles aux soviets. Elle indique donc qu'il est un des commanditaires du confrère *Liberator* (le journal de Max Eastman). Elle se déclare heureuse « d'offrir ici [ses] excuses à Charlot, en lui rendant justice, comme à l'enfant d'ouvrier qu'il est malgré ses millions ». Charlot bolchevik, oui, mais « ce n'est pas un film ». Toutefois l'imagerie bolchevique ne perd rien de sa magie.

★

Au-delà des anniversaires de la révolution d'Octobre, *l'Humanité* apporte un soutien émotif, raisonné et en effet inconditionnel à la Russie soviétique. En mars 1921, elle essuie d'un revers de main la révolte de Cronstadt, réduite à un acte contre-révolutionnaire. En juillet, elle se lance dans une campagne de longue haleine : la Russie appelle au secours. Un message de Gorki montre la gravité de la famine qui dévaste le pays. En août, on passe de la famine en Russie à la Russie affamée, on sait par quoi (la sécheresse), on devine par qui (les impérialistes qui arment la Pologne). Un autre message de Gorki insiste, avec son fac-similé en russe. Subtilement, il s'agit ensuite de secourir la Russie et l'Europe en raison de la menace de choléra. Liste de souscription, actions locales, meetings, *l'Humanité* s'engage d'autant plus que les camarades russes désignent la France comme la citadelle du blocus contre la Russie soviétique. Après une pause, la campagne reprend l'hiver suivant : « Ne laissons pas mourir les gosses de la Volga. » Un simple chiffre brutal

Recensement des lecteurs de l' " Humanit[é]

Nom .... Numéro choisi ....
(Mettez votre nom si vous voulez, mais ce n'est pas nécessaire)

Adresse ....
(Votre adresse n'est pas nécessaire non plus, vous pouvez par exemple mettre la rue sans mettre le numéro)

Ville ....
(Indiquer le département et si c'est une grande ville, le quartier)

Profession .... Age......................

Marié : Oui, non ...... Enfants : Oui, non..... Garçons .... Filles ......
(Mettre l'âge de ces enfants)

Je crois qu'il y aura............... réponses au recensement.

REPONDEZ AVEC SOIN A TOUTES LES QUESTIONS POSEES.

D'abord, parce que votre réponse nous est indispensable et, ensuite, parce que vous aurez [...] aux primes que nous annonçons.

Cette feuille ne paraîtra qu'une seule fois. Conservez-la avec soin et suivez point par point les in[...] que nous vous avons données sur l'Humanité.

Cette consultation est anonyme pour éviter toute indiscrétion. Il n'est pas indispensable de d[...] nom et son adresse, mais seulement une indication exacte du village ou de la ville. Dans le cas d'une gr[...] donner l'arrondissement, le quartier et même la rue.

Pour notre facilité nous avons préparé les réponses.

Choisissez celle qui vous convient et rayez toutes les autres.

Par exemple, si vous achetez l'Humanité dans une gare de métro, en face de la question « Q[...] marchand » rayez kiosque, libraire, gare de chemins de fer et crieur, en laissant subsister métro, q[...]
BONNE INDICATION

RENSEIGNEMENTS CONCERNANT L'ADMINISTRATION

Achetez-vous l'Humanité tous les jours ?
Oui. Non.

Quel jour ne l'achetez-vous pas ?
Lundi, mardi, mercredi, jeudi, vendredi, samedi, dimanche.

L'achetez-vous toujours au même marchand ?
Oui. Non.

Quel est ce marchand ?
Kiosque, libraire, métro, gares de chemin de fer, crieur.

Adresse du marchand ?
....
....
....
....

Trouvez-vous toujours le journal chez ce marchand ?
Oui. Non.

Ce marchand en reçoit-il assez ?
Oui. Non.

En reçoit-il trop ?
Oui. Non.

Ce marchand les reçoit-il à l'heure ?
Oui. Non.

Etes-vous abonné ?
Oui. Non.

Pourquoi n'êtes-vous pas abonné ?
Le journal arrive trop tard.
Je n'ai pas d'argent d'avance.
Je ne veux pas qu'on sache que je lis l'*Humanité*.

Quand vous avez acheté votre Humanité êtes-vous seul à la lire ?
Oui. Non.

Ou bien la prêtez-vous à d'autres personnes ?
Oui. Non.

Si vous la prêtez, combien de personnes la lisent ?
Femmes.
Enfants.
Amis.

Pourquoi achetez-vous l'Humanité ?
Parce que je suis communiste.
Parce que je suis d'accord avec sa politique.
Parce que c'est le journal qui me plaît le mieux.
Parce que c'est le journal qui s'approche le plus de mes idées.
Par simple curiosité.

Achetez-vous régulièrement d'autres journaux quotidiens.
Oui. Non.

Lesquels ?
....
....
....

Achetez-vous d'autres journaux communistes ?
Oui. Non.

Lesquels ?
....
....
....

Si vous n'achetez pas l'Humanité tous les jours, dites-nous pourquoi ?
Pour faire des économies.
Parce que je ne suis pas d'accord avec la politique communiste.
Par suite de la répression.

Avez-vous des amis qui ont abandonné la lecture de l'Humanité ?
Oui. Non.

Pour quelles raisons ?
Ils ne sont plus communistes.
Ils ne sont plus d'accord avec la politique du journal.
Le journal ne leur plaît plus.

Travaillez-vous votre journée entière ou avez-vous du chômage ?
Je travaille à plein.
Chômage partiel.
Chômage total.

Nous sommes convaincus que nos lecteurs comprendront parfaitement l'intérêt considérable qu'il y a pour l'Humanité à avoir des réponses de tout le monde, mais tout de même, pour les y décider tout à fait, nous donnerons un certain nombre de prix importants.

Les gagnants seront ceux qui, ayant répondu à toutes nos questions, auront le mieux deviné le nombre total de réponses au recensement que nous aurons reçues.

1 Appareil Radio Hélios
Valeur..... **1.000. »**

1 Diffuseur 4 pôles
Valeur....... **780. »**

3 Phonos Mikiphone
Valeur....... **235. »**

3 Phonos-Valises
Valeur....... **200. »**

Et 100 autres lots dont la valeur varie entre 100 et 30 francs.

RENSEIGNEMENTS CONCERNANT LA RÉDACTION

Quelles rubriques, parmi celles qui existent vous semblent intéressantes, suffisantes, insuffisantes, inuti[les]

Articles politiques.
Laisser tel que. Augmenter. Réduire. Améliorer.

Informations générales.
Laisser tel que. Augmenter. Réduire. Améliorer.

Information étrangère.
Laisser tel que. Augmenter. Réduire. Améliorer.

Informations parlementaires.
Laisser tel que. Augmenter. Réduire. Améliorer.

Grands reportages.
Laisser tel que. Augmenter. Réduire. Améliorer.

Enquêtes.
Laisser tel que. Augmenter. Réduire. Améliorer.

Pointes rouges.
Laisser tel que. Augmenter. Réduire. Améliorer.

Faits qui parlent.
Laisser tel que. Augmenter. Réduire. Améliorer.

Feuilleton.
Laisser tel que. Augmenter. Réduire. Améliorer.

L'U. R. S. S.
Laisser tel que. Augmenter. Réduire. Améliorer.

Les Sciences.
Laisser tel que. Augmenter. Réduire. Améliorer.

Cinéma-Radio.
Laisser tel que. Augmenter. Réduire. Améliorer.

Page paysanne.
Laisser tel que. Augmenter. Réduire. Améliorer.

Critique littéraire.
Laisser tel que. Augmenter. Réduire. Améliorer.

Critique théâtrale.
Laisser tel que. Augmenter. Réduire. Améliorer.

Critique artistique.
Laisser tel que. Augmenter. Réduire. Améliorer.

Doctrine et Histoire.
Laisser tel que. Réduire. Améli[orer.]

Notes économiques.
Laisser tel que. Réduire. Améli[orer.]

Front ouvrier.
Laisser tel que. Réduire. Améli[orer.]

Courrier juridique.
Laisser tel que. Réduire. Améli[orer.]

Correspondance des us[...]
Laisser tel que. Réduire. Améli[orer.]

Vie du Parti.
Laisser tel que. Réduire. Améli[orer.]

Vie des syndicats.
Laisser tel que. Réduire. Améli[orer.]

Contes et nouvelles.
Laisser tel que. Réduire. Améli[orer.]

Quelles rubriques désirez-vous voir créer ?

Echos.
Oui. Non.

Page de la Femme.
Oui. Non.

Courrier des spectacles.
Oui. Non.

Programme des spectacles.
Oui. Non.

Programme de T.S.F. français.
Oui. Non.

Programme de T.S.F. étranger.
Oui. Non.

Rubrique de la banlie[ue]
Oui. Non.

L'Enseignement et l'E[...]
Oui. Non.

Revue de la Presse.
Oui. Non.

PRIMES A PRIX RÉDUITS

En dehors des prix ci-dessus, nous avons voulu encourager les lecteurs qui répondront soigneusement à toutes nos questions.

C'est ainsi que nous avons signé avec une fabrique d'horlogerie un contrat avantageux qui nous permet de donner les objets ci-dessous à la moitié des prix habituels, bien que l'*Humanité* y ait un petit bénéfice.

Il suffira, pour y avoir droit, d'envoyer le bon ci-contre et un mandat au nom du service de Publicité de l'*Humanité*, chèque postal 731-65 Paris, correspondant au prix de l'objet choisi, plus les frais d'envoi, s'il y a lieu.

Nous ne pouvons envoyer ces primes que si nous sommes en possession du mandat, car les envois contre remboursement sont impossibles.

VOICI DE QUOI FAIRE DES CADEAUX UTILES DE TOUTE BEAUTÉ A BON MARCHÉ !...

LES FRAIS D'ENVOI SONT LES SUIVANTS :

Numéros 7, 8, 9, 10, 11, 12	2 fr. 50
Numéros 1, 2, 3, 4,	4 fr. »
Numéros 5, 6, 13, 14	2 fr. 90

N° 1
PENDULETTE chevalet grandeur 10 × 10, cadre métal nickelé poli, glace biseautée, cadran argenté, centre satiné, heures et aiguilles lumineuses, mouvement à ancre à levées métalliques .... **85. »**
Valeur........ 150. »

N° 2
Même article, mouvement soigné, réveil sonnerie........ **100. »**
Valeur........ 180. »

N° 3
Même article, mouvement à ancre à levées métalliques, grandeur 7×7 centimètres........ **70. »**
Valeur........ 120. »

N° 4
Même article, mouvement soigné, réveil sonnerie. Grandeur 7×7 centimètres .... **85. »**
Valeur........ 150. »

BON DE COMMAND[E]

PUBLICITÉ HUMA[NITÉ]
142, rue Montmartre
PARIS (2e)
Chèque Postal 731-65, [...]

Veuillez envoyer à ....
....
....

Rue ....
....

Ville ....
....

La montre numéro ......

La pendulette numéro ......

Ci-joint un mandat de ....
....

comprenant le prix de l'objet et les frais d'envoi.

(On peut commander plusieurs articles).

N° 7
MONTRE BRACELET de dame, grandeur 25 m/m forme fantaisie, plaqué or garanti, mouvement soigné à rubis, bracelet moire, fermoir pression plaqué or........ **51. »**
Valeur........ 80. »

N° 10
MONTRE BRACELET bracelet de dame, boîte forme tonneau à cornes, plaqué or garanti, cadran argenté et doré, mouvement soigné à rubis, bracelet moire et fermoir pression plaqué or........ **100. »**
Valeur........ 180. »

N° 5
PENDULETTE chevalet, cadre métal nickelé poli, pieds boules,

N° 8

N° 9
MONTRE DE POCHE

N° 11
MONTRE BRACELET de dame, grandeur 23 m/m boîte formes fantaisie, pla-

N° 13
PENDULETTE sur socle cabinet,

Cochers et Chauffeurs
CAMARADES
la Vie Ouvrière
L'Humanité

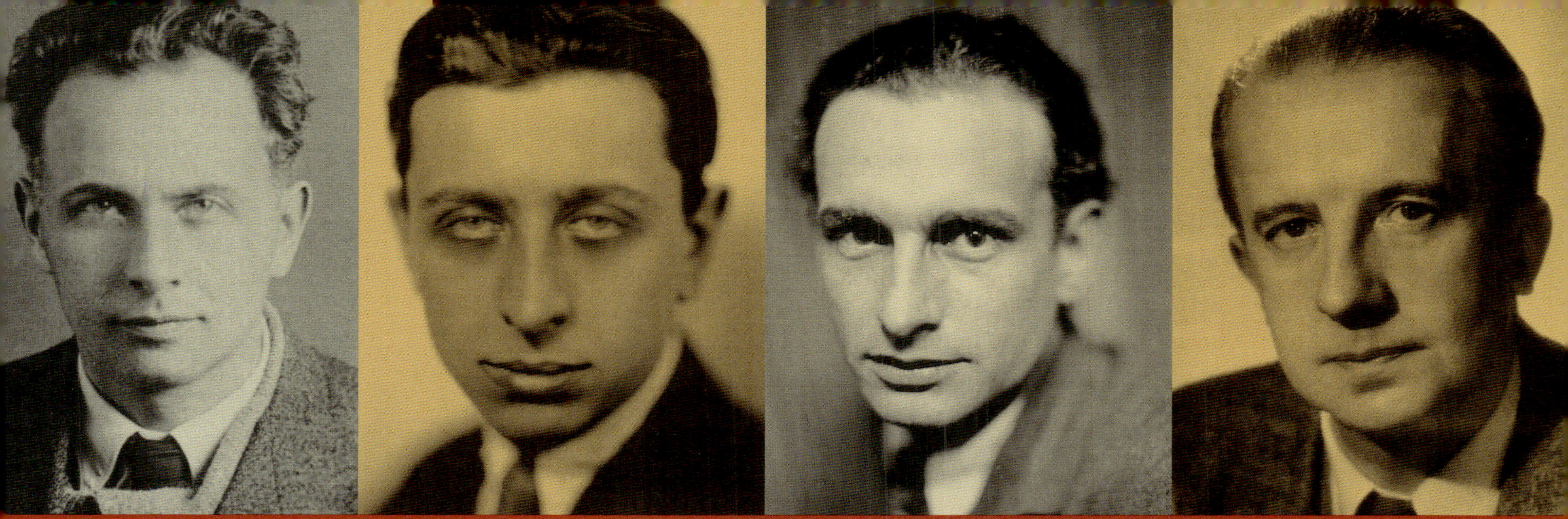

En juillet 1925, *l'Humanité* publie en guise d'éditorial un texte signé par Barbusse, mais aussi Péret, Crevel Breton, Aragon, Desnos, Soupault, Éluard.

traduit la volonté de convaincre : 2 000 personnes meurent chaque jour. Le lecteur peut voir des photos, il peut lire des listes d'aliments, vêtements, médicaments, fournitures à donner, puis la liste des trains qui les convoient là-bas, il peut lire encore des lettres en provenance de la Volga sinistrée. Il acquiesce sûrement à la proposition concrète, tragiquement illusoire : « distraire » une modeste part du stock de vivres disponibles dans le monde. Il observe que le pays des soviets devient une cause universelle quand son journal loue et soutient les efforts déployés par l'explorateur norvégien Nansen, dont on précise qu'il n'est pas communiste.

En même temps, *l'Humanité* est confrontée à l'exemplaire procès des « socialistes révolutionnaires » à Moscou. Je le connaissais grâce à la revue *Clarté*, où le procès avait donné lieu à un très remarquable échange entre Barbusse et Rolland, où j'avais admiré le raisonnement prophétique de Rolland déplorant l'empreinte profonde sur les consciences que laisserait la violence exercée par l'État – ou le parti. À *l'Humanité*, il n'y a pas de place pour le doute ni la clémence. Les inculpés sont des criminels, ils ont signé des aveux complets, le châtiment doit être implacable. Et il y a une explication toute trouvée à ce qui n'est qu'une vulgaire campagne antisoviétique : déstabiliser la Russie au moment où la conférence de Gênes lui permettrait de rentrer dans le concert international. Par un éditorial intitulé « Les intellectuels et la Révolution », Martinet affiche son dédain à l'égard des intellectuels, âmes sensibles, aisément mystifiées, qui « nous laissent en plan, comme toujours et partout ». Il ferme le ban avec mépris : « […] il ne manquera jamais quelques enfants perdus pour demander une place dans les rangs des ouvriers. » Même le vénérable Anatole France en prend pour son grade. Même le généreux Gorki est montré du doigt sinon de la pointe du fusil par un article détestable de Radek, le secrétaire du Komintern, publié le 28 juillet.

La légende ne se dément pas. Comme au temps de la vieille maison, le lecteur a son dû de reportages, baptisés enquêtes, au pays des soviets.

La fidélité à l'égard de l'URSS reste un critère majeur de jugement. La mort de Sembat en donne l'émouvante confirmation. Elle est annoncée en une le 5 septembre. Sembat avait juste soixante ans, s'était retiré depuis le congrès de Tours au pied du mont Blanc, n'avait jamais critiqué le régime soviétique. On s'incline donc sincèrement. D'autant que le lendemain, on annonce en une le suicide de la femme de Sembat. Elle avait laissé une lettre : « Voilà 12 heures qu'il est parti. Je suis en retard. » Amédée Dunois commente : « C'est beau comme la mort des princesses de légende. »

La légende ne se dément pas. Comme au temps de la vieille maison, le lecteur a son dû de reportages, baptisés enquêtes, au pays des soviets. Les plus beaux sont ceux de Vaillant-Couturier « au pays de Tamerlan » où la légende d'une photo incite au rêve en nous projetant « dans la montagne parmi les pistachiers ». Au long des années vingt, tout y repasse, les chefs de l'Armée rouge, les enfants, les paysans, la justice, la culture prolétarienne, l'instruction publique, les trésors d'art conservés avec piété. Les récits de voyage, nombreux, donnent lieu à des comptes rendus élogieux. Lisez « Séjour en Asie centrale » ou carrément « Chez Lénine et Trotski ».

L'URSS restera pour toujours le pays de Lénine. À sa mort, *l'Humanité* appelle les ouvriers à cinq minutes de grève. Un petit cartouche résume les choses à l'essentiel :

LÉNINE EST MORT
SON ŒUVRE EST IMMORTELLE

Désormais tous les numéros du 21 janvier sont le moment d'un culte passionné, sur plusieurs pages, avec textes et témoignages et slogans. En revanche, l'URSS ne restera pas longtemps le pays de Trotski. Fini le temps de l'autographe battant des records à la vente aux enchères. C'est d'abord un feuilleton, « Comment il ne faut pas écrire l'histoire », où le lecteur apprend que Trotski « dénature la vérité ». C'est ensuite – on est en 1927 – l'annonce de son exclusion du parti, et si vous aviez quelque incertitude l'éditorial vous éclaire sans rémission : « Les chacals contre-révolutionnaires peuvent hurler. » C'est enfin, plus

Ci-dessous : annonce du match France-Russie, 23 décembre 1925.
Ci-contre : Maïakovski.

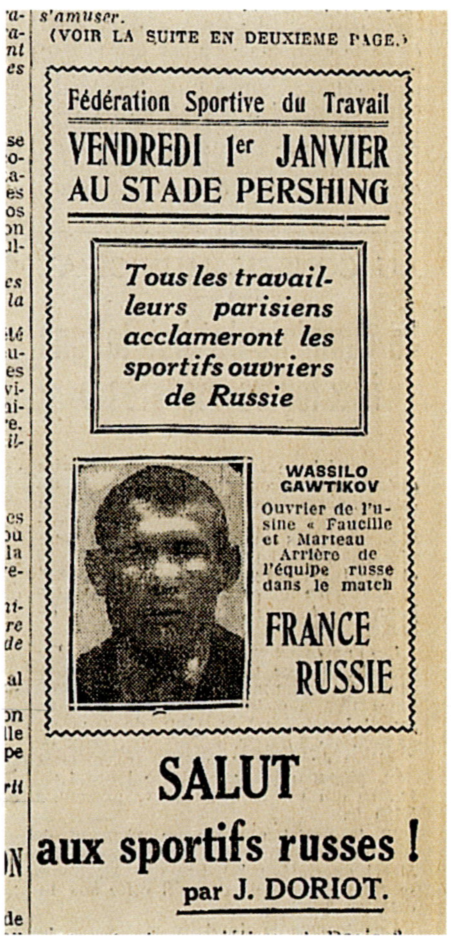
s'amuser.
(VOIR LA SUITE EN DEUXIEME PAGE.)

Fédération Sportive du Travail
VENDREDI 1er JANVIER
AU STADE PERSHING

Tous les travailleurs parisiens acclameront les sportifs ouvriers de Russie

WASSILO GAWTIKOV
Ouvrier de l'usine « Faucille et Marteau
Arrière de l'équipe russe dans le match
FRANCE RUSSIE

SALUT
aux sportifs russes !
par J. DORIOT.

sournoisement – on est en 1929 –, au cœur de la rubrique « Les ouvriers russes nous écrivent » : pourquoi nous avons chassé *mister* Trotski ! La proximité ne devrait pas prêter à sourire, mais en vis-à-vis, je n'invente rien, le lecteur obtient une réponse aussi lumineuse à une autre question décisive : pourquoi les arthritiques craignent tant cette saison !

On ne s'étonnera pas que Staline arrive tard dans *l'Humanité*. Il y arrive par un biais anodin. Le 1er novembre 1925, sous le titre « L'URSS en deuil », on apprend la mort de Frounze, le chef de l'Armée rouge, né à Bichkek, République du Kirghizistan, lecteur de Cicéron, joueur de pianola à ses heures, il mérite sa photo à la une. Manque de chance, c'est la photo de Staline, son probable assassin, qui l'a obligé à une banale opération de l'estomac qui ne s'imposait pas, mais ça personne n'en a encore la moindre idée. Ensuite, faute de concurrence, on s'habituera à ses textes officiels. Pour ses cinquante ans, le 29 décembre 1929, Sémard se montre à la hauteur des camarades soviétiques et lui souhaite un bel anniversaire. Au cas où on lirait trop vite, l'essentiel est en lettres capitales : « STALINE EST NOTRE CHEF. » On pourrait croire que le culte déteint légèrement quand *l'Humanité* célèbre peu après les quarante ans de militantisme de Cachin mais la petite fête relève davantage de la sociabilité d'avant-guerre et de la tradition républicaine du banquet devenu meeting. Quant à sa biographie, elle est honnête par rapport à son attitude en 1914.

Sinon le cardiogramme de *l'Humanité* épouse les grandes lignes de l'histoire extérieure soviétique. Joie quand le nouveau gouvernement anglais MacDonald reconnaît l'URSS début 1924, joie encore quand le gouvernement Herriot la reconnaît à son tour fin 1924, organisation d'un meeting baptisé à l'avance « meeting monstre » à Luna Park, puis vive inquiétude et dénonciation d'un complot antisoviétique au tournant des années trente quand une menace de guerre contre l'URSS est assez forte pour inquiéter Romain Rolland et inscrire cette inquiétude dans les colonnes de *l'Humanité*. Une sombre logique inspire au journal des jugements très sévères à l'encontre des saboteurs mencheviks lors d'un nouveau procès à Moscou. Tout y est, preuves, aveux. Aucun lecteur ne peut songer qu'il s'agit d'une répétition générale.

La passion soviétique flamboie aussi en dehors du champ politique. Ainsi le match de la Football Association, le premier France-Russie de l'histoire, le jour de l'an 1926, est annoncé dès Noël en une, à grand renfort de propagande. « Tout le prolétariat parisien viendra acclamer nos camarades russes. » La journée sera d'autant plus magnifique que « Moscou » triomphe cinq buts à zéro. Trois mois plus tard, c'est le premier film soviétique projeté en France, ce n'est pas du Eisenstein, on ne saura pas le nom du réalisateur, c'est *Polikouchka*, d'après une nouvelle de Tolstoï. « Tous les travailleurs se feront un devoir d'assister à cette soirée », rue des Pyrénées, un film accompagné par les cent exécutants des Chœurs russes et en prime une allocution de Duclos, 3 F pour les adultes, moitié prix pour les enfants. Les trompettes sonnent encore plus fort pour accueillir *Le Cuirassé Potemkine*, parce que c'est Eisenstein, parce que c'est un épisode de la révolution de 1905, parce que le film est projeté par les « Amis de Spartacus » avant d'être interdit par la censure.

Le témoignage propagande ne manque pas de canaux. J'ai vu avec plaisir l'interview du musicien Honegger, de retour d'URSS en mai 1928. Il s'agit à la fois d'ajouter du rêve au rêve et de balayer les « calomnies ». Il répond à une batterie de questions. Est-il *vrai* qu'on a supprimé le jazz ? Absolument pas ! Avez-vous eu l'impression d'être épié ? Pas du tout ! Avez-vous observé un relâchement des mœurs et du libertinage ? Bien au contraire ! Honegger réfute encore les rumeurs de vie chère et de bandes d'enfants errants. J'ai vu avec non moins de plaisir un envoyé spécial relater l'épopée du brise-glace *Krassine* qui avait réussi l'été 1928 à sauver les naufragés du dirigeable italien *Italia* au Spitzberg. Sur la lancée, Cachin redonne une série d'articles, « La vérité sur la Russie ». Enfin, elle instruit très sérieusement le lecteur sur la littérature russe : Pouchkine, Gogol, Dostoïevski souvent, et sur la littérature soviétique, Maïakovski, Pilniak, Babel. Le jour du suicide de Maïakovski, elle refuse toute supputation, n'envisage que des raisons personnelles, point à la ligne. Pour ceux qui n'ont pas la chance d'aller là-bas, ils ont toujours la possibilité de visiter une exposition des « merveilles » de l'art populaire russe au siège du parti rue Lafayette. De quoi se faire une petite idée.

★

Ci-dessous : quand l'humour n'a pas perdu ses droits, le 1er avril 1927.
Ci-contre : Malévitch, *Cavalerie rouge*, 1928-1932, State russian museum, Saint-Pétersbourg.
Double page suivante : Camelinat, Cachin, Sadoul, Vaillant-Couturier et Thorez au mur des Fédérés.

AUJOURD'HUI

LA PIPE ET LE GOUPILLON

ONZE mai 1927. Trois ans après. Six demandes de levée d'immunité parlementaire pour délit d'opinion... Plus d'un million d'amendes et une pluie de contraintes par corps. Des arrestations.

Les lois scélérates plus que jamais en vigueur. Des condamnations en masse. La guerre déclarée aux communistes. Des expéditions en Syrie et au Maroc. L'intervention de fait en Chine. Le gouvernement au service du plan patronal de baisse des salaires. Les fonctionnaires menacés. La loi de huit heures en pleine régression. La vie chère organisée par les tarifs protectionnistes. Les monopoles en danger. Des lois militaires passant au pays le corset de fer de l'impérialisme.

Il fallait fêter tout cela.

Il n'y a pas que la prodigieuse et munificente Union soviétique. Ce serait trop beau. Ailleurs, le monde regorge d'injustices à réparer. Voilà pourquoi *l'Humanité* des années vingt se définit aussi par les campagnes qu'elle anime. Ruhr, Rif, Sacco et Vanzetti forment le triptyque majeur. Encore que j'aimerais au moins signaler la vive attention portée à la tragédie juive d'Ukraine en octobre 1927 ; la rédaction est fière que les pogroms aient été arrêtés et châtiés par l'Armée rouge ; elle ressort pour la circonstance une vieille page de Mirbeau sur les pogroms qu'on avait pu lire dans le journal d'avant-guerre.

Deux raisons au moins motivent un combat contre l'occupation de la Ruhr. D'une part, un sentiment internationaliste étayé par une pensée internationaliste ; d'autre part, le refus du rappel des classes et d'une nouvelle mobilisation dénoncée comme un crime. Le 15 mai 1921, *l'Humanité* a une excellente idée iconographique : un ordre de mobilisation encore vierge occupe la une et rappelle – par force – le même ordre rempli en 1914. Tous les anciens combattants qui lisent *l'Humanité* sont fixés. À chaque fois que la situation l'imposera, le journal y reviendra avec vigueur.

Il manifeste la même détermination contre la guerre du Rif. Il publie des articles et des photos avec une prédilection pour les têtes coupées qui témoignent de la civilisation occidentale. Mais cette guerre coloniale permet un rapprochement inattendu avec les intellectuels qui tranche sur le mépris de Martinet au moment du procès des SR. En juillet 1925, *l'Humanité* publie en guise d'éditorial un texte signé par Barbusse, mais aussi Aragon, Breton, Crevel, Desnos, Éluard, Leiris, Masson, Péret, Soupault. Le secrétaire du parti, Treint, cite avec contentement Éluard parce qu'il a appelé « avec joie » les conséquences possibles de la guerre, à savoir une défaite donc une révolution. Dans un écho, Breton retient l'attention grâce à son

Commémoration de la Com

nune au mur des Fédérés.

1927

La rédaction est fière que les pogroms aient été arrêtés et châtiés par l'Armée rouge.

apologie de la révolution russe. Pour le reste, la voix surréaliste reste très mince dans le quotidien communiste, si ce n'est la publication d'un de ses manifestes, sous la banderole de la guerre à la pensée française, un texte lapidaire conclu par un joli compliment : « Chiens dressés à bien profiter de la Patrie, la seule pensée de cet os à ronger vous anime. »

Dès septembre 1921, le journal avait signalé dans sa grande série des « crimes capitalistes » l'arrestation de Sacco et Vanzetti. L'affaire revient au premier plan en septembre 1926, en avril 1927, enfin en juillet. Elle s'impose alors sur le mode du compte à rebours : plus que vingt jours pour les sauver. Le 5 août, le journal paraît avec un dessin de la chaise électrique et la dernière lettre écrite par Vanzetti. Le 12, l'espoir renaît : « Ils sont vivants, qu'ils soient libres », avant que l'inquiétude ne revienne. Les derniers jours, le journal met vraiment tout en œuvre. En vain. « ÉLECTROCUTÉS » barre toute la une. Vaillant-Couturier ne mâche pas ses mots : « Ce n'est pas une erreur judiciaire, c'est un exemple. Pour le prolétariat, c'est ouvertement une déclaration de guerre. » Ce 23 août sinistre, *l'Humanité* appelle à la vengeance. Le lendemain, elle propose des représailles. Elle précise qu'il ne faut pas recourir à des actes de terrorisme individuels, contraires aux principes révolutionnaires, mais à un boycott des marchandises américaines et de la parade de l'American Legion. Dans le même numéro, le lecteur apprend que des ouragans et des tornades balaient les USA, qu'un cyclone (c'est le jour) a dévasté le Haut-Bugey, que six places sont mises en concours à l'École supérieure des postes et télégraphes, et qu'à 12 h 30 sur Radio Paris on pourra tenter de se mettre du baume au cœur avec *Quand tu souris*, un menuet de Mozart.

Ensuite, par force, la passion retombe malgré une certaine agitation. On peut néanmoins supposer que la haine au cœur demeure. D'ailleurs le regard porté sur les USA se modifie. La critique acerbe remplace les appréciations nuancées et le mot « yankee » la condense. Elle vise la répression patronale, les lynchages, les conséquences sociales du krach de Wall Street. En février 1930, la photo d'une file de chômeurs paraît sous le titre « Dans le paradis américain ». Un domaine échappe à la vindicte : l'aéronautique. Le vol de Lindbergh datait de 1927 et Vaillant-Couturier y avait vu « une victoire révolutionnaire ». En juillet 1930, *l'Humanité* applaudit une ronde « fantastique » où deux pilotes « tiennent l'air » depuis dix-neuf jours à Chicago. L'affaire Sacco et Vanzetti a également permis au lecteur d'approfondir ses connaissances ; en médecine, par un dossier sur l'électrocution et – le surlendemain de l'exécution – un dossier pratique, « Au secours d'un électrocuté » ; en sciences, par un dossier sur le cratère à météorites de l'Arizona ; en littérature, par des pages des *Dix jours qui ébranlèrent le monde*, et par un texte d'Upton Sinclair sur l'American Legion puis en feuilleton son *Pétrole*, interdit par le gouverneur du Massachusetts, et on le voit distribuer aux passants de Boston où venaient d'être exécutés Sacco et Vanzetti.

Sinon l'attention du journal se porte vers tous les coins du monde. Il y a ainsi quelque chose de vertigineux à feuilleter les numéros. On ne peut pas ne pas s'arrêter un instant sur l'Italie et la Chine. Dès octobre 1922, le fascisme italien est dénoncé : meurtres, incendies, pillages, vols, indiscutable bras armé de la bourgeoisie ; sus à la terreur blanche et au banditisme des Chemises noires, *a fortiori* après le massacre des communistes à Turin en décembre. Le péril vaut bien un reportage sur place « dans l'enfer » du fascisme. Lors de l'assassinat du député socialiste Matteoti, alors même que les relations avec les socialistes françaises sont très tendues, *l'Humanité* demande à « tous » les travailleurs de se « dresser » contre le fascisme ; elle appelle à une manifestation, que le gouvernement du Cartel des gauches lui refuse à Paris ; elle publie les appels à la une en français et en italien. Elle n'oubliera pas Matteoti et l'inscrira à son catalogue des martyrs, l'honorera à chaque anniversaire. Quant à la Chine, elle se passionne pour sa révolution en 1927. Elle lui enjoint de faire ce qu'elle aimerait tellement faire chez nous : « Imitez les soviets. » On frôle en permanence la dimension de la légende. Au 19 mars, je lis que « les Rouges victorieux sont entrés dans Shanghai ». Il y a matière à rêver.

★

Ci-contre : rescapés des pogroms à l'hôpital de Kiev.
Ci-dessous : ironie de l'histoire, la photo de Staline illustre la mort de Frounze.

L'U. R. S. S. EN DEUIL

FRUNZE
Commissaire du Peuple à la Guerre est mort hier

Nous apprenons télégraphiquement la mort de notre camarade Frunze, commissaire du peuple à la guerre pour l'Union des Républiques soviétiques.

l'Humanité

ANE CENTRAL DU PARTI COMMUNISTE (S

DEMAIN... "Le Pétrole" !

Upton Sinclair vendant son livre « *Oil* » (*Le Pétrole*) dans les rues de Boston.

Car, on le sait déjà, la censure et la police de cette ville, où furent assassinés Sacco et Vanzetti, interdirent l. vente du nouveau roman de Sinclair, comme immoral, révolutionnaire, etc.

Un commis de librairie ayant été arrêté pour avoir vendu le livre, Sinclair partit pour Boston, et, au nez de l. police, offrit lui-même son œuvre aux passants.

(*Voir l'article en deuxième page.*)

Le désastre s'étend en Algérie

UN DRAME A L'ASILE Ste-ANN

Ici la matière de rêve est moindre. Le journal est un reflet de l'activité du parti. On passe par la bolchevisation et la tactique classe contre classe qui conduit le communisme vers un isolement dans lequel il semble se complaire, surtout à la fin des années vingt où la virulence puis une violence du langage plus désespérante que désespérée n'ont guère d'équivalent.

À retenir, ce qui devient l'affaire Marty, la nouvelle « Affaire », en novembre 1922 alors que Marty est emprisonné pour son rôle dans la mutinerie des marins de la mer Noire et pourtant maintes fois élu lors d'élections municipales. Anatole France, pas rancunier après les cailloux qu'il a pris sur la tête au moment du procès des SR, adresse à *l'Humanité* une lettre manuscrite : « Il est beau qu'un soldat désobéisse à des ordres criminels. » Un large soutien rassemble les signatures de Dorgelès et du professeur Aulard. Un cartouche signale quotidiennement que Marty est en prison depuis 1387, 1388, 1389… jours, jusqu'à sa libération en juillet 1923 puis son adhésion au parti en septembre.

À retenir, bien sûr, l'inlassable vocation sociale du journal, la litanie des grèves, les grandes et les petites, la répression, les blackoutés, les morts au Havre en 1922.

À retenir, sa mobilisation contre le fascisme. Dès 1923, *l'Humanité* affirme qu'il menace les libertés syndicales. Dès juillet 1924, elle accuse le Cartel des gauches d'être complice du fascisme ; on voit même se nouer le vice du raisonnement : « le gouvernement d'Herriot est plus réactionnaire que le gouvernement de Poincaré » ; sa démonstration lui semble si éclatante que l'article est « à découper et coller dans les usines ». Le même mois, la tension devient très forte à l'occasion des dix ans de la mort de Jaurès dont la mémoire reste un enjeu considérable. Du côté de *l'Humanité*, on défile devant son buste et le drapeau des soviets ; on republie ses textes contre la guerre afin de mieux confondre les « social-traîtres ». En novembre, lors du transfert de Jaurès au Panthéon, tout finit de basculer ; *l'Humanité* appelle très fermement à ne pas suivre le cortège officiel, présenté comme une injure à sa mémoire et son deuxième assassinat ; elle promeut une manifestation séparée et un numéro spécial « Jaurès et les fourriers du fascisme », et en profite pour renouveler sa déclaration de guerre à mort contre la bourgeoisie assassine. En décembre, le ton monte encore d'un cran : il s'agit de se battre contre la canaillerie social-fasciste, d'organiser la résistance prolétarienne. Le jour de l'an 1925, « le fascisme est là », voilà le grand titre, la sombre perspective, *et* la cruelle erreur d'analyse dont *l'Humanité* porte les stigmates. Après avoir plus ou moins suspendu, ou laissé se tarir, les chroniques culturelles, après avoir vu s'appauvrir toutes les rubriques, le journal ne comporte plus vraiment d'articles, plutôt une succession de notules parfois réduites à la déclinaison et au rabâchage de médiocres slogans.

L'inlassable vocation sociale du journal, la litanie des grèves, les grandes et les petites, la répression, les blackoutés, les morts du Havre en 1922.

Bien malin qui pourrait affirmer une relation entre politique et santé, mais *l'Humanité* se spécialise dans les mauvaises nouvelles. L'arthritisme abrège la vie. Eczéma, acné, herpès, psoriasis sont autant de signes extérieurs. Rhumatismes, sciatiques constituent la seconde étape. Hémorroïdes, varices, ulcères confirment l'artériosclérose. Et ça ne va pas mieux dans la seconde moitié des années trente. Le vocabulaire s'enrichit : charogne, pourriture, dégénéré qui est aimable. La pratique aussi : énervés par une de ces innombrables mesquineries dont ils ont été en effet victimes en 1929, les communistes préviennent qu'ils vont perturber un meeting socialiste salle Japy ; les socialistes prévenus ont leur service d'ordre ; la police prévenue dépêche la police ; les incidents éclatent et *l'Humanité* triomphe : démonstration est faite de la collusion entre les social-fascistes et les social-flics (les mêmes de toute façon). Non ça ne va pas mieux. Quant aux maladies, ça devient une vraie encyclopédie médicale, franchement je ne savais pas qu'il existait autant de pathologies, même si la rubrique y englobe la calvitie, certaines dont je ne connaissais ni le nom ni les symptômes (mais je suis passé vite). En janvier 1931, je n'ai pu éviter un pénible « les accidents de dentitions ».

L'été, le lecteur découvre les fameux articles de Thorez : « Pas de mannequin dans le parti ! » et « Les bouches s'ouvrent ! » laissent espérer qu'on puisse sortir de l'impasse.

Ci-contre : photo d'Upton Sinclair distribuant son livre, parue le 30 novembre 1927.
Ci-dessous : Lindberg.
Double page suivante : à gauche, lettre d'Adolphe Degeyter à son frère Pierre, auteur de la musique de *L'Internationale* ; à droite, portrait de Pierre Degeyter.

cher frère dans la térible
tourmente que nous traversons
ne chachon comment ce la
fira je Remai a son Beau
frère Dubart cette letre la
decaration que j'aurai faite
mai même si je devai venir a
Paris au moment de lou appel
voci
je n'ai james fait de Musique
encore main l'iriternationale
si j'ai signe une feuil elle a été
Préparer Par delory qui ma
venu trouvèr a latelier comme
tu sai que je travaillier Pour la
Pour la ville et delory etant Maire
je n'oses Rien lui Refuser Par
crinte de Renvai. et comme
tu avez dit que tu avez signe
la Musique de l'internationale

Marche ♩ = 112
De- bout ! Les dam-nés de la ter - re,
bout ! Les for- çats de la faim. La rai-
onne en son cra - tè - re, c'est l'é- rup- tion de
Du pas- sé, fai- sons ta- ble ra- se, foule
ve, de- bout ! De - bout ! Le mon-de va chan- ge
Refrain
se, nous ne som-mes rien, soyons tout ! C'est
te fi- na- le, grou- pons nous et de- main,

Stand de Montreuil
à la fête de *l'Humanité*.

UNI
Defense de

★

Malgré ces immenses difficultés, *l'Humanité* retrouve une dimension culturelle. Elle ne renie pas l'héritage d'avant-guerre, contrairement à ce qu'elle croit parfois. Elle fabrique une culture prolétarienne plus modeste qu'elle n'imagine. Et elle tient un équilibre relatif entre ces deux pôles.

Dès 1921, le ton est donné, aussi bien par les anniversaires de Baudelaire et Flaubert, par Vermeer au Jeu de Paume, que par un article de Martinet, « Art de classe et art éternel », ce qui nous vaudra sous peu un dessin de George Grosz. Mathiez, lui, entonne l'hymne à la Révolution française, mais il abandonne Jeanne d'Arc à la pensée conservatrice. On voit aussi émerger une lecture des classiques renouvelée par la guerre. En octobre, le lecteur découvre un article d'introduction à Dante, comme quoi on ne mégote pas. Il est touché par ces deux phrases : « Dans sa sombre vision de l'Enfer, Dante avait rassemblé toutes les misères humaines. Ne les avons-nous pas vu repasser devant nos yeux et faire de la terre tout entière une *città dolente* ? » Il en conclut volontiers avec l'auteur de l'article que si l'Enfer est en nous l'Enfer c'est aussi la guerre.

Il n'y a pas que Dante. La littérature la plus exigeante entre dans *l'Humanité.*

La mort de Proust fait la une. On loue son style avec un zeste de réserve, « ses phrases souples, un peu longuettes ». On loue son œuvre, « bien qu'on regrettât qu'il fallût à cet auteur jusqu'à trente pages d'un texte serré, sans alinéa, pour expliquer l'étrange passion de M. de Charlus ». S'il n'a pas oublié Proust, le lecteur le retrouvera à travers une page du *Temps retrouvé* assez incongrue cinq ans plus tard.

L'anniversaire de la mort de Mallarmé inspire Martinet, oui, art de classe ou pas, Martinet voit en lui une recherche acharnée de l'absolu, la probité de son travail, l'aptitude du poète à dire les choses essentielles. Il nous propose le poème *Brise marine* :

Mais ô mon cœur entends le chant des matelots

Le lecteur a pu voir dans ce dernier vers un hommage à André Marty qui venait d'adhérer. Après tout, pourquoi pas ?

Même si le rythme s'essouffle, le lecteur intéressé peut se plonger dans un bel article sur Einstein et la relativité, deux colonnes entières à la une du 31 mars 1922 lors d'un passage d'Einstein à Paris. Il peut se plonger derechef dans la voie lactée et les nébuleuses, la cellule et l'hérédité, l'art chinois, un portrait de Jan Hus, toutes ces études par le même, Chennevière, l'homme au goéland à manteau bleu, et encore l'hélicoptère, les vitamines, on n'arrêterait pas. Il y a même de quoi intriguer : le 1er novembre 1928 la grande question est enfin posée : l'anguille change-t-elle de sexe ?

À partir de l'été 1924, on voit plutôt des écrivains prolétariens. De fait, la lecture présente un moindre intérêt, ainsi *Nettoyeurs de wagons* ou encore le poème *Nous sommes la canaille. Dieu merci.* Les classiques refluent. Anatole France meurt. Il échappe alors – de peu – au sacrilège. Si les jeunes du groupe Clarté ont injurié son cadavre avec une violence inouïe, *l'Humanité* épargne « le génial écrivain ». Toutefois elle marque ses distances politiques. « Est-ce à dire qu'il était tout à fait des nôtres. Non. » Et puis Barbusse s'implique dans le journal, en devient le directeur littéraire. Il défend la notion d'art prolétarien et relève hâtivement « les maladies de la littérature actuelle ». Pourtant il reconnaît des qualités à *Moravagine* de Cendrars tout en lui reprochant d'être trop près de la littérature, pas assez de la vie. Il signe aussi un article original, « À propos des mots », où il relève des expressions populaires qui tranchent avec les lexiques pompeux et académiques : piquer une tête, fondre en larmes, parler à mots couverts, regarder à la dérobée, couleur criarde. Il aurait pu choisir *droitdelhomard* que je découvre à travers la vindicte qui conduisait *l'Humanité* à prier instamment ses lecteurs de démissionner de la Ligue des droits de l'homme comme ils avaient été sommés de quitter la maçonnerie.

Heureusement, on peut compter sur les chroniques de Bazalgette jusqu'à sa mort en janvier 1929. Il y présente de beaux écrivains américains comme Dreiser et Dos Passos, avec beaucoup d'intelligence et

Ci-dessous : défense au quotidien de Marty.
Ci-contre : photographie montrant le succès de Mussolini et du fascisme italien dénoncés par *l'Humanité.*
Double page suivante : Armstrong (au centre) à Chicago en 1923.

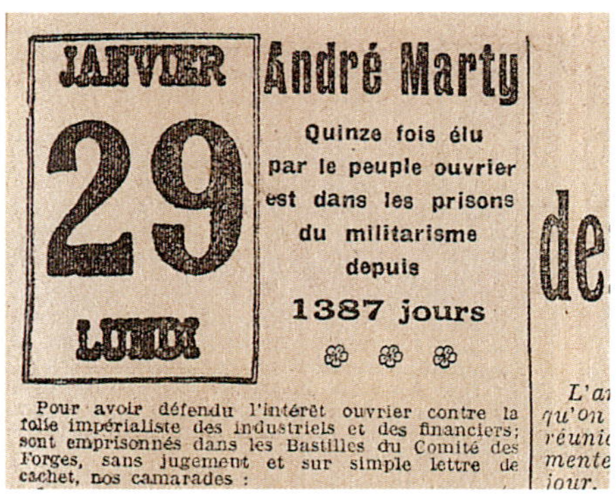
JANVIER 29 LUNDI

André Marty

Quinze fois élu par le peuple ouvrier est dans les prisons du militarisme depuis 1387 jours

Pour avoir défendu l'intérêt ouvrier contre la folie impérialiste des industriels et des financiers; sont emprisonnés dans les Bastilles du Comité des Forges, sans jugement et sur simple lettre de cachet, nos camarades :

JANVIER 30 MARDI

André Marty

Quinze fois élu par le peuple ouvrier est dans les prisons du militarisme depuis 1388 jours

Pour avoir défendu l'intérêt ouvrier contre la folie impérialiste des industriels et des financiers; sont emprisonnés dans les Bastilles du Comité des

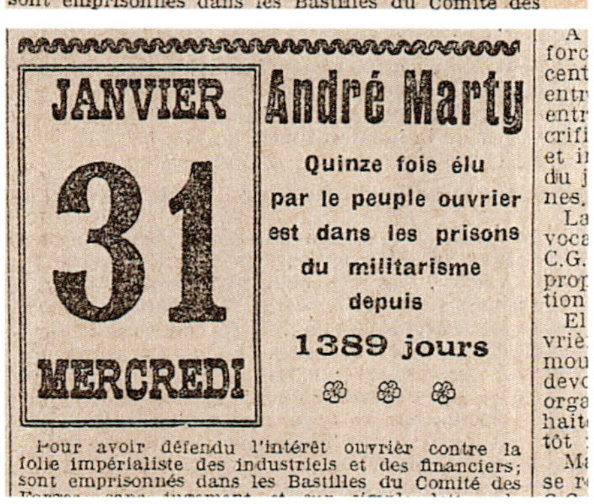
JANVIER 31 MERCREDI

André Marty

Quinze fois élu par le peuple ouvrier est dans les prisons du militarisme depuis 1389 jours

Pour avoir défendu l'intérêt ouvrier contre la folie impérialiste des industriels et des financiers; sont emprisonnés dans les Bastilles du Comité des

de sensibilité. Sinon la critique est sans grand relief. Le merveilleux *Jeanne d'Arc* de Delteil est éreinté. Pour nous consoler, il nous reste les feuilletons : *La Guerre des boutons*, *Sur un cargo* (notes du journal de voyage de Jean-Richard Bloch), *Un cœur simple* (le meilleur Flaubert), *Spartacus* (traduit par l'admirable Jacques Bienstock), *L'Or* de Cendrars et *Le Pétrole* d'Upton Sinclair, *Typhon* de Conrad, excusez du peu.

À y bien regarder, un domaine surnage assez miraculeusement : le cinéma. À l'automne 1925, Benjamin Péret assure la chronique ; il voit plusieurs films par semaine, il est très descriptif, il adore *La Ruée vers l'or* pour sa pureté qui tranche avec la « sentimentalité ridicule bien française » du *Kid*, et il déteste le *Roi de la pédale*. « C'est comme son titre l'indique un film prétendument sportif d'une admirable imbécillité. » Avec la nouvelle formule, Péret cède sa place à Moussinac. La rubrique devient plus analytique, thématique, technique, va de la machine hollywoodienne à la prise de vue japonaise. Même au plus sombre des années 1928-1931, Moussinac continue sur le même registre.

Avant même Honegger, Darius Milhaud était revenu de Russie enthousiasmé. Trois mois plus tard, il nous offre « À propos du jazz » ; il y raconte comment il l'a découvert dans un dancing populaire de Hammersmith à Londres et comment il l'a étudié à New York ; il met en valeur les richesses des rythmes et des syncopes, des timbres, des mélodies. Et puis la musique m'a réservé une surprise. Elle concerne l'auteur de la musique de *L'Internationale*, oui, *l'Humanité* s'en prend violemment (on est en 1928) aux socialistes du Nord qui s'apprêtent à célébrer Adolphe Degeyter, oui, elle prétend que le véritable auteur est son frère, Pierre, qui dirigeait la chorale quand Adolphe chantait, et qu'une procédure judiciaire a confirmé ses

Darius Milhaud nous offre “À propos du jazz” ; il y raconte comment il l’a découvert dans un dancing populaire de Hammersmith à Londres.

droits. Pierre est encore vivant, et il se trouve – j'aurais dû y penser – qu'il soutient de toute son âme la révolution bolchevique. En septembre 1932, elle y revient lors de la mort de Pierre en publiant la lettre où Adolphe reconnaît, « mon cher frère », la réalité.

On aurait bien garde de négliger le sport. Le vélo et le sport prolétarien sont à l'honneur. À la fin des années vingt, *l'Humanité* organise même une épreuve cycliste, Rouen-Paris, ancêtre des Boucles de la Seine, avec près de 2 000 engagés dont elle publie la liste *in extenso*. Elle condamne le football « bourgeois », les marchands de spectacle, en octobre 1928 un match entre le Red Star et le CAP gâché par les mauvais gestes et la « partialité flagrante (soyons poli) de l'arbitre ». Il arrive même – de plus en plus souvent – que le sport soit au service de l'impérialisme et que les résultats soient présentés sous ce fronton.

Le plus intéressant concerne le Tour de France. Tant mieux. En 1923, le journal salue à la fois la victoire de Pélissier et les touristes routiers, les ténébreux, qui « ont le droit de figurer sur le même plan que les grands vainqueurs au palmarès de l'épreuve », merci. En 1926, c'est une autre chanson. On signale « l'existence d'un mythe [...] qui attire les foules populaires » et on veut le démystifier. On veut « substituer à la légende la dure et triste réalité ». Le journal y met les moyens : une voiture et six personnes. Vaillant-Couturier ajoute son commentaire : il voit dans le Tour le summum de l'exploitation de l'homme par l'homme (sur le plan sportif). Il s'en prend au patronat cycliste et à Desgrange qui prétend que les coureurs aiment le calvaire du col du Tourmalet. Les raisons de l'abandon de mon cher Bottechia le 9 juillet dans une étape d'apocalypse sont disséquées scientifiquement : « Il s'est résigné à n'être qu'un bourgeois parvenu [...] il l'avoue [...] "Je ferai encore le Tour de France mais en torpedo" [...] et c'est là la raison marxiste de Bottechia. » Logiquement, c'est « un paysan pauvre » qui l'emporte. La conclusion est limpide : « Voilà qui condamne l'entreprise Desgrange et un jour l'anéantira. Son seul ressort est l'argent. » Pour la dernière étape, le chroniqueur se fait enthousiaste. Il faut dire que 80 000 travailleurs ont acclamé la voiture de *l'Humanité*. « Camarades, nous n'exagérons rien ! » On entend encore les hourrah, vive *l'Huma*, tenez bon les gars, vive les soviets !

Pas de miracle, l'invention des équipes nationales en 1930 n'arrange rien. Le Tour leur devient même « odieux » et ils le voient agoniser. Les exploits des Mousquetaires, d'André Leducq et d'Antonin Magne, Dédé Gueule-d'Amour et l'Auvergnat de Livry-Gargan, les laissent apparemment de marbre.

ÉDITION SPÉCIALE

24e ANNEE. — N° 10481

MARDI 23 AOUT 1927

FONDATEUR
JEAN JAURÈS
142, RUE MONTMARTRE, PARIS (IIe)
ADRESSE TÉLÉGRAPHIQUE
HUMANITÉ-PARIS
TÉLÉPHONE : GUTENBERG 02-69, 02-57, 04-60
» LOUVRE 26-74
Entre minuit et 2 heures du matin GUTENBERG 02-57
30 CENTIMES

l'Humanité

ORGANE CENTRAL DU PARTI COMMUNISTE (S.F.I.C.)

ABONNEMENTS
FRANCE ET COLONIES
Un an : 92 fr. - Six mois : 48 fr. - Trois mois : 25 fr.
ETRANGER
(Pays accordant la réduction de 50 0/0 sur les tarifs postaux)
Un an : 170 fr. - Six mois : 85 fr. - Trois mois : 45 fr.
TOUS AUTRES PAYS
Un an : 240 fr. - Six mois : 120 fr. - Trois mois : 60 fr.
COMPTE CHÈQUE POSTAL : 309-61 PARIS
SERVICE DE PUBLICITÉ
TÉLÉPHONE LOUVRE 45-96

ÉLECTROCUTÉS !

Le prolétariat les vengera !

Boston, 23 août, 0 h. 30, heure américaine (5 h. 30 heure française). — *Le chef de la prison a commencé à organiser la marche à la mort à 11 h. 38. Les témoins qui comprennent un journaliste ont été réunis dans le bureau de la prison. L'avocat Musmanno a demandé à parler quelques minutes aux condamnés, le chef de la prison a dit non.*

Madeiros a été mis sur la chaise a minuit 2. Il est mort à minuit 9.
Sacco a été placé sur la chaise électrique à minuit 11. Il est mort à minuit 19.
Vanzetti a été mis sur la chaise à minuit 20. Il est mort à minuit 26.

Déclaration de guerre

Le prolétariat avait pourtant tout fait pour les sauver...

Jour de deuil et de colère.

Hourrah pour le dollar !

Triomphe de la science, de l'hygiène, du Fordisme et de la Bible !

La justice de classe vient de tuer Sacco et Vanzetti :

Parce qu'ils étaient des militants ouvriers.

Parce qu'ils étaient innocents.

Parce que le monde entier le criait !

Parce que le dollar est infaillible.

Et parce que le capitalisme américain voit toujours grand, jusque dans le crime, surtout dans le crime.

Meurtre rationalisé.

L'industrie automobile avait fourni le gouverneur Fuller.

L'industrie religieuse, le juge Thayer...

L'industrie policière, les faux témoignages et les bombes indispensables.

L'industrie électrique a fourni le courant à deux mille volts...

Tout s'est passé selon le mode le plus « efficient » de la brutalité scientifique.

Sacco et Vanzetti, brûlés vifs sur la chaise électrique, c'est, en effet, **le dernier mot de la « civilisation » capitaliste.** L'Amérique bourgeoise, l'Amérique des trusts, du Ku-Klux-Klan, de l'automobile-pour-tous, des lynchages et de l'American Legion est là tout entière...

Et c'est contre elle, avec l'autre Amérique, celle des millions de travailleurs courbés dans l'usine, au bureau, sur la terre ou dans la mine, que nous nous dressons...

Le drapeau du capitalisme américain ne peut plus flotter aujourd'hui nulle part que sous la protection de la police, des mouchards et des provocateurs.

Pour les bourgeois craintifs, pour la petite épargne intellectuelle des « honnêtes gens de tous les partis », l'assassinat de ce matin peut apparaître comme « une regrettable erreur judiciaire ».

Ce n'est pas une erreur judiciaire.

C'est un « exemple ».

Pour le prolétariat, c'est ouvertement, UNE DECLARATION DE GUERRE !

P. VAILLANT-COUTURIER

Assassinat scientifique...

COMMENT ON BRULE UN HOMME SUR LA CHAISE ÉLECTRIQUE

L'émouvante description du supplice horrible de la chaise électrique que nous publions ci-dessous provient d'un témoin oculaire. Elle montre la férocité implacable de l'impérialisme américain cachée sous les dehors de l'hypocrisie et de l'humanité.

Elle mérite la plus grande attention.

Le crépuscule commençait à s'étendre sur Sing-Sing, l'immense maison d'arrêt de New-York. Les plus hauts fonctionnaires de l'établissement étaient réunis dans le cabinet directorial autour du téléphone. Ils attendaient l'ultime décision du gouverneur. Soudain retentit la sonnerie du téléphone... Le secrétaire particulier du gouverneur fait sa communication. Il parle d'un ton sec. Il annonce que le recours en grâce a été rejeté !

De longs et nombreux corridors conduisent à la salle d'exécution. Nous arrivons enfin devant un bâtiment recouvert de tuiles rouges. Nous entrons et nous voici dans une immense salle déserte éclairée par quatre énormes lampes.

L'Instrument de torture

Au milieu de la pièce, la fameuse chaise électrique, la frayeur de tous les criminels américains. Une multitude de fils de fer, de courroies pourvus de crampons et de griffes l'entourent. Toutes ses parties sont en métal ; c'est ce qui la distingue d'un fauteuil de coiffeur.

Tout autour du terrible instrument de mort quelques bancs en bois placés sur quatre rangs. Ce sont les bancs des témoins. Nous y prenons place. Nous sommes hypnotisés par ce monstre sinistre dont les câbles semblent conduire vers l'enfer. Instinctivement j'éprouve le besoin de fuir ce lieu épouvantable, mais la porte de fer est retombée lourdement sur nous. Toute tentative de fuite est devenue désormais impossible.

Le guet-apens des tortionnaires

« Tout en ordre, amenez-le » crie un employé. Je l'entends comme dans un rêve. Un gardien de prison, bâti en hercule, se lève, se dirige vers la porte qui donne sur les cellules des prisonniers et disparaît. Quelques minutes se passent. Cinq policiers, aux muscles solides, entrent et vont se placer en demi-cercle autour de la chaise fatale. Raides et immobiles, les bras croisés sur la poitrine, semblables à des bouchers qui attendent le bétail à abattre, ils se tiennent là.

Au même moment, dans l'ouverture de la porte, apparaît l'homme qui doit monter sur la chaise électrique, Jean Emiletta, un adolescent d'une vingtaine d'années, nerveux, svelte, l'air à demi égaré.

Un pauvre être traqué

Les gardiens le poussent sur la chaise. Il tremble comme une feuille. Lentement il prend place. Les gardiens commencent à l'attacher. Mon regard tombe sur son visage. J'étais assis en face de lui, à quelques mètres seulement, je pouvais percevoir les moindres changements dans ses traits. C'était le visage d'un être humain, à demi mort de frayeur et d'angoisse, paralysé par la pensée de l'approche impitoyab. du spectre de la mort.

Jamais je n'oublierai ce regard atroce, même si je devenais centenaire.

Le supplice scientifique

A gauche de la chaise, un prêtre catholique, grand et maigre, lisait les habituelles prières liturgiques. Entre temps, les électrodes étaient posées

CE SOIR, SUR LES BOULEVARDS !

1933

1939

LE NUMÉRO : 30 CENTIMES

ANNEE 12.910

AMEDI 21 AVRIL 1934

X ÉDITIONS

l'Humanité

ORGANE CENTRAL DU PARTI COMMUNISTE (S.F.I.C.)

FONDATEUR : Jean JAURES — 138, rue Montmartre, PARIS-2e — DIRECTEUR : Marcel CACHIN

LA RUE EST RESTÉE AUX TRAVAILLEURS !

DES QUAIS A LA BASTILLE ET DU LOUVRE AUX ARTS-ET-MÉTIERS

40.000 fonctionnaires, mutilés et chômeurs ont manifesté contre les décrets-lois et le fascisme malgré l'interdiction gouvernementale

UNITÉ D'ACTION ! NOS SALAIRES ! LES SOVIETS !

Les cheminots font deux heures de grève au dépôt de La Chapelle

Ils organisent des démonstrations au dépôt de Montrouge et à la gare Montparnasse

Des groupes de manifestants se forment aux environs du Châtelet

Une colonne de manifestants débouche près de l'Hôtel de Ville

BONNE journée de lutte antifasciste, bonne journée de front uni des masses, bonne journée de préparation du 1er mai.

Dès 17 heures, comme il était aisé de le prévoir, la police tenta d'appliquer « la tactique Chiappe » des arrestations préventives... Mais les temps sont changés.

Pour quelque cars de manifestants arrêtés, des milliers de nouveaux manifestants venus de la rive gauche ou de la rive droite surgissaient tantôt ici, tantôt là, dans l'embouteillage de la circulation d'où, parmi la cacophonie des trompes et des klaxons, montait l'Internationale et les mots d'ordre de combat contre les décrets-lois et le fascisme.

Tout le quartier de l'Hôtel-de-Ville était en état de siège.

Ah ! l'on était loin du rideau ridicule protégeant le Palais-Bourbon le 6 février.

Cette fois, toutes les voies d'accès de l'Hôtel de Ville étaient barrées solidement. La place était vide.

Topaze se terrait derrière les carabines de sa garde. Les voleurs étaient bien protégés.

A la tactique nouvelle de la police opérant ses charges et matraquages par paquets, les manifestants ripostaient par une tactique souple, se dispersant, se regroupant, reparaissant par les petites rues derrière les policiers déroutés, furieux, débordés, et leur arrachant les militants arrêtés.

Un vaste quadrilatère allant des quais à la Bastille et du Louvre à la rue Réaumur était entièrement occupé par les manifestants avec qui fraternisait la foule qui sortait dense des bureaux et des magasins, et les locataires des immeubles riverains huant la police et la bombardant parfois à coups de bouteilles. C'est que la police — pour l'indignation de cette foule — chargeait les mutilés manifestant contre la réduction de 3 p. 100, matraquait les vieux protestant contre les mesures qui leur volent leurs pensions, frappait les femmes et s'acharnait sur ses victimes à terre...

Dès que se formait une colonne tant soit peu massive, les militants du Parti et de la C.G.T.U. organisaient et conduisaient la manifestation, faisant acclamer les mots d'ordre d'action par les travailleurs.

Pendant deux heures, le centre de Paris a vu ainsi sa vie paralysée. *Au même moment, au dépôt de la Chapelle,* 1200 *cheminots, au chant de l'Interna*tionale, *manifestaient par une grève unanime contre les décrets Flandin.*

La journée d'hier a prouvé une fois de plus que, malgré les dirigeants de la C.G.T. et de la C.A.P. socialiste, le front uni continue à progresser et qu'il est la meilleure arme des travailleurs contre le fascisme. Elle a montré le mécontentement profond des masses frappées par les décrets-lois, leur volonté de les briser et leur résolution de conserver la rue en dépit des interdictions de police.

Malgré toutes ses manœuvres, la bourgeoisie ne parviendra pas à isoler le Parti communiste qui a montré la voie du rassemblement prolétarien.

Et maintenant, à l'action, à l'action sans répit pour le succès du 1er mai !

P. VAILLANT-COUTURIER.

LA MANIFESTATION

40.000 ouvriers, chômeurs, fonctionnaires, pendant 2 heures et demie, ont tenu hier la rue en plein centre de Paris, et cela, malgré une énorme mobilisation policière, sur une aire qui allait du Louvre à la Bastille, des quais aux Arts-et-Métiers et au boulevard Beaumarchais.

Dès 17 h. 30, aux alentours de l'Hôtel de Ville et du Châtelet, de nombreux groupes de prolétaires s'étaient formés. La police, établissant des barrages dans toutes les petites rues traversières de la rue de Rivoli et tout autour du quadrilatère Châtelet-Hôtel de Ville, commençait avant toute manifestation des arrestations « préventives » de militants reconnus, ou provoquait des ouvriers, enlevant dans des cars ceux qui ripostaient.

Des gardes mobiles, l'arme au pied, doublaient les barrages et stationnaient sur les terre-pleins de la rue Saint-Antoine, avenue Victoria, place de l'Hôtel-de-Ville.

Un rassemblement formidable

Malgré cela, dès 18 heures, par toute la rue de Rivoli, la rue Saint-Antoine et dans toutes les artères y menant, le rassemblement se formait.

L'évaluation de ce rassemblement est très difficile à cause de son étendue. Cependant il eut deux centre de plus grande densité.

L'un près de la Tour-Saint-Jacques, l'autre aux environs de l'angle Saint-Paul-Saint-Antoine. Mais dès qu'on s'écartait dans les petites rues avoisinantes, et notamment dans la rue de la Verrerie, on retrouvait des manifestants en marche, tournant les barrages et se rassemblant.

La police avait hier adopté une tactique différente de celle de la manifestation du 22 janvier.

Hier, à partir de 18 heures, elle interdisait l'accès de la place de l'Hôtel-de-Ville, au moins sur les rues aboutissant à la place ; elle détournait la circulation des automobiles. Ensuite, elle opérait en tournant dans les rues parallèles aux grandes avenues ; en se déplaçant en paquets massifs de 50 à 80 hommes. De 18 heures à 18 h. 15, six camions ont été chargés de manifestants arrêtés.

(SUITE EN 2e PAGE, 2e COLONNE)

DEUX HEURES DE GRÈVE DES 1.200 CHEMINOTS DU DÉPOT DE LA CHAPELLE

Hier, à 13 heures, les cheminots du dépôt de la Chapelle, de l'Atelier central, du Magasin général et des ateliers annexes, au nombre de 1.200, ont donné la première réplique aux décrets-lois attaquant leurs salaires, indemnités, retraites et effectifs.

Dans la rue, nos camarades *Denys* et *Demusois* appelèrent les cheminots à l'organisation de la résistance immédiate sur le lieu du travail, à une participation totale à la démonstration de l'Hôtel de Ville, ainsi qu'à la préparation de l'arrêt du travail pour le *Premier Mai*.

La police s'efforça d'empêcher nos camarades de parler, les ouvriers s'opposèrent à l'intervention de la police aux cris de nos salaires et au chant de l'*Internationale*, en formant le barrage pour protéger les militants et obligeant la police à faire demi-tour.

A peine rentrés dans le dépôt, dans les ateliers, les ouvriers unitaires, confédérés et inorganisés, unanimes dans leur volonté de lutte, décidèrent de répondre à l'appel à l'action lancé par la Fédération unitaire en organisant le débrayage dans tous les ateliers, dans tous les services.

Au nombre de plus de 1.200, et pendant deux heures, au chant de l'*Internationale*, nos camarades manifestèrent sur le tas malgré la pression des chefs.

Plusieurs camarades prirent la parole pour souligner le caractère de cette belle manifestation de front unique et d'action, dirigée contre les décrets-lois.

Une délégation de masse, composée d'unitaires, de confédérés et d'inorganisés et accompagnée de l'ensemble des ouvriers fut désignée pour porter à l'ingénieur en chef la protestation unanime et la volonté de résistance des cheminots pour leurs revendications immédiates. Ils demandèrent qu'aucune sanction ne soit prononcée.

L'ingénieur en chef répondit que les décrets-lois ne dépendaient pas de lui, qu'il comprenait le mécontentement du personnel et ferait son possible pour qu'il n'y ait pas de sanction. Comme il demandait que les ouvriers consentent à faire une demi-heure de plus de travail, pour compenser l'arrêt, la délégation refusa en déclarant qu'à 18 heures tous les cheminots allaient manifester à l'Hôtel de Ville.

Le compte rendu de la délégation fut fait et les cheminots approuvèrent unanimement celui-ci, décidés à continuer la lutte contre les décrets-lois.

[F]RONT UNI [E]T ACTION [CON]TRE LA GUERRE

[L'AL]LEMAGNE fasciste, qui doit ... milliards de dettes criardes et ...nt la population ouvrière est ... détresse, vient d'augmenter ses ... militaires d'un milliard. Hitler ... ses préparatifs de guerre à ...ure. Krupp, qui lui avait télé... le premier ses félicitations après ... de l'Allemagne de la S.D.N., ...e se montrer très satisfait de son ...

... cela, Barthou a envoyé le ..., au Foreign Office, une note ...nes de laquelle il déclarait que ...alisme français repoussait désor... nom de sa sécurité, toute con...n sur la limitation des armements. ...rnaux du Comité des Forges et ...neider proclamaient aussitôt leur admiration pour une aussi virile et ...ue déclaration.

...endemain 18 avril, les agences ...s annonçaient « que les départe... la guerre, de la marine, de Londres, s'efforçaient de faire ...u premier plan les exigences de ...se nationale britannique ».

...ours mêmes, 17 et 18 avril, où ...ements si pleins de sens se pas...ns l'Europe occidentale, le mi...s affaires étrangères du Japon ...dresser aux puissances de l'uni... message de la plus rare inso... il leur interdisait en somme ... se mêler des affaires chinoises. ...ires chinoises ne regardent que .... Dans des termes d'une bru...essive et fort peu diplomatiques. ...o, porte-parole du ministre Hi...dresse plus spécialement aux di...des Etats-Unis. D'après les dé...de Tokio, il les somme de re... poursuivre leur politique avec ... soviétique. Il les somme de re... leurs bases militaires du Paci...

...hancelleries ne parlent en géné...langage d'ultimatum que lors... sont décidées à passer aux ac...si lit-on sans étonnement que la ...les Etats-Unis réagit très vive...ntre les propos d'Hirota qui ne ...s tout que ceux du rapport Ta...lle considère « que la situation ... Pacifique devient soudain très ...».

... les divers impérialismes des ...ndes se montrent tellement exas...e l'on est en droit de prévoir ... redoutables éventualités. La si... intérieure, financière aussi bien ...omique, est très mauvaise dans ...es nations capitalistes. La crise ... de plus en plus et pousse aux ...és celles d'entre elles qui sont ... ébranlées. Manouilsky, au 17e ... de l'U.R.S.S., rappelait que ... gouvernements présentement les ...ctionnaires du monde, le Japon ...lemagne, pressés par leurs inex... contradictions internes, pour...ien passer aux grandes aventures. ...e camarade ajoutait : « L'histoire ... que ce sont les gouvernements ... réactionnaires qui préparent très ... les plus grandes révolutions ! »

...esponsabilités de chacun des gou...nts impérialistes du monde sont ...s engagées à divers titres dans ...ements actuels. Il ne saurait être ... pour nous de faire entre eux ...arts. Le nôtre, le gouvernement ...ste et chauvin Barthou-Tardieu..., par sa note du 17 avril, vient ... de l'huile sur le feu : il a con... à rendre encore plus tendue la ... internationale. C'est à lui que ...étariat français doit donc récla...s comptes. C'est contre lui qu'il ... dresser vigoureusement ! C'est ...ui, c'est contre les bandes fascis...hauvines qu'il favorise, contre la ... qu'il rend nécessaire par son ...ment monstrueux !

Marcel CACHIN

Pour l'abrogation des décrets-lois !

Contre le gouvernement d'Union nationale !

Pour le désarmement et la dissolution des ligues fascistes !

Pour la représentation proportionnelle et la dissolution de la Chambre !

POUR LE POUVOIR DES SOVIETS !

Sous le drapeau [d]u Parti Communiste

combattu avec acharnement par la bourgeoisie, par la socialdémocratie et ses alliés

EN MASSE JEUDI SOIR

au Théâtre municipal de Saint-Denis

où prendront la parole :

[M]arcel CACHIN, André MARTY, Maurice THOREZ, GITTON [R]ACHON, DUCLOS, RACAMOND, VAILLANT-COUTURIER

assistés de tous les autres membres du **Comité central du Parti Communiste**

Chiappe, Sarraut et Bonny compromis dans la crapuleuse affaire de coco du paquebot « Mendoza »

La commission a entendu sur ce point une déclaration catégorique du député Sabiani. — Elle s'était auparavant occupée du « mystérieux coup de téléphone »

M. Aron, secrétaire général du ministère du travail, a été interrogé, hier matin, à la commission Staviski. C'est lui, en effet, qui est l'auteur de la fameuse lettre que signa Dalimier, où les bons de Bayonne étaient recommandés aux compagnies d'assurances.

Le témoin a sans difficulté reconnu avoir rédigé la lettre, mais il a produit de longues explications techniques pour démontrer que son attitude, en cette circonstance, fut correcte.

— M. Dalimier, dit-il, *n'a pas fait pression sur moi pour que je rédige la lettre ; si je lui reproche quelque chose, c'est d'avoir par la suite rejeter sur moi toutes les responsabilités*

D. — Le service dont vous êtes le chef était-il jamais intervenu jusque-là auprès des compagnies d'assurances pour leur recommander d'autres valeurs que des fonds d'Etat ou garantis par l'Etat ?

R. — *J'en ai donné un exemple : nous avions recommandé des titres des H.B.M.*

D. — Voyons, nous sommes en juin 1931. La rente baisse. La conversion du 6 % est déjà annoncée. Les administrations ont le devoir de pousser à l'achat des rentes ; et c'est juste à ce moment que, pour la première fois, votre service recommande l'achat d'autres titres que des rentes ou des fonds garantis par l'Etat : cela ne vous a-t-il pas paru insolite ?

R. *Non. Je regrette aujourd'hui ce geste ; mais il n'était pas insolite à l'époque. J'ai agi à la suite d'une démarche faite par un représentant du gouvernement, sans penser au volume des bons.*

Mais ces réponses ne satisfont pas la commission, qui estime avec raison que M. Aron ne peut pas avoir « par hasard » rédigé la lettre dont les termes insolites — ratifiés par Dalimier — ont permis la gigantesque escroquerie.

François-Albert et les bons hongrois

LE PRÉSIDENT. — Certains de mes collègues ont exprimé l'intention de vous interroger sur l'affaire des bons hongrois. Nous vous prions d'être bref.

R. — *Le 28 ou 29 septembre 1933, après une conversation assez longue sur des questions de service, M. François-Albert, que je ne connaissais pas personnellement, mais qui me manifestait une certaine estime, me dit :*

« J'ai vu un homme extraordinaire. Il a un plan pour réduire le chômage

PRESSARD

en exécutant de grands travaux au moyen de mobilisation des créances provisoires. »

J'avais participé aux travaux qui ont précédé les accords de la Haye. Je répondis au ministre :

(SUITE EN 2e PAGE, 6e COLONNE)

POUR LA VENTE DE MASSE DE DEMAIN

90.950 « Huma » sont commandées

Nous dépasserons les 100.000 !

Les trente ans de bataill[es] de notre « Huma »

A l'occasion de son trentième anniversaire, le Comité central du Parti communiste français souligne devant les prolétaires et tous les travailleurs de ce pays, devant les peuples opprimés par l'impérialisme français, l'importance exceptionnelle de l'*Humanité*.

Depuis toujours, exprimant et défendant les plus minimes revendications des masses laborieuses, conservant jalousement son indépendance à l'égard des capitalistes l'*Humanité* a, surtout au cours de ces quinze dernières années, sous la direction du Parti et de son Comité central, porté des coups violents au patronat et à l'impérialisme français.

Contre le Comité des Houillères, contre le Comité des Forges, contre le Consortium du Textile, contre les grandes Compagnies, contre les Banques et les profiteurs de guerre, contre les grands propriétaires et les pillards coloniaux, contre l'état-major et pour la défense des soldats, face à une presse dont la vénalité n'est plus à dénoncer, l'*Humanité* a sonné le ralliement pour le combat de classe de tous les exploités, de tous les opprimés, de tous les malheureux.

Pour Ferrer autrefois, pour Sacco et Vanzetti en 1927, pour Dimitrov et Thaelmann, pour tous ceux qui luttent sur toute la surface de la terre contre le capitalisme, ses seules campagnes ont suffi à grouper sur le pavé de Paris ou à rassembler dans de vastes meetings, des centaines de milliers d'ouvriers. Toujours à la pointe du combat contre le fascisme et contre la guerre, son rôle est apparu avec encore plus d'éclat dans les journées de février où, instrument du Comité central du Parti, elle a été un des plus puissants dirigeants de la lutte contre le fascisme et pour la réalisation d'un front unique de combat sans cesse plus large.

Depuis 1918, grâce à l'activité permanente quotidienne, inlassable de son directeur, notre cher camarade Marcel Cachin, elle est l'agitateur et l'organisateur le plus puissant de notre Parti, l'outil le meilleur pour maintenir fermement la ligne du Comité central, la tribune la plus haute de l'Internationale communiste hors des frontières soviétiques.

Depuis sa brillante campagne de quatre ans pour la défense des condamnés de la Révolte de la mer Noire, dont aujourd'hui nous célébrons également le 15e anniversaire, l'*Humanité* a systématiquement dénoncé les menées antisoviétiques, mettant en accusation le maréchal Foch et démasquant la provocation de Gorguloff, avec une extrême vigueur, ce qui en fait un puissant défenseur de la Révolution d'Octobre, du pay[s de] l'édification socialiste.

Elle est la voix la plus redouté[e de] tous les ennemis de la classe [ou]vrière et, en premier lieu, des [...] traîtres de la social-démocratie, [qui] lui portent une haine aussi f[...] que les bourgeois. Mais elle est [...] de plus en plus connue des ouv[riers] socialistes, qui commencent à [...] écrire, qui la défendent déjà, qu[i de]main, toujours plus nombreux, [...]deront autour d'elle un front un[...] sans cesse élargi.

Et c'est pourquoi le Comité ce[ntral] appelle vigoureusement tout le [...] et les centaines de milliers de p[rolé]taires groupés autour de l'*Huma[nité]* à rendre cette arme encore plus [puis]sante, en la faisant pénétrer par[...] en lui recrutant de nouveaux [lec]teurs, de nouveaux abonnés, de [nou]veaux correspondants ouvriers [...] que son rayonnement, donc sa [puis]sance s'accroissent et que, sous [sa] direction, les prolétaires marc[hent] vers leur libération définitive pa[r le] renversement révolutionnaire d[e la] dictature bourgeoise, l'instaura[tion] de la dictature du prolétariat [et du] pouvoir des Soviets. — *Le Co[mité] central du Parti communiste.*

LES GRÈVES EN AMÉRI[QUE]

L'Amérique n'est plus le pays de prospérité. Les grèves y sont n[om]breuses et les collisions des ouvr[iers] avec la police fréquentes. Sur no[tre] cliché, on voit un manifestant [de] Détroit brutalisé par les flics a[vec] lesquels il s'est courageusem[ent] battu

POUR L'UNITÉ DU PROLÉTARIAT

Paniquards et freineu[rs]

par Maurice THOREZ

ON lit dans un récent Editorial de l'organe du Comité exécutif de l'Internationale communiste :

« L'opportunisme de droite qui capitule devant l'ennemi de classe par peur, par manque de foi dans les forces du prolétariat, par la surestimation des forces de l'ennemi de classe, a déjà un pied dans le camp du social-fascisme, est déjà une agence de l'ennemi de classe » (1).

A l'origine de la déviation social-démocrate des rédacteurs de la brochure fractionnelle hostile au Parti et à l'Internationale communiste, on trouve incontestablement « *le manque de foi dans les forces du prolétariat* ».

Un de ces opportunistes, dans une lettre adressée au Comité central écrit : « *Profitant de notre carence, le parti socialiste et ses groupem[ents] sympathisants organisent à la [...] des milliers de comités dans les[quels] les nôtres prennent place et [...] très rapidement, se reconsolide à [l'in]térieur, tout en apparaissant [aux] yeux des travailleurs comm[e le] champion du front unique. Nous [per]dons la direction de la lutte à [son] profit, tout en nous isolant des [mas]ses* ».

Tout ce bavardage pessimist[e est] absolument contraire à la ré[alité]. C'est d'abord une calomnie qu[e de] parler de la carence du Parti, [alors] que *seul* il a organisé et dirig[é les] contre-manifestations du 6 févr[ier] surtout la magnifique démonst[ration] du 9, suscitant l'élan des co[mbat]tants antifascistes dans tout le [pays] et assurant le succès de la grè[ve du] 12 février.

Comment peut-on parler de la [con]solidation du parti socialiste, à [...]

(1) Internationale Communiste, numéro 23, du 1er décembre 1933.

“NO PASARÁN”

A priori l'auréole du Front populaire devrait recouvrir ces années-là. D'autant que l'histoire vous a un petit côté légende dorée, avec ses héros et ses martyrs, son mélange de violence et de quête jamais désespérée d'un idéal étrangement accessible. On le verra, la réalité est moins glorieuse, la brièveté même des heures heureuses aiguisant peut-être la mémoire collective de ce temps orageux. On le verra, fût-ce en vitesse, nous arrêtant à ce qui saute aux yeux, aussi bien ce qui nous éblouit et ce qui nous aveugle, ce qui nous surprend parce qu'on attend ceci et qu'on découvre cela. À l'inverse, on ratera ce qui nous échappe, quelle que soit l'attention qu'on y porte. En tout cas, pour son trentième anniversaire, *l'Humanité* se fait un beau cadeau : elle se compare à la *Pravda*. Modestement il est vrai, mais l'espoir fait vivre.

Pour la nouvelle année, le lecteur de *l'Humanité* est vite fixé :

1er janvier 1932 : vingt millions de chômeurs
1er janvier 1933 : trente millions de chômeurs
... mais pas un chômeur en URSS.

Tout est dit ou presque. On apprend avant la fin du mois que le plan quinquennal a été réalisé en quatre ans. Pas besoin d'être bon en calcul pour comprendre que c'est un excellent résultat. Et celui qui voudrait l'entendre de vive voix n'a qu'à suivre le conseil de la rubrique radio : « Travailleurs, écoutez les ondes rouges ! » Pourtant l'hymne à l'URSS me semble s'inscrire moins nettement dans la dimension du rêve. Fin mai, salle Bullier, on acclame « les grandes réalisations soviétiques », sous la présidence de Gide, revenu de là-bas favorablement impressionné, fort d'une sorte de récit de voyage dont *l'Humanité* avait publié des bonnes feuilles à l'automne précédent. Son engagement lui vaut *Les Caves du Vatican* en feuilleton, précédé par douze jours de promotion savante à la une, inauguré le jour où les pêcheurs de Concarneau doivent rejeter cent mille sardines à la mer et où Marcel Cohen dispense un cours sur l'histoire de la langue française à l'Université ouvrière. Gide devient la coqueluche de *l'Humanité*. On le gâte ; lors d'une critique d'un roman de Mauriac, Gide lui fait contrepoint, forces de vie contre forces de mort. Deux

Page précédente : ouvriers en grève.
Ci-contre : une du 21 avril 1934.
Double page suivante : usine occupée par les ouvriers, 1934.

165
l'Humanité

165
L'ENTRÉE DES VOITURES
SE FAIT AU N°163

1933

On apprend avant la fin du mois que le plan quinquennal a été réalisé en quatre ans. Pas besoin d'être bon en calcul pour comprendre que c'est un excellent résultat.

ans plus tard, juste avant les *Retouches* à son voyage, il préside encore une banale cérémonie où Aragon « exalte » l'œuvre et le « caractère » de Gide.

La dimension du rêve, on la retrouve pourtant dans un reportage de Vaillant-Couturier, « Paris Shanghai Moscou Paris ». Bien qu'il se défende de céder à un sentiment d'évasion, il accorde une large place au soleil, à Aden à Colombo, quand sur la page d'en face la météo du jour annonce la pluie hivernale et dénonce de ce fait une « misère accrue pour le travailleur ». Alors que les longs hivers ne sont plus redoutables pour les travailleurs soviétiques qui peuvent s'adonner au ski (avec photo). On la retrouve aussi dans *Okraïna*, le film de Boris Barnett qui figure très vite dans la catégorie des films « à applaudir », avant les films « à voir » comme *L'Ange bleu* et les films « à siffler », en premier lieu une kyrielle de navets militaires. Sinon l'URSS suit son bonhomme de chemin déjà rayonnant vers un horizon définitivement radieux et de plus en plus proche. On se réjouit encore du plus grand avion du monde et du record du monde d'ascension collective par onze alpinistes à plus de 7 000 mètres par – 35 °C dans le Pamir, mais il n'y a déjà plus de quoi s'ébahir. Quant aux photos de Staline qui se multiplient, elles sont les stigmates merveilleux de l'éclatante réussite du pays des soviets.

L'année 1933 commence aussi avec Hitler chancelier puis l'incendie du Reichstag. En manchette, *l'Humanité* affiche : « Vive le parti communiste allemand ! » Elle réclame l'unité d'action ouvrière et la libération de Thaelman. Elle prête une égale attention aux troubles en Espagne. Un reportage de Vaillant-Couturier sur place décrit la situation, appelle à la formation de comités de défense antifascistes et rappelle l'antique profession de foi :

Pour un œil les deux yeux
Pour une dent toute la gueule.

À l'automne, le procès de Leipzig puis l'acquittement de Dimitrov font les gros titres sans que le Komintern apparaisse au premier plan. Et dans un autre registre, lors du procès des sœurs Papin qui ont assassiné leurs patrons, *l'Humanité* juge le réquisitoire du procureur général « féroce » et invite « les petites bonnes » à se joindre aux luttes plutôt que de s'adonner à des lectures pieuses.

L'année 1934 commence sur les chapeaux de roue. L'affaire Stavisky fait la une. L'escroc n'est pas seul. Le ministre Chautemps « et sa bande », le préfet de police Chiappe l'accompagnent. Le journal titre : « À bas les voleurs et leur régime ». Il exige le nom des « chéquards » et livre ceux des ministres invités aux petits déjeuners chez Stavisky. Dans un contexte de manifestations sociales, la manchette du 1er février donne le *la* : « Les bolcheviks ne demandent pas le pouvoir : ILS LE PRENNENT. » Puis le journal appelle à manifester le 6 ; il considère que « Paris ouvrier a riposté » le 7 ; il s'alerte néanmoins d'un nouveau pas vers le fascisme le 8 ; il appelle à manifester le vendredi 9 et à la grève générale le lundi 12 où il retrouvera cours de Vincennes, « sur la gauche, vers la Nation, les *groupes* socialistes ».

Ensuite, on perçoit la volonté de capter à son avantage la dynamique du mouvement ne serait-ce qu'à travers le culte des ouvriers tombés (« assassinés ») en février, qui sera entretenu jusqu'à la guerre. On perçoit moins ses efforts dans les milieux intellectuels que sa vindicte. Début mai, *l'Humanité* sonne encore la charge par un vibrant « À bas le gouvernement de sang ». Toute cette actualité n'empêche pas les contributions de médecine de battre un record de longévité. En ces mois où le peuple parisien bat souvent le pavé, je vois passer « le pied plat », puis « le pied bot » qui a l'honneur de repasser après plusieurs années. Fin mai, le compte rendu du congrès de la SFIO est sévère puisqu'on n'y parle d'unité d'action « que pour mieux la saboter », même si Thorez décèle un état de « désarroi » et de « décomposition » dans le parti, voire de « désespoir » chez les ouvriers socialistes ; l'argument est imparable : « Or voici qu'un phare lumineux leur apparaît : c'est Moscou. » De quoi se remettre en selle. C'est en effet ce qui advient : le pacte d'unité d'action est signé en juillet ; le compte rendu sténo de l'entrevue laisse le lecteur ébaubi par un Blum très fraternel.

Ci-contre : l'industrialisation continue, construction du canal Dniepr-Boug, 1940.
Ci-dessous : une de *l'Humanité* dénonçant la désignation d'Hitler comme chancelier.

l'Humanité
ORGANE CENTRAL DU PARTI COMMUNISTE (S.F.I.C.)
FONDATEUR : Jean JAURÈS — DIRECTEUR : Marcel CACHIN

Hitler ?
L'enfant naturel du "moindre mal" cher à MM. Blum, Frossard et Cie

DEUXIÈME EDITION
APRÈS AVOIR ACCEPTÉ EN PRINCIPE LA COLLABORATION AU POUVOIR BOURGEOIS LES CHEFS SOCIALISTES SE SONT RÉCUSÉS
Daladier va constituer un cabinet radical qui reprendra le programme d'impôts, de "sacrifices" et d'emprunts de la commission des finances

LES RÉSULTATS DE LA POLITIQUE DU « MOINDRE MAL »
Hitler chancelier !
LA MISE HORS LA LOI DES ORGANISATIONS COMMUNISTES EST LE PREMIER ARTICLE DU PROGRAMME « NAZZI »
Notre parti frère appelle les travailleurs à la grève contre le fascisme
Répondons à son appel en accentuant notre lutte contre le système de Versailles

VIOLENTES BAGARRES A ARMENTIÈRES AU COURS D'UNE MANIFESTATION DES GRÉVISTES

250 mineurs de la Loire sont victorieux

LE CABINET DE LA "PESTE BRUNE"

A WAGRAM, HIER...

Les travailleurs du centre de Paris
AUTOUR DES "POSTES"

DERNIÈRE MINUTE

A VERSAILLES LE GREFFIER DE LA PRISON SA FEMME ET SON FILS SONT INTOXIQUÉS

DÉMONSTRATION AUX CONTRIBUABLES

VENDREDI 3 FÉVRIER
LA SOLUTION COMMUNISTE A LA CRISE FINANCIÈRE SERA DÉVELOPPÉE A BULLIER

Si on se rapproche du Front populaire, on en reste assez loin. Le 8 juin, *l'Humanité* annonce dans huit jours un article d'Aragon : « Les soviets partout ». On ne voit rien venir, le Tour de France prend le départ, et cette année c'est dès la première étape que des milliers d'ouvriers acclament la voiture de *l'Humanité* au point d'en faire un titre, et chaque jour c'est la même chanson, et toujours pas de « soviets partout », et quand on voit le nom d'Aragon c'est pour une note de lecture de *Hourra l'Oural,* ce n'est sans doute pas lui qui l'a rédigée, « on pourrait peut-être reprocher à Aragon l'excès de ses dons, sa virtuosité [...], critiques stériles car ses poèmes révolutionnaires proclament l'héroïsme des ouvriers soviétiques », et pendant ce temps-là Antonin Magne s'envole vers un second succès, et le 14 juillet arrivent enfin « Les soviets partout », franchement ça ne valait pas le coup de les guetter à part la projection d'un soviet de Seine-et-Oise qui siégerait à Argenteuil.

L'été, *l'Humanité* commémore de nouveau Jaurès négligé les années précédentes, crée un espace pour des problèmes d'échecs, de quoi se lancer dans la stratégie complexe de l'élargissement du front ouvrier au Front populaire. Cinq jours avant que Thorez ne prononce à Nantes le discours qui en marque l'origine, le journal l'annonce en avant-première à ses lecteurs. Le discours prononcé, Cachin n'a plus qu'à en résumer le sens, « Organisons le Front populaire », et à réécrire quelque peu l'histoire depuis le 6 février. Cela dit, je découvre un élément du contexte, une pièce du puzzle qui me manquait : la grève générale en Espagne, sa transformation en lutte armée, la loi martiale, la proclamation de la République catalane à Barcelone, le soutien aux combattants antifascistes, l'appel « Tout pour aider immédiatement nos frères d'Espagne », on est le 9 octobre 1934. J'avise aussi un salut à la Commune ou aux soviets des Asturies, c'est selon, avec la piètre photo d'une pièce de monnaie utilisée par les mineurs asturiens, frappée de la faucille et du marteau. C'est le genre de détail à quoi on voit que les choses deviennent très sérieuses.

Et quand on voit le nom d'Aragon c'est pour une note de lecture de *Hourra l'Oural.*

Dès le début 1933, un petit vent agite les branches de la littérature. Le lecteur fidèle sent une attitude nouvelle dans les notes de lecture bientôt signées Nizan. Par exemple, Chardonne n'est plus l'écrivain « bourgeois » du livre précédent mais un moraliste dans la tradition classique du XVIIe siècle. Il a encore la surprise d'une note sur la thèse de médecine de Lacan, le plaisir de croiser *Un barbare en Asie* de Michaux. Il apprécie la finesse des choix, même quand *La Condition humaine* doit conduire Malraux à renoncer à un individualisme de mauvais aloi pour rejoindre les rangs du prolétariat. Il fait connaissance avec la lettre d'Engels à miss Harkness sur Balzac, « texte capital, inconnu en France », qui fondera une lecture critique intelligente de la littérature.

Le lecteur découvre aussi Duke Ellington et *Echoes of the Jungle* par un long article qui relate une soirée dans une salle de jazz, que le Duke a souhaitée à des prix « populaires ». On lui propose même une sélection de ses vinyles. Il peut aussi regarder *Meeting* de Pignon en noir et blanc. Il est invité à se régaler avec *La Soupe au canard* des Marx Brothers, comique, poétique et satirique. Ni le nom des frères ni le projet de voyage de Harpo à Moscou ne laissent *l'Humanité* indifférente. Un autre signe de cet aimable petit vent agite un autre domaine : on ne dit plus football « bourgeois » mais football professionnel. Aragon tient désormais la chronique « Les livres ». À propos de *L'Île* de Dabit, il conclut par des encouragements à se poser en « fondateurs de ce *réalisme socialiste* dont nos camarades écrivains de l'URSS ont fait leur charte de travail ». Il enfonce le clou quelques mois plus tard en comparant les écrivains à des « ingénieurs des âmes », reprenant la définition « pleinement admirable » de l'ingénieur en chef Staline.

Quant à la fête de *L'Huma,* elle prend de l'ampleur. Elle se déroule par un temps splendide, à Garches, où l'immense foule « prolétarienne » s'en donne à cœur joie. Le compte rendu tient en sept points : 1) le discours ; 2) l'arrivée joyeuse à la clairière des Quatre Cèdres ; 3) le déjeuner sur l'herbe ; 4) les stands avec les « frites révolutionnaires » et le jeu de massacre où les têtes de Herriot et de Daladier sont peintes dans des poêles à frire ; 5) les spectacles avec harmonies et sportifs ; 6) l'hommage aux vieux communards ; 7) on rentre, un peu triste, et impatient de revenir l'année suivante. À tout hasard, on relève

Ci-dessous : Marx (Harpo).
Ci-contre : Mickey rend visite à *l'Humanité* le 7 décembre 1934.
Double page suivante : photo Willy Ronis, 15 août 1934.

ACLES

QUE

e russe

tion

poque de la
volution de
isait qu'elle
d'Octobre.
passionnait
volonté af-
pour l'art
nent intime
etit proprié-
s le sujet
uelle, le ti-
tel fut le
rgeoisie et
iées, toutes
utionnaires

parition en
es foires et
des plus
emprunté
théâtral, le
'amener le
ors au ni-
a celui du
se fit l'ex-
on caracté-
nébuleuse
ligne trop
ste, contre
sculaire de
dégénéres-
a mise en
chronique
ilà ce cer-
atographie
ait étudiés
éma de la
son style
graphiques
ran russe,
lusif. Les
é, ses met-
s ont vite
nces de la
des villes,
pectacle ci-
donc mis
ement des
nais aussi
igane qui
nds artis-
te pléiade
des Mos-
ver, plus

Sur l'instigation du capitaine Hynes, de la Sûreté de Los Angelès (police politique anticommuniste, « antiradical-squad »), une violente campagne est actuellement menée contre les acteurs et techniciens de Hollywood qu'on accuse de communisme et qu'on veut impliquer a entrepris la lutte contre l'inique « code de l'industrie du cinéma », élaboré par les producteurs sous le pavillon de la N. R. A.

Pour tourner en ridicule la campagne du « cop » Hynes, qui réclame à cor

Vers

Jacques
dernier, à
Notre cam
convient le
examina s
qu'il a rep
le statut d
jet sur le
les dernièr
du conseil
qu'en prés
donne une
certains ho
cordent un
ne justifier
les revendi
vailleurs, p
plus grand
clos, la clé
révolutionn

Nous avo
clos, que l'
de tenir e
de la classe
la bataille
à Doumerg
non se pour
Les déba
cialiste ont
générale le
compris la
tion comm
voir de qui
doute on a
déclarations
der se mo
unique, ma
qui ont été
travailleurs
l'action con
vancer à la
té énorme
seulement
mais déplo
lisée dans

L'appel

Vous av
adressée p
gne au P
aussi l'app
listes sarro
et au Part
appels pose
l'unité d'a
nal que,
de l'I.O.S.
Nous esp
nos camar
et que me
vreront à
ce internat
leurs cette

1934. FÊTE DE *L'HUMA* À GARCHES

La fête se déroule par un temps splendide, où l'immense foule « prolétarienne » s'en donne à cœur joie.
Le compte rendu tient en sept points : 1) le discours ; 2) l'arrivée joyeuse à la clairière des Quatre Cèdres ; 3) le déjeuner sur l'herbe ; 4) les stands avec les « frites révolutionnaires » et le jeu de massacre où les têtes de Herriot et de Daladier sont peintes dans des poêles à frire ; 5) les spectacles avec harmonies et sportifs ; 6) l'hommage aux vieux communards ; 7) on rentre, un peu triste, et impatient de revenir l'année suivante.

une précision inattendue : « Objets perdus : le camarade Sampaix a égaré deux lentilles d'appareil photo. Rapporter à *l'Humanité.* »

Le journal soigne la préparation de la fête suivante. Il indique à l'avance les services de taxis, collectifs, et le prix du « ravitaillement ». J'ai noté le bock de diabolo à 75 centimes et l'œuf dur à 1 F ; j'ai noté aussi la construction d'une tour et la fête de nuit avec projecteurs et trompes de chasse. Le succès est grandiose : 100 000 espérés, 120 000 au compteur. On sent le souffle du Front populaire.

★

La lecture quotidienne de *l'Humanité* tendrait à prouver qu'on n'arrive pas tout droit, sans quelques détours, à l'avenue triomphale du Front populaire.

L'année 1935 a commencé en décembre 1934. Kirov, le secrétaire du parti de Leningrad, a été assassiné, dans des circonstances vaguement obscures, mais le crime est immédiatement imputé à la contre-révolution. L'accusation reste encore imprécise mais la ligne est donnée. On a un portrait de Kirov en compagnie de Staline. On apprend que Jdanov succède à Kirov. On approche de Noël, on peut lire *Croc-Blanc* et admirer un dessin de Mickey qui brandit une pancarte inédite, « À bas la guerre impérialiste ». On a les cinquante-cinq ans de Staline qui nous valent un éditorial collectif : « Nous sommes fiers d'être tes disciples ». Pour la Saint-Sylvestre, on a les bons vœux de Thorez : « Bas les pattes devant l'Union soviétique. »

Donc, en janvier, le lecteur n'est pas vraiment surpris quand Duclos attaque bille en tête Trotski, quand un épais document de Staline s'en prend avec violence et surtout avec une épouvantable dérision à Trotski, Kamenev et Zinoviev, qu'il désigne comme les assassins de Kirov sous les rires du Comité central. Pour l'anniversaire de la mort de Lénine, le onzième, Staline a sa photo dans l'éditorial. Le lendemain, Aragon signe un pâle « Notre Kirov ». Dans le même temps, le lecteur attentif a droit à *deux* notes de lecture sur *Les Cloches de Bâle*. Au pays des soviets, il n'y a toujours pas le moindre chômeur et les « réalisations » se multiplient comme les pains et Stakhanov sort de sa mine pour les étrennes de Noël. Le lecteur astucieux a toutefois le loisir de repérer une contradiction, il est vrai secondaire : un article traite de la lutte contre la prostitution en URSS alors même qu'un article s'était félicité il y a peu de son éradication. En tout cas, les jalons sont posés. Un peu de patience, *l'Humanité* peut laisser glisser la vulgate soviétique au second plan et se recentrer sur l'Hexagone, si on peut dire.

"Les hommes ne sont grands que par le refus qu'ils opposent au monde et par la volonté de le refaire."

Avant l'été, elle célèbre Hugo à l'occasion du cinquantenaire de sa mort. Aragon et Nizan s'y consacrent, le second supérieur au premier. Qu'on en juge par leur *incipit.* Aragon : « Hugo c'est peut-être la meilleure expression de la bourgeoisie montante » ; Nizan : « Les hommes ne sont grands que par le refus qu'ils opposent au monde et par la volonté de le refaire ». Qu'on en juge encore par la conclusion. Aragon : une citation « profondément juste » de la *Pravda.* Nizan : une citation des *Châtiments.* Après l'été, suite à une réunion d'athlétisme, *l'Humanité* regrette les résultats pas très brillants de « nos nationaux » même si le vainqueur du marathon « sauve l'honneur ». Le jour de l'an 1936, elle s'essaie aux vertus de la dialectique en considérant la « magnifique journée sportive » bien que le RCP ait battu Moscou ; la foule a acclamé le jeu « scientifique » des deux équipes et manifesté sa « sympathie » aux joueurs soviétiques en chantant *L'Internationale.* L'été 1936, elle rend un hommage monumental à Rouget de Lisle, d'autant que c'est à Choisy, chez Cachin, et elle publie les huit couplets de *La Marseillaise* à la une. Quant au Tour de France cycliste, tout y est beau, sauf le temps. On se rattrape à la fête de *L'Huma* qui affiche sa confiance :

– Ça fait trois heures que je te cherche !

– Pardi ! Il y a tant de monde !

Ci-dessous : une du 1er mai 1935.
Ci-contre : Blum, Thorez et Marty au mur des Fédérés en mai 1935.

LE NUMÉRO : 50 CENTIMES

MERCREDI 1er MAI

l'Humanité

ORGANE CENTRAL DU PARTI COMMUNISTE (S.F.I.C.)

UNITÉ D'ACTION, UNITÉ SYNDICALE est le devoir que nous dictent nos 19 martyrs tombés héroïquement dans la lutte antifasciste.

Pour le pain, la liberté, la paix

FAITES GRÈVE, MANIFESTEZ !

Premier Mai d'unité

A Bagnolet, les nervis du néo-fasciste Decharme tirent sur les ouvriers

Fascistes et marchands de canons ont provoqué un nouvel ajournement de la ratification du pacte franco-soviétique

Dans la rue, drapeau rouge déployé, les ouvriers de Madrid ont manifesté hier

Aujourd'hui PREMIER MAI, à 14 h. 30

TOUS AUX MEETINGS CENTRAUX

de JAPY et de HUYGHENS

où parleront :

Que prépare le gouvernement contre « l'Humanité » ?

Un avion militaire s'écrase au sol à Orly

Le pilote est tué

Quatre ouvriers sont déchiquetés par l'explosion d'un obus de gros calibre

ET AUX 50 RÉUNIONS ORGANISÉES EN BANLIEUE

DISSOLUTION DES LIGUES FASCISTES

À ce recentrage correspondent de nouveaux collaborateurs et de nouvelles rubriques. Ainsi la rubrique aléatoire « L'enseignement » et la rubrique régulière « La page des enfants ». Le fils et la fille du lecteur se distraient avec des questions culturelles, une poule géométrique à reconstituer, des proverbes pas trop mystérieux comme *utto itenv a opitn a uiq atis tdenater*, des charades, une bande dessinée narrant « les aventures de Charlochat » ; le 1er janvier 1937, un train électrique prend la moitié de la page. Les mots croisés font leur apparition ; la grille n° 3 propose : « Verticale I, en sept lettres : c'est pour celle de la classe ouvrière que nous vaincrons… (*liberté*) ». Les nouveaux collaborateurs sont légion : Charles Parain sur les sociétés antiques, Jacques Soustelle sur les formes primitives de l'organisation sociale, Jean Bruhat sur l'histoire contemporaine, Élie Faure sur la peinture italienne à l'occasion d'une exposition ; en préambule, la rédaction déplore le prix d'entrée excessif et ne cache pas une espèce de fierté qui consiste à souligner que trois toiles viennent du musée de l'Ermitage ; cela dit, qu'est-ce qui surprend le plus le lecteur ? La représentation d'une toile du Caravage très Caravage ou les imparfaits du subjonctif d'Élie Faure ? George Besson devient le chroniqueur des expositions de peinture. À son palmarès, entre autres : Marquet Bonnard Vuillard Sisley Renoir Matisse (avec une reproduction de *La Veste rouge*) et aussi Goya. Le cinéma garde sa place de choix bien que Moussinac prenne du recul. Le théâtre revient par la grâce de Jouvet. Parmi les écrivains, je retiens encore Cassou et un fugace Giono.

Il y a aussi les anecdotes plus ou moins inclassables. Allez savoir pourquoi elles touchent aux USA. Par exemple, le boxeur Dempsey rejoint Lindbergh dans la galerie des héros contraints de fuir le pays du « dollar-roi, incapable d'assurer la sécurité des citoyens fortunés et encore moins de donner du travail à douze millions de chômeurs ». Ou le malheureux Buster Keaton devenu fou à la suite de

“VOTEZ

ROUGE”

MILICIAS ANTIFACISTAS
ALEMANAS
IDO THAELMANN
PSU

chagrins intimes. Ou encore le beau Gary Cooper enrôlé dans des groupes « fascistes » à Hollywood avant d'en démissionner peu après.

Nul doute que la lutte contre le fascisme soit l'axe majeur. Février 1935 est le moment de célébrer « nos martyrs » de février 1934. Le 1er mai, *l'Humanité* titre : « Pour le pain, la liberté, la paix », c'est déjà le cri de ralliement du Front populaire. Cette détermination ne l'empêche pas de titrer peu après « VOTEZ ROUGE ». On observe une recrudescence de « rouge », la banlieue, le sport, les obsèques des vieux communards. Le bleu et le blanc reviennent aux côtés du rouge lors du 14 Juillet, à la Bastille, avec serment et discours contre les « féodalités économiques », d'où ressort clairement l'impératif « Que les riches paient ! ». Ce jour-là, les camarades peuvent commander leur complet de flanelle aux Vêtements Martin avant de partir en vacances. Naturellement les grandes étapes du Front populaire scandent les pages du journal. Que ce soit le processus d'unité puis de réunification syndicale, les obsèques de Barbusse, l'attentat contre Blum, la campagne électorale en avril 1936.

À la veille du premier tour, la une affiche un dessin ambigu qui représente une sorte de Thorez géant seul un balai à la main pour disperser les nains d'une sorte de classe politique apeurée. En revanche, j'ai le bonheur de découvrir dans ce numéro une critique du merveilleux *La Belle Lurette* de Calet, signée Pierre Unik, qui loue le style mais regrette que le prolétariat soit absent du récit et qui réconforte Calet en lui disant que c'est sûrement partie remise. La victoire communiste du premier tour préfigure la victoire populaire du second tour. Au lendemain du succès électoral, le lecteur perçoit plutôt une attente. Pas de gros titre, ni sur le Front ni sur la révolution. Le jeudi, il parcourt toute une colonne de la une consacrée à une mère démente qui a tenté de tuer son enfant à coups de hachette. Le vendredi, il note le record établi par Amy Mollison sur le vol Londres-Le Cap. Il ne lit pas grand-chose sur les aspirations ni sur les grèves, il se rattrape avec *David Copperfield*, histoire de vérifier la nature de la misère humaine. Enfin, le 14 mai, il découvre un article de Frachon timidement intitulé « Il faut augmenter les salaires » et la mention des grèves aux usines Latécoère de Toulouse. Le lendemain, il découvre par un article de Thorez que les communistes soutiendront le gouvernement mais n'y participeront pas, et la grève aux usines d'aviation Bloch de Courbevoie. Il doit encore attendre deux semaines avant que le vent ne se mette vraiment à souffler. Certes il y a les neuf heures de défilé au mur des Fédérés pour la Commune qui « aura sa revanche », mais il y a aussi une femme coupée en morceaux.

On observe une recrudescence de "rouge", la banlieue, le sport, les obsèques des vieux communards.

Toute l'imagerie du Front populaire, celle qui s'inscrira dans la mémoire collective, s'impose tout à la fin du mois de mai. Mieux que les mots, les photographies rendront le mouvement de grève inoubliable. On danse dans la cour de l'usine occupée au son d'un accordéon, on ravitaille les grévistes avec des paniers hissés par des cordes, un pâtissier apporte un gâteau offert par des petits commerçants, on joue au ballon, aux boules, aux dominos. Le 3 juin, *l'Humanité* annonce deux cents entreprises en grève, le 5 elle présente le nouveau gouvernement. Le mot ORDRE est alors le mot clé des titres du journal, que ce soit « L'ordre pour le pain » ou « L'ordre assurera le succès ». Au lendemain des accords Matignon, « la victoire est acquise ». Désormais *l'Humanité* joue son rôle pour la reprise du travail, mais pour une reprise conquérante dans la mesure où c'est à cet effet que « les grévistes discutent les termes du contrat collectif ». Cependant le lecteur a toujours sous les yeux des images et des reportages de grèves, dans les mines, les grands magasins, les ateliers de couture. Le 12 juin, la célèbre phrase de Thorez, dont on oublie parfois – quoi qu'on puisse en penser – la proposition subordonnée, « il faut savoir terminer une grève quand satisfaction a été obtenue », n'est pas particulièrement mise en évidence. Quant aux congés payés, ils ne font pas un gros titre à la une.

« Plus d'un million » : le 14 Juillet est à la hauteur des espérances. Le lendemain, la belle intelligence de Nizan s'exerce sur *Mort à crédit* de Céline. Le 20, la défense de la République espagnole est à l'ordre du jour. On n'en mesure pas encore toute la gravité, à voir la place importante accordée à un fait divers survenu à Nanterre : à coups de hachette – décidément – une femme a réduit en bouillie la tête de son

Ci-contre : Brigades internationales en Espagne, Madrid, 1936.
Ci-dessous : une du 14 juillet 1935.

l'Humanité
ORGANE CENTRAL DU PARTI COMMUNISTE (S.F.I.C.)
1789 A LA BASTILLE ! 1935
FRONT POPULAIRE, FORCE ET DISCIPLINE
LE PEUPLE DE FRANCE SE LÈVE !
Contre es féodalités économiques
Pour la défense des libertés démocratiques
Pour le désarmement des ligues fascistes
Pour la paix. — Du pain pour tous !
Aux paysans, le fruit de leur peine !
Aux jeunes, du travail !
LE FASCISME NE PASSERA PAS !
Aujourd'hui et demain
Les trois cortèges
VIVENT... ...LES SOVIETS !

On danse dans la cour de l'usine

occupée au son d'un accordéon.

LE PEUPLE DE FRANCE EST SOLIDAIRE DE L'ESPAGNE REPUBLICAINE

L'ESPAGNE ET LE MAROC ESPAGNOL

Pour les combattants de la liberté, il faut des vivres, des médicaments.

DÉVELOPPEZ L'ACTION DE SOLIDARITÉ ! SOUSCRIVEZ !

Les ouvriers de chez Citroën contre le blocus commercial infligé à la République Espagnole

On nous communique la lettre suivante, émanant des ouvriers des différentes usines du 15e de la firme Citroën:

« Monsieur le président du Conseil et cher Camarade,

« Profondément émus par la lutte du peuple républicain espagnol, et comprenant que cette lutte est celle de la liberté démocratique, décident d'apporter leur concours le plus complet pour l'aboutissement normal de la justice.

« Déclarent ne pas comprendre l'attitude actuelle du Gouvernement français vis-à-vis du Gouvernement légal espagnol.

« Considèrent que maintenir une telle attitude, devant l'aide apportée par d'autres Etats aux rebelles, correspondrait à un blocus commercial, et que la défaite des troupes régulières serait lourde de conséquences pour la classe ouvrière française.

« N'étant pas partisans de l'intervention, nous vous demandons d'insister auprès de vos collègues ministériels pour que les relations commerciales soient garanties comme par le passé.

« Vous demandent aussi que le nécessaire soit fait afin que les rebelles qui franchissent la frontière, soient mis hors d'état de s'organiser sur le sol de notre pays.

« Espérant que vous comprendrez notre inquiétude, recevez, Monsieur le président du Conseil, notre salut fraternel. »

Une délégation ouvrière fut désignée pour remettre cette lettre à la Présidence du Conseil. Les délégués accompagnés du représentant de la section locale des métaux, se sont présentés le 13 courant au matin à l'hôtel Matignon. Ils furent reçus par la camarade Mireille Osmin, secrétaire de la Présidence et le camarade Combes, chef adjoint du Cabinet.

Les représentants ouvriers insistèrent particulièrement sur la nécessité pour le gouvernement d'apporter une aide efficace à la République Espagnole.

L'action des socialistes et des communistes de la Charente

Voici la résolution adoptée par le Comité de coordination départemental de la Charente :

« La région de la Charente du Parti Communiste S.F.I.C. et la Fédération Socialiste S.F.I.O. adressent leur salut fraternel aux glorieux combattants espagnols qui luttent non seulement pour la liberté de leur pays, mais aussi pour la liberté et la paix du monde.

« Flétrissent les fascistes de France pour le soutien scandaleux qu'ils apportent aux généraux rebelles d'Espagne.

« Décident de demander au Comité Départemental du Front Populaire, l'organisation d'une vaste campagne destinée à apporter au valeureux peuple d'Espagne :

1° L'aide morale du peuple de France;
2° L'aide matérielle urgente.

La résolution d'une cellule communiste de Seine-et-Oise

A l'issue de l'une de ses récentes réunions, la cellule communiste B. du Chesnay (Seine-et-Oise) a voté une résolution, de laquelle nous extrayons ces passages :

« La cellule du Chesnay adresse son salut fraternel et l'expression de son admiration au peuple espagnol, luttant aux côtés de son gouvernement.

« S'indigne que la presse fasciste française puisse impunément salir ceux qui meurent pour la liberté et répandre de fausses nouvelles destinées en réalité à combattre le Front populaire français et son gouvernement, trahissant ainsi la France que guettent Hitler et Mussolini.

« Demande avec force au gouvernement français de faciliter dans toute la mesure du possible, l'expédition des armes et munitions commandées par le gouvernement espagnol; de prendre toutes mesures utiles pour empêcher la contrebande des armes destinées aux rebelles à travers les frontières françaises et marocaine, de réprimer l'odieuse campagne de la prese fasciste. »

Après 40 jours de grève des ouvriers d'Ivry versent 415 fr. à leur première paye

Après 40 jours de grève et 52 jours sans aucun salaire, les ouvriers de chez Lick, à Ivry, collectent à leur première paye la somme de 415 fr. 50 pour l'aide à nos frères espagnols qui luttent héroïquement et sans défaillance pour la défense de leurs libertés.

Bravo, ouvriers et ouvrières de chez Lick !

L'aide au peuple espagnol dans l'Aude et les Pyrénées-Orientales

Perpignan, 14 août. — (*Humanité.*) — Mardi dernier à Sigean (Aude), 400 travailleurs ont participé au meeting organisé par le Parti communiste. Après l'intervention de Calas, une collecte pour le soutien des républicains espagnols a rapporté une somme de 170 fr.

Dans les Pyrénées-Orientales, à Rivesaltes, la solidarité est particulièrement active. A une première réunion du Front populaire 230 francs ont été recueillis. Mille francs ont été rassemblés sur des listes de souscription. Hier soir, au cours d'une réunion de notre Parti, une collecte a rapporté 187 francs.

D'autre part, 112 francs ont été recueillis dans le village de Claira.

Les travailleurs catalans sont unanimes à réclamer une aide active sous toutes ses formes à la jeune République espagnole.

A Maureillas, petite bourgade de 1.200 habitants, la sympathie la plus grande anime toute la population envers les héroïques lutteurs espagnols. Un de nos camarades nous apprend qu'il a collecté à lui seul, la somme de 353 fr. 50. Parmi les souscripteurs, signalons le maire qui a versé 40 francs ; un capitaine en vacances, 10 francs, etc.

400 communistes d'Aulnay-sous-Bois appellent à l'aide des combattants républicains

Le 13 août plus de 400 communistes du rayon d'Aulnay-sous-Bois étaient réunis pour entendre le compte rendu de la conférence nationale du Parti, fait par le camarade Gillot. Après avoir approuvé la politique d'union de la nation française, pratiquée par notre Parti communiste, les auditeurs votèrent une motion demandant au gouvernement, dirigé par le camarade Léon Blum, de faciliter le commerce avec l'Espagne républicaine et appelant les travailleurs d'Aulnay-sous-Bois et de Blanc-Mesnil à collecter pour le soutien des combattants de la liberté en Espagne.

Les chauffeurs de taxi enverront une voiture-ambulance

L'assemblée des délégués des garages de taxi a décidé d'organiser une grande souscription parmi les chauffeurs, afin d'offrir aux vaillants combattants d'Espagne une voiture ambulance. Plus de 2.000 francs sont collectés déjà. Le syndicat fait appel à ses militants et chauffeurs pour activer la souscription, qui doit donner d'ici le 20 août la somme de 35.000 francs, nécessaire à l'achat de la voiture.

Beau geste des marins revenant d'Espagne

Le comité d'Amsterdam-Pleyel a reçu hier un mandat et la missive suivante :

« Revenant des côtes est d'Espagne (Alicante, Valence, Barcelone), après avoir vu l'immense enthousiasm[e du] peuple espagnol, 80 marins de la [Ré]blique vous adressent une collec[te de] 312 francs pour le Front popula[ire es]pagnol. »

6.878 francs sont collec[tés] à Issy-les-Moulineaux

La collecte organisée par le [Front] populaire et la section du Secours [rouge] d'Issy-les-Moulineaux en faveur [de la] République espagnole, a atteint l[a som]me de 2.835 fr. 55. La souscriptio[n dans] les usines a produit 4.055 fr. 30. [On ne] peut manquer de signaler le beau [geste] des chômeurs, qui, malgré leur dé[tresse] ont versé la somme de 189 francs.

Pour envoyer des vivre[s]

Beaucoup de coopératives, de co[mmer]çants nous demandent où envoye[r des] vivres pour le peuple espagnol. Po[ur que] ces vivres arrivent rapidement, en[voyez-]les en grande vitesse ou par coli[s pos]tal aux adresses suivantes :

Perpignan : Jean Morris, 2, [rue de] l'Incendie.

Bayonne : Emile de Blasis, [...] Rempart-Rachepaillet.

Prévenir à l'avance J. Chauv[...] rue Lafayette, Paris 10e, de tous [les en]vois, afin d'en publier le bilan.

À gauche : carte d'Espagne publiée dans *l'Humanité* du 15 août 1936.
Ci-contre : proclamation de la république à Madrid en 1931 : cinq ans plus tard, il s'agit de la défendre contre la rébellion franquiste.

mari qui buvait trop, avant de se mettre à plumer un canard pour le repas du lendemain. Sur la photo, la femme ressemble à ma voisine et les deux poulets qui l'encadrent devant le commissariat ont l'air rigolard. Il n'empêche, Vaillant-Couturier part à Hendaye, puis à Saint-Sébastien. Nizan en fait autant. Ils regardent, ils informent, ils appellent à la solidarité. Mi-août, *l'Humanité* publie, en une, une grande carte géographique de l'Espagne où contempler les noms des villes et les reliefs hachurés des sierras, de quoi suivre au jour le jour les combats des soldats républicains. De ce côté des Pyrénées, la vie continue dans une relative sérénité. Le journal montre des « visions d'été », la capitale vide, les enfants au soleil, les baignades. De l'autre côté de la frontière désespérément fermée l'été est noir.

La tragédie espagnole est aussi le moyen d'une manœuvre sibylline. Les nouveaux procès à Moscou ont permis au procureur Vychinski d'obtenir les « aveux » des inculpés et de révéler leur tentative de tuer Staline. Le lecteur peut donc lire en toutes lettres « TROTSKI = GESTAPO » et le croire en toute bonne foi, d'autant qu'il avait pu lire naguère une réponse de Romain Rolland en personne, « Aux calomniateurs », à ceux qui émettaient des réserves sur l'équité des procès et la nature du régime soviétique. Le titre est sans équivoque : « La révolution se défend ». Le titre du lendemain est à la fois sans équivoque et pourtant terriblement équivoque : « La République d'Espagne doit pouvoir se défendre ». Peu après apparaît le magnifique *No pasarán*, venu du Manifeste républicain affirmant « car plus fort que les canons et les avions des rebelles est le cœur du peuple espagnol ».

Le tour est joué. Début novembre, *l'Humanité* résume la situation : « Pour fêter l'URSS ! Pour soutenir l'Espagne ! » Les deux causes sont réunies sous le même drapeau. Lors de la bataille de Madrid, je trouve enfin une allusion – discrète – à la brigade internationale qui lutte aux portes de Madrid.

Début 1937, la solidarité ne fait pas défaut. Mais elle reste ouvertement limitée aux secours, tricots tricotés par les femmes, collectes collectées par les hommes, voire secours sanitaires. Cachin l'évoque comme un « pieux » devoir de solidarité humaine. Et puis, les procès reprennent à Moscou. À ceux qui seraient effleurés par le doute, *l'Humanité* propose une lettre de Romain Rolland qui dit son indignation à propos des *Retouches* de Gide ; il lui reproche la médiocrité du livre, son gros tirage à bas prix, et surtout son « double langage ». À l'occasion des procès, la photo de Staline et son statut de successeur de Lénine refleurissent. Quant aux accusés, « chacun traîne à sa suite une chaîne de crimes monstrueux qui par leur cynisme, leur abomination, dépassent toute imagination ». Vaillant-Couturier câble par téléphone son « dégoût », sa « colère » à l'égard des « comploteurs » qui ont avoué leurs « crimes ». Il assure que toutes les règles du droit sont respectées puisque le procès a lieu au grand jour et que Vychinski fait preuve de « courtoisie » et de « respect » à l'égard des accusés. Il en conclut que « personne n'a ni n'aura le droit de le contester ». Juste en dessous de son câble, *l'Humanité* insinue que « les criminels trotskistes sont en Espagne les complices de Franco », qu'ils collaborent avec la Gestapo, qu'ils désertent ou trahissent les soldats républicains. Un éloge dithyrambique de Vychinski tient compagnie à l'acte d'accusation.

Et ce n'est pas fini. Dostoïevski est sollicité : lui qui a brossé les portraits les plus humiliants de la déchéance humaine n'aurait pu imaginer « pareille image du traître cynique ». En bon journal, *l'Humanité* fait bien les choses : elle publie les interrogatoires, les aveux de sabotages, d'assassinats, de la préparation d'un attentat contre Staline. Sans y penser, elle publie en vis-à-vis une photo des alligators du zoo de Tachkent. Mais qui est qui, puisque les alligators soviétiques sont sympathiques ? Vaillant-Couturier met les points sur les *i* : « Espions parce que trotskistes. Trotskistes parce qu'espions. » Cachin le rejoint à Moscou et y va de son commentaire d'observateur. Il met en valeur la liberté de la défense, les impressions très favorables des journalistes anglais. Il a aussi cette remarque presque étrange : s'il n'y avait pas les aveux, il y aurait les preuves accablantes. À leur retour, un premier meeting a lieu salle Wagram, puis un deuxième au Vél' d'Hiv' deux jours plus tard avec Thorez, comme par hasard de retour d'Espagne. On peut s'y rendre par les lignes d'autobus Y, Z, AH, AQ, ou par le métro, station Grenelle, et lire pendant le trajet la page entière consacrée au centenaire de la mort de Pouchkine ou un *remake* du dossier sur les méfaits des moustiques.

★

Si l'unité du Front populaire s'est maintenue vaille que vaille jusqu'à ce mois de février 1937, la lecture de *l'Humanité* témoigne du moment de bascule.

C'est d'abord le regret de la pause demandée par Blum et définie par Thorez comme la pause « aux trusts ». C'est ensuite et surtout, en mars, la fusillade de Clichy qui fait plusieurs victimes. La patience n'est plus de mise. Le journal crie au « COMPLOT CONTRE LE PEUPLE ». Pendant toute une semaine, les gros titres y reviennent. Le complot est fasciste, la dissolution des ligues est exigée, l'appel à la grève générale est lancé, l'hommage à « nos morts » est rendu, plus d'un million de personnes défilent. Cela dit, si ma mémoire est bonne, la communion est sélective car une jeune victime trotskiste n'a pas droit aux honneurs.

Par la suite, *l'Humanité* ne cesse de défendre les réalités du Front populaire. Elle assume sa vocation sociale. Elle s'attache pendant l'été aux images des congés payés et des colonies de vacances. Elle donne volontiers la parole aux protagonistes de l'histoire : « "Ce qu'il est beau, bronzé et engraissé !" s'écrie un ouvrier de Clichy revoyant son enfant. » Lors des crises gouvernementales, elle affirme la continuité du Front populaire tout en affichant nettement un nouveau mot d'ordre : Thorez au pouvoir. Dans ce contexte, elle promeut la sortie de *Fils du peuple*. Cachin lui consacre son éditorial et tient pour évidence que « ce livre aura sa place dans la bibliothèque de tous les membres du parti ». Des critiques l'encensent et la une indique plusieurs fois par semaine le marathon de dédicaces effectué par Thorez, dans les cinq cents exemplaires par séance, de quoi rendre jaloux quelques auteurs. Si le journal semble concilier le soutien à la majorité et la volonté de réformes, il ne laisse pas échapper la phrase de Daladier prétendant que

Ci-contre : Staline.
Ci-dessous : Paul Nizan.
Double page suivante : Cartier-Bresson, *Dimanche sur les bords de Marne*, 1938.

« la classe ouvrière s'est beaucoup trop installée dans les loisirs », puis il l'attaque franchement quand à l'automne 1938 son gouvernement prend des décrets-lois qualifiés aussitôt de décrets « de misère, de honte et de servitude ».

Sous le vent, *l'Humanité* essaie d'être un journal moderne et d'élargir son audience. Elle y va tous azimuts. Elle met à la une le mariage de la princesse Juliana à La Haye. Elle multiplie les photos de pin-ups, des « nouvelles déesses de la beauté » en maillot de bain. Elle sacrifie aux élections de miss ; par un regard sur la une vendue en kiosque, le simple badaud apprend que miss France a eu un accident d'automobile heureusement sans gravité, que miss Finlande est devenue miss Europe. En revanche, il faut regarder en page intérieure pour voir et savoir « Comment obtenir des seins parfaits en huit jours (c'est une offre gratuite) ». Dans un autre rayon, *l'Humanité* demande à Antonin Magne de prodiguer des « Conseils aux débutants » qui vont de « 1) Pourquoi faut-il s'entraîner » à « 10) Tactique de course », mais le vélo ne l'empêche évidemment pas de déplorer le lendemain la mort de Gramsci et le bombardement de Guernica. Elle relance sa rubrique scientifique avec des contributions de Jacques Solomon, aussi diverses que la photographie et l'origine du pétrole et Galilée et le radium et peut-il exister des cristaux vivants. Elle s'appuie sur ses fêtes, toujours à Garches, où on peut entendre les « rires des campeurs dans le clair matin » et en vedette Charles Trenet. Elle bat un record en vendant près d'un million de numéros le jour d'une vente de masse où la principale surprise est l'arrivée de Félix le Chat.

Tout ce temps, la solidarité espagnole reste de rigueur. Aussitôt après Guernica, le journal annonce que le parti a décidé d'envoyer trois navires de vivres à Bilbao. Vaillant-Couturier repart, cette fois en Euzkadi, enquêter sur ses héros et ses martyrs. Et puis le journal annonce, en huitième page, la mort de Louis Houard, commissaire politique, à la tête de son bataillon. Il publie un article de Marty qui commémore l'anniversaire de la création des Brigades internationales, pourtant peu mises en lumière, et le lecteur attentif peut y percevoir l'écho de la lutte entre communistes et trotskistes. Après le bombardement de Barcelone, il reproduit l'appel du président Negrín et développe l'idée qu'aider l'Espagne c'est aussi protéger la France. Il honore encore mais dans une relative discrétion la mémoire du volontaire Louis Perrault. Il ne salue vraiment les brigadistes qu'à leur retour, défaits, et j'aime au plus haut point qu'on salue des vaincus. Les voilà bombardés héros, l'heure de leur arrivée gare d'Austerlitz est précisée. « Viens jeter des fleurs », l'injonction au lecteur ne manque pas de noblesse. Le journal lance une campagne pour ouvrir la frontière, signale l'accueil généreux réservé aux réfugiés, mais doit vite attirer l'attention sur le sort tragique des républicains dans les camps français. Il publie une belle page de Hemingway : « Aux Américains morts en Espagne ». Cassou souhaite bienvenue au poète Antonio Machado, mais à l'époque je n'ai pas aperçu le nom de Lorca.

Parallèlement, *l'Humanité* reflète toutes les étapes de la marche à la guerre. Elle avait dénoncé les guerres en Abyssinie et en Chine. Elle s'inquiète pour la Tchécoslovaquie, désapprouve la rencontre de Munich, juge l'accord « scandaleux », titre sur la démission de Duff Cooper, le premier lord de l'Amirauté britannique, qu'elle applaudit. La Nuit de cristal l'amène à dire son horreur des scènes « barbares » que représentent synagogues, boutiques, maisons incendiées. L'annexion par le Reich de la Bohême et de la Slovaquie ne la prend pas au dépourvu. Cela dit, on la sent démunie.

Le journal publie une belle page de Hemingway : “Aux américains morts en Espagne”.

En regard de cette attention au monde, *l'Humanité* cultive la fibre nationale. Jeanne d'Arc redevient une figure populaire. À sa suite, on trouve Descartes qui fait fort avec le 300e anniversaire de son *Discours de la méthode* (Cogniot, Nizan, Thorez sur les rangs). Parmentier et sa pomme de terre font une sortie plus modeste avec leur 200e anniversaire. Les trésors artistiques des provinces françaises deviennent une rubrique. On relève même la fierté incongrue du mariage de Mrs Simpson et du duc de Windsor dans un château de « notre » Touraine. Le pompon revient naturellement à la Révolution française. Le journal s'y prend à l'avance, vaste et merveilleux sujet où puiser des portraits philosophiques et politiques, des paradigmes comme les cahiers de doléances, des textes comme « L'homme aux quarante écus », plaisamment retitré « Faire payer les riches ». Au confluent des plans national et international, l'Exposition universelle tient une place particulière. Bâtie de haute lutte par les ouvriers parisiens, elle constitue un symbole du Front populaire. Son fleuron est le pavillon soviétique. Vaillant-Couturier est heureux comme un gamin d'avoir réussi à obtenir sa prolongation pour une année.

Lui ne la verra plus. Le 10 octobre 1937, il disparaît. La mort le foudroie, elle foudroie aussi ses amis et ses camarades, c'est le mot (foudre) qui vient à Sampaix dans *l'Humanité* du 13. Le matin, il était vivant à la chasse, le soir mort à la clinique de la rue Geoffroy-Saint-Hilaire. Il n'est pas le seul à tirer sa révérence ce jour-là. Il faut compter aussi une fermière abattue par son mari d'un coup de barre de fer aux environs de Tours. Qu'est-ce qui lui aurait plu dans le journal du 11 ? La manifestation organisée par « son » *Humanité* au Palais de la presse de l'Exposition autour de la figure de John Reed avec une chorale qui interprète « magistralement » quatre chants soviétiques dont *Plaine ô ma plaine*, la découverte d'un filon de manganèse en Dordogne et l'écroulement d'un pan entier de la Jungfrau, l'appel à la liberté de commerce avec l'Espagne et la nouvelle du bombardement du chemin de fer Canton-Han-K'eou, la parole donnée aux clubs dans la rubrique « Les perceurs de ciel » et le record du monde établi par le dirigeable URSS-V 6 avec plus de 30 heures de vol, la détermination des couturières et tailleurs pour dames de faire respecter la loi des quarante heures, la projection de *Gueule d'amour* au cinéma Agriculteurs, et peut-être la réclame pour le vin de Frileuse, le plus fort des fortifiants (en vente chez votre pharmacien), oui, je parie que tout ça l'aurait passionné comme le reste.

Ci-contre : confection d'un drapeau des Brigades internationales.
Ci-dessous : une du 28 avril 1937 qui annonce le bombardement de Guernica et la mort de Gramsci.

Mille bombes incendiaires lancées par les avions de Hitler et de Mussolini réduisent en cendres la ville de Guernica

L'Exposition universelle tient une place particulière. Bâtie de haute lutte par les ouvriers parisiens, elle constitue un symbole du Front populaire. Son fleuron est le pavillon soviétique. Vaillant-Couturier est heureux comme un gamin d'avoir réussi à obtenir sa prolongation pour une année.

Le 12, toujours sous le coup de l'émotion, « son » *Huma* donne quelques éléments biographiques. Les plus intéressants viennent curieusement de la revue de presse. On y apprend que sa mère était cantatrice à l'Opéra-Comique, son grand-père élève de Courbet, qu'il avait une passion pour la préhistoire et la spéléologie. Mon sentiment est que ce type était exceptionnel. Quoi qu'il ait pu écrire sur les procès de Moscou. Il l'était par son goût de l'action, par les récits qui en figuraient un prolongement, que ce soit la guerre ou les voyages, par l'humanité au sens originel où Jaurès l'entendait, par sa passion pour les femmes, les sports, les arts, la cuisine, par une bonne humeur et une vitalité incomparables.

L'hommage que lui rend Paris est à sa mesure. Non seulement 500 000 personnes suivent sa dépouille jusqu'au Père-Lachaise, mais des centaines de milliers la saluent sur le trajet, et le lendemain 100 000 personnes viennent encore se recueillir sur sa tombe. Aragon, inspiré, le rapporte en une phrase sobre à souhait : « Les fleuristes de Paris ce jour-là ont manqué de fleurs. » Les abords du cimetière sont couverts d'œillets glaïeuls roses asters violettes, jardin digne d'Hugo quand pour ses quatre-vingts ans on avait jonché l'avenue d'Eylau de mimosas portés par train spécial de la Côte d'Azur.

Un mois plus tard, le peuple enthousiaste envoie ses députés au Soviet suprême. « Jamais l'histoire n'a vu d'élections aussi véritablement libres et véritablement démocratiques, jamais » ; non, jamais. Encore deux mois, et le dirigeable URSS-V 6 se brise près de Mourmansk avant que Moscou n'ouvre le nouveau procès qui condamne Boukharine. Bien sûr, Vaillant n'aurait pas eu un autre point de vue, ni le lecteur de *l'Humanité*. Quand on gravite dans la galaxie communiste, comment échapper à la certitude de la culpabilité des inculpés et d'un complot démasqué ? La présentation de ce procès prend un tour encore plus diabolique. Le ressort en est Gorki. Le 1er mars, le lecteur – effaré – apprend : « Maxime Gorki n'est pas mort de maladie. Ils l'ont tué. » « Ils », c'est Boukharine et « le bloc des trotskistes et droitiers », autant dire tout ce qui n'est pas stalinien. Dans l'article, le lecteur lit qu'« ils » ont également voulu assassiner Lénine et Staline. Le lendemain, le lecteur voit une photo de Staline en compagnie de Gorki, vous l'auriez deviné. Le surlendemain, il lit – en gros caractères – que Gorki aimait beaucoup les enfants et il voit une photo de farandole enfantine soulignée par une légende : « La joie et le triomphe du peuple portaient ombrage aux trotskistes. » Évidemment, le malheureux Boukharine avoue qu'il voulait et qu'il fallait tuer Lénine en 1918 et un de ses collègues avoue qu'ils avaient tenté d'assassiner Staline… en 1920… comme si à cette date Staline pouvait constituer une cible. On le sait, Boukharine est condamné à mort et consent incroyablement à cette condamnation malgré une dernière lettre bouleversante adressée à Staline, son cher Koba. En avril, Cogniot (qui a remplacé Vaillant au poste de rédacteur en chef) l'exécute à nouveau. Sous le titre « Gorki aurait soixante-dix ans », et en exergue aux nombreux témoignages sur l'œuvre du vieux maître, il répète que « le fasciste Boukharine l'a tué ».

"Les fleuristes de Paris ce jour-là ont manqué de fleurs."

L'année suivante, à trois mois de la suspension de *l'Humanité* et de la guerre, le bon Cachin va au fond des choses avec un éditorial intitulé « Staliniens ». Il part du fait qu'on reproche aux communistes d'être staliniens. Il ne s'en défend pas, au contraire. « Staliniens ! oui ! Nous sommes de ceux qui veulent juger objectivement des hommes et des choses. » Il poursuit la logique de sa démonstration, réfute que cette épithète soit un outrage et y voit au contraire un « hommage à la meilleure tête pensante de ce temps, au guide ».

Que retenir de ces trois derniers mois ? Le titre de Sète au championnat de football, la première photo de Mao Tsé-toung, la suggestion de « partir en vacances » vers la mer la Bretagne le balcon d'émeraude, l'assurance de Raymond Guyot que l'*Histoire du parti bolchevik* est « le livre de chevet des jeunes », la célébration du 150e anniversaire du 14 Juillet, l'anniversaire du 30e anniversaire du vol de Blériot par-dessus la Manche, un « VIVE LA FRANCE » à l'occasion du procès et de l'acquittement de Sampaix, la représentation d'*Orphée* de Gluck au théâtre antique d'Orange, un *Orphée* qui se termine bien, que ce soit l'opéra ou la représentation, car le ténor grippé à cause d'un refroidissement a pu être heureusement remplacé, les

Ci-dessous : carte d'ami de *l'Humanité*.
Ci-contre : colonie de vacances de Villejuif en Dordogne, photo Willy Ronis.
Double page suivante : obsèques de Paul Vaillant-Couturier, octobre 1937.

L'HUMANITE

démonstrations de puissance de l'Armée rouge qui impressionne aussi bien le Japon que l'envoyé spécial du *Times*, la préparation de la fête de *l'Huma* pour le 3 septembre et un conseil bientôt dérisoire : « N'attendez pas le dernier moment pour nous faire connaître vos projets », la révélation d'un nouveau romancier avec *La Nausée*, l'idée que les pourparlers entre l'Allemagne et l'URSS servent « puissamment » la paix et – le jour de la signature du pacte – la suite des aventures du *Comte de Monte-Cristo* à côté de la chronique de Jacqueline, « sur les plages que de choses charmantes et nouvelles mais je ne peux pas vous les citer toutes ». Moi non plus.

La grille 902 des mots croisés est classique : « IX Horizontal, en quatre lettres : fleuve de l'URSS ; I Vertical, en onze lettres : ce que l'on veut faire comprendre sans l'expliquer clairement en deux mots. » Le cruciverbiste n'a pas besoin d'attendre le 24 pour avoir la solution : *Néva* et *sous-entendu*. Le lendemain, le cinéphile n'a toujours pas de chronique sur le génial *La Règle du jeu* sifflé depuis un mois dans les salles parisiennes. Le surlendemain, le lecteur attend en vain son quotidien. *L'Humanité* est saisie. En une, elle appelait pourtant à l'union de la nation française contre l'agresseur hitlérien au-dessus d'une grande photo des moissons.

Saisie de *l'Humanité*
le 26 août 1939.

1939
1944

l'Humanité

ORGANE CENTRAL DU PARTI COMMUNISTE FRANCAIS

26 Octobre - N° 1 -

Reproduire et faire circuler

On croit mourir pour la Patrie
On meurt pour les banquiers et
les industriels.
(Anatole France)

D'HIER A AUJOURD'HUI

L'HUMANITE reparaît. Grande voix populaire qu'on ne saurait bâillonner, expression d'un Parti qu'on ne saurait réduire.

Oui, en France comme en Allemagne, les Communistes sont debout malgré les mêmes mesures d'exception. Debout contre le capitalisme, contre la réaction et l'hitlérisme, contre la guerre des profiteurs et des fascistes. Debout avec le peuple pour défendre la liberté, pour briser l'étreinte du capitalisme féroce et avide, pour établir la sécurité et l'indépendance du pays, pour imposer la paix dans l'honneur.

Nous demandions qu'on défende la démocratie contre la marée fasciste alors que, alliés, les réactionnaires et les chefs socialistes prêtaient la main à l'égorgement de l'Espagne Républicaine.

Nous demandions qu'on forme le bloc de la Paix qui eut opposé sa fermeté et sa masse écrasante aux agresseurs éventuels. Avec l'Union Soviétique, ce bloc bénéficiant de l'appui des Etats-Unis, eut assuré la paix.

Cela ne faisait pas le jeu des grands capitalistes, perpétuels fauteurs de guerre, car ils préfèrent les bénéfices de guerre. Et puis il eut fallu l'union des forces populaires qu'ils préfèrent combattre, et le progrès des lois sociales qu'ils veulent abattre - ils sont en train - et le développement de la démocratie, qu'eux, ils veulent abolir, ils le montrent bien.

Leurs hommes de gouvernement ont saboté la seule politique française de liberté et de sécurité. Ils ont livré l'Espagne avec le gouvernement Blum, trahi la Tchécoslovaquie et abandonné la ligne Maginot de Bohême avec le gouvernement Daladier. Ils ont écarté délibérément l'Union Soviétique en traitant avec Hitler à Munich.

Le journaliste Emile Buré, retraçant cette période, peut écrire dans "L'Ordre" du 23 Octobre 1939: "Il restait à Hitler, pour livrer sans risque assaut à la capitale Tchécoslovaque, de rompre l'accord anglo-franco-russe. Il y parvint à Munich. La Russie, je le sais de source certaine, resta fidèle à la Tchécoslovaquie, même lorsque l'eurent quittée la France et l'Angleterre, mais elle garda un mauvais souvenir, très mauvais souvenir, de l'aventure qu'elle avait courue".

Les intentions de la réaction capitaliste française se dévoilaient dès Septembre 1938 dans ces lignes de Bailby, soutien de Daladier : "L'avantage primordial de ce rassemblement (de Munich) c'est d'abord que la Russie en est évincée. Rien de trop ne sera fait pour éloigner l'U.R.S.S. Le fil de fer barbelé est toujours prêt à servir. Qu'on l'emploie et qu'on écrase par tous les moyens la contagieuse propagande bolchévique".

Dans le même esprit, les gouvernements de Paris et de Londres - Paris vassal de Londres - ont dit à la Pologne: "Refuse l'aide soviétique!". Ils ont juré que leur propre assistance suffirait à la Pologne, et ils ont engagé celle-ci dans une sanglante aventure où nul concours ne lui fut prêté.

“QUAND VOUS AUREZ LU CETTE FEUILLE, FAITES-LA CIRCULER”

Le samedi 26 août, *l'Humanité* est donc interdite. L'heure de la clandestinité a sonné.

Si le dernier numéro avait été saisi à la vente, il avait été conçu et imprimé dans la légalité. Désormais il s'agit de se dépatouiller avec le brutal changement que signifient la mise au ban du parti communiste et la signature du pacte germano-soviétique. On imagine sans peine les difficultés rencontrées par les militants pour faire entendre la voix de leur parti et ce qui demeure leur idéal. On devine le petit miracle que représente un simple recto-verso et la multiplication des petits miracles que représente leur répétition. On se doute aussi que la lecture du journal comme la réalité devient plus ingrate, que le temps n'est plus à la culture ni aux loisirs. À *l'Humanité* clandestine, je préférerais les *Humanité(s)* clandestines, en raison du relatif éparpillement des trois cent quatre-vingts numéros répertoriés.

Les premiers voient le jour dans la région parisienne dès la fin du mois d'août. Ils sont le fruit d'initiatives locales. Ainsi la section de Bagneux publie-t-elle un recto-verso ronéoté le lundi 28, prenant soin d'indiquer « TSVP » (tournez s'il vous plaît) en bas du recto. Elle arbore la faucille et le marteau, les noms de son fondateur (Jean Jaurès) et de son ancien rédacteur en chef (Paul Vaillant-Couturier). Elle indique sans tarder : « Quand vous aurez lu cette feuille, faites-la circuler. » Le ton est donné. Elle développe d'abord un discours hostile au gouvernement Daladier, dénonce l'atteinte à la liberté et tient à rétablir la vérité sur les positions du parti communiste, qu'elle juge déformées par la presse. À ce titre, elle reproduit le communiqué du groupe parlementaire du 25 qui appelle à l'union de la nation contre l'agresseur hitlérien et approuve les mesures de défense prises par le gouvernement. Elle présente le pacte comme une mesure de paix et y voit une atteinte au bloc des puissances fascistes en raison du mécontentement japonais. Le verso comporte trois textes brefs ; on peut noter un habile « C'est la calomnie qui a tué Jaurès » qui établit le parallèle entre le Jaurès d'avant 1914 et le parti communiste d'avant 1939, qui signale l'acquittement de Sampaix pour sa série d'articles dénonçant les intrigues défaitistes et qui exige que le journal de Jaurès puisse reparaître ; on peut retenir aussi un paragraphe qui se félicite de la cohésion du parti.

Page précédente :
photo Doisneau.
Ci-contre : *l'Humanité* clandestine, n° 1, 26 octobre 1939.

Les biens de *l'Humanité* sont saisis. Marcel Cachin ne dirige plus le journal, il est même contraint de quitter la région parisienne et de se rendre dans sa maison à côté de Paimpol, discrètement surveillé, au point qu'il est difficile pour les clandestins d'entrer en contact avec celui qu'on surnomme « le vieil oncle ». Cachin développe d'ailleurs une pensée originale qui ne sera pas sans inquiéter la direction du parti. En effet, il comprend plus qu'il n'approuve le pacte germano-soviétique, il tend à reconnaître la duplicité de toute diplomatie et – somme toute – il conserve une attitude favorable à la défense contre la menace hitlérienne.

Le premier numéro « officiel », numéroté comme tel, paraît seulement le 26 octobre, deux mois jour pour jour après le décret qui a suspendu *l'Humanité*. Il doit son existence au dévouement des communistes qui se chargent de le concevoir, l'imprimer puis le diffuser. Victor Michaut reçoit la responsabilité de la parution du journal et y travaille avec Gabriel Péri et Lucien Sampaix. Ainsi, *l'Humanité* se présente comme l'organe central du parti communiste français et se place sous l'autorité à moitié surprenante d'Anatole France par une citation bien connue : « On croit mourir pour la Patrie / On meurt pour les banquiers et les industriels. » Quatre pages ronéotées se terminent par un appel aux « amis » à faire circuler ce « journal de classe » situé dans une perspective très Front populaire « contre la guerre, pour la défense du pain et de la liberté ». Le lecteur ne peut pas ne pas relire l'impératif « faites la chaîne de la vérité » qui deviendra un leitmotiv de la Résistance.

Un grand article de deux pages fait le point : « D'hier à aujourd'hui ». La première phrase va à l'essentiel : « *l'Humanité* reparaît. Grande voix populaire qu'on ne saurait bâillonner, expression d'un Parti qu'on ne saurait réduire. » La deuxième phrase laisse déjà apparaître ce qui va constituer un thème fondamental jusqu'à l'été 1940 : la prétendue similitude entre la France et l'Allemagne, tant pour les profits du capital que pour les camps de concentration. On comprend à demi-mot que l'heure n'est plus à la défense nationale. Ensuite, le texte s'engage dans une explication de la diplomatie soviétique ; ce n'est pas une justification car elle ne semble pas avoir à être justifiée, mais une simple explication qui replace la question dans le contexte international depuis le milieu des années trente. Quant au pacte, l'analyse est simple : l'URSS a déjoué un mauvais coup. En quelques lignes finales, l'article dénonce la destruction des lois sociales, la réduction des salaires et la « dictature » de Daladier.

“On croit mourir pour la Patrie. On meurt pour les banquiers et les industriels.”

Les deux autres pages développent lapidairement ces thèmes. Le lecteur peut retenir « Vive les allocations », qui s'adresse aux femmes ; quelques lignes les invitent à exiger le paiement des allocations militaires et – curieusement – évoquent leurs maris dans « les tranchées » comme si ce mot emprunté au lexique et à la réalité de la Première Guerre avait le pouvoir de nourrir la détestation de la guerre. « Ce que la presse bourgeoise a caché » met en évidence des grèves dans les usines de la région parisienne, par exemple aux Compteurs de Montrouge trois cents femmes ont débrayé vingt minutes pour protester contre le prélèvement de 15 % sur leurs salaires. « Déserteurs ! Traîtres ! » annonce que si Thorez a quitté son régiment c'est pour gagner « le poste de combat que lui a fixé son Parti » ; il affirme aussi que les vrais déserteurs sont ceux qui quittent le parti et il donne une poignée de noms.

Un numéro spécial, imprimé, non daté, mais de fin octobre, est plus dense. Un éditorial clame « Vive *l'Humanité* ». La ligne est donnée par le titre : « À bas la guerre impérialiste ». Au-delà des articles de fond, le numéro comporte un appel à la lutte du parti communiste allemand, une brève étude, « Comment vivait la jeunesse sous la domination des seigneurs fonciers polonais », qui laisse entendre que la présence soviétique sourit à la population polonaise, et – tout en bas – une dizaine de lignes qui stigmatisent Blum et le menacent : « Il y aura des comptes à régler un jour. » Le numéro comporte aussi, en bonne place, un texte qui célèbre le 22ᵉ anniversaire de la révolution d'Octobre, qui chante le pouvoir des soviets, accompagné de deux brèves contributions de Thorez et Duclos suivies de la mention « quelque part en France » bien que Thorez soit déjà à Moscou.

L'Humanité clandestine, n° 7, 17 novembre 1939.

l'Humanité

ORGANE CENTRAL DU PARTI COMMUNISTE FRANCAIS

N° 7 - 17 Novembre 1939 - Reproduire et faire circuler

EST-IL QUESTION DE SAVOIR SI LA GUERRE DOIT ETRE OFFENSIVE OU DEFENSIVE, SI LA GUERRE OFFENSIVE A PLUS OU MOINS D'INCONVENIENTS, SI LA GUERRE DOIT ETRE FAITE DANS QUINZE JOURS OU DANS SIX MOIS? POINT DU TOUT ! IL S'AGIT, COMME NOUS L'AVONS PROUVE, DE CONNAITRE LA TRAME OURDIE PAR LES ENNEMIS INTERIEURS DE NOTRE LIBERTE QUI NOUS SUSCITENT LA GUERRE. ET DE CHOISIR LES MOYENS LES PLUS PROPRES A LES DEJOUER.

ROBESPIERRE

(Discours sur la guerre, 11 Janvier 1792).

MAURICE THOREZ VOUS PARLE

Le "Daily Worker" du 3 Novembre, a publié une interview, prise de lui "quelque part en France" par M. Sam RUSSEL. En voici quelques extraits :

"Jamais, écrit M. Sam RUSSEL, je ne vis THOREZ plus confiant en son Parti, dans ses camarades et dans l'avenir du peuple français.

DEMANDE: Que pensez-vous de la guerre?

REPONSE: Les forces de réaction en France, dit Maurice THOREZ, DALADIER aussi bien que les chefs qui ont trahi le Parti Socialiste, expriment la même fureur devant la dénonciation que nous avons faite des buts impérialistes de la guerre imposée par ces hommes et par ces forces au peuple français.

Ils ont tous l'impudence de mettre en avant leurs sentiments anti-hitlériens pour s'en servir comme d'une excuse, dans l'espoir de tromper les ouvriers.

Entre eux, cependant, ils n'hésitent pas à dire quels sont les véritables buts de guerre: la destruction de la mère-patrie du socialisme l'Union Soviétique, la destruction du puissant espoir que ce pays représente pour le prolétariat du monde entier.

Des hommes sont tués et on se prépare à en faire tuer davantage pour la défense des coffres-forts des capitalistes.

DEMANDE: Qu'allez-vous faire ?

REPONSE: Ce que je vais faire est très simple: avec les camarades, je vais continuer la lutte. L'organiser et l'adapter aux circonstances présentes. Car, qu'on ne s'y trompe pas, le Parti Communiste continue de vivre, il continuera et il triomphera. La presse a imprimé que j'étais déserteur. J'aurais déserté si je n'avais rien fait pour rester à mon poste dans la guerre de classes que le peuple de France doit mener contre les bellicistes, les fascistes et les exploiteurs capitalistes.

La Direction du Parti Communiste est à son poste et fera son devoir. Nous défendrons de toutes nos forces les ouvriers, dont les conquêtes sociales et les intérêts légitimes ont été foulés aux pieds.

Nous défendrons les petits commerçants contre l'injustice des impôts qui s'abattent sur eux. Nous défendrons les femmes et les enfants des mobilisés. Nous défendrons aussi les vieillards qui auraient pu être pourvus, pour le reste de leur vie, avec l'argent dépensé en une seule semaine de guerre. Nous défendrons les soldats, dont le prêt est ridiculement insuffisant, ces soldats dont un grand nombre placent leur seul espoir dans notre Parti.

......

Exode, mai 1940.

l'Humanité

ORGANE CENTRAL DU PARTI COMMUNISTE FRANCAIS

N° 24 - 5 FEVRIER 1940

CHACUN SON BILAN

Les journaux financiers publient en ce moment les bilans de 1939, de fructueux bilans de guerre, de vrais bulletins de victoire. Quelques citations, la place nous manquant pour en faire plus:

EST-LUMIERE.- Après 13 millions affectés au fond d'amortissement, il reste un bénéfice de 21 millions. Dividende: 34 f. par action.

AUTOS-LATIL.- Bénéfices: 8 millions, 7 cent mille francs. Dividende 20 frs.

FORCES MOTRICES TRUYERE.- 18 m.542.095 f debénéfices, malgré 13 millions d'amortissements(c'est à dire de bénéfices camouflés).

MINES ET PRODUITS CHIMIQUES.- Un acompte de 25 frs de dividende par action sera d'ores et déjà distribué, sans préjudice de distributions ultérieures.

Soldats, dans la boue neigeuse de l'Est, faites aussi votre bilan.

Du côté recettes, 10 sous par jour. Au passif, la séparation, la souffrance physique, la mauvaise nourriture, les éclats d'obus qui mutilent et qui tuent

Epouses, soeurs et mères de soldats, faites aussi votre bilan de larmes, d'hiver sans argent et sans charbon, de denrées à des prix de luxe.

Ouvriers rompus de fatigue, votre bilan, Paul Reynaud l'a fait à votre place 15% de retenue, l'impôt sur les salaires 4% sur les heures supplémentaires, 4% d'assurances sociales, les jours sans viande, le régime policier à l'usine, la direction de vos syndicats usurpée, vos défenseurs communistes persécutés.

Commerçants aux rayons quasi-vides, aux lourds impôts, qui désespérez de te-

BUTS DE GUERRE

	1937 Fév.	1940 Fév.
lait (le litre)	1.60	2.30
beurre (la livre)	21.-	32.-
oeufs la dz.	10.30	18.-
filet de boeuf (la liv.)	12.50	20.-
mouton gigot la livre	11.-	19.-
huile le litre	7.10	11.-
sucre le kg.	4.-	6,75
Café la livre	10,—	15,—
charbon Charler. le sac de 50 Kg	24.-	38,50
pain le kg.	2.30	3.15

voilà

Comment le Trust du lait, les gros raffineurs, les magnats et autres profiteurs gagnent chaque jour, avec les banquiers et les marchands de canons, la guerre lucrative qu'ils font au peuple.

Enrichir les riches, ôter aux travailleurs des villes et des champs ou de la boutique les avantages acquis en 1936, établir la dictature totale du capital, voilà le fin mot des buts de guerre de Daladier, qu'approuvent et que secondent les traitres récidivistes Blum - Jouhaux.

Mais le peuple français, lui, approuvera et secondera le Parti Communiste, son unique et courageux défenseur.

Jusqu'au printemps 1940, les numéros se suivent et se ressemblent. On en dénombre une petite cinquantaine, soit deux par semaine en moyenne. Le rythme est toutefois irrégulier en raison des conditions mêmes de confection. Pierre Villon remplace Michaut. La méthode est identique ; le plus souvent il y a cinq stencils portés dans les cinq secteurs de la région parisienne puis reproduits dans des lieux différents. Au fur et à mesure les ramifications se développent, de sorte qu'on estime à 120 000 le nombre d'exemplaires diffusés dès l'automne, mais la diffusion reste toujours précaire en raison de la surveillance policière. Plusieurs militants sont arrêtés, les centres d'édition sont démantelés et il faut les reconstituer.

Les numéros déclinent les mêmes idées. Pendant six mois, ils dénoncent inlassablement la guerre impérialiste ou guerre des capitalistes, ou encore celle des fascistes et de la réaction, elle est toujours la guerre, abhorrée, avec des buts de guerre, que des citations renouvelées des grandes figures comme Jaurès et Robespierre remettent dans une perspective historique qui se veut indiscutable. Elle n'est en tout cas ni une guerre du droit ni une guerre de la liberté. Ils se moquent d'une « prétendue guerre idéologique », non, il n'y a visiblement plus lieu de défendre les valeurs de la démocratie qu'ils défendaient pourtant six mois plus tôt. Le discours revient au bon vieux primat de la guerre sociale. Le capital fait « la guerre contre les pauvres », contre la classe ouvrière et donc contre le parti communiste qui en est le défenseur. La logique semble implacable. En tout cas, il n'est plus question de défense contre un agresseur hitlérien qui a disparu du paysage.

Parallèlement, *l'Humanité* dénonce l'emprisonnement des députés communistes et des dirigeants syndicaux. Trente-cinq députés ont été arrêtés le 8 octobre. C'est là – dans ce qu'elle vit comme un déni de justice – que se forge l'équation Daladier = Hitler. Daladier, le fils de boulanger qui a mis la France dans le pétrin, comme on aime à le répéter, est assimilé au dictateur nazi. Les lecteurs de *l'Humanité* sont assurés qu'« on ne fait pas mieux chez Hitler ». Plusieurs articles sont entièrement construits sur l'équivalence « ici comme chez Hitler ». C'est là aussi que se nourrit la violence, voire la haine, du discours contre le régime. Quand au cœur de l'hiver le chauffage est supprimé dans les cellules de la Santé où sont enfermés les députés communistes, le journal l'annonce « en dernière minute » et lance une dramatique « Alerte » : il accuse Daladier de vouloir « les assassiner » et appelle très abstraitement à l'action : « Ne laissez pas commettre le crime. » Un autre jour, les cellules sont comparées aux cachots de la Bastille de 1789. Toute une partie du discours est d'ailleurs pénétrée par la mémoire de la Révolution française dont le parti communiste venait de commémorer au début de l'été le 150e anniversaire. Les références à 1793 sont les plus vives et quand, en avril, le décret Sérol prévoit la peine de mort pour certaines activités communistes considérées comme haute trahison, la réplique ne tarde pas : « S'il y a des guillotines à dresser c'est pour les affameurs du peuple. » Le décret est aussitôt qualifié de scélérat et le ministre socialiste ou « social-fasciste » accusé d'imiter la Gestapo.

Le plus souvent il y a cinq stencils portés dans les cinq secteurs de la région parisienne puis reproduits dans des lieux différents.

La logique du raisonnement conduit *l'Humanité* à accorder une place large et récurrente au thème des traîtres. À y bien regarder, il y a trois sortes de traîtres : les communistes qui ont quitté le parti, qui ont vendu leur âme, qui ont touché les trente deniers de Judas, qui sont des faibles et des lâches car il n'existe pas la moindre possibilité d'un doute quelconque ; les socialistes ou social-traîtres, bien connus dans les années vingt, qui reviennent au galop et révèlent leur vraie nature ; les bourgeois qui trahissent l'intérêt national en remplissant leurs poches et en vendant les biens de la nation à l'étranger. Une vieille citation de Liebknecht fait fortune : « L'ennemi est dans notre propre pays. » Les articles retrouvent avec un certain naturel tout un lexique qu'on pouvait croire dépassé avec « bande » et « clique » et « félons » et « laquais » et autres noms d'oiseaux du même acabit.

Bien entendu, *l'Humanité* assume une fonction sociale qui lui tient à cœur et lui semble le meilleur moyen de mobiliser l'opinion. Elle s'épanouit dans la défense des revendications. Elle aime l'arithmétique. Dès le numéro 2, elle propose ce tableau :

L'Humanité clandestine, n° 24, 5 février 1940.

Ecoutez Radio Mosco
6h30 sur 25 et 31m
25 et 31m – 20h sur

Semaine du 13/10 au 21/10

Semaine de 45 h pour 40	*400 F*
15 h supplémentaires à 10 F	*150 F*
	550 F
Contribution de guerre sur heures supplémentaires (25 %)	*– 37,50 F*
	512,50 F
Assurances sociales (4 %)	*– 20,50 F*
Contrib. extraord. (2 %)	*– 9,85 F*
Retenue (15 %)	*– 72,35 F*
Reste net :	*409,80 F*

Les comptes sont vite faits, il n'y a plus qu'à réclamer son salaire complet et à faire payer les riches.

Elle ne cesse de critiquer la hausse des prix (le lait le charbon le tabac le sucre l'huile la viande le pain le beurre les œufs) qu'elle oppose aux profits des entreprises. Elle persévère dans son œuvre d'arithmétique simple mais assez efficace ; elle publie régulièrement des exemples précis, quatre à cinq par numéro, démontrant la bonne santé des dividendes dans les sucres les mines la sidérurgie la mécanique le textile. Un jour, elle épingle Raoul Dautry, le nouveau ministre de l'Armement. Elle dresse la liste des sociétés dont il est administrateur : Électro-crédit, Compagnie internationale des wagons-lits, Société générale des chemins de fer économiques, Société nationale des chemins de fer français, Compagnie générale d'entreprises électriques, Compagnie parisienne de la distribution d'électricité, Compagnie parisienne de l'air comprimé, Compagnie générale d'électricité, en outre président du conseil d'administration de la Compagnie lorraine d'électricité et de la Compagnie générale d'électro-métallurgie, commentant en anglais « puisque l'Angleterre conclut la danse des milliards », Dautry est « *the right man in the right place* ».

On ne s'étonnera pas qu'au passage *l'Humanité* définisse le parti communiste comme le seul parti « honnête ».

L'URSS figure largement dans la plupart des numéros. On en a des nouvelles forcément excellentes, on n'oublie pas l'anniversaire d'Octobre, on n'oublie pas non plus l'anniversaire de Staline, ses soixante ans, on prévient les lecteurs – au cas où ils auraient eu quelque inquiétude – qu'on lui a bien adressé les vœux des « travailleurs de France », on multiplie les citations forcément édifiantes du type « Lénine disait », on salue une munificente volonté de paix, on proclame « Bas les pattes devant l'Union soviétique » lors de la guerre finlandaise en janvier, on est fier de préciser que la censure empêche d'informer du soutien apporté à l'URSS par Shaw et Steinbeck et le chanteur Paul Robeson, on apprend (c'est un des rares épisodes drôles) que des actualités cinématographiques sur la guerre finlandaise ont été tournées dans les studios d'Épinay et que les figurants « soviétiques » y avaient une mine plutôt patibulaire.

Le 9 mai, *l'Humanité* s'en prend à Frossard, promu ministre de l'Information, traité de « roi des renégats » car pour qui ne le saurait pas elle rappelle l'itinéraire de Frossard depuis le congrès de Tours. Il faut dire que le nouveau ministre entame à la radio une série de causeries sur la trahison des chefs communistes. Et puis le numéro appelle à manifester pour l'anniversaire de la Commune et recommande « écoutez la vérité » sur Radio Moscou, voici les horaires et la longueur d'onde.

★

Le 10 mai, on le sait, l'offensive allemande à l'ouest commence. La drôle de guerre est finie. Si à Londres nos amis grands-bretons procèdent à la formation du cabinet Churchill, à Paris le gouvernement adopte une conduite moins combative. Tout va alors très vite. Dès le 14, les lignes françaises sont enfoncées et, le 18, Pétain devient vice-président du Conseil.

En fait, *l'Humanité* clandestine réagit vite, surtout dans les conditions de clandestinité. Le 16 mai paraît le numéro 46. Il évoque seulement le début des opérations. Mais la tonalité reste analogue. D'une part, la moitié du numéro est consacrée aux revendications salariales et invite comme aux beaux jours à renforcer le parti communiste. D'autre part, la moitié consacrée à la guerre se contente de répéter qu'« il faut mater les bandits impérialistes », traités aussi de gangsters, qui sont aussi bien anglo-américains qu'allemands. Le numéro se vante aussi : on ne nous refera pas le coup de la guerre pour le droit et la justice comme en 1914. À bon entendeur salut.

Exceptionnellement, le numéro 47 paraît le lendemain. Il rectifie pour une part le tir en notant d'emblée que « les violences de la guerre sont déchaînées ». Cela dit, s'il ajoute à ses objectifs l'indépendance du pays, il reste sur ses positions en demandant le retour à la légalité du parti communiste et la formation d'un « gouvernement de paix s'appuyant sur les masses populaires, prenant des mesures contre la réaction » et s'entendant sans délai avec l'URSS.

Il cloue « au pilori » les renégats et il clame « À la porte les banqueroutiers ». Pendant quatre semaines, bouleversées par la débâcle et l'exode, il n'y a pas de numéro. Les suivants sont datés des 17, 19 et 24 juin. Tous les trois sont placés sous la bannière « Prolétaires de tous les pays unissez-vous ». Quand la situation de Paris est évoquée le 17, elle l'est sur le seul plan social. Aucune référence ne renvoie aux propositions du parti transmises début juin par Frachon et Politzer à de Monzie en vue de la défense de la capitale, il est vrai qu'il est trop tard. Le numéro affirme qu'un gouvernement de paix pourrait seul négocier la paix. Il n'entre pas dans la distinction pourtant pas si sibylline que ça entre armistice (qui engage l'État vers la collaboration) et capitulation (qui permettrait de continuer à lutter depuis d'autres territoires).

Paris est occupé par l'armée allemande, le gouvernement s'installe à Vichy et fait voter par les parlementaires la déchéance de la République. C'est dans cette situation que se pose la délicate question de la demande de reparution de *l'Humanité*, très longtemps niée après la guerre par le parti. En résumé, un avocat communiste – Foissin – transmet à un dirigeant du parti – Tréand – cette suggestion et propose d'établir un contact avec Otto Abetz à la Kommandantur. Les pourparlers s'engagent fin juin. Foissin, Tréand et Catelas – qui a remplacé Villon – se rendent dans le bureau d'Abetz. Il est difficile d'imaginer qu'ils y aillent de gaieté de cœur. Il est non moins difficile d'imaginer qu'ils agissent sans le feu vert de la direction, probablement Duclos, et sans l'accord du Komintern. Les émissaires indiquent à leur interlocuteur que les communistes ont défendu la paix à l'automne 1939 et ont été emprisonnés pour cette raison. L'idée semble être qu'un pacte d'amitié franco-soviétique pourrait compléter le pacte germano-soviétique et ainsi assurer la paix en Europe. Après tout, Molotov avait bien félicité chaudement l'ambassadeur d'Allemagne à Moscou pour son « magnifique succès » sur les armées françaises. Pour épaissir le trouble, l'occupant fait libérer une centaine de prisonniers politiques communistes. Les émissaires ne voient toujours pas le piège qui leur est tendu ni l'énorme contresens de leur démarche. Cela dit, les articles soumis à la lecture des services de la Propaganda Abteilung ne plaisent pas vraiment et l'affaire traîne en longueur. Abetz part à Berlin, revient avec le rang d'ambassadeur, accorde un moindre intérêt à l'initiative. Fin août, le contact est rompu par les émissaires communistes, vivement critiqués par la direction du parti. Catelas est blâmé, Foissin exclu comme le rapporte *l'Humanité* clandestine pour un autre prétexte.

“Demandez la parution libre de *l'Humanité*.” On sent une espèce d'agacement voire de rage à voir cette injustice se perpétuer.

Toutefois le 28 août, sur sa lancée, *l'Humanité* propose en titre une sorte de syllogisme : 1) « Des journaux pourris continuent à bourrer les crânes », ce qui reprend encore le vocabulaire de la Première Guerre mondiale ; 2) « La presse communiste au service du peuple est toujours interdite » ; 3) « Demandez la parution libre de *l'Humanité.* » On sent une espèce d'agacement voire de rage à voir cette injustice se perpétuer. Depuis deux mois, elle ne cesse d'y revenir. Le 1er juillet déjà elle affirme : « *L'Humanité* doit pouvoir paraître normalement. » Pendant l'été, elle parle de remettre la France au travail et de régler des comptes avec ces « Messieurs » ; elle divulgue « l'enthousiasme » des peuples qui accueillent l'Armée rouge et un portrait du général de Gaulle en agent de la finance anglaise ; elle vilipende le « gouvernement des pourris » et ne verse pas de larmes de crocodile sur le sabordage de la République ; elle s'ancre sur le versant social et dénonce la misère « hideuse » car c'est bien la misère qui lui paraît hideuse, pas l'occupation. Une *preuve* ou un *signe*, cet écho du 13 juillet, présenté comme un exemple de fraternité, censé rappeler les fraternisations de la Première Guerre mondiale : « Les conversations amicales entre travailleurs parisiens et soldats allemands se multiplient. Nous en sommes heureux. Apprenons à nous connaître... » Oui, misère d'une confusion terrible.

Mais, me direz-vous, et l'appel du 10 juillet, signé par Thorez et Duclos, resté dans les mémoires pour la fameuse phrase : « Jamais le peuple français ne sera un peuple d'esclaves ». Certes, l'appel dit du 10 juillet constitue une vigoureuse critique contre les responsables du désastre, non sans rapport avec ce que Marc Bloch explore en termes incomparablement plus sobres dans *L'Étrange Défaite*. Certes, il se place délibérément dans le camp du refus, au moins du régime de Vichy. Et s'il n'appelle pas au combat contre l'occupant, c'est que le sursaut national souhaité n'a pas eu lieu dans la seconde quinzaine de juin et que les directives du Komintern nourrissent une contradiction qu'il ne surmonte pas.

Malgré quelques inflexions, ces contradictions demeurent jusqu'en juin 1941. Isolé et marginal, le parti communiste est néanmoins la seule force politique organisée bien que clandestine. Les ambiguïtés de sa stratégie sont compensées par son opiniâtreté au quotidien. Côté propagande, *l'Humanité* se dote peu à peu de quinze imprimeries autonomes, avec des relais en province, et elle met sur pied des circuits fiables pour se procurer tout le matériel nécessaire, papier, encre, et elle diffuse jusqu'à 250 000 exemplaires au numéro.

Loin de s'essouffler, l'hymne à l'Union soviétique s'amplifie. À l'occasion du cinquième anniversaire de la mort de Barbusse, *l'Humanité* clandestine cite un long passage de son dernier livre voué à la gloire de Staline, biographie aux accents religieux, suscitée par l'ambition de servir un culte d'autant plus louable qu'il a « jailli d'en bas ». Le titre même du numéro est lumineux : « Qui que vous soyez, la meilleure partie de votre destinée est dans les mains de cet autre homme, qui veille aussi sur tout et qui travaille – l'homme à la tête de savant, à la figure d'ouvrier et à l'habit de simple soldat ». Novembre est le temps répété des vivats : Vive l'Union soviétique, Vive Staline, donc imparablement Vive l'Union soviétique de Staline, Vive la grande et invincible Armée rouge, et quelques variantes dont « Vive notre chef, éducateur et ami ». Le lecteur épaté et admiratif apprend que là-bas les salaires ont augmenté de 37 %. Pour un peu, on y rejoindrait Thorez. Ce paradis incarne le grand espoir de tous les peuples. Voilà bien le postulat qui prépare les consciences pour le jour où, attaquée par la Wehrmacht, l'Union soviétique entrera en guerre.

Le contraste est évidemment saisissant avec les salaires « de famine » d'ici-bas et les tares d'un marché noir dont *l'Humanité* clandestine révèle les fondements. Progressivement, elle se met à dénoncer l'occupation. Quand elle dénonce le pillage du pays, elle s'en prend aussi bien au régime de Vichy qu'à l'État nazi. Elle multiplie les références à l'oppression de la nation, elle déplore les 400 millions par jour à verser pour les troupes d'occupation, elle fixe comme objectif le relèvement et l'indépendance du pays, elle utilise à nouveau l'adjectif « hitlérien », elle appelle à la formation de comités d'entraide et de solidarité. Elle célèbre la Commune en mettant en exergue les vers d'Eugène Pottier :

On a bien fusillé Varlin,
Flourens, Duval, Millière,
Ferré, Rigault, Tony, Moilin,
Gavé le cimetière.
On croyait lui couper les bras

L'Humanité clandestine, octobre 1940.

l'Humanité

EST LE JOURNAL DU PEUPLE !

Daladier l'a interdit parce qu'il voulait

LA

PAIX

AVAIL

LA

LIBERTÉ

ET

L' INDÉPENDANCE

PEUPLE DE FRANCE !

EXIGE SA PARUTION

14 juillet 1940.

l'Humanité

Fondateur : JEAN JAURES
Rédacteur en chef
(1926- 1937) : VAILLANT COUTURIER

ORGANE CENTRAL DU PARTI COMMUNISTE FRANCAIS (SFIC)- 87- NUMERO SPECIAL - NOVEMBRE 1940

Vive l'Union Soviétique, espoir des peuples!

Il y a vingt trois ans, le pouvoir des Soviets était instauré en Russie

Vive le Parti de Lénine et Staline!

Vive l'invincible Armée Rouge!

Vive Staline!

Le Parti Communiste Français au Parti Communiste (Bolchévik) de l'U.R.S.S.

A l'occasion du 23ème Anniversaire de la Grande Révolution Socialiste d'Octobre 1917, le Parti Communiste Français adresse un chaleureux salut révolutionnaire au grand Parti de LENINE et STALINE qui montre aux prolétaires du monde entier la voie à suivre pour se libérer.

Tandis que dans les pays capitalistes, les peuples subissent les terribles conséquences de la guerre impérialiste, sont en proie à la misère, au chômage et astreints au travail forcé, tandis que des multitudes souffrent de la faim et du froid, par contre, en U.R.S.S pays du socialisme, règne le bien-être pour tous et chaque citoyen a droit au travail, au repos, à une vieillesse heureuse.

Tandis que dans les pays capitalistes, les peuples privés de toute liberté sont traités comme des esclaves et subissent l'étouffante contrainte de la dictature du capital et de ses hommes de main, par contre, en U.R.S.S. pays du socialisme, tout le pouvoir appartient aux travailleurs de la ville et des champs, représentés par les Soviets des députés des travailleurs.

Tandis que dans les pays capitalistes, les jeunes sont plongés dans l'ignorance, l'obscurantisme et parqués dans des camps de dressage où on leur façonne des âmes d'esclaves, par contre, en U.R.S.S. pays du socialisme, le droit à l'instruction est assuré à tous, et la jeunesse soviétique, la jeunesse la plus heureuse du monde, voit s'ouvrir devant elle toutes les possibilités de développement physique et culturel, toutes les possibilités de travail créateur.

Tandis que dans les pays capitalistes, les exploiteurs du peuple, sous le couvert du "retour de la femme au foyer" traitent la femme en inférieure et aggravent la misère dans les foyers ouvriers, par contre, en U.R.S.S. pays du socialisme, la femme bénéficie de droits égaux à ceux de l'homme dans toutes les branches d'activité.

Deux mondes sont en présence :

D'un côté, le profit capitaliste, la guerre, l'esclavage, l'obscurantisme, la misère et l'oppression des peuples.

De l'autre côté, le système socialiste de l'économie, la propriété socialiste des moyens de production, le travail, la joie, la force, le progrès, la liberté, la paix et l'égalité en droits de tous les peuples.

Telles sont les évidences qui, en ce 23 ème Anniversaire de la Révolution d'Octobre

(suite en deuxième page)

Et lui vider l'aorte
Tout ça n'empêche pas
Nicolas
Qu'la Commune n'est pas morte.

Ils pourraient bien préfigurer la poésie de la Résistance. Et puis *l'Humanité* veut faire du 1er Mai une journée de luttes pour les salaires et la liberté. Elle salue la grève des mineurs du Nord et du Pas-de-Calais. Fin mai, elle propose la formation d'un Front national de lutte pour l'indépendance de la France dont elle n'exclut que « les capitulards » et « les traîtres » vichystes. Elle bascule lentement vers la résistance. Le même numéro annonce l'arrestation de Péri et de Catelas.

Cela dit, *l'Humanité* répète « à bas la guerre impérialiste » et rejette toujours dos à dos la Grande-Bretagne et l'Allemagne. À l'annonce du procès de Riom intenté par Vichy à Blum et aux gouvernants du Front populaire, elle estime que seul le parti communiste pourrait l'instruire. De surcroît, elle reste silencieuse sur l'indigne statut des Juifs adopté par Vichy. Quand elle dénonce l'antisémitisme, elle tourne le dos à sa tradition humaniste dans la mesure où elle le dénonce comme « une invention des réactionnaires pour empêcher les travailleurs de s'unir contre leurs ennemis de classe ». Et quand elle dénonce plus tard l'internement de 5 000 Juifs, elle insiste sur le fait que les déportés sont des « Juifs pauvres ».

Et pour l'épopée de la Résistance, il faudra encore attendre. Rien, sauf erreur, sur la manifestation étudiante place de l'Étoile le 11 novembre ni sur les premiers actes résistants dont elle entretiendra pourtant, à bon droit, la légende.

★

L'opération Barberousse résout la contradiction. Le 22 juin 1941, à 4 heures du matin – c'est *l'Humanité* clandestine qui donne la précision –, l'Allemagne rompt le pacte germano-soviétique. Le sentiment qui semble dominer tient du soulagement. On sent aussi comme une bonne surprise. « POURQUOI N'EN PROFITERIONS-NOUS PAS ? » peut-on lire en capitales. Un raisonnement rapide et infaillible conduit à postuler que chacun « doit se considérer comme un allié de l'URSS ».

À propos de ce numéro 119, rien ne vaut le témoignage détaillé d'Antoine Legendre, puisque nous avons la chance d'en disposer.

> *Le 22 juin 1941, mon responsable, notre camarade Félix Cadras, me remet l'appel de notre Parti : « Hitler a attaqué l'Union soviétique ». Il doit être publié dans un numéro spécial de notre* Humanité, *mais je ne trouve pas la dactylo au rendez-vous. Je suis inquiet. Le soir, avec précaution, je me rends au rendez-vous du tireur. Personne. Je suis encore plus inquiet. Je n'ai rendez-vous avec la dactylo que le lendemain. D'après les strictes règles de la sécurité, nous ne connaissons pas les domiciles ni les planques des uns et des autres ; nous ne nous connaissons que par des pseudonymes ; nous ne nous trouvons que par des rendez-vous. Ainsi la direction du Parti, avec célérité, a lancé cet appel et il me reste dans les mains ! Je me trouve dans de beaux draps. Par notre centre d'édition, je n'ai aucune possibilité de sortir cette* Humanité. *Or il faut pourtant qu'elle sorte coûte que coûte. Dans une planque personnelle j'ai quelques rames de papier, des stencils, de l'encre. Et d'un. Ma femme, agent de liaison, est aussi dactylo. Et de deux. Mais je n'ai pas de machine à écrire. La solution : avec précaution retourner dans le XVIIIe arrondissement, demander aide à mes camarades. Et de trois. Nous y allons. Un camarade de Parti ne veut rien entendre de notre situation : « Si j'ai été responsable du XVIIIe, je ne le suis plus. » C'est dans les règles de sécurité de ne pas dire ce que l'on fait à d'autres, même si on a confiance en eux. Il gagne la première manche, perd la seconde : il accepte, après discussion sur l'événement qu'est l'agression de l'Union soviétique par Hitler. Il est le ronéo du XVIIIe. Ma femme va chez une camarade du quartier de La*

L'Humanité clandestine, numéro spécial, novembre 1940.

l'Humanité

Fondateur : JEAN JAURES
Rédacteur en chef (1926-1937) : VAILLANT - COUTURIER

ORGANE CENTRAL DU PARTI COMMUNISTE FRANCAIS (S.F.I.C.)

N° 131 - 2 OCTOBRE 1941.

Voici les membres du tribunal d'assassins

qui a condamné **Jean Catelas** à la peine de mort

Président : M. **Devise** ; assesseurs, le Général **Blanpin**, le colonel de gendarmerie **Jolivet**, le gouverneur général des colonies **Marchessoux** et M. **Peretti Della Roca**. Le commissaire du gouvernement est le colonel **Favre**

Les agents de la Gestapo qui torturèrent **Catelas** pendant 7 heures avant son jugement lui dirent : "Tu feras comme Doriot et Gitton ou tu crèveras"

Le Tribunal d'Etat a donc appliqué les décisions de la Gestapo

Ces juges ne sont pas des Français ce sont des boches

De ces criminels, disons avec VICTOR HUGO :
"Tu feras expier à ces hommes leurs crimes,
"O peuple généreux, ô peuple frémissant ..."

MARTYRS DE LA LIBERATION NATIONALE
fusillés par les allemands
dans le NORD et le PAS-de-CALAIS

-:-:-:-:-:-:-

Jules ROCH d'Orchies
Florentin DEBRUILLE de Raches
Florimond DAPVRIL de Roost
Floris DUREZ d'Orchies
Kléber VERRIEZ de Sin-le-Noble
Louis BLONDEAU de Raches
Lucien MOREAU de Waziers
François COUPEZ d'Auby
Albert FOUCART de Roost
Louis DUSSART de Bruay
Jules DOMISSE d'Aniche
Alexis WALQUAN de Roost
Arthur BRUNET de Denain
Adolphe GASPARD de Roost
Victor BANCEL de Fresnes
Edmond DEVOS de Valenciennes
Arthur LOUCHEUX de Drocourt
Léon PETITJEAN de Rouvroy
R. LENGLEMEZ de Roost
Fernand TURBANT D'Hénin-Liétard.

le 26 septembre 1941

A PARIS

Eugène DEVIGNE
Mohamed MOALI

le 27 septembre 1941

A ORLEANS

Marcel PILONGERY

le 29 septembre 1941

LES ASSASSINS DE CES PATRIOTES sont:

VON STULPNAGEL
SCHAUMBURG
VON FALKENHAUSEN
NIEHOF

Ces généraux aux mains rouges de sang devront payer ILS PAIERONT !

A Lille a été arrêtée comme otage la militante ouvrière bien connue Martha DESRUMEAUX. Contre les nouveaux crimes qui se préparent, FRANCAIS, TOUS UNIS, DRESSEZ-VOUS !

IL Y A TROIS ANS, C'ETAIT MUNICH.

-:-:-:-:-:-:-:-:-:-:-:-:-:-:-

La fin de Septembre 1939 fut marquée par la signature de l'odieux diktat de Munich qui donnait à Hitler la Tchécoslovaquie avec ses armements et son important potentiel de guerre.

Les auteurs de ce crime furent, on s'en souvient, le sénile Chamberlain et Daladier l'arsouille que poussait le sinistre Georges BONNET dont Pétain a fait un conseiller national.

Chamberlain et Daladier en livrant toute l'Europe centrale à Hitler prirent une position anti-soviétique qui devait empêcher la formation du bloc des démocraties et faciliter la politique de conquête du IIIème Reich. Munich fut en somme l'antichambre de la défaite et de la trahison et ceux qui approuvèrent cet odieux diktat sont aujourd'hui à la solde de l'espion Abetz et du boche Pétain. Par contre, un des journalistes qui dénoncèrent le crime de Munich avec le plus de talent et de courage, Gabriel PERI, est en prison et menacé de la peine de mort par les boches de Berlin et de Vichy.

Dans la France asservie, un traître comme Ferdonnet est personna grata, le traître de Brinon est ambassadeur mais les patriotes sont traqués, fusillés, décapités et pourtant nous partageons la certitude du poète qui a dit: "Ce serait une erreur de croire que ces choses "Finiront par des chants et des apothéoses".

C'est par la sainte révolte du peuple contre la trahison que tout cela finira et pour en finir au plus vite avec l'envahisseur, avec ses valets, ce qu'il faut, c'est l'union et l'action du peuple français aux côtés des autres peuples asservis, aux côtés des anglais, aux côtés des troupes de De Gaulle et aux côtés des héroïques soldats de l'Armée Rouge. Munich fut la défaite des peuples libres, mais trois ans après, nous pouvons dire que l'heure de la revanche des peuples approche à grands pas.

VIVE LE FRONT NATIONAL DE LUTTE POUR L'INDEPENDANCE DE LA FRANCE !

Chapelle qui a une machine à écrire. Elle y tape l'appel. Ça tourne rond. C'est dans une maisonnette en bois, sur la zone, près de la porte de Clignancourt, que, travaillant cette nuit-là, nous sortons l'appel de notre Parti. Le titre Humanité, *le titre de l'appel, la fin de la conclusion ont été calligraphiés avec un clou bien affilé. C'est ainsi qu'en dépit des obstacles, en des heures aussi difficiles où l'Union soviétique était agressée, ce n° 119 est malgré tout paru... Après la Libération, nous apprendrons par sa femme que notre camarade ronéo du XVIIIe, Marcel Bonnenfant, a été arrêté, torturé, fusillé quelques années plus tard.*

Désormais le fascisme est (de nouveau) l'ennemi à abattre. Mais pour l'instant la libération de la France dépend de la victoire de l'URSS. Même si le peuple doit tout faire pour en rapprocher le jour. La répression franchit alors un palier. Fin juillet, *l'Humanité* clandestine annonce en titre que « l'ouvrier parisien André Masseron a été fusillé par les Allemands » et appelle – en toutes lettres et en gros caractères – à la vengeance. Le même numéro annonce l'assassinat par un cagoulard de Marx Dormoy, ancien ministre de l'Intérieur socialiste ; le commentaire ne se fait pas attendre : « Là encore, nous avions tort d'avoir raison trop tôt », vieux travers qui sans être propre au parti communiste contribue à le cerner. En août retentissent les premiers appels au sabotage, qui ne dit pas encore son nom. On en reste aux déraillements. Et le lecteur ne connaîtra pas le geste exemplaire du futur colonel Fabien.

En septembre, Cachin est emprisonné. Et le lecteur découvre de nouvelles listes de fusillés, soit par « les Allemands » soit par « les traîtres de Vichy aux ordres des Allemands ». Parmi ces « martyrs », on peut remarquer Bréchet, sans que son rôle de responsable de *l'Humanité* pour la région parisienne soit naturellement indiqué. Pas davantage quand c'est le tour de Catelas, guillotiné. Après un adieu, *l'Humanité* rejette l'accusation vichyste de terrorisme et invoque la légitime défense qu'elle reprendra en bandeau, en bas du verso, pendant l'automne. Ce sont aussi les exécutions d'otages par des nazis, devenus « véritables bêtes à face humaine » ou encore « cannibales ». La liste déjà n'en finirait pas. Et c'est ainsi Chateaubriant où je retrouve entre autres noms ces noms connus :

– Timbaud, mort en criant « Vive le parti communiste allemand ! » ;

– Poulmarch, qui habite 40 rue Marat à Ivry ;

– Môquet, Guy, dix-sept ans, fils de Prosper, député communiste emprisonné ;

– Michels, oui, Charles Michels, jeune député du XVe arrondissement, secrétaire général de la Fédération des cuirs et peaux, qui avait donc donné son nom à la place où j'accompagnais mon père vendre *l'Huma-Dimanche* autrefois.

Et puis, dans la tradition du journal d'avant-guerre, le numéro 131 donne pour la première fois les noms des membres du tribunal spécial qui a prononcé les condamnations, tout en prétendant que les juges ne sont pas des « Français » mais des « boches » (comme s'ils n'étaient pas français). Avant la Noël, c'est le tour de Péri et Sampaix. Le 23 janvier 1942, ses camarades publient la lettre d'adieu rédigée par Gabriel Péri la dernière nuit et en concluent un rude et salvateur « que nos cœurs se gonflent de haine ». Je m'en voudrais de ne pas la recopier :

Que mes amis sachent que je suis resté fidèle à l'idéal de ma vie ; que mes compatriotes sachent que je vais mourir pour que vive la France. Je fais une dernière fois mon examen de conscience. Il est positif. C'est cela que je voudrais que vous répétiez autour de vous. J'irais dans la même voie si j'avais à recommencer ma vie. Je crois toujours en cette nuit que mon cher Paul Vaillant-Couturier avait raison de dire que le communisme est la jeunesse du monde et qu'il prépare des lendemains qui chantent. Je vais préparer tout à l'heure des lendemains qui chantent. Je me sens fort pour affronter la mort. Adieu et que vive la France.

Depuis six mois, la situation a évolué. En manchette, Vive l'Angleterre accompagne Vive l'Union soviétique. D'un coup de baguette magique, nos cousins grands-bretons ne sont plus des pourris ni leurs

L'Humanité clandestine, n° 131, 2 octobre 1941.

ÉDITION SPÉCIALE PRIX 0 fr. 60 MAI 1942

l'Humanité

ORGANE CENTRAL DU PARTI COMMUNISTE FRANÇAIS (S. F. I. C.)

FONDATEUR : JEAN JAURÈS — RÉDACTEUR EN CHEF (1926-27) : VAILLANT-COUTURIER

L'Europe avec nous !.

STALINE A PARLÉ

Il a montré, dans son rapport du 6 Novembre 1941 à la Séance solennelle du Soviet de Moscou, à l'occasion 24e anniversaire de la fausse Révolution Socialiste d'Octobre 1917, que le parti communiste est le parti de terreur et du sang. Il doit combattre pour rendre aux Juifs et aux Capitalistes anglo-saxons leur place dans monde. Pour cela, le mot d'ordre sera s'il le faut :

TUER, TUER, TUER, sans distinction.

CHAQUE FASCISTE SE TROUVANT SUR NOTRE TERRITOIRE sera détruit, a dit Staline.

Le mot d'ordre des Bolcheviks est :

PÉRISSE LE PEUPLE PLUTOT QUE LE COMMUNISME !

Ne pouvant défendre son pays et son régime, Staline s'écroule. Ses troupes sont décimées impitoyableme par les armées socialistes européennes. Pour tenter de sauver ce qui reste de son pouvoir, STALINE fait tir sans relâche dans le dos de ses propres soldats.

A la déclaration historique de Staline,

Doriot a répondu

Extraits du discours présenté le 1er Février 1942,
au Vélodrome d'Hiver à Paris

FAUX

Mesdames,
Messieurs,
Mes chers Camarades,

La participation d'une Légion française aux combats du front de l'Est me paraît être un fait politique d'une importance capitale.

Un an et demi à peine après la victoire de l'ALLEMAGNE sur la FRANCE, des volontaires français ont combattu aux côtés des soldats allemands.

Le drapeau tricolore de la FRANCE, grâce à nous, a flotté à côté des couleurs allemandes ; le sacrifice français s'est accompli avec le sacrifice allemand ; le sang français a coulé pour la même cause que le sang allemand ; dans un petit cimetière du front de l'Est, quelques noms de héros français sont mêlés à ceux de héros allemands.

Le 2 septembre 1939, et même le 26 juin 1940, on eût traité de fou celui qui aurait osé prédire un tel événement.

Inutile de cacher qu'il était plus difficile aux Français qu'à quiconque en EUROPE de se battre aux côtés des Allemands.

Tout semblait même s'y opposer.

C'est l'histoire du dernier siècle marqué par l'antagonisme franco-allemand, entretenu par l'ANGLETERRE.

C'est la situation actuelle de la France encore soumise aux conditions de l'Armistice.

C'est l'opinion publique travaillée par la propagande anglaise ; autant d'obstacles, autant de difficultés, dont nous avons pleinement conscience.

NOUS NE REGRETTONS RIEN

Et cependant, nous ne regrettons rien.

L'EUROPE est menacée d'un tel danger qu'on nous excusera d'avoir brûlé les étapes de la réconciliation franco-allemande.

Et puis, à travers le brouillard épais de l'EUROPE ancienne, nous avons entrevu l'EUROPE nouvelle.

Libre aux innombrables retardataires de ne pas comprendre le danger qui menace la civilisation tout entière.

Libre à eux de vouloir rester dans leur décrépitude.

Libre à eux de ne pas comprendre que nous cherchons à regagner à notre patrie une place de choix dans l'EUROPE de demain.

LE PLUS FORMIDABLE ARSENAL DU MONDE

La RUSSIE de STALINE : le plus formidable arsenal du monde aux mains d'un sauvage.

Nous avons fait environ 800 kilomètres de BREST-LITOWSK au Front de MOSCOU. Ainsi, nous avons traversé la plupart des grands champs de bataille du secteur central.

CETTE VISION SUFFIT A ECLAIRER LES PLUS SCEPTIQUES SUR LES PREPARATIFS FANTASTIQUES DE STALINE POUR ECRASER L'EUROPE.

Les Russes y ont laissé une quantité inimaginable d'armes de toutes sortes ; des centaines et des centaines de tanks de toutes catégories, y compris des monstres de 52 tonnes ; des milliers de tracteurs et de pièces d'artillerie de tous les calibres ; d'innombrables véhicules de toutes les espèces ; des quantités énormes d'avions. Le travail de destruction opéré par l'armée allemande dépasse l'imagination. Cependant, je ne parle pas seulement du matériel rendu inutilisable.

Une partie importante du matériel soviétique (véhicules automobiles, tracteurs, voire canons), en bon état, a été immédiatement remise en service dans l'armée allemande ou constitue des parcs d'armes et de munitions qui, le cas échéant, pourront toujours servir...

RIEN N'AURAIT PU ARRETER CETTE MONSTRUEUSE VAGUE D'ASSAUT

Le 22 juin, la RUSSIE bolcheviste était le pays le plus armé du monde. Elle avait probablement 25.000 tanks, autant d'avions, une artillerie tractée considérable.

Depuis vingt ans, le Bolchevisme a travaillé à construire cette armée d'invasion. Tout son effort industriel a porté sur l'armement ; un peuple malheureux a été rendu misérable pour fabriquer des armes et des munitions.

On ne peut expliquer par aucune autre raison que la volonté de faire la Révolution communiste européenne, cette préparation à la guerre.

La RUSSIE n'avait pas besoin de sortir de chez elle pour manger. Il lui suffisait d'exploiter ses richesses immenses pour être heureuse. Or, STALINE l'a affamée pour construire des tanks et fabriquer des canons.

Un jour proche, n'en doutez pas, il aurait lancé par surprise cette masse formidable de matériel, servie par vingt millions d'hommes, pour conquérir et bolcheviser l'EUROPE. Rien n'aurait pu arrêter, dans un an ou deux, cette monstrueuse vague d'assaut.

EN MEME TEMPS QUE LES TROUPES RUSSES, S'AVANCERAIT LE COMMUNISME, C'EST-A-DIRE LA GUERRE CIVILE, LE MASSACRE DES NON COMMUNISTES, LA DESTRUCTION DE CE QUE CHAQUE PEUPLE A CREE AU COURS DE SON HISTOIRE, LA FIN DE VOS TRADITIONS, DE VOS FAMILLES, DE VOS CROYANCES, LA DISPARITION DES ELITES.

CEUX QUI SONT LE PLUS MENACES PAR LE BOLCHEVISME, CE SONT LES INTELLECTUELS ET LES PETITS BOURGEOIS QUI ECOUTENT LES PRECHES DE L'ARCHEVEQUE DE CANTERBURY AU LIEU DE MEDITER LES LEÇONS DU CARDINAL BAUDRILLART.

C'EST ÇA, LE PARADIS SOVIETIQUE !

La présence des armées rouges sur notre sol et la victoire du Communisme, ne serait-ce que vingt-quatre heures, les rempliraient d'horreur et leur arracheraient des larmes de sang. S'ils pouvaient voir la RUSSIE de STALINE comme les Légionnaires l'ont vue, ils seraient convaincus.

Pendant tout notre voyage, je n'ai entendu qu'un cri d'étonnement : « C'est ça, le Paradis soviétique ! » Ces hommes étaient des anti-bolchevistes convaincus. Cependant, ils ne s'attendaient pas à trouver un pays si triste, si désolé, si misérable.

Je n'avais pas vu personnellement la RUSSIE depuis dix ans. Je l'ai trouvée en pleine régression.

Il y a dix ans, j'avais déjà constaté la faillite complète de toute l'expérience sociale des Soviets. Ce fut une des raisons essentielles de ma rupture avec le Communisme. Je n'ai pas voulu couvrir la plus grande escroquerie politique de l'histoire.

Mais, depuis dix ans, quel nouveau recul !

Le paysan russe est dans un état réellement pitoyable. Nous avons vécu parmi eux. Le sovkoze et le kolkoze les ont transformés en prolétaires agricoles, à la disposition du Président du Soviet. Dans les villages, toutes les résistances à la politique agricole ont été brisées et de nombreuses paysannes nous ont raconté comment leur père ou leur mari avaient été déportés depuis des années en SIBERIE parce qu'ils s'opposaient au nivellement par en bas.

Dans toute la RUSSIE, des millions d'hommes ont été ainsi sacrifiés à la folie collectiviste et employés comme esclaves dans les grands travaux publics.

La destruction systématique de toute l'élite paysanne ne pouvait manquer de diminuer les forces de production à la campagne. Dans cette période d'hiver, nous avons constaté que de nombreux paysans se contentent, comme nourriture, d'un plat de pommes de terre par jour et de quelques tasses d'eau chaude. Le pain est un mélange de farine et de pommes de terre. La viande a presque disparu. Rien n'est plus triste que de voir dans l'isba la famille russe affamée et dépenaillée, groupée le jour autour du grand poêle en briques sur lequel elle s'entasse pêle-mêle la nuit. Que de fois ces pauvres gens nous ont dit, en nous montrant l'icone sortie de la cachette après le départ des bolcheviks, qu'ils souhaitaient la défaite de STALINE, leur bourreau ! Que de fois nous ont-ils demandé si sa défaite, qu'ils considèrent comme le signal de leur libération, était proche !

STALINE leur avait ordonné de tout détruire : le bétail et les récoltes. Il est important de noter que les paysans n'ont rien détruit du tout.

Nos rapports avec eux sont bons. Il faut reconnaître que la grande masse des paysans se met loyalement à la disposition des armées d'occupation qui les ont protégés contre la menace communiste.

En RUSSIE, le prolétaire était le roi, disait la propagande. C'est en son nom que la clique bolcheviste parlait et agissait. Qu'y a-t-il de plus misérable qu'un ouvrier russe ? Il nous a été donné, à SMOLENSK, de pénétrer dans des logements, de les questionner sur leurs conditions de travail et d'existence. Elles dépassent l'imagination. Pour éclairer les communistes français, je leur souhaite d'être soumis quelques mois à ce régime.

UNE DICTATURE IMPITOYABLE : CELLE DES COMMISSAIRES JUIFS

On s'étonne souvent qu'il n'y ait pas de révolte contre STALINE. Actuellement encore, les Bolcheviks fusillent à l'arrière comme au front tous ceux qui élèvent la voix contre la guerre. Les petits commissaires politiques juifs sont impitoyables à l'égard des malheureux moujiks.

La clique judéo-bolchevique, qui a dominé le pays, avait le mépris le plus complet du peuple ouvrier ou paysan de l'U. R. S. S. Pendant vingt ans, elle s'est acharnée à détruire tout ce qui pouvait constituer une résistance, une opposition, une force de remplacement.

La terreur a avili et abruti la masse russe. Cette masse est une étonnante matière plastique. Le Bolchevisme a détruit les personnalités, les caractères. Et il faudra un temps très long avant que peuple russe puisse se ressaisir et se réorganiser.

Qu'on ne s'étonne pas, dans ces conditions, que cette masse, te risée par les communistes, n'ait pas secoué le joug immédiatement

Dans la conduite des opérations même, Staline a révélé le caractère du Bolchevisme par la brutalité et la sauvagerie inu de sa tactique. Par son ordre et sans nécessité, des villes co MINSK ou SMOLENSK ont été aux trois quarts détruites sans soucier du sort de la population qui y resterait.

On chercherait vainement un acte du Bolchevisme qui ne soit attentat à la personne humaine.

La clique judéo-communiste se proposait d'étendre ce régime od à toute l'EUROPE. Elle s'était minutieusement préparée à transfor la guerre actuelle en révolution communiste ; elle avait construit puissante armure pour faire son coup lâchement et sans risques, l qu'un peuple courageux, dirigé par un homme de génie, lui b son épée menaçante.

RIEN N'A ABATTU LE COURAGE DE MON CAMARADE ALLEMAND

Le grand défaut de ces paniquards, c'est de ne pas connaître qualités de leur adversaire : le soldat allemand. Je vous ai décrit difficultés effroyables de cette guerre, les misères et les souffra de toute nature endurées pendant cette campagne. Je vous ai dit les moyens qui faisaient notre supériorité militaire capitulaient les après les autres devant le froid. Le froid peut faire beaucoup destructions matérielles. Il peut meurtrir des hommes dans leur ch il n'a pas réussi à affaiblir la volonté de mon camarade de comb le soldat allemand.

IL Y A DES GENS QUI ATTENDENT, DEPUIS LE DEBUT CETTE GUERRE, LA DECOMPOSITION DE L'ARMEE, LA CHU DU NATIONAL-SOCIALISME, LA REVOLUTION EN ALLEMAG ILS NE S'APERÇOIVENT PAS QU'ELLE EST FAITE, LA REVO TION ALLEMANDE, QU'ELLE A ETE COMMENCEE PAR HIT ET QU'ELLE CONTINUE SOUS LA DIRECTION D'HITLER. NE VEULENT PAS COMPRENDRE QUE CHAQUE FOIS QUE NATIONAL-SOCIALISME FAIT UNE CONQUETE INTERIEURE ALLEMAGNE, C'EST L'UNITE DE LA NATION ALLEMANDE SE RENFORCE. LE PRESTIGE D'HITLER SUR LA NAT COMME SUR L'ARMEE ALLEMANDE EST IMMENSE. ON DEMANDE EN BONNE LOGIQUE POURQUOI IL EN SER AUTREMENT. IL FAUT AVOIR L'ESPRIT TORDU COMME CE D'UN STALINIEN OU D'UN ANGLOPHILE POUR CROIRE CONTRAIRE.

« SI LA FRANCE ET L'ALLEMAGNE S'UNISSENT, PERSONNE NE POURRA NOUS VAINCRE... »

L'ALLEMAND POURRAIT AUSSI AVOIR CONTRE LE FRANÇ UN CERTAIN RESSENTIMENT PUISQUE C'EST UN GOUVER MENT (PASSAGER IL EST VRAI) DE LA FRANCE QUI A DECLA LA GUERRE. FRANCHEMENT, JE N'AI PAS SENTI CHEZ LE S DAT ALLEMAND DE HAINE CONTRE LA FRANCE. AU CONTRAI

La sympathie que le soldat allemand porte aux légionnaires certes due à notre geste, mais elle dépasse infiniment nos person J'ai souvent eu l'impression qu'elle s'adressait au Français au qu'au Légionnaire. Car à travers le Légionnaire, l'Allemagne c chait toute la France. Cent fois, j'ai entendu les Allemands dir « SI LA FRANCE ET L'ALLEMAGNE S'UNISSENT, PERSONNE POURRA NOUS VAINCRE. » Le Maréchal PÉTAIN vient répéter à M. DE BRINON que le Gouvernement français n'envisag pas d'autre politique que la collaboration franco-allemande ; je s persuadé que si le Maréchal PETAIN faisait une autre politique, décevrait profondément le peuple allemand qui le respecte.

Le combattant allemand de 1914-1918 connaît et respecte la va militaire du Français.

IL FAUT GAGNER LA BATAILLE OU DISPARAITRE

NOUS SOMMES ENGAGES DANS UNE BATAILLE QUE NO N'AVONS PAS LE DROIT DE PERDRE.

JE SUIS CONFIANT DANS SON ISSUE.

IL FAUT LA GAGNER OU DISPARAITRE.

LE BOLCHEVISME EST UN ENNEMI QUI NE PARDONNE P SI, PAR MALHEUR, NOUS LE MANQUIONS, IL NE MANQUERA PAS L'EUROPE.

Grâce à DIEU, nous gagnerons et nous sauverons notre civilisat

Mon pays, menacé plus qu'un autre par l'entreprise bolchevis n'a plus le droit d'assister en spectateur impassible à ce conflit mo trueux, mais grandiose, car c'est le sort du monde qui se jo

Avec une poignée d'héroïques Français, nous sommes entrés d la carrière. Qu'ils nous suivent sans hésiter.

C'est la seule voie de salut, celle qui redonnera à la FRAN l'honneur et la liberté.

Paris, 1er février 194

dirigeants syndicaux une espèce insulaire de traîtres puisqu'on applaudit à une rencontre entre les *trade unions* et les syndicats soviétiques. Le général de Gaulle entre au sommaire et *l'Humanité* transmet même un message amical de Staline à de Gaulle, c'est tout dire. Les lettres pastorales de l'archevêque de Toulouse et de l'évêque de Montauban s'y retrouvent. Le lecteur voit aussi réapparaître des références culturelles : Hugo dont les poèmes et les proses se prêtent parfaitement à l'épopée ; Maupassant car, les Allemands ayant tourné au cinéma un *Bel Ami*, le parti communiste tire et diffuse en « brochurette » la nouvelle *Le Père Milon*, l'histoire d'un paysan qui tue seize uhlans prussiens en une nuit lors de la guerre de 1870.

On observe une constante durant l'année 1942 : la défense et l'illustration des luttes revendicatives restent essentielles. Toutes les catégories sociales sont encouragées, ouvriers, employés, paysans, femmes, vieux. En ce sens, résister ce serait déjà résister à la misère et – ce faisant – affaiblir le régime de Vichy. Les manifestations de femmes, sur les marchés ou en usine, sont particulièrement mises en valeur. Les grèves se multiplient. Si c'est une impression, elle est bien rendue. On en vient même à préparer une grève générale pour le 1er Mai.

En même temps, chaque numéro dresse un inventaire des actions perpétrées par les groupes de Francs-tireurs et partisans. Les actes de sabotage sont à la fois signalés et donnés en exemple. Leurs auteurs prennent le statut de « héros ». Bientôt elle publiera régulièrement les communiqués des FTP. Une manifestation des lycéens du lycée Buffon a les honneurs du communiqué (pour avoir passé à mon tour sept ans dans ce lycée, je suis bien placé pour savoir ce qu'il en coûtera à cinq d'entre eux). Quand le régime de Vichy tente de mettre en place la relève, *l'Humanité* clandestine orchestre la campagne « Pas un ouvrier français pour Hitler ». Elle y insiste d'autant plus qu'elle en connaît – et montre qu'elle en connaît – la conséquence : les ouvriers réfractaires vont grossir les rangs des FTP et les paysans sont alors invités à leur apporter l'aide nécessaire. Si la Résistance se développe, la répression augmente. Politzer et Solomon sont exécutés et on retrouve leur nom à côté de celui d'Estiennes d'Orves.

Mis en confiance, le parti communiste se lance dans une campagne de recrutement et les numéros clandestins appellent à former de nouveaux groupes de trois (l'unité de base résistante) et de nouvelles cellules. Il réinvestit l'histoire nationale. Pour le dimanche 10 mai, *l'Humanité* clandestine se lance dans un panégyrique de Jeanne d'Arc, pourtant confisquée par Vichy ; elle se fend d'un historique avec Domrémy, Charles VII et tout le toutim, et assure que Jeanne « prit le parti de la Résistance ». Pour le 14 Juillet, une manifestation est organisée place de la République et on peut lire en capitales « VIVE LA RÉPUBLIQUE ». En septembre, voici Valmy et une nouvelle manifestation place de la République. Une lignée nationale est retracée : 1) Jeanne d'Arc ; 2) Valmy ; 3) Nous. À cette aune, on pourrait tenir pour négligeable la manie déplaisante des anniversaires, Staline, mais aussi Thorez en avril et Marty en novembre.

Une manifestation des lycéens du lycée Buffon a les honneurs du communiqué.

Le sort des Juifs n'est pas indifférent à *l'Humanité* clandestine. En mai, l'article « Les dessous du racisme » établit une distinction trop habile entre les Juifs pauvres « odieusement traités », internés, fusillés, jetés dans les camps « où les nazis les font mourir à petit feu » et « les capitalistes juifs » collaborateurs, nommément les dix-huit membres « placés à la tête » de l'Union générale des israélites de France par « les boches ». Après la rafle du Vél' d'Hiv', elle déplace l'accent. Elle dénonce le port de l'étoile jaune, l'épouvante et l'indignité de la rafle, le rôle des policiers français dont elle indique qu'elle détient les noms, les camps de concentration. Elle se montre solidaire, par vertu, et par force, aujourd'hui ce sont les Juifs demain ce sera nous.

Toute l'année, *l'Humanité* clandestine salue les victoires de l'Armée rouge. En août, elle croit pouvoir annoncer l'ouverture d'un deuxième front sur le continent. En novembre, elle se réjouit du débarquement anglo-américain en Afrique du Nord. À partir de Stalingrad, le vent tourne.

Faux de *l'Humanité* clandestine. mai 1942.

★

Le 21 janvier, jour de la mort de Lénine, personne ne l'a oublié, le 200e numéro de *l'Humanité* clandestine paraît. Il salue son ancien directeur Cachin et lui donne la parole un mois plus tard. Cachin lance un appel à l'action et même à l'insurrection. Il cite un Hugo bienvenu, « organisons l'effrayante bataille de la Patrie ». Il revendique sa place au milieu de ses compagnons de lutte et de ses camarades communistes. On le sent ému : « Je veux rester fidèle au souvenir de tous mes jeunes amis très chers morts en martyrs. » On peut le sentir à la fois sincère et légèrement contraint par la mémoire des ambiguïtés de l'année 40 quand il loue « l'éternel honneur » du parti communiste de « s'être toujours placé à la pointe du combat ».

Cependant la bataille de Stalingrad s'achève. Le lecteur suit les péripéties de numéro en numéro, sans en percevoir l'âpreté, tant la victoire semble depuis des mois assurée, tant la réalité concrète cède devant toute une géographie où résonnent les noms mystérieux de Voronej Kislovodsk Krasnodar Koursk Kharkov et devant un vertige arithmétique qui se complaît à énumérer le butin en prisonniers en kilomètres en avions tanks chars canons mortiers mitrailleuses fusils fusils-mitrailleurs fusils antichars cartouches camions motocyclettes chevaux tracteurs trains blindés locomotives fourgons wagons dépôts de vivres dépôts de munitions parachutes postes émetteurs, « etc. ».

Dans ces conditions, il s'agit d'intensifier la lutte armée. *L'Humanité* clandestine le réitère à travers la phrase souvent reprise du général de Gaulle : « La libération de la France est inséparable de l'insurrection nationale. » Cette détermination ne va pas sans sacrifice et suscite de fermes recommandations. Le glorieux *Staline* de Barbusse reprend du service : « Il faut se faire plus volontiers enfoncer un fer rouge dans la peau ou casser les dents, que de cracher un nom ou une adresse. » Un autre encart ne tourne pas autour du pot : « Un militant qui *donne* des compagnons de combat à la police quand il est arrêté agit en traître et mérite le châtiment des traîtres. » Celui qui s'engage sait à quoi il s'engage.

Toute une géographie où résonnent les noms mystérieux de Voronej Kislovodsk Krasnodar Koursk Kharkov.

Le 23 février advient le 25e anniversaire de l'Armée rouge, ce qui tombe plutôt bien. Le lecteur a droit à un long historique aussi simple que celui de Jeanne d'Arc. L'ombrageux Trotski en prend pour son grade, traître parmi les traîtres, pour un peu on croirait que c'est Staline en personne qui a organisé et dirigé l'Armée rouge. D'ailleurs il sera nommé maréchal en mars, maréchal suprême c'est encore mieux. L'hommage exalte l'intensité de la vie culturelle au sein de la glorieuse armée, humaniste, alphabétisée, où les soldats disposent de clubs de cinéma, classes de mathématiques, laboratoires de physique, ateliers de théâtre et, *last but not least*, nous l'admirerons une fois la guerre finie, un incomparable ensemble de chœurs et danses.

Mais voilà qu'en avril éclate la bombe de Katyn. On a retrouvé dans la forêt de Katyn, près de Smolensk, une fosse qui contient les cadavres de milliers d'officiers polonais. Or le gouvernement polonais en exil à Londres accuse l'Armée rouge de ce crime. Aussitôt *l'Humanité* clandestine s'empresse de désamorcer la bombe. Presque tout le recto-verso passe à la réfutation de cette incrimination. Elle retourne l'accusation contre l'armée allemande et reproche au gouvernement polonais de se prêter à une manœuvre de diversion. Elle traite le massacre comme s'il s'agissait d'un nouvel incendie du Reichstag, rappelle que plus un mensonge est gros plus il a de chances d'être cru. Elle donne des arguments en apparence irréfutables qui ne laissent pas le moindre doute, s'il pouvait y avoir la moindre place pour le doute. Elle reprend l'antienne si pratique qui consiste à dénoncer des calomnies antisoviétiques dont la fonction est alors de faire le jeu des nazis.

En permanence, le journal se bat pour contrebalancer la propagande allemande, la propagande vichyste, pour dénoncer les mensonges voire les faux les plus grossiers. Il n'a pas oublié cette fausse *Humanité* de mai 1942 conçue par les vichystes, avec faucille et marteau et le nom de Jaurès et tous les signes immédiatement reconnaissables du journal, qui titrait un classique « Staline a parlé » et sous-titrait un moins classique « Le mot d'ordre des bolcheviks est : Périsse le peuple plutôt que le communisme ! » avant qu'en petits caractères elle n'indiquât « Doriot a répondu » et reproduisît des extraits de son discours à la trame hostile aux judéo-bolcheviks.

Un numéro complet est consacré à la dissolution du Komintern. On y apprend que le parti l'approuve ; après un long développement sur les sources françaises du communisme, l'exposé reprend l'argumentaire des nécessités de l'heure non sans un paquet de « remerciements affectueux » à Staline pour tout son apport scientifique au mouvement communiste international. Le texte intègre une citation de Barbusse, tirée de son… *Staline*… vous avez bien deviné. « Quel que soit son métier, le communiste se double d'un soldat et se double d'un instituteur et lorsqu'il faut un héros, il est là pour ça. » Comme quoi la vie est moins compliquée qu'on ne l'imagine parfois. Quatre mois plus tard, un autre numéro reprend la citation en manchette et le communiste qu'on avait cru français y est redevenu « le communiste soviétique ».

Tout ce temps, *l'Humanité* clandestine continue à jouer le rôle qui lui est dévolu. Elle informe de l'évolution des événements à Alger avec la constitution du Comité français de libération nationale et le rôle qu'y jouent les représentants du parti communiste. Elle soutient les revendications sociales et vise à leur conférer l'ampleur la plus large. Comme elle s'était mobilisée contre la relève, elle se mobilise maintenant contre le STO. Elle s'adresse aux jeunes concernés : « La France tout entière est derrière vous et vous appelle à la Résistance. Jamais, jamais vous ne consentirez à servir Hitler… » Sur la lancée, elle exalte l'action des FTP ; ainsi, « bravo », le 2 juillet elle applaudit à l'assassinat du chef de la Brigade spéciale vichyste, « ça ne fait pas un Français de moins » ; le même jour, elle adresse un message aux cheminots : « Vous avez Wodli à venger », oui, Wodli, le nom de ma cellule des années soixante-dix quand j'étais devenu CDH, décidément ; le message est entendu : entre le 10 et le 14 juillet la bagatelle de 11 déraillements, 24 locomotives et 200 wagons détruits et, rien que le 10 juillet, 200 permissionnaires « boches » tués dans un déraillement.

Encore toute une année avant la libération de Paris, toute une année avec son défilé de luttes et son cortège de batailles et sa procession de fusillés et pour moi, quand je tombe sur le numéro 254 bis, le nom de Delaune devenu une multitude de stades et une coupe de football que j'ai disputée et le nom de Lacazette dont je n'oublierai jamais la lettre d'adieu à sa femme lue quand j'avais quinze ans, voilà, il y a Desnos et sa lettre à Youki et il y a Lacazette.

Et tout ce temps *l'Humanité* clandestine reste fidèle à son poste. On y retrouve les mêmes sujets, et Thorez a désormais quarante-trois ans et Marty cinquante-sept. Si on tente en revanche de voir ce qui y change, quelques observations s'imposent. Un article s'intéresse aux intellectuels ; il est signé Cogniot, il se réfère à *L'Honneur des poètes* que les poètes réunis autour de Pierre Seghers ont fait paraître, mais il rassemble de manière très discutable en un même hommage Jaurès et Péguy « unis dans le sacrifice pour sauver la France ». Une promotion récompense de Gaulle désormais cité à l'instar de Barbusse, lui n'a pas écrit un *Staline*, mais il a dit : « Les communistes jouent un rôle énorme dans la Résistance. Ils s'opposent à l'ennemi avec un dynamisme auquel il me plaît de rendre hommage. » J'aime ce « il me plaît ». Visiblement les responsables de *l'Humanité* clandestine aiment toute la phrase car ils la reproduiront plusieurs fois. Le sport fait sa réapparition : au Stadium de Moscou une étudiante de vingt-deux ans a battu le record du monde féminin des 800 mètres en 2 minutes 12 secondes. Un poème est publié au milieu du recto ; il est signé Jacques Destaing et commence par les vers bientôt célèbres « Et s'il était à refaire / Je referais ce chemin… ». Pour le 26e anniversaire de l'Armée rouge, une carte nous permet de mieux suivre « la plus grandiose épopée de tous les temps ». Plusieurs éditions féminines témoignent du rôle capital des femmes dans la Résistance ; j'y ai relevé notamment un « salut à nos sœurs corses » introduit par le souvenir de Danielle Casanova, et une pensée attendrie pour la mère de Guy Môquet.

En vue du retour à la légalité républicaine, une grande campagne de recrutement est entreprise. *L'Humanité* clandestine multiplie les exemples d'adhésions en masse et indique des objectifs ambitieux. Le parti communiste a conscience de sa puissance, qui n'est pas sans provoquer des tensions. Une note en bandeau affiche cette maxime malheureuse : « On est en droit de considérer celui qui fait de l'anticommunisme comme faisant le jeu de l'ennemi. » Le 1er juin, *l'Humanité* clandestine sort son 300e numéro. Le lecteur y trouve un article conséquent de Cachin où paradoxalement on sent déjà poindre l'après-guerre à

Place de la Concorde, août 1944.

Nº 303 - 15 Juin 1944.

l'Humanité

ORGANE CENTRAL DU PARTI COMMUNISTE FRANÇAIS

FONDATEUR : JEAN JAURÈS — RÉDACTEUR EN CHEF (1926-1937) VAILLANT-COUTURIER

C'est par le combat et dans le combat que nous devons préparer L'INSURRECTION NATIONALE

Après le débarquement des troupes alliées sur notre sol national

LES DEVOIRS QUI S'IMPOSENT AU PEUPLE DE FRANCE

" Pour les fils de France, où qu'ils soient et quels qu'ils soient, le devoir simple et sacré est de combattre par tous les moyens dont ils disposent ".

Général de Gaulle (6 Juin 1944)

Le 6 Juin au matin, des troupes alliées ont opéré en France le premier débarquement, annonciateur de nouvelles opérations. Ainsi a commencé à se réaliser le second front à l'ouest, tant redouté par Hitler.

En ce mois anniversaire de la grande trahison de 1940, qui livra la Patrie aux envahisseurs hitlériens, les Français saluent dans le débarquement allié une première revanche sur l'ennemi maudit, le commencement de l'implacable châtiment qui devra s'abattre sur Pétain, Laval et autres organisateurs et profiteurs de la défaite et des malheurs de la France.

En ce mois anniversaire de l'attaque des nazis contre l'U.R.S.S. de 1941, les Français saluent les immenses services rendus à la cause des nations unies par la glorieuse Armée Rouge qui, sous le commandement du maréchal Staline, a infligé d'irréparables défaites aux troupes hitlériennes, se prépare à de nouvelles offensives et donne à tous les patriotes de tous les pays opprimés, l'exemple de l'abnégation, du courage et de l'esprit d'initiative dans le combat.

Avec le débarquement allié et la réalisation d'un second front qui ne peut pas ne pas prendre une ampleur croissante, la lutte pour la libération de la Patrie est entrée dans une nouvelle phase et, de ce fait, de grands devoirs incombent au peuple de France tout entier.

Les envahisseurs et leurs complices savent que le peuple de France leur voue une haine mortelle et entend les frapper par tous les moyens en son pouvoir. Ils tremblent à la pensée que les masses populaires de notre pays, suivant l'exemple des Francs-Tireurs et Partisans, sont résolues à entrer dans la bataille libératrice.

Les appels de Darnand, de Déat et de Doriot suent la peur et montrent en même temps jusqu'à quel degré d'abjection ces misérables ont roulé dans la boue de la trahison.

La vérité est que, contraint de faire face aux exigences de la guerre sur trois fronts, Hitler dispose d'effectifs trop peu nombreux. Il subit les terribles conséquences des pertes effroyables en hommes qui lui ont été infligées sur le front de l'Est. Il sait qu'il ne dispose pas d'effectifs suffisants pour tenir tête aux alliés sur les fronts de l'Est, de l'Ouest et d'Italie et il a peur d'être débordé par l'action des peuples opprimés à qui le peuple yougoslave, sous la conduite du maréchal Tito, donne un magnifique et encourageant exemple.

LES TRAITRES DE VICHY AU SERVICE DES BOCHES

Dans ces conditions, Hitler appelle à l'aide ses traitres de service : Pétain, Laval, Darnand, Déat, Doriot, Henriot et Cie. Les deux premiers ont rempli leur mission de valets des boches en recommandant au peuple de France la soumission totale à l'envahisseur, en disant aux Français de ne rien faire contre les hitlériens, en donnant ordre aux fonctionnaires et travailleurs des services publics de servir l'ennemi en suivant les directives données par les vendus de Vichy.

Quant à Darnand, il sert ses maitres boches en mobilisant la milice afin de remplacer les soldats boches trop peu nombreux, pour pouvoir tenir tête aux patriotes. Darnand a désigné comme cible à ses tueurs les patriotes, les communistes, les Francs-Tireurs et Partisans, les membres de l'Armée Secrète, en un mot tous ceux qui entendent lutter pour l'indépendance de la Patrie.

Le Waffen SS Darnand, qui a juré obéissance à Hitler et que Pétain a fait secrétaire général au maintien de l'ordre, donne ainsi à ses tueurs l'ordre de massacrer les patriotes, il leur donne l'ordre de se substituer aux boches pour assassiner des Français. Et à la milice de Darnand viennent s'ajouter les assassins à gages de Déat et de Doriot. Jamais on ne vit s'étaler aussi impudemment une trahison aussi monstrueuse qui ne peut que révolter l'ensemble des Français.

Ainsi, toute l'anti-France se mobilise, suant de peur, faisant alterner menaces et flatteries à l'adresse de notre grand peuple qui, sûr de sa force, est bien décidé à débarrasser la France de ses envahisseurs et de leur abjecte camarilla de traitres qui, au reste, ne sont qu'une infime minorité.

Mais si le Waffen SS Darnand mobilise ses tueurs, il est en même temps le chef de toutes les forces de police, des GMR, des gardiens de prison et une telle situation met ces agents de la force publique dans l'obligation de choisir, et de façon nette et claire, entre le service de la patrie et la trahison au service de l'ennemi.

FACE A UN ENNEMI AFFAIBLI, LA FRANCE DOIT SE DRESSER

C'est donc face à un ennemi affaibli, ne pouvant disposer de forces suffisantes pour tenir les fronts de bataille et le front de l'intérieur, face à un ennemi qui compte encore pouvoir retarder l'heure de son effondrement en se servant de traitres et en s'efforçant de conserver les possibilités de déplacement de ses unités, pour parer aux attaques le menaçant de partout, que le peuple de France peut et doit jouer un rôle énorme dans le développement de la lutte libératrice aux côtés des alliés.

Plus que jamais, l'attentisme déshonorant et lâche que certains ont, pendant trop longtemps, essayé de présenter comme l'expression d'une prétendue sagesse, doit être banni des rangs des patriotes et dénoncé comme une manœuvre de l'ennemi. Hier, des hommes déclaraient qu'il ne fallait rien faire avant le débarquement et aujourd'hui que le débarquement est commencé, ces mêmes hommes ne vont pas manquer de répéter qu'il faut attendre, se réserver. Et certains qui entendent se réserver ne sont pas mûs seulement par un sentiment de lâcheté, mais aussi par la haine du peuple qui leur fait oublier l'ennemi, pillant et martyrisant notre pays pour ne penser qu'au " maintien de l'ordre " après la libération. Pourtant, personne, hormis les hommes des trusts traitres à la France et désireux d'imposer demain à notre pays un fascisme sans Hitler, dont ils sentent la défaite inévitable, ne peut songer à troubler l'ordre. " Pour tous les fils de France, le devoir simple et sacré est de combattre " a dit le général de Gaulle et cette consigne ne peut qu'être approuvée par tous les Français dignes de ce nom. Oui, le devoir est de combattre et tous les attentistes, les lâches, les phraseurs qui veulent remplacer les actes par des mots, les " politiques habiles " qui se réservent pour les places et dédaignent l'action, tous ceux-là doivent être empêchés d'entraver la mobilisation totale et la mise en action de toutes les forces dont dispose le peuple de France. L'heure est aux vaillants, aux hommes d'action et de détermination, à ceux qui ne reculent ni devant les risques, ni devant les difficultés du combat, à ceux qui, sachant qu'un pays comme la France ne redeviendra un grand pays que par le sacrifice de ses enfants, sont prêts à tout pour reconquérir, dans le combat et par le combat, d'imprescriptibles droits à la restauration de la France dans sa liberté, son indépendance et sa grandeur.

LE DEVOIR EST DE S'UNIR, DE S'ARMER, DE SE BATTRE

Pour tous les patriotes et pour les communistes en premier lieu, le devoir simple et sacré est de s'unir, de s'armer, de se battre, de façon à faire participer la France entière, par tous les moyens et le plus vite possible, à un combat sans merci contre l'envahisseur et les traitres, afin de hâter l'heure de la victoire.

Le devoir patriotique, à l'heure où l'ennemi tente de remédier à l'insuffisance de ses effectifs en s'efforçant de maintenir leur mobilité, est de désorganiser les communications, de saboter les chemins de fer, de faire dérailler ses trains de faire sauter les ponts, de porter des coups de plus en plus durs aux communications par rail.

Dans l'accomplissement de ce devoir patriotique, les cheminots ont un rôle énorme à jouer. Eux, qui ont à venger Pierre Semard, Jean Catelas, Georges Wodli et tant d'autres des leurs, assassinés par les boches, doivent combiner les destructions et sabotages de toutes sortes avec l'action revendicative de masse et le déclanchement de grèves qui seront autant d'éléments de préparation de la grève générale et de l'insurrection nationale.

Ils doivent développer rapidement leurs groupes de F.T.P. et leurs milices

LE SALUT EST DANS LE COMBAT...

" Pour les fils de France, où qu'ils soient et quels qu'ils soient, le devoir simple et sacré est de combattre par tous les moyens dont ils disposent ".

Général de Gaulle, 6/6/1944.

" La libération, la renaissance de la France, la place que notre pays tiendra dans le monde de demain seront, avant tout, le prix de notre union, de nos efforts, de nos sacrifices ".

Maurice Thorez, 18/5/1944.

" Il faut que notre peuple prenne la place qui lui revient dans la lutte contre l'ennemi commun aux côtés des alliés soviétiques dont la glorieuse Armée Rouge remporte victoires sur victoires et aux côtés des alliés anglo-américains qui vont prochainement, sans nul doute, réaliser le 2e front à l'ouest et hâter ainsi l'effondrement de l'hitlérisme ".

Jacques Duclos, 15/3/1944.

" Montrons-nous dignes de nos martyrs en poursuivant avec plus d'énergie que jamais le combat pour la France ".

Marcel Cachin, 1/6/1944.

" Un peuple ne peut aspirer à la liberté et à l'indépendance, il ne peut espérer pour son pays le titre de grande Nation s'il n'est pas lui-même le principal artisan de sa libération ".

Benoit Frachon, 7/12/194[illegible]

travers le regard porté sur ces années de guerre mais aussi s'affirmer « la douleur devant tant de pertes irréparables ». La semaine suivante, quand les troupes alliées débarquent en Normandie, le journal insiste sur « les devoirs qui s'imposent au peuple français ». À qui l'ignorerait, chaque numéro à partir de juillet informe que Thorez parle de Moscou, tous les jeudis à 20 heures.

En août, tout converge vers la bataille de Paris. Le 18 août paraît le dernier numéro clandestin. C'est toujours un recto-verso, il y a toujours les noms de Jaurès et de Vaillant-Couturier en frontispice. Au-delà d'un appel pressant si ce n'est comminatoire au combat, et du rappel lancinant de la demande d'un visa d'entrée en France formulée sans succès pour Thorez, le lecteur se réjouit avec les rédacteurs de cet épisode repris une fois n'est pas coutume à la *Pariser Zeitung* : « Près de Chalon-sur-Saône, la péniche *Citerne IV* chargée de 200 000 litres de vin a disparu, enlevée par le maquis. »

Paris est libéré. Depuis le début de la semaine, *l'Humanité* n'est plus clandestine. Le lundi 21, elle reparaît dans la légalité insurrectionnelle, au grand jour. Elle retrouve sa maquette traditionnelle, son directeur, des locaux, rue d'Enghien. Elle coûte 2 F. Elle sort à cinq heures du matin. Elle invite à pavoiser la capitale avec drapeaux tricolores et anglais et américains et soviétiques. Elle invite également à l'insurrection, aux barricades. Le mardi, elle lance un mot d'ordre de grève générale qu'elle ne reprend pas les jours suivants. Elle ne mâche pas ses mots : « Pas un boche ne doit sortir vivant de Paris insurgé » puis « À chaque Parisien son boche ». Le vendredi, elle entonne un triomphal Vive la France immortelle. C'est bien joli l'immortalité, mais ce n'est pas tout, il faut songer à un avenir plus immédiat. Chaque lecteur peut chaque jour remplir et découper son bulletin d'adhésion au « parti des fusillés », un seul bulletin suffit, mais s'il y regarde à deux fois il sera peut-être impressionné par le fait qu'on le recrute « pour remplacer les milliers de communistes » tombés au combat.

La période qu'on appelle la Libération commence. L'exaltation est à son comble. Mais dans cette exaltation il y a une part de tristesse. Un très lourd tribut a été versé à cette libération. À *l'Humanité* rôdent forcément les spectres, même souriants, de Gabriel Péri et de Lucien Sampaix, auxquels la dignité veut qu'on adjoigne ceux de leurs compagnons de travail et de résistance :

– Pierre Lacan, secrétaire de rédaction, fusillé en 1942 ;
– Robert Blache, secrétaire de rédaction, fusillé en 1942 ;
– Henry Terryn, chef des services politiques, fusillé en 1942 ;
– René Lepape, rédacteur, fusillé en 1942 ;
– Julien Landagrin, typographe, fusillé en 1942 ;
– Léa Maury, rédactrice, tuée en mission en 1943 ;
– Maurice Grandcoing, inspecteur de ventes, fusillé ;
– Raoul Chollet, photographe, mort sous la torture ;
– André Chennevière, chef des services littéraire et artistique, tout juste mort sur les barricades pendant la Libération.

Et bientôt, car la guerre n'est pas finie :

– Victor Messer, rédacteur, mort en déportation en 1945 ;
– Henri Vincent, typographe, mort en déportation en 1945 ;
– Pierre Mars, chef des services d'information, mort le jour de l'an 1945 des suites des privations dues à la clandestinité.

Ci-contre : *l'Humanité* clandestine, n° 303, 15 juin 1944.
Double page suivante : défilé du 11 novembre 1944.

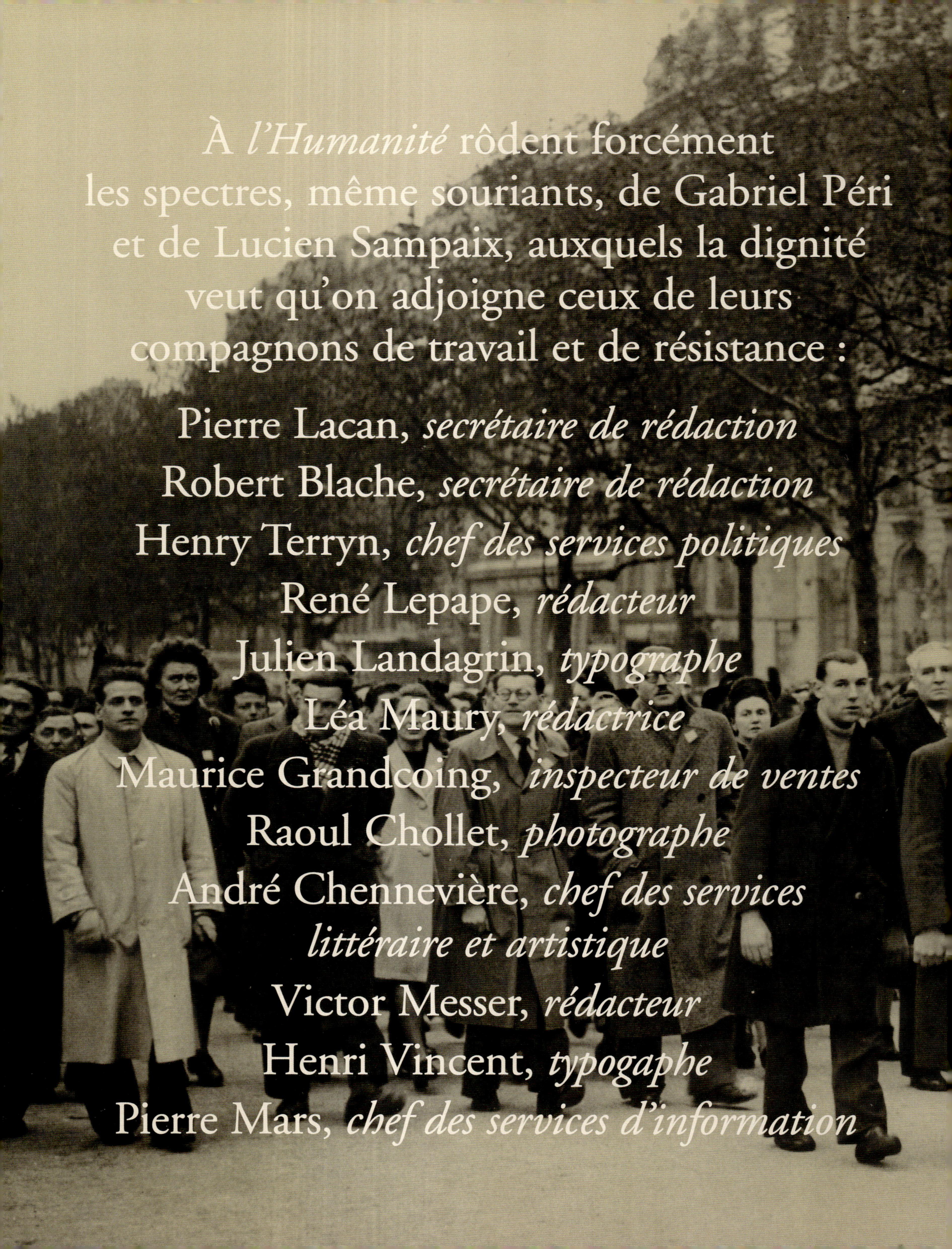

À *l'Humanité* rôdent forcément
les spectres, même souriants, de Gabriel Péri
et de Lucien Sampaix, auxquels la dignité
veut qu'on adjoigne ceux de leurs
compagnons de travail et de résistance :

Pierre Lacan, *secrétaire de rédaction*
Robert Blache, *secrétaire de rédaction*
Henry Terryn, *chef des services politiques*
René Lepape, *rédacteur*
Julien Landagrin, *typographe*
Léa Maury, *rédactrice*
Maurice Grandcoing, *inspecteur de ventes*
Raoul Chollet, *photographe*
André Chennevière, *chef des services*
littéraire et artistique
Victor Messer, *rédacteur*
Henri Vincent, *typogaphe*
Pierre Mars, *chef des services d'information*

l'Humanité

1944
1957

l'Humanité

ORGANE CENTRAL DU PARTI COMMUNISTE FRANÇAIS

FONDATEUR : JEAN JAURES
REDACTEUR EN CHEF (1926-1937) : VAILLANT-COUTURIER
DIRECTEUR : MARCEL CACHIN SENATEUR DE LA SEINE

DIMANCHE 15 et LUNDI 16 JUILLET 1945

Tirage du numéro précéd. : 144.433

ADRESSE : 18, RUE D'ENGHIEN, PARIS-X°
Téléph. : PROv 15-21 Chèque postal : 24-18
Inter : PROv 93-60
42° ANNEE (nouvelle série) N° 288 2 FRANCS

LA TETE DU CORTEGE HIER APRES-MIDI, A LA MADELEINE

FOULE ENTHOUSIASTE ÉCHELONNÉE DE LA CONCORDE A LA BASTILLE — MANIFESTANTS EN IMMENSE CORTÈGE

un million de Parisiens ont acclamé

— UNIS AUX DÉLÉGUÉS DES ÉTATS GÉNÉRAUX DE LA RENAISSANCE FRANÇAISE —

LA REPUBLIQUE, LA CONSTITUANTE SOUVERAINE

l'unité de la classe ouvrière et l'union des démocrates

« *Pétain au poteau ! A bas les trusts sans patrie ! Tout pour la production et la renaissance de la France !* » criait sans se lasser la masse unanime

LES GROUPES DE LA JEUNESSE EN COSTUME HISTORIQUE ONT ÉTÉ PARTICULIÈREMENT REMARQUÉS

CHALEUREUSES OVATIONS, TOUT AU LONG DU PARCOURS AU COMITÉ CENTRAL DU PARTI COMMUNISTE

Le matin, en saluant nos troupes victorieuses, le peuple avait affirmé son attachement aux principes d'une grande armée nationale et démocratique

LES délégués du Palais de Chaillot conduisaient hier le cortège du Quatorze Juillet de la Concorde à la Bastille.

Comme à Paris, les décisions de la réunion des Etats Généraux ont été accueillies dans le pays tout entier avec enthousiasme. Les délégués peuvent être fiers du succès auquel ils ont tous contribué. Ils ont montré aux sceptiques que l'union de la Résistance, que l'esprit de la Résistance avaient conservé toute leur vertu, toute leur efficacité au service de la renaissance du pays, en dépit de certaines manœuvres et de certaines intrigues. Grâce à l'heureuse issue du congrès de Chaillot, la route de la République progressive et démocratique en France se trouve aujourd'hui plus libre.

La manifestation sans précédent qui s'est déroulée sur les grands boulevards de Paris a dignement couronné les travaux du Congrès. Elle a réuni le peuple entier de l'illustre cité. Et ce peuple innombrable a donné le spectacle de son unité de pensée, de son amour de la patrie et de la République, qu'il a acclamée de toute son âme généreuse. Ce peuple était tout joyeux sous le soleil brûlant de juillet. Il manifestait son allégresse et son espérance avec une émouvante effusion. Il a ovationné les délégués des Etats Généraux et les représentants de toutes les organisations républicaines françaises qui prenaient part au défilé grandiose. Il a réservé aux membres du Comité Central de notre Parti Communiste un accueil inoubliable, par lequel s'exprimait un attachement fraternel, et profondément touchant.

Les mots d'ordre qui dominaient étaient naturellement ceux du Conseil National de la Résistance, qui sont devenus si familiers à tout le peuple de France. Mais il faut dire pour la vérité que deux d'entre ces mots d'ordre étaient spécialement retenus par l'immense foule. C'était d'abord l'acclamation pour la *Constituante souveraine*, pour l'appel au peuple de France, pour la confiance au peuple de France, pour sa liberté, qu'il a gagnée en libérant sa patrie. Et puis, le peuple a exprimé une fois de plus avec une force invincible sa ferme volonté d'unité !

On rendra cette justice à notre Parti qu'il a beaucoup fait pour rendre populaires ces appels à l'unité des Français. Nous en appelions à l'unité des Français d'abord pour barrer la route à Hitler, puis pour chasser l'envahisseur. Nous proclamons encore avec la même ardeur la nécessité de l'unité de tous pour l'effort de production et la renaissance de la France, pour l'épuration et pour la démocratie. *Unité, Unité !* c'était le cri de Maurice Thorez à notre mémorable X° Congrès. C'est le mot d'ordre lancé par Jacques Duclos à ce même Congrès, lorsqu'il préconisait avec de si irrésistibles arguments l'union définitive des deux partis qui se réclament de la classe ouvrière.

Le peuple de Paris, comme celui de la France entière, a retenu ces pressants appels à l'unité ! Il les a faits siens hier d'un seul élan. Et nous avouons que l'acclamation qui, hier après-midi, nous allait le plus au cœur lors de la montée triomphale de la Concorde à la Bastille, c'était, avec les cris de *Vive Thorez !* celle-ci, très simple et très expressive :

Vive le Parti Communiste, qui est *LE PARTI DE L'UNITE !*

Marcel CACHIN.

17 heures. Entre la place de la Concorde et le Grand-Palais, qui porte les traces de la glorieuse insurrection nationale, l'animation commence à régner sous les ombrages. De toutes parts, surgissent les banderoles, les drapeaux, les pancartes qui vont traverser Paris au milieu d'un peuple uni et puissant.

Nous circulons au hasard des groupes. Près du Petit-Palais, un immense transparent, artistement dessiné dans le métal, de l'Union des Syndicats de la Région Parisienne ; un groupe de fraîches jeunes filles, coiffées de grands chapeaux de soleil, s'apprête au collectage. Sur l'avenue des Champs-Elysées un fort groupe de jeunes de l'Union des Syndicats, en costumes de sans-culottes, se rassemble en dansant la farandole.

A l'angle de la place de la Concorde, le Conseil National de la Résistance va prendre place derrière *Louis Saillant* ; les délégués aux Etats Généraux se massent immédiatement après le Comité Parisien de la Libération et son président *André Tollet*.

A quelque distance, le Comité Central du Parti Communiste, dont beaucoup de membres portent l'écharpe tricolore des représentants du peuple ou celle, bleu et rouge, des conseillers municipaux de Paris, est rassemblé autour de la somptueuse gerbe d'orchidées, immense et d'un goût parfait, qu'il déposera tout à l'heure au pied de la statue de la République.

Plus loin, le Comité directeur de l'Union des Femmes Françaises, qui sera accompagné d'une voiture décorée « *Mère, travailleuse, citoyenne* », dit un des panneaux. Jeannette Vermeersch, Claudine Michaut, Maria Rabaté, Françoise Leclerc sont déjà là.

Sur l'avenue, une large banderole s'avance, celle de *l'Humanité* et aussi les magnifiques gerbes de fleurs, portées par le personnel de notre journal, entourant *Jean Dorval*, notre administrateur.

Des chars fleuris se mettent en place : un bel arbre de la Liberté domine celui de l'U.J.R.F., décoré des blasons des provinces françaises ; un autre char représente le moulin historique de Valmy. Le Syndicat des produits chimiques a aussi sa voiture décorée, et la revue *Servir*, et encore *Vaillants*, le journal des jeunes.

Sur les grands boulevards, l'accueil est enthousiaste, et jusqu'au terme de la manifestation, c'est une ovation sans fin qui va accueillir en particulier le Comité Central du Parti Communiste ; le peuple de Paris, chaleureux et cordial, y reconnaît des militants aimés, ceux qui ont dirigé son insurrection aux jours d'août 1944 et en qui il a placé toute sa confiance pour la Renaissance française.

En tête du Comité Central du Parti Communiste marchaient (de gauche à droite) Léon MAUVAIS (en bras de chemise), Marcel CACHIN, Maurice THOREZ, Jacques DUCLOS et André MARTY.

A LA BASTILLE

Dans l'éclatante lumière d'été, place de la Bastille, le Génie de la Liberté se dresse au-dessus d'un frémissement de couleurs. Du socle, entouré de drapeaux tricolores déployés au vent, s'élèvent des guirlandes de fanions aux couleurs alliées. L'immense tribune en demi-cercle est elle aussi entourée d'oriflammes tricolores et dominée par un immense drapeau où se joue la brise.

Des couronnes de lauriers décorent le fond de la tribune officielle où se lit une large inscription : « Etats généraux de la Renaissance Française. »

La chaleur est torride, et seuls d'abord, les coins d'ombre sont occupés par une foule dense.

Les voilà ! Les voilà !

Cependant, quand vers 15 heures 30 s'élève le cri si longtemps attendu : « Les voilà ! Les voilà ! » les spectateurs, brusquement insoucieux du soleil brûlant, se pressent derrière les barrages.

Au pied de la tribune d'honneur, une chorale entonne *la Marseillaise*, amplifiée par les haut parleurs et dont le dernier refrain est repris par la foule entière.

Débouchant du boulevard Beaumarchais, le *Conseil National de la Résistance* ouvre la marche. Dans le dernier groupe, on reconnaît Louis Saillant, Benoît Frachon, Albert Bayet, Pierre Villon, Emmanuel d'Astier de la Vigerie, Auguste Gillot, Kriegel-Valrimont, Bloch-Mascart, Colin, Le Comte-Boinet, Meunier, Chambeyran, Pascal Copeau, Claudius, le colonel Degliame-Fouché, [illegible] Annie et Pierre Hervé, Stibbe, Adrien Mutter.

(SUITE EN 2e PAGE 5e COLONNE)

Télégramme du maréchal STALINE au général DE GAULLE

Moscou, 14 juillet. — Le Maréchal STALINE adresse au général de Gaulle, président du gouvernement provisoire de la République Française, le message suivant :

« A l'occasion de la Fête Nationale de la France, particulièrement riche en signification cette année pour le peuple français en raison de la victoire sur l'Allemagne fasciste, je vous demande, Monsieur le Président, au nom du gouvernement soviétique et en mon nom personnel, d'accepter nos meilleurs souhaits et nos félicitations pour votre personne et pour le peuple français pour qui nous avons une sincère amitié ».

(A. F. P.)

Signé : Maréchal STALINE

HIER matin, les soldats français vainqueurs de l'Allemagne hitlérienne sont entrés dans Paris par les vieux quartiers populaires, par les quartiers qui ont toujours su se battre pour la liberté depuis deux cents ans. Une foule dense les acclamait, tandis qu'ils traversaient la capitale d'est en ouest. La ville héroïque qui s'est libérée elle-même saluait avec des sentiments de virile fraternité d'armes les combattants à l'écusson du Rhin et du Danube.

Savaient-ils tous, ceux des soldats qui viennent d'Afrique et qui n'ont pas d'abord lutté sans uniforme en France, qu'il y a un an à pareille date, le 14 juillet 1944, des manifestations publiques nombreuses sous les couleurs nationales et des attaques généralisées cont[re] l'ennemi se sont produites dans [les] agglomérations suburbaines et [les] quartiers de la capitale qu'ils t[ra]versaient hier ? Il y a un an, [...]pures, de courageuses *Marseillais[es]* [vo]laient partout sur la banlieue.

André Tollet devait rappeler da[ns] son discours de l'après-midi à [la] Bastille les démonstrations parisie[n]nes du 14 juillet 1944 et évoqu[er] la mémoire des militants qui off[ri]rent ce jour-là leur vie à la Patr[ie] comme Toudic.

Dans la nuit du 15 juillet, à N[o]gent-le-Perreux, des hommes de [la] Compagnie de F.T.P. « Vaillant-Couturier » sabotaient 30 cano[ns] de 155 court et emportaient tou[tes] les culasses. Le 14 juillet, les voi[es] sautaient en gares de Gargan [et] Pavillons-sous-Bois et la Compagn[ie] de F.T.P. « Oradour-sur-Glane » bloquait ainsi une série de trai[ns] militaires. En même temps que d'a[u]tres unités entraient en action [à] Noisy, la Compagnie « les Tribu[ns] du Peuple » opérait en plein Par[is] rue d'Alésia. Ainsi se préparait [la] grande bataille de la capitale.

C'est parce que Paris s'y conn[aît] en héroïsme qu'il y avait tant [de] ferveur dans ses acclamatio[ns] d'hier.

Georges COGNIOT.

(SUITE EN 2e PAGE, 3e COLONN[E])

Le drapeau du 151°, qui se couvrit de gloire sous le commandement du regretté colonel FABIEN, est salué par les ovations

L'ITALIE DECLARE LA GUERRE AU JAPON

Rome, 14 juillet. — *Le conseil des ministres a décidé à l'unanimité l'entrée en guerre de l'Italie contre le Japon. Cette déclaration annoncée ce matin sera probablement effective aujourd'hui à midi.*

PREMIER BOMBARDEMENT NAVAL CONTRE LE JAPON

Après plusieurs jours de silence, des informations précises ont été données hier matin par le quartier général de l'amiral Nimitz sur les opérations aéro-navales dirigées contre l'archipel japonais.

La flotte de l'amiral Halsey s'est livrée à la première attaque de la guerre contre le Japon lui-même. **Elle a bombardé la plus grande île de l'archipel : Hondo. Pendant ce temps, mille bombardiers lourds américains pilonnaient la plus septentrionale des îles : Hokaido.**

L'intensification des attaques massives contre le Japon est de plus en plus considérée comme un prélude à un éventuel débarquement.

D'autre part, la radio hindoue reprenant une information japonaise, annonce que des troupes britanniques auraient débarqué au sud de Sumatra.

BERNE reconnaît, officiellement : C'est grâce à "l'Humanité" que PAQUIS et LOUSTEAU ont été arrêtés !

Les autorités suisses viennent de publier un intéressant communiqué sur l'affaire Paquis-Lousteau.

Relevons dans ce texte, en premier lieu, que le gouvernement helvétique reconnaît, comme nous l'avons annoncé en son temps, que les deux valets de Gœbbels étaient bien entrés sur le territoire de la Confédération dans le même convoi qui ramena't les « Espagnols » malmenés un peu plus tard à Chambéry par les patriotes savoyards.

Après de laborieuses et confuses explications, le communiqué suisse relate que les deux traîtres qui circulaient, paraît-il, « incognito », ne purent se rendre en Espagne. A la suite de la campagne persévérante de l'« Humanité », confesse-t-on à Berne, « la méfiance de la police se précisa » et l'identité de Paquis et Lousteau fut mise à jour.

Les autorités suisses nous font b[eaucoup] de l'honneur en reconnaissant que n[ous] étions mieux informés ici, à Paris, que [la] police de M. von Steiger, à Berne.

La vérité est beaucoup plus simple[:] le gouvernement helvétique accueille [en] toute connaissance de cause les deux [es]pions nazis — comme il le fait du re[ste] pour tant d'autres ! — espérant [que] ceux-ci rejoindront sans encombre l[eur] ami Franco. Mais grâce au patriot[isme] des Savoyards l'affaire se compliq[ue]. Qu'à cela ne tienne ! Les deux gred[ins] pourront toujours séjourner en Sui[sse] en attendant un moment plus prop[ice]. A ce moment la vigilance de l'Human[ité] dévoile la sinistre comédie, et le g[ou]vernement de Berne do't, bon gré m[al] gré, prier les deux traîtres démasq[ués] d'aller se faire pendre ailleurs...

Ma's à propos, où se cache donc t[ou]jours Jeantet ?

Quelques aspects du magnifique rassemblement d'hier après-midi. De gauche à droite : le départ de la Concorde. — Les membres du C.N.R. : Pierre VILLON (à gauche), Auguste GILLOT, Albert BAYET, Daniel MAYER. — Louis SAILLANT, après son allocution, embrasse une fillette qui lui a offert des fleurs. — Des jeunes Alsaciennes déposent des gerbes sur la statue de la République. — Un groupe très remarqué de jeunes en costume historique

“... PRENDS GARDE CAPITAL À LA DOUCEUR DES YEUX LA NUIT EST TOMBÉE SUR GENNEVILLIERS...”

L'histoire ne se fait pas avec des sentiments. Sans doute, encore que les passions ne manquent pas d'y contribuer. L'histoire – dit-on aussi – ne s'écrit pas avec des sentiments. C'est encore moins sûr. Évidemment j'ai reconnu dès ces premières pages le penchant sentimental désastreux qui me tient souvent lieu de pensée. Je fais le pari qu'il ne me sera pas inutile avant d'aborder cette redoutable décennie. Mais qu'on le comprenne bien, je n'ai aucun goût pour les bons sentiments.

Au lendemain de l'insurrection, la Libération commence. Ainsi je vois/je lis ceci. Je le propose sous forme de collage, qui donne une sorte de kaléidoscope de la période :

Une femme tondue portant une pancarte « A fait fusiller son mari » – l'autre bataille de Paris : la bataille pour la renaissance économique – la demande appuyée (et souvent renouvelée) du retour de Thorez – un éditorial « Pour l'ordre public » – les propos de Rol-Tanguy : « Les femmes ? sans elles, la moitié de notre travail aurait été impossible » – un éditorial de Frachon : « L'augmentation des salaires » – un témoin vous parle d'Auschwitz : il revient des camps de l'horreur et à la question : « Vous êtes tout à fait sûr de cela ? » il répond : « J'ai *vu* tous les jours… » – le mot d'ordre : « Épuration ! Épuration ! » – Aragon poète du maquis – le retour des rubriques sports et spectacles – la photo où l'on voit Picasso *remettre* son adhésion à Cachin et Duclos – le plaisir de voir dans la capitale Maurice Chevalier et aussi Yehudi Menuhin – le Salon de l'horticulture – une photo du four crématoire et d'ossements à Lublin – il y a trois ans Châteaubriant – le 250e anniversaire de Voltaire – le premier meeting de Thorez au Vél' d'Hiv' – la mort du colonel Fabien et la mort de Romain Rolland le 31 décembre 1944 – l'avancée au jour le jour de l'Armée rouge – la célèbre photo des accords de Yalta – les SS se faisaient des abat-jour en peau humaine – la capitulation de l'Allemagne – les incidents de Sétif et dix lignes censurées quand l'article aborde la manifestation algérienne après : « On compte les morts » – la victoire électorale : Oradour village martyr a pris ses élus dans le parti des fusillés – encore 180 lignes censurées sur l'Algérie – la course des garçons de café sous le patronage de *l'Humanité* – le 6 juin la publication des propositions communistes de défense nationale du 6 juin 1940 – les enfants rescapés de retour gare de l'Est – Eisenhower acclamé à Paris

Page précédente : Maurice Thorez au Vélodrome d'Hiver, 1950.
Ci-contre : une du 15 juillet 1945.
Double page suivante : manifestation place de la Bastille, 1945.

Humanité

LIGUE DES DROITS DE L'HOMME

– les ovations interminables clôturant l'enthousiaste congrès du parti – le trust de la chaussure sabote la reprise – la bombe atomique a son histoire & les travaux de Joliot sont un appoint énorme dans la réalisation de cette prodigieuse conquête de la science & la bombe tombée sur Hiroshima semble avoir causé des dégâts considérables – la mort pour Pétain – un article, « Joliot vous parle », au-dessus de la photo estivale d'une idylle ardéchoise.

Une année a passé. À l'automne, *l'Humanité* n'oublie pas ses morts, ni ses fusillés, elle participe aux batailles électorales qui apportent au parti cinq millions de voix puis cinq ministres dans le gouvernement, elle exige des nationalisations efficaces et définitives, elle dénonce les « infamies » antisoviétiques et rétablit la vérité, à commencer par le fait que dix-sept millions de citoyens soviétiques sont tombés pour la liberté du monde. Quand s'ouvre le procès de Nuremberg, elle accorde une jolie place au procureur général britannique qui déclare : 1) l'antisoviétisme est le principe directeur de toute politique nazie et, le lendemain, 2) il n'y a jamais eu de collusion germano-soviétique. Et pour Noël, elle suggère d'aller voir le célèbre chanteur noir Paul Robeson dans *Bozambo*, un grand film d'aventures exotiques.

En 1946, je lis/je vois : grâce à François Billoux nous paierons le bifteck à meilleur compte – le parti demande pour Maurice Thorez la responsabilité de former un gouvernement – Franco a tué Cristino Garcia et neuf de ses camarades – « Le peuple américain admire et respecte nos alliés soviétiques », déclare Byrnes, le secrétaire d'État – 40 centimètres de neige à Paris – froid accueil des USA à la diatribe de Churchill (le rideau de fer) – le classement du championnat de football – les aventures de Till Eulenspiegel en feuilleton – les billets de Simone Téry, intitulés « Le canari de grand-mère » ou « Nos châteaux et nos baignoires en or » – mangerons-nous bientôt des œufs frais ? – Henaff (secrétaire de la CGT) arrêté à son domicile pour s'être évadé le 17 juin 1941 du camp des otages de Châteaubriant, par exécution d'un jugement prononcé par l'occupant et les traîtres de Vichy – short taille 44 exécuté au point chevrons – ce matin les PTT fonctionnent normalement – votre enfant risque-t-il d'être nain ou géant & qu'est-ce qu'une étoile filante & peut-on arrêter la mort – trois minutes avec Yves Montand – de Gaulle est-il une énigme ? – aujourd'hui ouverture du Salon de l'automobile – oui pour des institutions stables – il faut gagner la bataille des prix – une jeune alpiniste déchiquetée par douze saint-bernards – 400 000 mineurs américains en grève – toujours en tête : 29,3 % des voix à notre parti – par millions de francs, les trusts blancs ont détourné le lait de nos enfants – sanglants incidents à Hanoï – nous vous recommandons pour la Saint-Sylvestre.

On le sait, le monde glisse dans la guerre froide en 1947. On va voir à quel moment *l'Humanité* y bascule.

Jusqu'en mai, elle continue à développer les mêmes idées. Elle accorde une importance décisive à la question du ravitaillement. « Ménagères, Antoine sera ce matin sur un de nos grands marchés, découvrez-le, il paiera vos emplettes. » L'initiative dure plusieurs semaines, les ménagères peuvent découvrir le journaliste Antoine à côté d'un véhicule de *l'Humanité*, acheter le journal, et avec de la chance tomber sur un exemplaire marqué d'un sceau rouge, doté d'un à-valoir. Elle informe du mouvement aux usines Renault où elle préfère évoquer les bases d'accord entre direction et délégations syndicales plutôt qu'une grève. Elle appelle à l'unité politique, elle promeut l'image de Thorez, notamment à l'occasion de son anniversaire célébré outre mesure, elle dénonce « la ligue de factieux » du général de Gaulle et reproduit une caricature amusante du *News Chronicle*. Elle mande un envoyé spécial au Vietnam qui rapporte « nous préférons la France aux autres mais il faut cesser la guerre », et un envoyé spécial en Grèce pour une interview du général Markos en « exclusivité mondiale ».

Grâce à François Billoux nous paierons le bifteck à meilleur compte.

Elle a la dent dure. Elle publie l'article « Les chiens de garde de l'anticommunisme » en réponse à une adresse, « Le cas Nizan », qui s'en prend à Aragon. Elle rappelle que Nizan a quitté le parti par un geste « ostentatoire » et qu'il a participé à « l'abominable campagne » qui en a fait un « traître » à son parti donc à la France. Pire encore, elle insinue : « Peut-on croire que cette attitude ne prolongeait pas une activité antérieure ? »

Après l'éviction des ministres communistes du gouvernement début mai, *l'Humanité* garde son calme. Elle magnifie le meeting dans les arènes de Nîmes et la confiance de Thorez qui assure : « Parce que le peuple nous approuve nous reviendrons au gouvernement. » Elle apporte la preuve (dit-elle) de la culpabilité nazie à Katyn. Elle offre la carte officielle du Tour de France cycliste dont elle a réclamé l'organisation, suscitant « l'enthousiasme de tous les sportifs ». Elle tient congrès, où Éluard dédie un poème effarant à Jeannette Vermeersch. Elle ne fait pas plus de gros titre en juin avec le plan Marshall qu'elle n'en avait fait avec la doctrine Truman en mars. Ce qu'elle dénonce, c'est la volonté de relever l'Allemagne, l'enterrement des réparations, un complot. Quant à Thorez, le 14 juillet, il déclare à la presse américaine qu'il serait « absurde » de penser que le parti provoque ou soutient les grèves, et qu'au contraire si les communistes étaient au gouvernement la classe ouvrière n'aurait plus de raison de se mettre en grève. Il y a pourtant un million de manifestants au Champ-de-Mars pour réclamer « Du pain » début septembre. La semaine précédente, *l'Humanité* a joué son rôle ; son envoyée spéciale révélait que le pain tchécoslovaque était le moins cher du monde ; le lendemain, le lecteur apprenait qu'il n'y aurait pas de pain dimanche ni mercredi.

Indéniablement le ton change dès la création du Kominform et le rapport Jdanov, adopté par les délégués français et aussitôt publié dans *l'Humanité*. On est le 6 octobre et ce jour-là, s'il n'y a pas de fait divers notable, on peut voir la photo de Gorki « assassiné par les trotskistes », on peut lire que Reine des Étoiles l'emporte dans la première course à Longchamp, que l'épidémie de choléra s'étend en Égypte et

Ci-contre : Picasso, Cachin et Duclos, le 5 octobre 1944.
Ci-dessous : caricature du général de Gaulle parue le 9 avril 1947.

que Gromyko dénonce les agressions hollandaises en Indonésie. Deux jours plus tard commence une série d'éditoriaux type « la France ne veut pas tomber sous la coupe du dollar ». Au détour des grèves, le langage surprend par sa violence. Bientôt les actes seront à la hauteur des paroles. Mi-novembre, on pleure un mort « assassiné par le parti américain » dans une échauffourée. Les « hyènes » sont de retour. Les socialistes redeviennent des traîtres, de Gaulle est accusé de crime à l'égard des maquis du Vercors, le président Ramadier est carrément le « gauleiter » de Truman. Jusqu'à mi-décembre, on sent qu'on frôle l'insurrection.

« L'Amérique dégrade l'esprit. » On est encore le 24 octobre, *l'Humanité* sort le grand jeu. Je résume : c'est d'abord une attaque contre des écrivains ; Henry Miller est l'escroquerie faite littérature, Faulkner – lui – avait déjà eu son sort réglé en quelques lignes au début de l'année. Je cite : Miller plaît à « tous les intellectuels en mal d'intensité, tous les snobs épris de frénésie, tous les refoulés, les maniaques du désastre, les frénétiques du désespoir » et « comme il se place du côté des prolétaires, il les entraîne avec lui dans son fumier humain ». Ensuite c'est le tour du cinéma. Je cite derechef : « Films gais, pin-ups souriant de toutes leurs jambes, bonimenteurs sociaux pleurant toutes leurs larmes de crocodile – sous ces sourires, on cache l'affreuse misère d'un peuple, le racisme, le lynchage, le chômage, l'exploitation à son paroxysme. » La conclusion obéit à cette logique : ALERTE ! Camarades & Amis, N'achetez pas la pacotille littéraire éditée par les maisons américaines N'achetez pas les œuvres des fossoyeurs américains de la littérature Diffusez la littérature saine au pays de Rabelais, Montaigne, Molière, Voltaire, France, Rimbaud, Éluard, Aragon. On n'est jamais si bien servi que par soi-même. On en aura une satanée confirmation.

À côté du gangster roi du crime, ni Tarzan roi de la jungle ni Mandrake roi de la magie ne trouvent grâce à nos yeux.

Le lendemain, *l'Humanité* alerte sur l'offensive du dollar « contre les cerveaux d'enfants » et met en garde les « mamans » contre les illustrés américains. À côté du gangster roi du crime, ni Tarzan roi de la jungle ni Mandrake roi de la magie ne trouvent grâce à nos yeux. Quant à Superman, pas besoin de vous faire un dessin.

★

Ci-dessus : Faulkner.
Ci-contre : une du 29 novembre 1947.

Les années qui viennent sont sans doute les plus terribles. J'en ai le cœur serré. Qu'on y voie une *Humanité* stalinistе, rien de plus naturel, qu'on la voie sous un jour sombrement stalinien, il le faut bien. J'ajoute une petite question à l'intention des linguistes et des lecteurs : pourquoi dit-on lénin*iste* et stalin*ien* ? Toutefois on se méprendrait si on négligeait l'âpreté du combat.

1948 commence par des manifestations et des coups de matraque sur les grands boulevards pour défendre le cinéma français contre les accords Blum-Byrnes, et bien sûr par des bonnes nouvelles sous le signe de l'étoile rouge. Le 31 janvier, la mort de Gandhi ne fait pas le poids face à un gigantesque incendie aux docks de Charenton. Étonnamment, celle d'Eisenstein pèse encore moins lourd. Le coup de Prague ne vaut que par la liesse de la population et le suicide de Masaryk découle des « calomnies de la réaction étrangère ». Sartre est un écrivain « nauséeux » dont on n'imaginait pas qu'il puisse se « dégrader » à ce point. Le même jour, Pif fait son apparition. C'est Pâques, et à défaut d'œuf à 3 500 F on se rabat sur l'ablette en chocolat à 225 F. C'est Pâques aussi à Jérusalem ; *l'Humanité* salue chaleureusement la naissance d'Israël comme elle s'était indignée du sort de l'*Exodus*, baptisé « l'Auschwitz flottant », et son envoyé spécial se retrouve avec les groupes armés de la Haganah. Étonnamment encore la crise aiguë de Berlin ne prête pas au gros titre, ni le blocus ni le pont aérien.

Pendant l'été, l'augmentation des prix motive une grosse inquiétude : « Veulent-ils nous faire aller tout nus ? » et « Le trust blanc déclare la guerre aux biberons ». À l'automne, Cerdan bat Tony Zale au 11e round et mon regard est attiré par la photo d'un vélo et la légende : « Vainqueur d'une course cycliste à quatre-vingt-deux ans », le type a belle allure, l'avenir est souriant. Sinon, le peuple de France ne fera pas

EDITION SPECIALE

ALERTE !

l'Humanité

ORGANE CENTRAL DU PARTI COMMUNISTE FRANÇAIS

FONDATEUR : JEAN JAURES
REDACTEUR EN CHEF (1926-1937) VAILLANT-COUTURIER
DIRECTEUR : MARCEL CACHIN DEPUTE DE PARIS

SAMEDI 29 NOVEMBRE 1947
Tirage précédent : 430.373 exemp.

ADRESSE : 37, RUE DU LOUVRE PARIS (2e)
Tél : CUR 52-00 (15 lignes groupées) Chèque postal 14-16
44e ANNEE (Nouvelle série)
5 FRANCS

ILS VEULENT ASSASSINER LA RÉPUBLIQUE !

Un projet de loi plus abject que les Ordonnances de Charles X supprime le droit syndical, la liberté individuelle, la liberté de la presse et l'immunité parlementaire

Le parti américain déchire la Constitution

Le coup d'État réactionnaire est machiné pour ce soir à minuit

Travailleurs, démocrates, patriotes !

VOUS AVEZ LA FORCE d'empêcher le crime

COMMANDÉ PAR LES EXPLOITEURS ET LES IMPÉRIALISTES DE NEW-YORK

ES voilà donc, les projets ignominieux de ce gouvernement de laquais de la réaction américaine, our qui semble avoir été écrite la arole du poète : « Il y a des gens qui méritent même pas de porter du ge blanc ! »

La « loi » dont le vote est demandé r l'homme QUI NE PEUT PAS DIRE OU ETAIT EN 1914 se classera dans istoire au-dessous des Ordonnances Charles X, au-dessous des décrets de olence et de sang de Napoléon le tit.

On prétend supprimer, avec le droit ndical et le droit de grève, la liberté la presse et toute liberté individuelle. me l'immunité parlementaire serait olie par la généralisation de la produre de flagrant délit.

C'est à minuit ce soir que doit commencer le nouveau crime du récidiviste , ministre de Pétain, a déjà tué une s la République. Le coup d'Etat réacnnaire débuterait par de grandes érations de rafles montées dans mbre à la même heure que l'attentat 2 décembre 1851.

Voilà du moins les plans de l'ancien icier allemand qui, en collaboration ec les socialistes, veut déchirer aurd'hui, sur l'ordre de M. Truman, la Constitution de la République Française.

Mais quelqu'un peut empêcher l'assassinat de la République !

Il existe une force assez puissante pour y réussir.

Cette force, c'est la classe ouvrière, entraînant tous les républicains qui n'admettent pas l'odieux de l'illégalité, tous les patriotes qui n'admettent pas l'odieux de la vassalité.

Pour tous, un seul mot d'ordre : vigilance et mobilisation, dans l'union !

L'heure a sonné de se grouper dans les permanences syndicales, autour des sièges des organisations démocratiques et des journaux libres. Il faut veiller sur la personne des militants. Il faut garantir la diffusion de la presse qui ne ment pas, porter partout la parole de « *l'Humanité* ».

Le maximum d'initiative ! Le maximum d'esprit de responsabilité au service de la légalité républicaine et des droits du peuple !

Paralysez les hommes du parti américain qui brûlent de prendre la place des ennemis fascistes de la classe ouvrière dans ce que Victor Hugo appelait la ménagerie des tyrans.

Georges COGNIOT.

Défendez les permanences syndicales, les sièges des organisations républicaines, la presse libre, la personne des militants

Veillez sur votre "Humanité" !

Voici l'essentiel des dispositions de M. Schuman :

1. Sera puni d'un emprisonnement de 6 mois à 5 ans et d'une amende de 1.000 à 500.000 francs, quiconque, à l'aide de menaces, fausses nouvelles, violences, voies de fait, obstruction ou manœuvres frauduleuses, aura amené ou maintenu, tenté d'amener ou de maintenir une cessation du travail et porté atteinte ou tenté de porter atteinte au libre exercice de l'industrie ou du travail.

C'est là une atteinte cynique au droit de grève. Le caractère vague et indéfini des termes employés permettra la répression de toute grève, quelle qu'elle soit. M. Schuman veut amener les travailleurs de France au pire régime policier, à la privation de tout droit.

2° Aux termes du projet, ceux qui auraient fait, par discours ou écrit, de la propagande en faveur de la grève seraient punis de la même manière.

C'est ainsi la liberté de la presse qui est bafouée. Cet article est fait exprès pour museler la presse ouvrière.

En même temps, il supprime directement toute liberté individuelle. En outre, c'est la procédure du flagrant délit qui doit être appliquée; le résultat, c'est que l'immunité parlementaire est supprimée. Et comment ne pas penser que cette disposition est destinée aux représentants de la classe ouvrière, aux députés communistes ?

Enfin, il est prévu que le gouvernement peut appeler sous les drapeaux un contingent de 80.000 hommes de troupe, appartenant à la disponibilité ou aux réserves.

Pour la mise sur pied et pour l'entretien de ces unités militaires, les autorités peuvent recourir à la réquisition. On voit les conséquences que cela peut avoir : On rend possibles des réquisitions de denrées alimentaires ou autres à la ferme, payées un prix dérisoire et réduisant encore le ravitaillement des villes.

(SUITE PAGE 3)

VICTOIRE A MILAN

Le préfet restera à son poste grâce à l'action et à l'union du peuple

Milan, 29 novembre. — Dans la lutte engagée contre les décisions dictatoriales de Gasperi, la victoire est restée au peuple de Milan.

Tard dans la nuit, M. Marazza, sous-secrétaire d'Etat à l'Intérieur, dépêché d'urgence de Rome, a dû annoncer que M. Ettore Troilo, préfet de Milan, serait maintenu à son poste. M. Marazza avait conféré durant plusieurs heures avec le *Comité démocratique milanais*, tandis que les travailleurs veillaient tout autour de la Préfecture.

A la suite de la décision de M. Marazza, et dans l'attente du retour de Rome d'une commission envoyée pour exposer au gouvernement les revendications de la population milanaise, les forces qui occupaient la Préfecture ont été retirées. La grève générale a été suspendue. Le *Comité démocratique milanais*, a publié un communiqué où il invite les travailleurs à veiller *à la défense des droits de Milan*.

Auparavant, le Comité exécutif de la C.G.T. italienne avait déclaré s'associer « à l'action spontanée des masses laborieuses et à l'intervention énergique de la Bourse du Travail et des autres organismes démocratiques ».

(SUITE PAGE 3)

CERDAN BAT

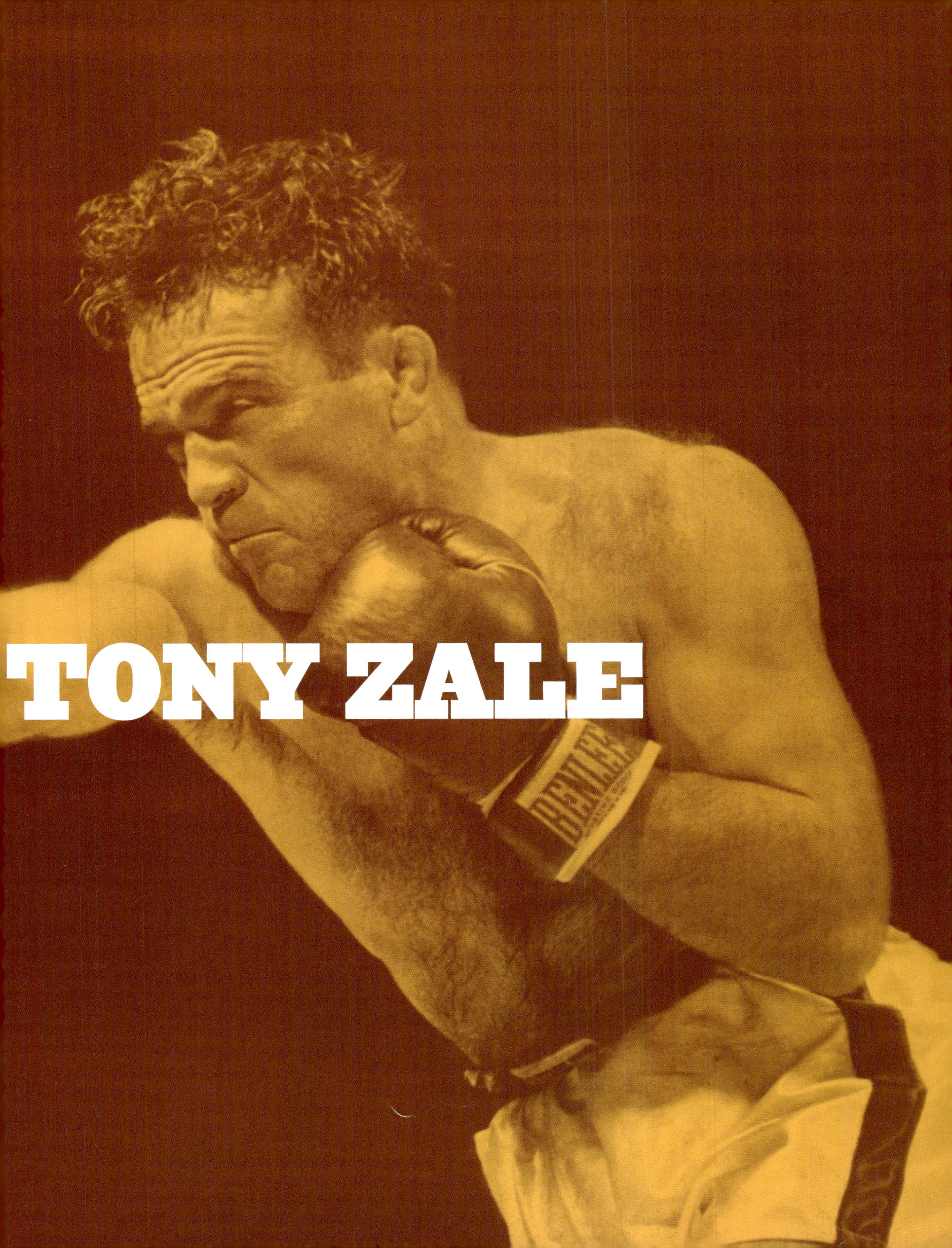

TONY ZALE

ne fera jamais la guerre à l'Union soviétique, rien d'étonnant ; on observe un événement littéraire, c'est un livre d'Aragon, rien d'étonnant ; les grèves sont de nouveau très violentes, on relève des morts, et Picasso verse à la souscription un million de francs. L'année finit par les bonnes nouvelles qu'on attend de Moscou.

1949 commence par des vents de 160 km/h sur Paris. Ensuite les choses se gâtent. C'est le procès Kravchenko. J'y reviendrai un jour. Je note simplement le ton de l'invective souvent injurieuse et le soutien constitué par les dépositions de témoins d'un autre bord. Je note aussi qu'au quatrième jour du procès un article définit la psychanalyse comme une « idéologie de basse police et d'espionnage ». Cependant, le sujet numéro un devient la grande bataille pour la paix en réponse au pacte atlantique. Début avril, les vents soufflent à 180 km/h. Il est temps que je vienne au monde. Le 18 mai n'est pas un jour comme les autres : les allumettes de luxe sont moins chères mais le prix des allumettes d'usage courant est maintenu. Nos camarades chinois continuent à libérer leur territoire. Et puis Aragon s'adresse à ses lecteurs dans *l'Humanité* avec deux lignes de sa main : « Écrivez-moi… Je vous répondrai *personnellement*. »

Avant la Fête, un procès pour haute trahison a lieu à Prague et six condamnations à mort sont prononcées, mais *l'Humanité* n'en rend compte que par des dépêches AFP et Reuter. À la Fête, le gentil Francis Lemarque partage la vedette avec Henri Salvador. Aux lendemains de la Fête un nouveau procès éclate à la une : celui du dirigeant communiste hongrois Rajk. La question que j'ai posée pour 1914 me revient : comment des hommes comme Cachin, Rol-Tanguy, Courtade ont-ils pu imaginer rester fidèles à leur idéal ?

Rajk est accusé d'espionnage au profit des puissances « impérialistes » et d'une contre-révolution préparée sous les ordres d'un Tito qui touche tous les jours des dollars ou des livres sterling, ça n'a pas échappé au lecteur. Rajk avoue en présence de diplomates et journalistes étrangers et consent à passer pour un traître depuis 1931 et même pour un agent de la Gestapo. La redoutable Histoire et ses lois servent à étayer le verdict : les traîtres n'ont manqué ni à l'époque de la Révolution française ni à l'époque des procès de Moscou.

Le 31 janvier 1948, la mort de Gandhi ne fait pas le poids face à un gigantesque incendie aux docks de Charenton.

Cependant, une édition « entièrement refondue » de *Fils du peuple* paraît. Elle fait un carton, 100 000 exemplaires en un mois, un record de dédicaces battu à Chalon-sur-Saône avec 2 707 *Fils* en une soirée. Au plus haut niveau, on se consacre aux soixante-dix ans de Staline. Un mois et demi à l'avance, *l'Humanité* lance la cérémonie : à côté d'un sensationnel « La voyante de Drancy était myope – elle se fait voler trois millions », j'avise une lettre : « J'ai décidé de faire au grand Staline un cadeau pour son anniversaire le 21 décembre. Moi aussi je suis né un 21 décembre. Mais sept ans plus tôt. Et je possède un splendide travail de la manufacture de Sèvres. C'est un petit tête-à-tête de cinq pièces. Chaque pièce est à double paroi avec un vide entre les deux ; la paroi extérieure est ajourée comme une fine dentelle. Vous voyez si cela peut être splendide et quel travail merveilleux et très rare […], vous pourriez me guider sur ce que je dois faire pour envoyer sans crainte cette petite caisse. » Quelques jours plus tard, Billoux prend le relais : envoyez des cadeaux pour lui témoigner votre reconnaissance éternelle ; « n'est-ce pas, mamans, que vous joindrez à vos lettres la photo de vos enfants ». Parmi les lettres savamment retenues par *l'Humanité*, je note celles-ci : « J'adhère au parti communiste, écrit à Staline la mère d'un fusillé » et « Cette lettre est le seul cadeau que je puisse te faire car je n'ai rien après une vie de labeur ». Une mère offre le dernier souvenir de sa fille, un petit bonnet de la poupée qu'elle serrait sur son cœur à Auschwitz. On aurait le cœur affreusement serré à moins.

Thorez inaugure l'exposition des cadeaux début décembre, le temps de les convoyer par train spécial. Si *l'Humanité* offre un livre d'or, elle montre la photo de l'Alfa Romeo offerte par les camarades italiens. Le lendemain de l'anniversaire, le brouillard noie la région parisienne. Le lecteur se réchauffe avec les vergers qui progressent vers le cercle polaire, la vigne en Sibérie, les céréales sur l'ancienne steppe pierreuse, les épis communistes gros comme quatre fois les épis occidentaux. Moscou fête en grande pompe le premier anniversaire du « plan stalinien de transformation de la nature ». Moi mon premier Noël.

Ci-dessous :
Francis Lemarque en compagnie du mime Marceau.
Ci-contre : grève aux usines Renault, avril 1947.

1950 ne commence pas moins fort. Il faut « s'efforcer de mériter le titre de STALINIEN ». Dans la tribune de discussion avant le congrès, un membre du bureau de section Magenta – sûrement encouragé par la direction et bien en vue dans *l'Humanité* – reproche aux « dilettantes » de ne pas se battre dans leur famille. À la mort de Blum, un article non signé récrit méchamment l'histoire et trace une biographie au vinaigre où je lis que Blum a été « déporté… sans connaître toutefois les camps de la mort ». Ces points de suspension sont à mes yeux la pire indignité.

Le congrès correspond aux cinquante ans de Thorez. L'objectif de 500 000 exemplaires de *Fils du peuple* est fixé pour son anniversaire ; un camarade d'Alès devance un camarade de Pau et le prix pour les cinq meilleurs diffuseurs est une invitation au congrès. Les femmes communistes sont fières de sa compagne « de plus en plus chère à notre cœur » et suggèrent aussitôt trois exercices pour durcir les muscles abdominaux. À la une de *l'Humanité*, la lectrice découvre un nouveau poème d'Éluard :

Thorez nous parle l'affection
La vérité moulent sa voix
Sa violence est de bonté
Sa clarté nous peint le possible…

mais en page intérieure, Césaire démontre que poésie et politique ne sont pas obligatoirement vouées à l'échec, au contraire :

SOUVENIR DE LA FÊTE CHAMPÊTRE DES C.D.H. DE LA SEINE
20 fr.
MONTREUIL
27-28 Juillet 1946
LISEZ, AIDEZ L'HUMANITÉ

l'Humanité

… ô grenades
dans Paris New York Alger Afrique Séguéla ou Bouablé
prends garde Capital
à la douceur des yeux
la nuit est tombée sur Gennevilliers…

À la mairie d'Ivry, on peut admirer l'exposition des cadeaux offerts à Thorez, « le meilleur disciple de Staline en France ». Les plus grands peintres y témoignent qu'« ils font le plus grand cas des conseils qu'il leur prodigue ». Sur le front littéraire, Kanapa tient désormais la chronique le vendredi. Il a déjà notifié que pour le Goncourt le peuple avait voté et couronné Aragon pour *Les Communistes*. Il développe une nouvelle ligne prolétarienne et des jugements moralisateurs sinistres et Wurmser le seconde à l'occasion.

Quand la guerre de Corée commence, *l'Humanité* salue à la fois la RIPOSTE nord-coréenne et la déroute américaine immédiate. En juin, elle publie des photos qui illustrent la terreur que les USA maintiennent en Corée du Sud et elle orchestre le fameux appel de Stockholm pour la paix, qui recueille en effet un nombre considérable de signatures. Quand la reine Juliana séjourne à Paris, le journal fait preuve cette fois-ci de sévérité et condamne les ronds de jambe et les dépenses à l'heure des coûteuses et injustes guerres coloniales. Et puis, à l'automne, une hémiplégie frappe Thorez. Le lecteur, ému, peut contempler la photo des pilotes soviétiques qui le transportent en URSS et s'indigner de l'attaque par un appareil de chasse américain. « Ils ont voulu tuer Maurice Thorez. » Mais après quelques jours le lecteur n'en entend plus parler. En revanche, il apprend à connaître le nouveau roman qui raconte l'histoire extraordinaire d'un pilote : *Un homme véritable* entre dans notre horizon.

On a une greffe du cœur réalisée sur un chien soviétique digne d'un récit de Boulgakov et un œsophage en matière plastique mais il est anglais.

1951 commence mi-figue mi-raisin par des nouvelles de la maladie de Thorez et par les progrès de sa convalescence. L'été, les éditions du parti publient ses *Œuvres*, dont *l'Humanité* souligne « l'immense portée » et qu'elle décline sous tous les angles possibles. Il ne reste plus qu'à en organiser la lecture par chaque adhérent et à former des « conseillers d'études ». Cogniot leur fixe comme première tâche : tenir à jour et heure fixes des « permanences pour consultations individuelles ». Par sympathie, les sujets de médecine retiennent l'attention du lecteur. On a une greffe du cœur réalisée sur un chien soviétique digne d'un récit de Boulgakov et un œsophage en matière plastique mais il est anglais. On a aussi un reportage sur une délégation de médecins français – dont l'oto-rhino Yves Cachin – en URSS. Leur diagnostic est rassurant : pas de prostitution, pas d'alcoolisme ; mieux : « Le travailleur sait que l'alcool ne fortifie pas et que le meilleur rendement s'obtient en buvant de l'eau pendant le travail. »

Sinon, j'admire les plongeons des « goals » et le valeureux Nîmois Kader Firoud marque un but contre le Racing début mars. Mais il n'y a pas que le football dans la vie. Le même jour, sur le front du travail, *l'Humanité* indique des grèves à la RATP, aux aciéries de Villerupt, dans les mines de potasse des Landes, chez les ouvriers boulangers, des débrayages dans une usine de machines à bois de Nanterre et chez Berliet à Lyon. Courant mars, le mouvement prend une ampleur nationale. Sur le front culturel, l'heure est à la célébration des peintures de Fougeron, *Le Pays des mines*. Les arts sont ouvriers et soviétiques. Le journal traduit une critique soviétique des romans de son rédacteur en chef, Stil.

Sur le plan politique, la dominante est l'obsession quotidienne d'une troisième guerre mondiale. Tito tient compagnie au « feld-maréchal » Eisenhower et à d'autres sbires dans la rubrique « Les hommes de la guerre ». La tâche la plus urgente est la campagne de signatures contre le réarmement de l'Allemagne. Les textes et les caricatures sont éloquents. Il y a aussi la campagne pour la libération d'Henri Martin, soutenue par l'abbé Pierre. Par analogie, une grande enquête dénonce l'occupation américaine ; la quatrième livraison s'intéresse à la Normandie « martyre » et souligne qu'on y a eu un avant-goût de Corée.

Double page précédente : à gauche, vignette de la fête des CDH à Montreuil, 1946 ; à droite, fête de *l'Humanité* à Garches, fin des années 40.
Ci-dessous : *l'Humanité* du 7 octobre 1951.
Ci-contre : guerre de Corée, juin 1951.

LES FEMMES DE DUGNY
écrivent à Claudius Petit

Le lecteur a droit à son lot de reportages, enquêtes en URSS et dans les démocraties populaires, « au pays du bonheur et de la paix ». Le clou de la Fête est un impératif excitant : « Visitez le métro de Moscou ! » À l'entrée du stand, un ouvrier coiffé d'une casquette des travailleurs du métro moscovite vous invite à visiter une exposition de photos. En dehors de la Fête, il faudra patienter pour toucher les dividendes du progrès. L'ouverture du Salon de l'automobile est placée sous la bannière de l'expansionnisme américain. Le lecteur peut admirer une 2 CV mais sûrement pas l'acheter. Il voit aussi passer une Aronde, une Frégate, une 203 qui sont « le fruit du travail des ouvriers et techniciens de la métallurgie ». Un peu de marxisme n'a jamais fait de mal.

Si, pour la rentrée 1949, un article conseillait aux parents de faire apprendre le russe à leurs enfants, cette année les enfants manquent d'écoles. On voit ainsi une belle photo d'un gamin écrivant sur un mur AMÉRICAINS CHEZ EUX et on découvre la légende : « À qui la faute s'il apprend à épeler sur les murs ? » Et puis j'ai le bonheur de revoir M. Nuage. Quel temps fait-il Monsieur Nuage ? Le petit bonhomme nous donne la réponse : le jour de la première c'est Averses en région parisienne et Variable « ailleurs ».

★

LE CHOIX EST CLAIR!
FRANCE
LA TRAHISON EST FLAGRANTE!
VOILA L'HOMME
CAMILLE DELABRE
VOTEZ UTILE
Votez Louis BEUGNIEZ
MAURICE THOR
"Il n'est pas vrai que l'a
traités de Bonn et de Pari
LA FRANCE
peut et doit d
Ce NON, les électrices et électeurs
de le crier avec force en assura
GASTON COO
Ils diront NON à l'ar
UI à la FRANCE
our l'Augmentation
du
Salaire Unique
Votez CAMILLE DELABRE
POUR UN LOGEMENT
à
CHAQUE MENAGE
Votez CAMILLE DELABRE
DU TRAVAIL
POUR
LES JEUNES
Votez CAMILLE DEL

Quelle que soit la netteté de certaines ruptures, l'histoire ménage toujours des transitions assez subtiles. On en aurait peut-être un nouveau signe avec *l'Humanité* courant 1952, où je crois pressentir les indices du fameux dégel.

Bien sûr, ils sont minimes. Je note pêle-mêle une approche insolite et intelligente du récit *Kara-Bougaz* de Paoustovski par André Lentin qui s'attarde sur sa puissance de rêve géographique ; une bienheureuse indulgence à l'égard de la comédie musicale *Un Américain à Paris* ; des chroniques théâtrales régulières et l'intérêt porté au triomphe de Gérard Philipe dans *Lorenzaccio* au Festival d'Avignon ; un article du peintre Fougeron pour célébrer le 500ᵉ anniversaire de Léonard de Vinci puis semaine après semaine la présentation pédagogique de ses œuvres au lecteur ; un reportage de Courtade, « L'Égypte aura le dernier mot » ; l'approche des coups de grisou dans les mines puisque les mineurs y sont « tués » et non plus « assassinés » ; le discours de Malenkov qui propose la « coexistence pacifique ».

Ces indices sont parfois contradictoires. Un seul exemple : *l'Humanité* signale une exposition Monet à la galerie des Beaux-Arts et, tout en réservant son avis sur le travail de moins en moins figuratif des dernières années, elle choisit une reproduction des *Déchargeurs de charbon*. Cela dit, nombre d'attitudes persistent voire s'aggravent. Je note pêle-mêle une attaque en règle contre *L'Homme révolté* de Camus ; les critiques littéraires qui fonctionnent de plus en plus en circuit fermé, chacun encensant chacun, nombre de livres ayant droit à plusieurs notes de lecture ; la recommandation de Garaudy pour que « le visage de Maurice Thorez [soit] dans chaque foyer », il suffit d'acheter l'album que « nous montrerons à nos enfants pour leur apprendre à aimer Maurice » ; les attaques contre les États-Unis accusés dans une implacable logique manichéenne d'être des « tueurs microbiens » et – un chiffre précis renforce l'impression de véracité – d'avoir fait périr par la peste « 72 % des habitants de Bal Nam Ri », de sorte qu'un GO HOME plus vigoureux fleurit sur les murs.

Chez nous, Marty et Tillon sont dégradés, le jour d'une exposition de dahlias au parc de Sceaux.

L'histoire elle-même fournit son lot de tragédies. En mars, c'est la condamnation à mort de Beloyannis et l'incroyable photo où on le voit sourire une fleur à la main. En novembre, c'est l'accélération de l'affaire Rosenberg, et le lecteur apprend que la dernière pensée d'Éluard avant de mourir a été pour Julius et Ethel. L'histoire fournit aussi une tragi-comédie. C'est la fameuse affaire des pigeons, Duclos emprisonné pour atteinte à la sûreté de l'État lors du séjour du général Ridgway à Paris en raison d'un couple de pigeons trouvé dans le coffre de sa voiture, pigeons présumés voyageurs et espions alors qu'ils s'apprêtaient à rejoindre des petits pois dans la cocotte (les petits pois sont bien dans *l'Humanité*).

L'histoire fournit encore son lot de procès communistes. Chez nous, Marty et Tillon sont dégradés, le jour d'une exposition de dahlias au parc de Sceaux. Malgré une lettre où ils justifient la décision, et après que *l'Humanité* a publié des listes de cellules et de sections approuvant le secrétariat du parti, Marty est exclu le jour de Noël. Le lecteur apprend en même temps que tous les as du cirque invitent les enfants de fusillés à un Noël au Vél' d'Hiv', et il est invité à consulter le tirage de la loterie : « Regardez vite ci-dessous et bonne chance. »

Chez nous là-bas, c'est en janvier 1953 un nouveau procès. Un groupe de médecins « criminels » a été arrêté à Leningrad. Nombre d'entre eux sont juifs, et après avoir assassiné Jdanov ils s'apprêtaient à assassiner Staline. On connaît la chanson. Là-dessus, Staline tombe gravement malade et meurt pour de bon. Tout seul visiblement.

L'émotion est à son comble. En même temps, *l'Humanité* signale le retour des corps de onze héros de l'escadrille Normandie-Niémen, dont les cercueils restent parqués toute une nuit parmi les marchandises gare de l'Est, par incurie. Puis elle publie le communiqué outré du secrétariat du parti sur le portrait de Staline par Picasso affiché par *Les Lettres françaises*. Aragon en prend pour son grade. Le lendemain, il s'amende par un long article, « Relire, étudier Staline », où il lâche : « Ne fut-il pas le plus humain des hommes » avant de vanter ses écrits de jeunesse, « une telle maturité [...] que pas un mot aujourd'hui n'est à changer ».

Ci-contre : Lens, 1954.
Ci-dessous : une du 31 mars 1952.
Double page suivante : siège du journal à la mort de Staline le 6 mars 1953.

l'Humanité

ORGANE CENTRAL DU PARTI COMMUNISTE FRANÇAIS

MANIFESTATIONS AU MAROC

La police tire à Tanger

6 MORTS

ASSASSINÉS

Défi à l'opinion publique mondiale

BELOYANNIS et 3 de ses camarades fusillés hier à l'aube

par les monarcho-fascistes sur ordre de Washington

TUNISIE : GRÈVE GÉNÉRALE DEMAIN

NICE toujours SEUL en tête

Lille BATTU !

MALGRÉ L'INTERDICTION GOUVERNEMENTALE

LE FINISTÈRE MANIFESTE AUJOURD'HUI

pour les revendications contre la politique Pinay

LA LUEUR DES BALLES

DEUX PUISSANTS RASSEMBLEMENTS POUR LA PAIX

La Fédération des marins et stewards des États-Unis condamne les meurtriers d'Alfred GADOIS

SOMMAIRE

LA SOUSCRIPTION

SAMEDI TOTAL-RECORD : 610.000 fr. apportés à "l'Humanité"

PAR LES SECTIONS ET CELLULES DE LA SEINE

TRUST VERT : DANGER !

CONTRE LE POISON COLONIALISTE

Le préjugé des "peuples arriérés"

Léon FEIX

Le Bureau du Conseil Mondial de la Paix s'est réuni à Oslo

“LES PEUPLES DU MONDE P

EURENT LE GRAND STALINE"

ÉLECTROCUTÉS !

TROISIEME EDITION
l'Humanité
ORGANE CENTRAL DU PARTI COMMUNISTE FRANÇAIS

FONDATEUR : JEAN JAURES
REDACTEUR EN CHEF (1926-1937) VAILLANT-COUTURIER
DIRECTEUR : MARCEL CACHIN DEPUTE DE PARIS

SAMEDI
20 JUIN 1953
171e jour de l'année
Tirage précédent : 191.749 exemp.

ADRESSE : 37, RUE DU LOUVRE, PARIS (2e)
Tél. TUR. 52-00 (15 l.), TUR. 53-00 et 06-80. C.C.P. Paris 24-16
Abon. 1 an : 3.100 fr. ; 6 mois : 1.650 fr. ; 3 mois : 850 fr.
49e ANNEE (Nouvelle série) N° 2734
CORSE ET AFRIQUE DU NORD 17 FR
15 FR.

Ethel ROSENBERG

Julius ROSENBERG

A 1 h. 6' Julius et Ethel ont été conduits au supplice

EISENHOWER a refusé toute mesure de justice et toute mesure de grâce

Jusqu'au dernier moment ***le peuple de France avait crié :*** VIE SAUVE pour les innocents !

Que leurs assassins soient maudits à jamais !

ETHEL et JULIUS sont morts. Eisenhower avait refusé la grâce. Le sang innocent le frappe au visage.

Nous avons pris maintenant la mesure du fascisme américain.

Nous avons pris l'exacte mesure de ces âmes de boue, de ces assassins qui ont l'impudence de se proclamer les défenseurs de la démocratie et de la liberté ! Ah ! les lâches ! Ah ! les hypocrites !

Les assassins nazis étaient ce qu'ils étaient, des bêtes sauvages sans doute, mais au moins ne venaient-ils pas avec des prêches. Au contraire, ils disaient : « Nous méprisons la justice, nous méprisons l'innocence ! »

Mais ceux-là parent leur crime de prétextes moraux. Ils se cachent pour tuer derrière la statue de la Liberté !

Ils ne lisent pas comme ce nazi : « Quand j'entends parler de culture je tire mon revolver ! » Ah ! non ! certes non ! Ils l'adorent, la culture ! Et la vertu, donc ! Et la morale ! Et la religion ! Et la Constitution ! Au point de s'adorer eux-mêmes dans leurs uniformes de Chevaliers du Siècle-d'or-américain.

Et des durs, avec ça ! Durs avec les prisonniers, durs avec les innocents.

Généraux qui n'ont jamais senti passer une balle à dix mètres, politiciens qui n'ont jamais risqué ni leur vie ni leur liberté, ni même un dollar pour leurs « idées ». !

Journalistes qui se sont tus jusqu'au bout. « Intellectuels » qui n'ont pas eu un mot. Et qui savaient la vérité. Qui la savent et qui se sont cramponnés jusqu'au bout à leurs chaires, à leurs prébendes. Quelle honte ! Quelle infamie ! Il n'y a pas de mots pour ça.

Ce pays, l'Amérique, est-il perdu pour les hommes ? Nous ne disons pas cela. Cela n'est pas vrai, parce que ce pays est justement aussi le pays d'Ethel et de Julius Rosenberg. Parce que désormais la figure immense des deux martyrs exalte et illumine une lutte qui ne finira que par la victoire du peuple américain. Parce que cette Amérique d'Eisenhower est aussi l'Amérique des milliers d'hommes et de femmes courageux qui ont manifesté leur indignation, l'Amérique de ceux des juges de la Cour Suprême qui ont bravé les hurlements hystériques de la racaille fasciste et qui ont voté pour l'innocence. L'Amérique de l'admirable avocat Emmanuel Bloch. C'est à cette Amérique qu'Ethel et Julius ont pensé jusqu'au bout; c'est à cause d'elle, à cause de la vision de la justice qui leur sera rendue, à cause de la vision de la paix qui triomphera qu'ils sont jusqu'au bout restés fermes. A cause de cette Amérique qui se lèvera un jour, et à cause de l'immense fraternité des hommes de tous les pays dont le cœur bat pour eux, ils ont pu supporter la torture de l'espérance sans cesse déçue, jusqu'à l'heure fatale.

Mais ce que nous avons fait pour eux, qu'est-ce en comparaison de ce qu'ils ont fait pour nous ?

Leurs souffrances ont pour des millions d'hommes projeté une lumière éclatante sur l'horreur d'une barbarie qui nous menace tous.

Leur indomptable courage a déchiré le voile de l'hypocrisie.

Ils ont été, dans le sens vrai du terme et pour tous les hommes, des martyrs, des témoins.

Leur nom va frapper au visage les ennemis de la paix et de la vérité. Il va être le ciment de l'union des hommes de tous les pays, dans l'action pour la paix.

Ainsi nous les vengerons. De la seule vengeance qu'ils acceptaient lorsqu'ils souhaitaient pour leurs enfants un monde juste et pacifié.

Ainsi nous accomplirons la promesse de cette admirable mère à ses enfants maintenant orphelins :

Joyeux et vert, mes fils, joyeux et vert
Sera le monde au-dessus de nos tombes.
Les tueries cesseront.
La terre fleurira dans la paix fraternelle.

Pierre COURTADE.

Les gouvernants se font les complices des bourreaux

LA POLICE tire rue Royale

Un blessé grave
Nombreuses arrestations

A 1 h. 44 ce matin, l'agence United Press communiquait laconiquement : « ROSENBERG ELECTROCUTES ! »

Puis d'autres dépêches précisaient que le crime avait eu lieu peu après 20 heures (heure locale, c'est-à-dire 1 h., heure française, à la prison de Sing-Sing...

Julius a été conduit le premier au supplice, à 1 h. 05. Il mourut après trois secousses en 2 minutes 45 secondes...

A 1 h. 48, l'agence France-Presse communiquait : « ROSENBERG MOURURENT SANS PARLER ».

Ethel mourut après cinq secousses, en quatre minutes et demie...

Un aspect des multiples manifestations au cours desquelles Paris a crié sa colère : Hier soir, place de la Concorde, face à l'ambassade américaine.

L'*HUMANITE* PUBLIE UNE EDITION SPECIALE
C.D.H., sections passez au journal à partir de 10 heures du matin

Après les échecs successifs de ses quatre présidents désignés

AURIOL TENTE DE SORTIR DE L'IMPASSE

A sa demande, les chefs de la majorité atlantique (du R.P.F. au Parti Socialiste) essaient ce matin de se mettre d'accord

Les quatre présidents du Conseil désignés ayant été, l'un après l'autre, battus devant l'Assemblée, Vincent Auriol se trouve dans une véritable impasse.

Craignant que le cinquième ne subisse le même sort, il a convoqué à l'Elysée, hier matin, tous les anciens présidents désignés ou investis, ainsi que les chefs de la majorité, du parti socialiste au R.P.F. ; il leur a demandé d'établir un programme commun. Le cinquième appelé ne sera désigné qu'après.

Le « Collège des présidents », ainsi constitué, se réunira ce matin à l'Hôtel Matignon pour tenter d'aboutir à un accord.

Le groupe socialiste a délibéré pour savoir s'il irait ou non à cette réunion ; il a décidé, après discussion, de s'y rendre.

Plusieurs formules sont envisagées par les dirigeants de la bourgeoisie française pour dénouer la crise :

1.) Si les « présidents » avaient à mettre debout ce matin un programme commun, constitution d'un ministère allant du R.P.F. au parti socialiste ;

2.) En cas de désaccord, l'une des combinaisons suivantes serait envisagée :

— Constitution d'un gouvernement de type Pinay, dans lequel le R.P.F. ferait une entrée massive ;

— Retour à une formule « Mendès-France », sous la direction éventuelle d'un socialiste, qui pourrait être Christian Pineau ou Lacoste ;

— Constitution d'un ministère d'expédition des affaires courantes préparant de prochaines élections.

(Suite page 6.)

Gaz-Electricité :

Manifestations et délégations à la direction

Ci-dessous, un aspect du meeting tenu hier dans la cour de la direction d'Electricité de France, faubourg St-Honoré, à l'appel des organisations C.G.T., C.F.T.C., F.O. et U.N.C.M. De multiples délégations sont allées exiger de la direction générale satisfaction aux revendications des Gaziers-Electriciens. (Voir en page 6).

Après un mois de crise

APRES Reynaud, Mendès-France et Bidault, Marie, à son tour, vient d'échouer dans sa tentative de former le gouvernement. Ainsi la crise ministérielle dure maintenant depuis un mois.

Devant la situation créée par la défaite de Marie, le président de la République, le dirigeant socialiste Vincent Auriol, a convoqué à l'Elysée une conférence réunissant les anciens présidents du Conseil désignés ou investis et les différents chefs de groupe de l'Assemblée Nationale, à l'exclusion des communistes, à l'encontre desquels il a récidivé ses précédentes manifestations d'ostracisme.

De la déclaration faite par Vincent Auriol au cours de cette réunion, il ressort tout d'abord que la situation économique de la France est très grave, ensuite que, malgré leur diversité, les formules tentées par le président de la République se sont toutes avérées vaines. Auriol demande aux différents partis, des socialistes aux factieux de de Gaulle, qui ont collaboré depuis six ans à la politique antinationale conduite par les milieux dirigeants de la bourgeoisie française, de trouver un programme qui, exprimant leur accord de fond, permette de poursuivre la politique de soumission aux impérialistes américains.

LA déclaration du président de la République appelle un commentaire. Car, s'il est vrai que la situation est sérieuse, ce n'est pas, comme le dit Vincent Auriol, du fait que la France a été pendant près d'un mois sans gouvernement, mais, au contraire, parce que, pendant six ans, elle a été sous la conduite de divers gouvernements atlantiques soumis à une politique antiouvrière et par conséquent antinationale. Et s'il est aujourd'hui d'une complexité extrême de former un nouveau gouvernement qui persévère dans cette voie, c'est justement parce que l'opposition grandissante des masses laborieuses à la politique actuelle écartèle la majorité atlantique et les partis qui la composent.

L'EXPLICATION de cette crise, qui se prolonge, tient dans cette phrase extraite du magistral discours prononcé par Maurice Thorez au dernier Comité Central de notre Parti :

« Aujourd'hui, la conviction se répand dans le peuple qu'un changement complet d'orientation de la politique française est nécessaire. »

C'est ce qui explique notamment que, pour l'heure, l'une des préoccupations essentielles des milieux dirigeants de la bourgeoisie et de leurs complices, les chefs socialistes, soit de s'employer par tous les moyens à freiner le développement de l'unité de la classe ouvrière, arme essentielle dans la lutte pour imposer une politique nouvelle.

CHERCHANT présentement une « issue » à la crise, la bourgeoisie française s'interroge : faudra-t-il faire entrer le parti socialiste dans le gouvernement ou du moins dans la majorité?

H

(Suite page 6.)

En violation des engagements signés par les Américains

27.000 prisonniers sont livrés à Syngman Rhee POUR SABOTER L'ARMISTICE

(De notre correspondant particulier Wilfred BURCHETT)

PAM-MUN-JOM, 19 juin (par téléphone). — L'enlèvement par Syngman Rhee d'environ 27.000 prisonniers du nord de la Corée pour le renforcement de ses troupes fantoches, au moment même où les derniers détails de l'accord d'armistice sont réglés est, de toute évidence, une tentative de dernière heure de torpillage de l'armistice, tentative effectuée avec la connivence des hommes du haut commandement américain, qui se sont toujours efforcés de saboter toutes perspectives d'armistice. Il ne peut y avoir aucun doute sur ce qu'est, en réalité, la prétendue « libération » des prisonniers. Hier, Syngman Rhee lançait un appel d'urgence pour obtenir quatre divisions nouvelles à son service. *Associated Press* indique que de hautes personnalités sud-coréennes de Fusan déclarent que la plupart des libérés sont versés dans l'armée de Syngman Rhee. *Associated Press* remarque que les prisonniers sont conduits, sous escorte des policiers sud-coréens, depuis les camps jusqu'aux centres de recrutement militaire. Cette agence souligne que les personnalités mentionnées comptent former deux nouvelles divisions avec ces hommes.

La complicité des autorités militaires américaines de Corée occupée est éclatante. Le général américain Mac Narr, chef du commandement des prisonniers

(Suite page 3.)

DEMAIN
dans 36 départements
RASSEMBLEMENTS
préparatoires
de la
Conférence nationale
des 27 et 28 juin
pour la
NEGOCIATION ET LA PAIX
(VOIR EN PAGE 3)

Lisez les publications de
l'Humanité
ORGANE CENTRAL DU PARTI COMMUNISTE FRANÇAIS
l'Humanité
ALMANACH OUVRIER & PAYSAN 1954
L'ALMANACH OUVRIER & PAYSAN - 150F
LE CALENDRIER de L'HUMANITÉ 1954 - 50F
LE 12E ALBUM DES aventures de PIF le chien - 60F
en vente ici !

Si la mort de Staline ne constitue pas une rupture majeure, elle permet néanmoins d'envisager un nouveau cap. Et surtout elle ouvre le champ à une *possible* déstalinisation. Ça ne commence pas très bien dans la mesure où *l'Humanité* pérore le 1er avril : « Pour la sixième fois depuis 1947, baisse des prix en URSS de 5 à 50 % sur les marchandises de consommation courante en URSS. » Le 6 avril, elle annonce la « merveilleuse nouvelle » que représente le retour de Thorez, et Aragon y va de son merveilleux poème. Toutefois, le même jour, le lecteur apprend que les médecins inculpés ont été pleinement réhabilités. Il n'a pas le temps de se poser des questions. Une conclusion s'impose : voilà un exemple de parfait fonctionnement de la justice soviétique. L'élimination de Beria apportera un habile supplément de preuve.

Et puis l'affaire Rosenberg capte les esprits. Par la passion suscitée et le compte à rebours, le lecteur revit les heures de Sacco et Vanzetti. Il lit la dernière lettre d'Ethel à ses deux garçons, c'est en effet « un document bouleversant ». À bon droit, le registre de l'émotion reste dominant. *L'Humanité* s'indigne de la clémence du jury lors du procès d'Oradour et se lance dans une vaste campagne contre le projet de CED et la renaissance du militarisme allemand. Elle s'indigne du renvoi du procès Oberg, le chef SS, et « fait » elle-même le procès par une série d'articles et de caricatures très remarquables de Mitelberg. En août 1954, elle développe le parallèle avec août 1944. À la Noël, elle met, en une, une photo de bombardiers allemands dans le ciel parisien avec la légende : « La prochaine fois, ils porteront LA BOMBE ATOMIQUE ». Le 1er janvier 1955, je lis encore : « Barrez la route à la Wehrmacht et au CRIME ATOMIQUE » et le lendemain je vois une photo atroce d'un enfant brûlé à Hiroshima.

Il est vrai que si le parti et *l'Humanité* ne ménagent pas leurs adversaires, ceux-ci ne les ménagent pas davantage.

Il arrive aussi que l'émotion soit exploitée à des fins retorses et qu'on ait recours, me semble-t-il, au stratagème d'une sensiblerie toujours détestable. Sincère ou non, la question principale n'est pas là. Je reconnais éprouver un malaise devant « Les larmes de Gérard Philipe », un billet apparemment anodin de Wurmser. Il assiste au gala de la Résistance européenne à Pleyel où, encore grandi par son *Ruy Blas*, Gérard Philipe lit la dernière lettre inoubliable de Lacazette : « [...] je n'ai pas la force de te donner à un autre mais si tu as un jour un enfant appelle-le de mon nom, si tu veux », et il ne peut retenir ses larmes. À la sortie, Wurmser lui confie qu'une seule fois il l'a lue sans pleurer, au procès Kravchenko. Et que pensaient les juges ? lui demande Gérard Philipe. Ils regardaient la pendule !

Cependant, on avance ces années-là dans un paysage contradictoire. Côté ensoleillé, j'ai repéré les Tours de France avec Michéa et Bobet ; la première contribution de mon père sur une nouvelle édition de *La Guerre civile en France* même s'il remercie Thorez au passage ; l'idée que « la confrontation est possible » entre les intellectuels ; la présentation du chandail à col roulé ; la narration d'un accouchement sans douleur par Laurence Lentin ; la participation de Pif le Chien à la souscription ; les propositions concrètes de paix de Malenkov ; la machine volante soviétique qui nous promet un aller-retour pour Mars à l'occasion du cinquantième anniversaire de *l'Humanité* ; le record du monde du 5 000 mètres de Zatopek au stade de Colombes ; la joie pour la paix en Indochine ; enfin un beau texte d'Aragon, « Le sourire de Matisse », même s'il est accompagné par le fac-similé du bulletin rempli par Matisse pour l'appel de Stockholm ; l'importance conférée à la conférence de Bandung même si la vedette en est Chou En-lai ; le voyage de Khrouchtchev à Belgrade même si l'éditorial de Fajon réussit à ne pas citer le nom de Tito ; l'interview de Sartre, de retour de Chine, considérant que « tout dans ce pays est émouvant » ; la promotion de la Caravelle.

Côté grisaille, on retrouve les travers précédents, à peine atténués. Il est vrai que si le parti et *l'Humanité* ne ménagent pas leurs adversaires, ceux-ci ne les ménagent pas davantage. Dirigeants arrêtés, maires suspendus, journal saisi, propos acerbes, à l'évidence la situation politique reste tendue. Ainsi le 14 juillet 1953 la police tire-t-elle sur les manifestants, 7 morts dont 4 citoyens algériens, de sorte que le journal relance la théorie du complot. Et si, l'hiver 1954, Monmousseau clame un retentissant « Aux

Double page précédente : à gauche, Julius et Ethel Rosenberg ; à droite, une du 20 juin 1953.
Ci-contre : Pif en 1954, il a déjà six ans.
Ci-dessous : apparition de Monsieur Nuage le 29 octobre 1951.

champ, à Crèches-sur-Saône, près de Mâcon.
HAPPEE PAR UN AUTORAIL une sexagénaire, Mme Collas, de Rouceux (Vosges), a été tuée sur le coup.

QUEL TEMPS FAIT-IL MONSIEUR NUAGE ?

AVERSES

REGION PARISIENNE : Ciel variable parfois couvert. Quelques averses. Vent modéré de Sud-Ouest. Température sans grand changement.
AILLEURS : Ciel variable. Averses. Brumes matinales dans le Sud-Ouest et le Centre.

Samedi s'est ouverte à la galerie Vibaud, 13, rue de l'Odéon (Paris 6e), une fort intéressante exposition de peintures de haute montagne, œuvre essentiellement de notre colla-

fabricants des morts de froid », il signale un article de *L'Aurore* où Jules Romains écrit sans trembler que les mères des enfants morts de froid sont des « dépoitraillées », leurs pères des « gorgés de vin » et que tous ces indigents se complaisent dans leur « crasse ». Côté grisaille donc, pour aller vite, j'ai repéré les reportages plutôt lénifiants sur les formidables réussites soviétiques ; la valorisation d'*Et l'acier fut trempé* comme « livre passionnément aimé de la *belle* et *saine* jeunesse de France » ; l'insistance sur la paupérisation de la classe ouvrière ; la présomption de « régler son compte » à l'antimarxisme ; les propos et les sous-entendus à l'égard de Mendès France ; la célébration de l'anniversaire de Staline.

Naturellement, l'Algérie est présente. Assez timidement au début, quand, pour la Toussaint rouge, *l'Humanité* se contente de signaler de « graves événements ». Toutefois, elle demande la fin de la répression, évoque dès le début novembre des « opérations de guerre » et continue son enquête « Algériens nos frères », avec le portrait de Saïd et Abdallah qui partagent un matelas dans une cave pour 2 000 F chacun par mois. Puis, par la voix de Léon Feix, *l'Humanité* considère que « l'Algérie c'est l'Algérie ». Au printemps 1955, elle ne cesse de demander la négociation et elle dénonce les exécutions sommaires assez fermement pour être saisie.

★

On le sait, l'année 1956 a profondément marqué les consciences et les mémoires. Il se trouve qu'en juin la une de *l'Humanité* donne pour la première fois les sujets de baccalauréat. Les candidats ont eu à découdre avec un sujet sur le bonheur et un sujet sur le remords. De quoi fonder une réflexion sur notre rapport intime au mouvement du monde. Mieux encore, je découvre en page intérieure un autre sujet : « Pouvons-nous avoir de notre propre passé une connaissance exacte ? » Le paradoxe est peut-être que rien ne s'approcherait de cette connaissance exacte comme le roman.

La victoire électorale de la gauche et les bons résultats du parti le 2 janvier conduisent le journal à titrer « Vive le Front populaire ». Vingt ans après, on est donc reparti comme en 1936. Mistinguett n'y résiste pas et passe l'arme à gauche. Quant au sixième plan quinquennal soviétique, il signifie la marche « à pas de géant » vers le communisme. Du coup, *l'Humanité* propose les photos « exclusives » de la 5 CV Renault, je regarde, c'est la Dauphine, ma première voiture, ça ne me rajeunit pas. Le temps de célébrer les deux cents ans de Mozart, des jets de pierres accueillent le nouveau président du Conseil à Alger (une connaissance exacte me portait à croire que les émeutiers lui avaient lancé des tomates pourries). Le lecteur lit, sans plus de commentaire : « Les musulmans consultés à Alger ont dit à Mollet : 99 % des nôtres sont acquis à l'idée nationale. »

Ci-dessous : dessin de Mitelberg, 23 octobre 1956.
Double page suivante : Algérie 1956.

Le même jour, Thorez part à Moscou pour le XXe congrès du PCUS. À la une de son journal, il voit la photo d'une machine qui traduit directement de l'anglais en russe. Allez vous étonner ensuite que des documents russes circulent dans les officines anglo-saxonnes. Car c'est de cela qu'il s'agit. Le premier rapport Khrouchtchev est banal. Le second – secret – est un brûlot qui rapporte les erreurs, les fautes et les crimes de Staline. Or *l'Humanité* n'en parle pas. Pour l'anniversaire de la mort de Staline, elle publie sa photo et souligne son « rôle éminent ». Elle disserte sur l'agréable surprise de *Sept Ans de réflexion* avec Marilyn Monroe, c'est bien trouvé, et le jour du retour de Thorez elle annonce la venue à Paris du clown Popov.

Il faut attendre un mois pour qu'elle s'intéresse au rapport de Khrouchtchev sur « les mérites » et « les erreurs » de Staline, et qu'elle critique le culte de la personnalité. Il faut attendre encore trois bons mois pour qu'elle publie, le même jour que la *Pravda*, une résolution du PCUS qui évoque la dérive tardive du petit père des peuples, l'explique, et stipule que le frein à la démocratie est désormais levé. Le lecteur attentif peut remarquer le lendemain un article vigoureux contre « les calomniateurs » et « les inventeurs d'histoires qui accusent sûrement le coup ! ». Au cas où le lecteur ne tirerait pas lui-même la leçon, on lui indique que tout ça ne remet pas en cause le régime. Au cas où il ne serait pas convaincu, on lui fait comprendre que tel est le point de vue lamentable de quelques renégats.

1956

L'Humanité **propose les photos "exclusives" de la 5 CV Renault, je regarde, c'est la Dauphine, ma première voiture, ça ne me rajeunit pas.**

L'Humanité **considère que "l'Algérie c'est l'Algérie". Elle ne cesse de demander la négociation, et dénonce les exécutions sommaires assez fermement pour être saisie.**

Moi je me console avec la chronique de Lachize expédiée depuis Cannes. « Si j'étais le jury… pour quelques heures encore qu'on me laisse vivre ce rêve, je suis le jury, voici mes décisions, palme d'or : *Le Ballon rouge* d'Albert Lamorisse. » Il attribue quand même le prix d'interprétation masculine au tragédien soviétique Bondartchouk pour son *Othello* auquel il a déjà décerné le prix de la mise en scène. Le plus drôle, en ces circonstances où *l'Humanité* reste muette sur l'essentiel, c'est que le vrai jury a accordé la vraie palme au *Monde du silence*. Et puis, à démêler le vrai du faux, le journal a organisé au printemps un concours VRAI OU FAUX, vingt questions de culture vaguement générale, premier prix un voyage à Moscou.

Quant à Rajk, s'il est réhabilité à la une, son procès et sa condamnation reposaient sur une de ces provocations anti-communistes sans lesquelles le monde serait assurément moins trouble. Quant aux émeutes de Poznan en juin, elles sont une simple figure de la contre-révolution haïe. Quand les émeutes – par principe contre-révolutionnaires – éclatent à Budapest en octobre, elles sont heureusement réprimées par les troupes soviétiques stationnées en Hongrie. Par *l'Humanité*, le lecteur n'a connaissance ni de leurs origines ni des réformes entreprises par les camarades hongrois. Quand les combats reprennent à Budapest, moins d'une semaine plus tard, le lecteur n'a pas une connaissance plus exacte des événements. En revanche, il a loisir de se cultiver sur les volcans grâce à l'ouvrage que vient de publier le professeur Orcel, et de se demander sérieusement si l'Inconnu des Andes est le frère du Yéti de l'Himalaya. Et il ne risque pas d'échapper à une lettre de Garaudy à Césaire où il ne fait pas bon être du côté de la poésie et de la démocratie.

“Je suis le jury, voici mes décisions, palme d'or : *Le Ballon rouge* d'Albert Lamorisse.”

D'ailleurs, ça ne manque pas, *l'Humanité* publie – entre autres preuves édifiantes – la photo d'un militant communiste assassiné, un poignard dans la bouche, un portrait de Lénine entre les bras, allongé sur le sol d'un local dévasté, regardez, « les démocrates hongrois sont passés par là ». Et puis Stil câble de là-bas : « Budapest recommence à sourire à travers ses blessures. » Et ensuite, rien, ou rien que les bonnes nouvelles habituelles. Il y a toujours moyen de se réfugier dans le reportage « Les hommes et la taïga », qui plairait à Césaire. Je suis à mon tour subjugué par « ce Sahara de mélèzes et de bouleaux », j'atterris à Iakoutsk où j'admire le miracle de vivre par des cinquante degrés en dessous de zéro, j'atterris le jour de l'inauguration de l'université, ça tombe bien, surtout si on songe que jusqu'en 1923 les Yakoutes ne disposaient pas d'alphabet.

Rien n'est jamais simple. La même semaine où Budapest sombre dans la tragédie, l'opération de Suez menée par les troupes anglo-françaises permet à *l'Humanité* de clamer À bas la guerre. La semaine suivante, des groupes fascistes, des vrais, attaquent le siège de *l'Humanité* boulevard Poissonnière. Ils font trois morts qui ont pour nom Albert Ferrand, Daniel Beaucourt, François Le Guennec. Le journal leur rend hommage, on le comprend. L'hommage dure longtemps, on peut le comprendre.

Speidel, Algérie, Spoutnik, voilà les trois grands sujets de l'année 1957.

Speidel n'est pas un inconnu pour le fidèle lecteur. Il symbolise le réarmement de l'Allemagne, il est général, il l'a été dans l'armée nazifiée. Début février, il prend le commandement de forces de l'OTAN sur le sol français. Pendant deux mois, le journal orchestre une campagne où il fait donner tous les instruments, rationalité, sentimentalité, humour, noir mais humour. Un dessin de Mitelberg montre un résistant sur le point d'être fusillé face à Speidel qui lui dit : « Si ça peut vous consoler sachez que j'aurai votre fils sous mes ordres ! » En effet, le ressort principal de la campagne est le NON À SPEIDEL « assassin de nos pères » répété par des fils appelés sous les drapeaux et justement indignés. Au point qu'en octobre *l'Humanité* sera inculpée pour avoir publié la lettre au président de la République des quatre-vingt-quatre fils de fusillés refusant de servir sous les ordres de Speidel.

Si, à l'été 1956, le journal axe son combat contre ce qu'il continue de nommer la guerre d'Algérie, sur la création de nouveaux impôts comme les Gauloises à 95 F et le petit-gris à 115 F puis la taxe sur les plaques de vélo qui nous valent un dessin royal de Mitelberg, il ne manque pas de stigmatiser le rappel des classes du contingent et de se faire l'écho et la caisse de résonance des débrayages, manifestations, voire

Ci-contre : Hongrie, novembre 1956.
Ci-dessous : dessin de Mitelberg paru le 8 février 1957.
Page suivante : Marcel Cachin par Picasso.

«Le général Speidel est philosophe et historien »
(Bethouart, dans le Figaro)

“ Mon père avait les menottes quand il me berça pour la dernière fois… ”

nous dit Jean-Pierre HEMMEN, l'un des quinze jeunes qui ont informé le président de la République de leur

REFUS DE SERVIR sous les ordres de SPEIDEL

LORSQUE deux mois avant de le fusiller, les nazis arrêtèrent Jean Hemmen, il portait sur lui cette photo où il serre Jean-Pierre dans ses bras. Lorsque après l'avoir fusillé, les nazis renvoyèrent les vêtements du martyr, on y retrouva la photo. Pour Jeanactions consistant à bloquer les trains. Courant 1957, il reprend les choses du côté algérien et Courtade comparaît devant la 17ᵉ chambre pour avoir invoqué le droit des peuples à disposer d'eux-mêmes. Il publie la réponse du parti à quelques critiques – pour une fois acceptées – et dénonce à son tour la torture. Il s'inquiète de la disparition d'Henri Alleg – le directeur d'*Alger républicain* – puis publie à la une la lettre de Gilberte Alleg : « Je redoute le pire pour mon mari ». Il y revient pendant plusieurs jours, ce qui lui vaut d'être plusieurs fois saisi cet été-là. Il donne sa mesure afin de réussir une « grande journée pour la paix » le 17 octobre. En revanche, il ne peut que déplorer la mort de Maurice Audin – professeur de mathématiques enlevé à Alger – et recevoir sa femme au siège du journal.

Et maintenant destination la Lune. On le devine, *l'Humanité* jubile. Le Spoutnik démontre notre supériorité. Si j'ai le triomphe modeste, Khrouchtchev fanfaronne. Alors, quand un deuxième Spoutnik, habité, refait un petit tour dans le cosmos pour le quarantième anniversaire de la révolution d'Octobre, c'est une joie pure. Peu importe que l'être vivant soit une chienne, ce sera bientôt un homme. Franchement, le petit père des peuples semble déjà loin.

Sinon *l'Humanité* de 1957 ne manque ni les émeutes raciales de Littlerock aux USA, ni le huitième anniversaire de la Chine populaire, ni le soixantième de l'écrivain populaire avec Aragon en une et une pleine page hagiographique, ni les aspects contradictoires du progrès et de la paupérisation avec cette réclame :

Un téléviseur
chez vous ce soir
en location
sans cautionnement
Ciram – PRO 14-61

À la Noël, la neige recouvre Paris. Je m'absorbe dans un article sur le mystère de la neige, les cristaux de glace, autant revenir à des sujets simples, et pourtant *l'Humanité* est encore saisie pour sa détermination dans l'affaire Audin. Heureusement, j'ai le temps d'apercevoir qu'« on a parfois tort de se méfier des films américains » et que *Le Pont de la rivière Kwaï* nous vaudra une belle soirée avec ses « moments de très grand cinéma ». L'année 1958 se profile sous de meilleurs auspices. Et pourtant le journal recommence à m'angoisser avec l'Épée atomique. Puis l'aviation française tue seize enfants tunisiens à Sakhiet Sidi Youssef. Là-dessus, je découvre un matin Marcel Cachin est mort. Je suis triste. À la sortie de l'école, j'accompagne ma mère aux funérailles. Quel temps fait-il Monsieur Nuage ?

a mon cher ami Georges Schéhadé
Picasso le 19.5.67.
Picasso 5.3.64. III

Le récit de Y. GAGARINE sur son vol et les premières photos du départ vers le Cosmos

CUBA : Mobilisation généra après une série de raids crim nels contre plusieurs villes (en pag

NUMÉRO SPÉCIAL

l'Humanité DIMANCHE
MAGAZINE DU PARTI COMMUNISTE FRANÇAIS
0,50 NF
Numéro 659
Hebdomadaire ◆ 16 AVRIL 1961
Directeur : Marcel CACHIN (1920-1958)
Directeur : Etienne FAJON
6, boulevard Poissonnière, PARIS (9e)
Tél. : PROvence 15-01

HOURRA POUR YOURI

EN PAGE 5
l'article de Pierre COURTADE

EN PAGE 6
le commentaire de Robert LECHENE

EN PAGES 7 et 8
le récit de la conférence de presse de Gagarine

EN PAGE 18
nos photos

ALGÉRIE : LE GPRA EXAMINE A TUNIS RAPPORT DE TAIEB BOULHARO

DE GAULLE TERMINE SA TOURNÉE DANS LE SUD-OUEST PAR UN DISCOURS A BORDEAUX

« LA DOLCE VITA »

Mai 1958, c'est le retour du général de Gaulle et *l'Humanité* s'emballe. Le jour du coup de force à Alger, pendant que Jean Valjean décrit des labyrinthes pour échapper à Javert dans le feuilleton, elle note que la Suisse se félicite de la décision soviétique d'arrêter les essais nucléaires et elle loue l'acte héroïque d'un chirurgien hongrois, victime d'une hémorragie cérébrale, qui finit une opération – de la main gauche – avant de succomber. Toutefois, elle titre « ALERTE AU FASCISME » et appelle à un nouveau triptyque assez raisonnable : Vigilance ! Action ! Unité ! En ce sens, dans un contexte éclairé à la fois par la mort d'un convoyeur de *l'Huma-Dimanche* matraqué par des nervis et par l'indulgence à l'égard des anciens responsables nazis, elle continue le combat mené les premiers mois de l'année contre l'expression d'un courant fasciste qui valut en mars une salutaire déclaration de Thorez à propos de la résurgence du lugubre « À mort les Juifs ». Dans la seconde quinzaine de mai, elle reprend son thème favori du complot. Elle considère que de Gaulle « jette le masque » et vise à une dictature militaire. Plus aimablement, Effel le représente en paon. Début juin, elle lui reproche de continuer la guerre. Mi-juin, elle parle plus discrètement de « régime autoritaire » et fin juin elle met en valeur son refus d'augmenter les salaires. Le Général est revenu à une juste proportion.

À sa mort, le journal publiera une déclaration du parti qui réécrira l'histoire – qui réécrira en tout cas *l'Humanité* de 1958. Ici, il ne s'agit pas de savoir si nous pouvons ou non avoir une connaissance exacte de notre passé, il suffit de lire, et je vois qu'on a usé de la gomme. D'autant que le mot « dictature » refleurit pendant l'été et qu'en décembre la nouvelle Chambre des députés se voit allègrement attribuer une « majorité fasciste ». Le subterfuge n'échappa sûrement pas à Étienne Fajon – le nouveau directeur –, assis aux premières loges pour les quotidiens comme pour la déclaration. Et le lecteur attentif s'aperçoit après coup que les dessins de Mitelberg ont disparu, et il le regrette.

Cela dit, mai 1958 c'est aussi, d'après son envoyé spécial au Festival de Cannes, le triomphe justifié de *Mon oncle*. Tati est le général trois étoiles d'une brigade du rire où je m'enrôle vaillamment. Moi, mes cinq oncles se partagent. La moitié se détache du parti, l'autre moitié s'y tient. Je sais, la moitié de cinq n'est pas chose évidente, mais l'histoire ne l'est pas davantage. Au cinéma, je vois encore descendre d'un

Page précédente : Youri Gagarine.
Ci-contre : une de *l'Humanité-Dimanche* au lendemain du vol spatial de Gagarine.

ciel d'azur *Quand passent les cigognes*, après avoir lu au printemps que l'événement de l'année était *Les Misérables* tourné par Le Chanois, au point que *l'Humanité* avait innové en s'adressant à ses lecteurs : « Donnez-nous vos impressions. Pourquoi vous aimez *Les Misérables*. À vous la parole ! » Quant aux savants soviétiques, en attendant mieux, ils procèdent ce mois-là à une invention « sensationnelle », la machine qui commande la pensée.

À l'heure des étrennes, *l'Humanité* récuse avec une ironie scandalisée – et niera toujours quand les camarades de *L'Unità* le reconnaîtront – le fait que le parti reçoive de « l'or » de Moscou. Et pour la Noël, *Le Cerf-volant du bout du monde* qui nous transporte à Pékin vient relayer l'enthousiasme qu'avait fait naître pendant l'été le Grand Bond de Mao. Aux premiers jours de janvier 1959, Cuba commence à briller à l'horizon. Les troupes de Fidel sont entrées dans La Havane et sur les photos on voit une population joyeuse. Côté musique, le lecteur apprend un mot nouveau, la « stéréo », qui exercera notre oreille au relief sonore. Pas besoin de stéréo dans la salle qui « croule sous les applaudissements » lors du XXIe congrès du PCUS où Khrouchtchev assure que – ça y est – le système socialiste a rattrapé le système capitaliste. Le monde penche du bon côté, comme la tour de Pise dont *l'Humanité* s'inquiète le jour de l'équinoxe.

L'année est plutôt calme, sauf sur le front algérien. La guerre continue, l'émotion causée par *La Question* d'Alleg aussi à en juger par les attaques et les menaces de mort qu'ont provoquées sa dénonciation de la torture. Sinon, cet été-là il y a trop de cerises mais pas assez sur nos tables. Une semaine après une fête de *l'Huma* où le stand de la Charente-Maritime a ouvert 30 000 huîtres, *Lunik II* atteint la Lune à 22 h 02. Il alunit même avec trois minutes d'avance sur l'horaire, c'est tout dire. Il va à une vitesse de 3,3 km à la seconde, à croire qu'il y a un mystère des nombres. Thorez fait parvenir aussitôt un solide « Gloire au parti de Lénine ». Le lendemain, Khrouchtchev est accueilli à Washington par des bouquets de roses rouges. En échange, il offre la maquette de *Lunik II*. Il propose un désarmement total et disserte sur les dindons socialistes et les dindons capitalistes, considérant que sans passeport on ne les distingue pas. Il se rend dans l'Iowa (royaume du maïs) et à Pittsburgh (capitale de l'acier), puis à Hollywood où Gary Cooper et Marilyn, qui régale le public avec *Certains l'aiment chaud*, ne cachent pas leur admiration bien que Khrouchtchev leur répète « bientôt nous vous dépasserons » en se payant le luxe de s'appuyer sur un rapport de la commission économique du département d'État. Envoyé spécial, Courtade décrit ce séjour comme dix jours qui ébranlèrent l'Amérique. Il ne peut donc assister à l'ouverture d'un nouveau cinéma, Paris XVe, le Kinopanorama.

Le monde penche du bon côté, comme la tour de Pise dont *l'Humanité* s'inquiète le jour de l'équinoxe.

Le 31 décembre, le journal coûte 25 F. Le 1er janvier, il ne coûte plus que 25 centimes. C'est le prix qu'il faut payer pour lire le bel article de Michéa : « Coppi avait choisi d'être grand – il l'a été en tout. » Pour la même poignée de centimes, le lecteur a droit à une confession de Bartali : « Par je ne sais quel processus spirituel, je me remis à l'aimer au point de me surprendre moi-même et j'avais l'étrange impression qu'en continuant de courir, Coppi offensait notre amitié… Peut-être était-ce de l'égoïsme pur. » Le lendemain, c'est au tour de Camus de mourir. Puis les barricades des factieux mettent le feu à Alger. L'année commence on ne peut plus mal.

En contrepoint, le lecteur retourne par un grand reportage dans les villes et les sierras cubaines et découvre le visage d'un inconnu, Guevara. Moins loin, il peut encore se plonger dans « Hier j'ai essayé l'autoroute du Sud ». C'est un bon début pour voyager. Toutefois, le grand voyage c'est celui de Khrouchtchev chez nous. Franchement, l'enthousiasme de *l'Humanité* est à son comble. Elle s'y prépare plus d'un mois à l'avance, elle chauffe l'opinion, elle entretient le brasier. Une sorte de rubrique d'une pleine page – « Ils attendent K. » – interroge des dizaines de personnes dans les différentes villes où doit passer le petit bonhomme débonnaire qui dirige le pays des lendemains qui chantent et du présent qui chantonne avec son *Lunik II*. Ouvriers, paysans, intellectuels, hommes, femmes, jeunes, vieux, entre deux âges, tout le monde se réjouit à l'avance. Le journal publie la carte du trajet et des étapes comme s'il s'agissait du Tour

Ci-dessous : le général de Gaulle vu par Jean Effel, 25 mai 1958.
Ci-contre : pendant un discours de de Gaulle à Constantine le 6 juin 1958.
Double page suivante : foule attendant Khrouchtchev à Reims, 30 mars 1960.

LE GRAND VOYAGE C'EST CELUI

DE KHROUCHTCHEV CHEZ NOUS

11

de France cycliste. Le jour venu, il met le paquet : quatorze journalistes, trois photographes, des centaines de correspondants, cinq pages chaque jour. La liesse est au rendez-vous.

Bien malin celui qui verrait à travers *l'Humanité* que Thorez n'était pas un adepte de Khrouchtchev. Il en reste néanmoins la vedette et a droit pour ses soixante ans à une soirée au tout récent Palais des sports. Ce jour-là, le lecteur peut admirer toute une page de messages venus du monde entier ; quand il en a fait le tour, et qu'il a vérifié « la valeur exceptionnelle » de *La Semaine sainte* d'Aragon, il peut s'assurer que la solidarité internationale n'est pas un vain mot (aujourd'hui Tunisie Espagne Corée du Sud Laos Grèce), que les députés sont prêts pour la reprise du débat agricole, et que malgré les innombrables bancs d'anchois au large de Saint-Jean-de-Luz les bateaux restent au port ; il peut observer que la Samaritaine fait mieux que le secrétaire général avec une double page « Ameublement de campagne » ; enfin, il a peut-être l'œil attiré par un cycliste à la une : c'est un jeune Malgache, parti de Tananarive six mois plus tôt, arrivé à Paris après 14 000 kilomètres de routes qu'on imagine longtemps caillouteuses, en effet il a compté plus de cinquante crevaisons.

À la fin de l'été 1960, on voit l'Éthiopien Abébé Bikila gagner le marathon des Jeux olympiques.

D'ailleurs l'Afrique noire attire l'attention. L'URSS apporte une aide évidemment désintéressée aux pays en lutte pour leur indépendance et *l'Humanité* salue la transformation du Soudan français en Mali et Robert Lambotte multiplie les reportages. À la fin de l'été, on voit l'Éthiopien Abébé Bikila gagner le marathon des Jeux olympiques ; sur la photo, il est bien pieds nus, il rattrape celui qui recevra la médaille d'argent ; le lecteur découvre ainsi la réponse que mes amis Ercole et Ernesto n'avaient pas eu le temps de donner : il s'agit du Marocain Radhi. Quant à l'Algérie, *l'Humanité* répercute les déclarations de Ferhat Abbas, le chef du GPRA, et s'insurge contre les peines prononcées à l'encontre des « porteurs de valises » et des 121.

Sinon la vie suit son cours. Elle semble difficile, notamment sur les lieux de travail. La paupérisation reste à l'ordre du jour. Et la nouvelle formule débute par un grand reportage : « Je cherche un logement ou les tribulations d'un aspirant locataire ». En somme, à l'Ouest, la vie n'est douce qu'au cinéma. Lachize jubile, il obtient la palme d'or avec *La Dolce Vita*. À l'Est, heureusement, les nouvelles nous mettent du baume au cœur. « Des Soviétiques vous parlent d'avenir », et l'avenir c'est prolonger la vie humaine. Sous un encart qui indique : « Avec la durée moyenne de la vie humaine actuellement un homme n'a pas le temps de vivre sa vie », l'entretien en vient vite à l'essentiel :

> *QUESTION : Faut-il vivre 150 ans ?*
> *RÉPONSE : Oui ! nous pourrons… oui, ce serait utile !*

Juste en dessous, on pourrait croire que la « Tribune des annonces » propose une solution : « AIR PUR SUR LES HAUTEURS. 12 km Paris. Sannois. Petit pavillon 3 pièces, cuisine. Garage. Jardin avec arbres. »

★

Dépouiller ainsi un journal rend sensible à une étourdissante nécrologie. Début 1961, la même semaine, Cendrars et Hammett rejoignent Camus et Coppi au royaume des ténèbres. Les savants soviétiques sont en retard.

Ils se rattrapent en avril. Gagarine fait son petit tour autour de la Terre. Si ce n'est pas une surprise en raison des rumeurs de l'imminence du vol, c'est une sacrée nouvelle. Nous voici en présence d'un nouvel *homme véritable*. Le comité central du PCUS en profite pour lancer un appel en faveur de la Paix. Et « l'homme de la rue » ne lésine pas sur les commentaires. M. Joffroy, un commis d'agent de change au Blanc-Mesnil, concède un royal « Je m'y attendais ». Un touriste anglais confie : « Je pense que

Ci-contre : Abébé Bikila gagne le marathon des Jeux olympiques de Rome en 1960.
Ci-dessous : une du 21 avril 1961.
Double page suivante : à gauche, *l'Humanité* censurée du 7 mars 1961 ; à droite, manifestation à Paris le 8 février 1962 endeuillée par les huit morts du métro Charonne.

VICTOIRE sur L'ECZEMA

l'Humanité

TRIGANO

FIDEL CASTRO : VICTOIRE

Notre correspondant particulier à La Havane Joseph NORTH NOUS CABLE LE PREMIER RÉCIT DES COMBATS (page 3)

L'ARMÉE D'INVASION ORGANISÉE PENDANT DE NOMBREUX MOIS PAR LES ÉTATS-UNIS A ÉTÉ DÉTRUITE EN MOINS DE 72 H.

KENNEDY furieux MENACE : Nous n'avons pas l'intention d'abandonner la partie

LA LEÇON DE CUBA

Des dizaines de milliers de MÉTALLOS ont débrayé hier ET MANIFESTE POUR LEURS SALAIRES

Ils sont toujours derrière...

AU DOSSIER DE « L'AFFAIRE DES HARKIS

DEUX ALGERIENS TEMOIGNENT

« L'Humanité » a été saisie hier.

Pourquoi ? Elle avait publié le témoignage de deux travailleurs Algériens arrêtés et torturés à Paris par les harkis.

Une fois de plus donc « l'Humanité » est saisie pour avoir dit la vérité.

Une fois de plus elle est frappée parce qu'elle lutte contre la guerre d'Algérie et contre les horreurs engendrées par celle-ci.

Au cours des dernières semaines, nous nous sommes faits l'écho de très nombreuses plaintes déposées par des travailleurs algériens raflés à Paris par les forces supplétives. En guise de réponse le préfet de police a porté plainte contre nous.

Pourtant le scandale des harkis prend de telles proportions qu'une enquête est ouverte chez le juge Braunschweig et des experts médicaux ont conclu que l'Algérien Ould Younes, un mois et demi après son séjour chez les harkis du 18e « porte des traces de sévices ».

Nous souhaitons passer en justice le plus tôt possible afin de transformer le procès de « l'Humanité » en procès du gouvernement gaulliste et de la guerre d'Algérie.

La nouvelle saisie de « l'Humanité » doit inciter tous les partisans de la paix à redoubler d'efforts pour mettre un terme à une guerre qui risque d'être, si l'on n'y veille, le tombeau de ce qui reste de libertés.

R.A.

CENSURÉ

Madeleine R

En marge du Salon des ARTS MÉNAGER

PLAISIR DE LA COUTURE

QUE vous ayez une machine à coudre munie des derniers perfectionnements ou une plus ancienne qui vous donne satisfaction, vous coudrez avec plaisir et facilité si vous connaissez bien son réglage et si vous savez comment remédier à ses petites pannes.

Voici ce qu'il faut faire dans ces cas-là.

Votre machine est dure. — Restée quelque temps sans servir ou encrassée par des huiles de mauvaise qualité, vous devez la huiler à nouveau avec une huile spéciale et faire fonctionner rapidement et à vide le mécanisme. Renouvelez plusieurs fois cette opération.

Le « dur » peut également provenir d'une tension excessive de la courroie. La vérifier ainsi que celle du moteur si votre machine est entraînée électriquement.

Des points sautent. — L'aiguille est peut-être mal placée dans le pince-aiguille ; elle est peut-être épointée ou courbée. Changez-la, après vous être assurée que l'aiguille de remplacement est bien celle qui convient à votre machine. Ayez soin d'employer le numéro d'aiguille qui correspond au travail que vous faites.

Des boucles se produisent. — Il s'agit vraisemblablement d'un déréglage des tensions. Si la boucle se fait sur le dessus, serrez la tension inférieure. Si au contraire elle se fait en dessous, serrez la tension supérieure.

Assurez-vous que l'enfilage supérieur (aiguille) et l'enfilage inférieur (boîte à canette) sont correctement effectués. Vérifiez si le fil employé est de bonne qualité et d'un numéro convenant à la grosseur de l'aiguille.

Le fil casse. — S'il s'agit du fil du dessus : les tensions sont

y a lieu. Le ressort de tension de la boîte à canette peut être usé : il doit être changé. La canette a été mal remplie : mieux vaut la refaire.

L'entraînement laisse à désirer. — Assurez-vous que la griffe n'est pas usée. Le régulateur du point peut avoir été mis au point mort : remettez le levier à sa place, l'entraînement redevient normal. La pression sur le tissu est peut-être trop faible.

La couture plisse. — Contrôlez les tensions qui peuvent être trop serrées. Refaites le réglage correct. La longueur du point peut être en cause, notamment s'il s'agit d'un tissu fin-flanelle ou biais, etc. La régler en conséquence.

La pédale est bruyante. — C'est que les vis-pivots ont besoin d'être resserrées :

Desserrez l'écrou d'une des vis d'un ou deux tours. Supprimez le jeu en resserrant d'abord la vis, puis ensuite l'écrou. Si le jeu est trop important, opérez de la même façon sur la seconde vis-pivot.

Profitez-en pour mettre une goutte d'huile sur chaque vis-pivot. Cette partie de la machine est souvent oubliée, de même que l'axe de poulie et les attaches de la bielle. Le pédalage sera plus aisé, vous vous fatiguerez moins.

Vous cassez vos aiguilles. — Employez les aiguilles recommandées pour la marque de votre machine. Vérifiez si vous avez bien choisi une aiguille dont la grosseur est en rapport avec le tissu que vous cousez et le fil employé. Regardez si l'aiguille est bien serrée dans le pince-aiguille.

Contrôlez la mise en place du pied presseur ou du guide monté à sa place. L'aiguille doit descendre exactement au milieu de

POUR MIEUX UTILISER VOTRE RÉFRIGÉRATEU

CE qu'il faut d'abord savoir c'est que le froid ne stérilise pas les produits qui lui sont soumis. Les aliments sains se conservent très longtemps en atmosphère refroidie, mais les denrées qui commencent à s'altérer ne s'améliorent pas, même après un séjour prolongé dans un réfrigérateur. Le froid les maintient dans leur état primitif.

Ceux qui ont conçu le réfrigérateur ont obtenu une bonne circulation de l'air froid. Il faut, par conséquent, éviter de mettre sur les clayettes des paniers, toiles cirées ou linges qui gêneraient cette circulation, et ne pas entasser les aliments les uns sur les autres.

La place des aliments

Il convient d'attacher la plus grande importance à la répartition des aliments en fonction de leur meilleure température de conservation. Sous l'évaporateur on disposera les viandes et les poissons. Les yaourts, lait, boissons seront disposés dans le haut de la cuve, contre l'évaporateur. Puis sur les clayettes, de haut en bas de l'appareil, on disposera successivement : beurre, fromage et crèmes, plats préparés et charcuterie, fruits et légumes verts. En ce qui concerne certains fruits, citrons et bananes, il n'est pas conseillé de les conserver à l'intérieur du réfrigérateur.

Les produits qui risquent de se flétrir par déshydratation, les salades, carottes par exemple, doivent être placés dans des récipients clos après avoir été épluchés et nettoyés.

de ne pas introduire dans l'armoire des produits qui dégagent beaucoup d'humidité et beaucoup de chaleur, comme les plats chauds. Laissez-les refroidir avant de les introduire dans le réfrigérateur.

Il est nécessaire, en cas d'arrêt prolongé, d'ouvrir complètement pour éviter que l'atmosphère de

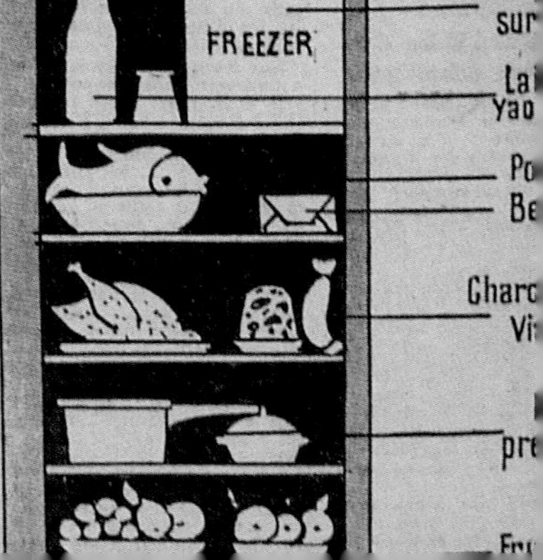

l'appareil ne prenne de renfermé. Dans c indispensable de le nettoyer les comp denrées et de placer thermostat sur la po

Toutes ces préca feront en réalité économies appréciabl

OAS
ASSASSINS

l'homme qui a monté dans l'espace a réalisé une bonne chose (*good thing*). » Mme Bonnet, la marchande de journaux au coin du boulevard Poissonnière, développe les prolégomènes d'une philosophie empiriste : « Cela fait vendre des journaux. Je ne fais pas de politique mais devant des choses comme celles-là il faut tirer son chapeau. C'est le progrès. » Le lendemain, le lecteur se précipite sur le récit de Gagarine. Il le suit ensuite à Londres où son séjour provoque des embouteillages homériques. Il apprécie ses qualités ; la reine invite le héros à Buckingham Palace pour déjeuner ; Gina Lollobrigida avoue qu'« il est vraiment très beau » et sir Bernard Lovell, le directeur de l'observatoire de Jodrell Bank, qu'il a « de remarquables connaissances scientifiques ».

Gagarine a des petits frères. Le cosmonaute Titov fait plusieurs tours au mois d'août et l'athlète Brumel bat le record du monde de saut en hauteur. Moscou s'impose plus que jamais comme la Mecque de l'avenir. Naguère le couple Signoret-Montand et Gérard Philipe avaient souscrit à la légende, aujourd'hui la troupe du TNP, le mime Marceau, la danseuse étoile Claude Bessy s'y rendent à leur tour et en reviennent ravis. La décision de retirer le corps de Staline du mausolée et le nouveau mot d'ordre TOUT POUR L'ÉPANOUISSEMENT DE LA PERSONNALITÉ HUMAINE ne risquent pas de déplaire.

Le lecteur s'émeut devant "leur dernière image", un homme et une femme dans la foule quelques minutes avant d'être matraqués à mort.

À peine Gagarine redescendu sur Terre, les marines débarquent à Cuba et subissent à la grande satisfaction de *l'Humanité* la déroute qu'on appellera de la baie aux Cochons. À peine Titov redescendu sur Terre, les Soviétiques édifient le mur de Berlin qui n'est d'abord qu'un barrage de fils de fer barbelés. Le lecteur n'est pas étonné. Il sait que les tensions sont récurrentes depuis plusieurs années. Le lecteur n'est pas non plus choqué. Il n'a pas laissé échapper en une, la veille, un document d'apparence anodine, la reproduction d'un placard publicitaire ouest-allemand : « La preuve que ce produit pharmaceutique est de première qualité c'est que le Reichsführer Himmler en avait personnellement demandé la formule et qu'il la fit expérimenter au camp de Dachau » ; or des poursuites étaient engagées contre ceux qui considéraient la réclame comme « de mauvais goût ». Ajoutez l'ancien collaborateur d'Eichmann (alors jugé à Jérusalem) qui perçoit une pension de 200 000 F par mois, les jours tranquilles du général Lammerding qui justifie à Düsseldorf son crime d'Oradour, l'argument d'un complot revanchard désamorcé à temps par la vigilance est-allemande, l'illusion d'une mesure provisoire dans l'attente d'un traité de paix, vous comprenez que le lecteur ne s'en émeuve pas. Il n'est pas en mesure d'avoir la moindre conscience du piège qui vient de se refermer.

Ci-dessus : photographie parue à la une le 1er janvier 1962.
Ci-contre : *l'Humanité* du 16 décembre 1963.

Par deux fois, la guerre d'Algérie fait événement. En avril, *l'Humanité* s'indigne immédiatement du putsch militaire d'Alger, appelle à une levée en masse et à un arrêt national du travail. Elle se félicite des douze millions de grévistes davantage que de la fermeté du général de Gaulle. Elle appuie ensuite les négociations d'Évian et se voit souvent censurée. En octobre, elle s'inquiète des attentats au plastic de l'OAS. Mais sa réaction lors de la tragédie du 17 est retardée et éclipsée par le XXIIe congrès du PCUS. Dès le 19, en revanche, elle stigmatise les violences policières d'une brutalité « sans précédent » et déplore les morts algériens. Les jours suivants, elle dénonce les détentions abusives, les expulsions, les rafles, et signale les nombreux débrayages et meetings de soutien. Elle publie aussi des témoignages, et début novembre elle évoque les soixante cadavres repêchés dans la Seine. Et à nouveau elle se voit censurée.

Deux amoureux sur un banc public où une main a tracé à la peinture blanche « PAIX EN 1962 » président aux vœux de *l'Humanité*. Le pronostic est bon, le chemin encore long et très rude. Il y a les attentats de l'OAS qui blessent grièvement Vladimir Pozner, une petite fille qui perd un œil, une jeune ouvrière qui perd son bras droit. Il y a la manifestation du 8 février qui fait huit morts à Charonne et provoque une émotion considérable. Le lecteur s'émeut devant « leur dernière image », un homme et une femme dans la foule quelques minutes avant d'être matraqués à mort. Il y a de nouveaux plastiquages, de nouvelles négociations à Évian, le cessez-le-feu qui est un immense soulagement, une bataille rangée

Prévisions en Seine-et-Oise

26 NOUVEAUX CANTONS

et quelques circons-criptions taillées sur mesure pour l'UNR

(Page 4)

EN CE DIMANCHE GLACIAL

EN ce dimanche glacial, les C.D.H. étaient là. Tournées assurées, postes tenus, chaque lecteur a reçu, comme à l'ordinaire, son **Humanité Dimanche.**

Mais ce n'était pas un jour ordinaire, pour celui ou celle qui battait la semelle au coin des rues, le nez rougi, les pieds gelés, les doigts gourds.

Ils auraient été si bien chez eux, au coin du feu. Et pourtant, ils étaient là, dans le froid, pour leur journal, pour leur parti.

« **Nos vaillants C.D.H.** », a-t-on coutume de dire chez nous.

L'hiver, c'est vraiment le temps où ce terme de vaillance prend tous son sens.

C'est aussi le temps, je pense, où chaque communiste valide doit s'interroger sur ses possibilités d'apporter une aide qui fera la tâche moins pénible, parce que moins longue, aux vendeurs habituels.

Là est le véritable hommage à rendre aux C.D.H., fierté du Parti.

Nelly FELD.

dans les rues d'Alger. Après que « le directeur de la banque Rothschild » a formé un nouveau gouvernement le jour où Johnny Hallyday reçoit son premier disque d'or, il y a encore de nombreux incidents jusqu'à l'indépendance dont *l'Humanité* ne retient que les images d'un peuple en fête. Il y a enfin l'attentat du Petit-Clamart sur lequel le journal ne s'attarde pas, préférant attaquer la dictature personnelle quand apparaît le projet de référendum sur l'élection du président au suffrage universel.

Côté soviétique, c'est plus calme. On a juste un médecin isolé sur une base du Grand Nord qui s'opère lui-même de l'appendicite et le vol des jumeaux de l'espace, Nikolaïev et Popovitch, mais sans être blasé on s'habitue, quand bien même le lecteur reste impressionné par le fait que Nikolaïev ait d'abord étudié la sylviculture et que Popovitch soit le secrétaire de la cellule des cosmonautes. À l'automne, ça s'anime avec la crise des fusées de Cuba devenue socialiste mais, à lire *l'Humanité*, on peut garder son calme. On pourrait même prendre pour argent comptant (en tout cas moi) la rumeur rapportée par le correspondant à La Havane qui laisse entendre que le navire soviétique incriminé transporterait les ours et les lions et les éléphants du cirque de Moscou.

Quant à Michéa et Lachize, ils n'ont pas perdu la main. Michéa ne cache pas son admiration pour Anquetil et Lachize ne manque pas, coup sur coup, les premiers films de deux maîtres, l'*Accatone* de Pasolini et le *Too Late Blues* de Cassavetes. Le cinéaste verse aussi une larme sur la mort de Marilyn et l'admire une dernière fois, vivante, dans la piscine de *Ça va finir par craquer*. Par la suite, Michéa et Anquetil gagneront d'autres Tours ensemble, et Lachize rencontrera le vieux John Ford et considérera comme un chef-d'œuvre son *Cheyennes*, « tendre, épique, généreux ». Moi j'ajoute crépusculaire.

1963 commence avec un des « Regards sur la langue française » que Marcel Cohen portera toute la décennie. Ce jour-là, « il pleut des vérités premières ». Mais il ne s'agit que d'une réflexion sur le pronom sujet. En février, on rappelle ici et là le 15e anniversaire du coup de Prague. Pour démontrer le manque de sérieux des attaques anticommunistes, *l'Humanité* se plaît à citer *Le Parisien libéré* de l'époque, qui prenait Bratislava pour un homme, « un démocrate slovaque qui aurait été remplacé, lui aussi, par un communiste ». En mars, pendant que la longue grève des mineurs fait longuement la une et permet aux ouvriers de plusieurs branches industrielles d'obtenir la quatrième semaine de congés payés, une critique élogieuse de Stil salue la parution d'*Une journée dans la vie d'Ivan Denissovitch* de Soljenitsyne. Certes la publication de ce récit qui décrit le Goulag a été autorisée par Khrouchtchev, mais le choc n'en est pas moins fort. Le lecteur est averti : « Jamais un livre ne vous aura fait à ce point souffrir. » À la douleur se mêle cependant la fierté. Il faut bien retomber sur ses pieds et ce livre devient le signe tangible que le communisme rejette le culte de la personnalité, comme si le stalinisme n'avait été que *ça*. En avril, le lecteur tourne à nouveau le regard vers l'Espagne. Rossif sort en salle *Mourir à Madrid* et le Caudillo vieillissant fait fusiller Grimau. Un petit encart impressionne : il y a cinquante-quatre ans Francisco Ferrer subissait le même sort. Et puis en mai c'est Pierre Courtade qui meurt. Il est un de ceux dont j'aurais aimé être l'ami. Un jour j'y reviendrai.

Le mois de juin nous vaut l'annonce du succès retentissant du premier numéro de *Nous les garçons et les filles*. À travers *l'Humanité*, le lecteur remarque les nouveaux sujets d'intérêt, la jeunesse, la télévision, la vie quotidienne, pas seulement le prix du bifteck mais aussi les loisirs. La valeur sûre n'en reste pas moins l'aventure des cosmonautes. C'est le tour de Valentina Terechkova, la première femme. La lectrice est satisfaite, ça la change de la présentation du Salon des arts ménagers qui la réduisait au rôle de « Madame à vos casseroles et à vos balais-brosses ». Le destin de Valentina la fait aussi rêver : « Il y a deux ans, elle travaillait dans une filature. » Pendant une semaine, l'essentiel de la une lui est consacré.

“Je vous écris de plus en plus loin. Je ne sais quand ces lignes vous parviendront. La pluie tombe de nouveau sur la forêt.”

L'été nous présente un séduisant « Cuba, le socialisme dans le soleil ». En revanche, le ciel se couvre en Chine. En tout cas, les relations sino-soviétiques deviennent orageuses. Le lecteur peut s'en étonner, s'il n'a pas remarqué que le journal saute depuis deux ans l'anniversaire de la République populaire, s'il n'a pas décrypté une attaque en règle contre l'Albanie, s'il ne lit que *l'Humanité* ou s'il ne s'appuie pas le détail en petits caractères des comptes rendus du comité central. D'ailleurs *l'Humanité* se contente de traduire un article de la *Pravda*. Le ciel s'assombrit aussi au-dessus de Saigon. Diêm décrète l'état de siège, arrête des étudiants, monte à l'assaut des pagodes, et des bonzes s'immolent par le feu.

Le périmètre asiatique occupe un plan variable en 1964. Chine : les relations entre partis se tendent, *l'Humanité* n'applaudit pas aussi franchement qu'on l'eût supposé à la reconnaissance diplomatique de la République populaire par de Gaulle, et pour garder le contact avec les lubies de Mao le lecteur n'a que la demi-page de réclame pour la bille inusable en carbone de tungstène, « Bic noir de Chine ». Inde : Nehru est incinéré sur un bûcher de santal allumé par son petit-fils. Indochine : les bombardiers américains versent du napalm sur des villages sud-vietnamiens où il y a nécessairement des enfants, puis en août ils franchissent le 17e parallèle et lancent leurs bombes sur les villages nord-vietnamiens. Madeleine Riffaud – une grande dame – câble : « Bien arrivée auprès des maquisards du Front national de libération. Vous enverrai prochainement de relais en relais mes premiers articles. » Quinze jours plus tard, le premier arrive, c'est le récit de la bataille de Trung Bô, il commence ainsi : « Je vous écris de plus en plus loin. Je ne sais quand ces lignes vous parviendront. La pluie tombe de nouveau sur la forêt… » On voudrait que le récit ne finisse pas.

Et puis Mandela déclare à ses juges le 6 juin : « Notre idéal de liberté triomphera. » Nous attendrons plus d'un quart de siècle. Ni le bon Octave Rabaté ni le « grand » Maurice Thorez ne seront là. Ils disparaissent début juillet. La mort de Thorez provoque une émotion réelle, palpable, légitime, qui va de « beaucoup de peine », ce sont les mots sobres de Picasso, à « Maurice Thorez a bien travaillé pour l'ouvrier »,

Ci-contre : Madeleine Riffaud en compagnie des combattants du sud Vietnam, 1965.
Ci-dessous : Pierre Courtade.
Double page suivante : à gauche, programme de la Fête de *l'Humanité*, 1966 ;
à droite, Eddy Mitchell vedette de la Fête en 1965.

2 JOURS DE FÊTE - 4 SPECTACLES
16H35
JEAN JACQUES DEBOUT
17H05
JOHNNY HALLYDAY
MATINÉE
SAMEDI 10 SEPTEMBRE
GRAND BAL
ANIMÉ PAR
CLAU
LUT
MARCEL AZZOLA
21H30
ROSY ARMEN
SOIRÉE
22H
GILBERT BÉCAUD
ROGER LANZAC PRÉSENTE
15H15
MIREILLE MATHIEU
DIMANCHE SOIRÉE 21H15
DIMANCHE 11 SEPTEMBRE
MATINÉE
16H15
HUGUES AUFRAY
LE BALLET DE PARIS
SUR UNE MUSIQUE DE
JEAN

FIDEL CAST

c'est l'opinion unanime sur le carreau des mines. Wurmser n'est pas à la hauteur : « Les meilleurs des hommes viennent de perdre le meilleur d'entre eux. »

Pour le reste, Khrouchtchev démissionne ou est démissionné, allez savoir. D'ailleurs le journal signale que le parti envoie à Moscou une délégation pour « une information plus complète ». Le lecteur doit se dire que l'URSS n'est plus ce qu'elle était. Heureusement, chez nous, une certaine stabilité garantit une soirée « Aragon présente Aragon ». En décembre, quand son confrère *Libération* disparaît, *l'Humanité* exprime des regrets sûrement sincères, qui ne l'empêchent pas à la page suivante d'enfiler une pleine page de lecteurs de *Libération* : « Ils ont choisi *l'Humanité* ». Enfin, à la Saint-Sylvestre, le lecteur est attiré par le titre « Les étrennes de *l'Huma* », il se demande ce que son journal lui offre pour la nouvelle année, il regarde, il hoche la tête, replie le journal, prend sa bille de tungstène et fait un chèque, modeste mais un chèque, il s'agit des étrennes pour *l'Huma*.

★

À mon sens, il y a quelque chose de l'an I dans l'année 1965.

Il y a le mystère de l'araignée rose découverte dans les glaces du pôle Sud, un quart de millimètre, mais quand même. Il y a la retraite de l'alpiniste Bonatti. Il y a l'*Histoire de l'art* d'Élie Faure en livre de poche. Il y a le reportage déchirant sur le vingtième anniversaire de la libération des camps, signé par les mêmes initiales AG d'Alain Guérin qu'on trouve en bas des notes de jazz qui distinguent la perfection de Monk et le qui-vive de Coltrane. Il y a le monômè du bac qui se transforme en manifestation. Il y a la première page « *Huma*-vacances » et la grande bleue. Il y a les émeutes de Watts à Los Angeles. Il y a Eddy Mitchell en vedette à la fête de *l'Huma*. Il y a « Y a-t-il un conflit de générations ?... Vous en saurez plus à partir du 30 septembre... Comment ils vivent, pensent et jugent le monde ». Il y a le Nobel de médecine pour les chercheurs de l'Institut Pasteur dont les travaux portent sur l'activité des gènes et des cellules. Il y a de la neige sur Paris pour l'été de la Saint-Martin. Il y a entre les deux tours de l'élection présidentielle un « BB nous parle à cœur ouvert » donné par Bardot aux *Nouvelles de Moscou*.

Il y a encore la promenade de Leonov dans l'espace cosmique, vingt minutes à 200 kilomètres d'altitude, et son « Vot ya probouyou ». Voilà j'essaye. Il y a aussi un nouveau putsch au Congo. Le lecteur n'a pas oublié l'assassinat de Lumumba, il y a déjà quatre ans, le temps passe si vite. Il regarde la photo où on voit un mercenaire de Mobutu tirer comme du gibier deux prisonniers par une corde autour de leur cou. Et il y a toujours la guerre du Vietnam. Il y a la réalité, il y a les bombardements, il y a les manifestations ici et aux USA où nos cousins brandissent des pancartes STOP THE WAR, il y a le récit de Madeleine Riffaud : avec trois noix de coco pour bouée on traverse un fleuve, avec un fil de Nylon ils ont appris à régler la distance des mortiers pris à l'ennemi, la radio émet parmi les tigres, le sourire de l'institutrice Nuage-Bleu, l'échec aux maîtres-chanteurs. Il y a les photographies, comme ce coup de grâce donné à un jeune Sud-Vietnamien sur la place du Grand-Marché à Saigon avec les marines qui amènent un cercueil.

Vietnam et Leonov et grande bleue et histoire de l'art et la mort, on a là un condensé de *Pierrot le Fou*. À la rentrée scolaire, *l'Humanité* annonce l'article d'Aragon paru dans *Les Lettres françaises* sous le titre « Qu'est-ce que l'art Jean-Luc Godard ? ». Elle en donne à lire le début. Voilà enfin le grand Aragon, celui qu'on avait aperçu à travers le sourire de Matisse, celui qui risque « l'art aujourd'hui c'est Jean-Luc Godard », celui qui ose poser cette « assertion comme un pilotis solide au milieu des marais », qui cesse de s'aveugler et de s'éblouir. À la sortie en salle de *Pierrot le Fou*, Lachize y vient à sa façon, remarquable, évoquant « l'invention permanente d'une étonnante liberté... la beauté », le père Méliès par qui « le cinéma devinait qu'il pouvait tout faire ». *Pierrot le Fou* en apporte donc « une preuve bouleversante ».

A priori l'année se termine plutôt bien. La route verglacée n'effraie plus le lecteur, les patriotes kurdes font échec à l'offensive irakienne, les postiers submergés se mettent en grève, les frères Boniface sont sélectionnés pour Murrayfield, les mineurs de Carmaux ont repris le travail, la minijupe s'apprête à

Double page précédente : Georges Gosnat, Jacques Duclos, Waldeck Rochet, Georges Séguy, André Stil, Georges Marchais, Léon Mauvais à la Fête de *l'Humanité*, début des années 60. Ci-dessous : John Coltrane. Ci-contre : Jean-Luc Godard, Jean-Paul Belmondo et Anna Karina sur le tournage de *Pierrot le Fou*, 1965.

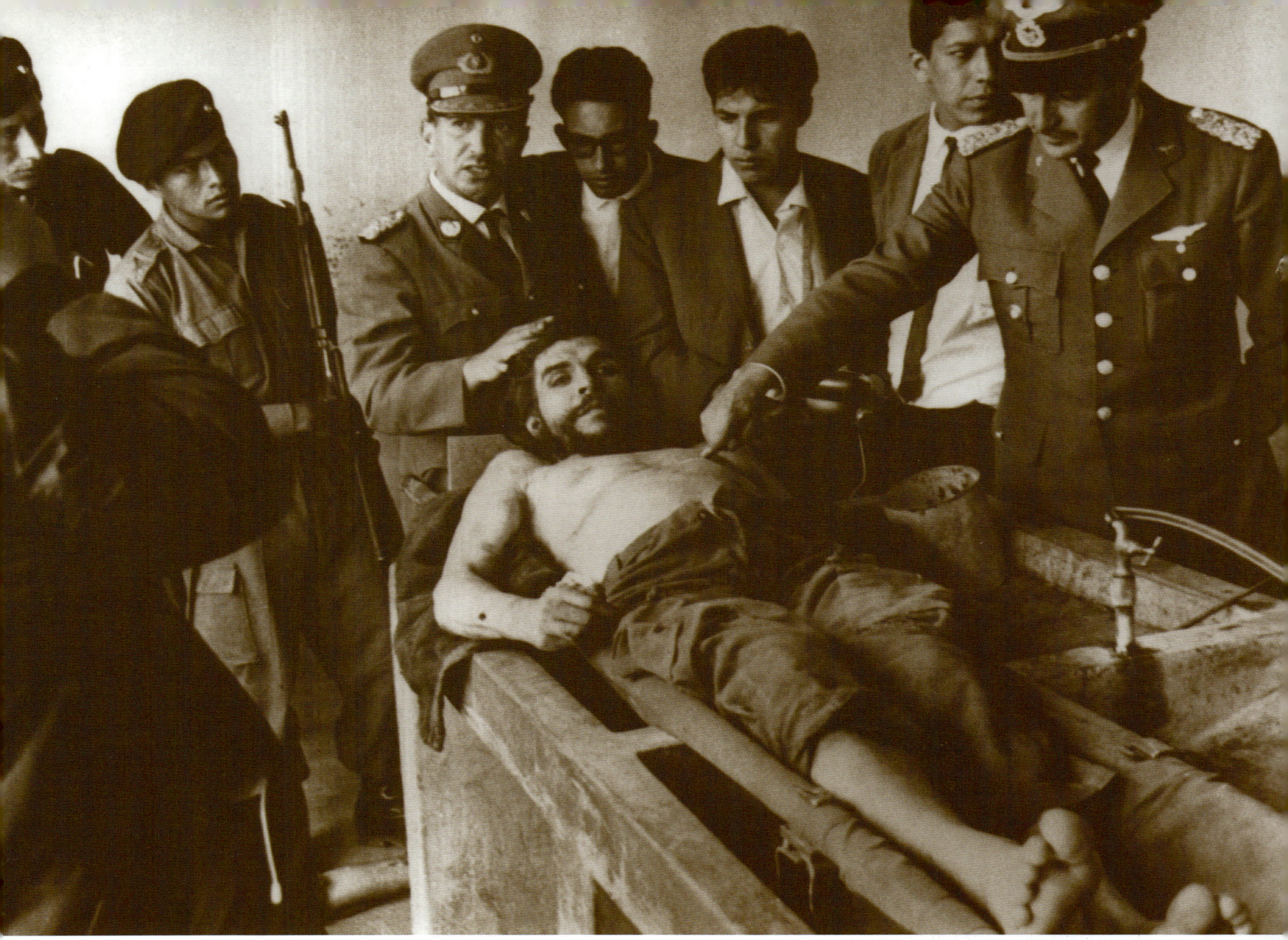

entrer dans la danse, les lampions sont allumés dans les faubourgs romains, un agent de police dresse une contravention (un « papillon ») à quatre éléphants « pour non-observation des règlements de la circulation ».

Finalement 1966 et 1967 ressemblent assez à 1965. Même si *l'Humanité* innove avec un intérêt grandissant pour la télévision – aussi bien pour « La caméra explore le temps » que pour « La caméra invisible » – et un premier sondage d'opinion : « Que pensent les Français du PCF ? » Elle cède à la tentation du canular pour le 1er Avril mais se contente de proposer après Alphonse Allais une marche funèbre sans musique car les grandes douleurs sont muettes. Jacques Arnault conduit une enquête originale : « L'homme vaincra-t-il la faim ? » Mais pour l'essentiel, les horizons géographiques sont invariables.

Côté soviétique, c'est *Luna X* qui tourne autour de la Lune, banal, mais qui émet *L'Internationale* dans le vide intersidéral, pas banal. C'est un coup de sang d'Aragon au sujet de deux écrivains condamnés à des peines de prison pour leurs livres. C'est l'incompréhension lors de l'accident spatial de Komarov. C'est le match de football France-URSS et la dernière apparition du fabuleux Yachine, l'Araignée noire, dans les buts. C'est une plage de propagande pour le break Moskovitch avec des considérations techniques et un prix visiblement édifiants. C'est le 50e anniversaire de la révolution d'Octobre, l'apothéose à Moscou, une passion presque égale à *l'Humanité.* Si elle est feinte, comment le deviner ?

Côté chinois, les nouvelles sont distillées par le canal de l'AFP ou de Moscou. Le lecteur en sait dix fois plus sur la Corée du Nord après un reportage exaltant d'un Kanapa pas forcément exalté, « Au pays du Matin calme ». Il doit attendre un reportage de Jean-Émile Vidal pour y voir plus clair à propos de la révolution « dite » culturelle et saisir l'ampleur des questions et discerner les grandes lignes d'affrontement dans une « confusion totale ». Il a peu de chance de demeurer sinophile ou prochinois. Et il ne peut pas rater une initiative déplorable : une lettre pas du tout anonyme d'un camarade bien intentionné de la cellule Courtade, dont on précise même le numéro de carte du parti (n° 186455), qui fait des révélations sur « les agissements des dirigeants chinois » et leurs « agents » des cercles « marxistes-léninistes » accusés d'être manipulés et financés.

Côté cubain, ou côté bolivien, il y a la disparition de Guevara. Elle ne fait pas un gros titre, le minimum vital. Les premières correspondances sont d'un envoyé spécial AFP. On attend cinq jours la déclaration de Castro qui confirme la mort et décrète trois jours de deuil national. Marcel Veyrier – qui connaît bien le sujet – écrit un article honnête dans lequel il rend hommage à « la sincérité entière » du Che tout en affirmant que « ses thèses différaient souvent des nôtres ». La même semaine, *l'Humanité* rend compte d'un ouvrage de Waldeck-Rochet : *Qu'est-ce qu'un révolutionnaire dans la France de notre temps ?*

Côté américain, c'est la guerre et les manifestations contre la guerre sur les campus et dans les villes. C'est aussi le procès à Houston de Cassius Clay qui refuse d'aller au Vietnam pour raisons politiques. C'est encore la mort de Walt Disney, qui surprend le lecteur. Et c'est le premier dessin de Cardon, deux statues de la Liberté en forme de bombe qui tombent tête en avant vers tout le monde sait quoi.

L'Humanité rend compte d'un ouvrage de Waldeck-Rochet, *Qu'est-ce qu'un révolutionnaire dans la France de notre temps ?*

Côté vietnamien, *l'Humanité* multiplie les reportages et les photographies « qui accusent ». Le lecteur retient les noms de Danang et de Huê, des grandes batailles qui montrent la résistance vietnamienne, des tristes « records » (173 puis 209 bombardements en une seule journée). Il observe que de Gaulle et U Thant – le secrétaire général de l'ONU – réclament le départ des troupes américaines. Il suit avec angoisse les raids de nuit sur Hanoi et se demande quand la guerre finira.

Côté Proche-Orient, il suit ce qu'on appellera « la guerre des Six Jours » et approuve sûrement le vœu de *l'Humanité*, qui consiste à rétablir la paix par la négociation sur la base de l'indépendance et de l'existence des peuples. Il déplore l'exode de dizaines de milliers de familles arabes et le refus de Tel-Aviv d'appliquer la résolution 242. Il lit avec intérêt des articles qui reviennent sur la fondation des États israélien et palestinien en 1948 pour tenter de comprendre comment la situation s'est dégradée. Quand le secrétaire du parti communiste israélien – Meir Vilner – répond aux questions de *l'Humanité*, il est rasséréné et ne craint pas que son antisionisme puisse être taxé d'un antisémitisme qui lui répugne. Un courrier des lecteurs aborde la question et un article reproche à Sartre « l'incertitude du clerc ». On a ainsi quelques éléments pour se faire une idée de la fêlure qui affecte la gauche française sur le Proche-Orient.

Côté européen, si le bloc des démocraties populaires semble vivre sa vie sans tourment et avancer inexorablement vers le socialisme, la vie à l'Ouest est plus troublée. D'une part, on lit avec plaisir l'annonce que des manifestations d'étudiants et de mineurs secouent la vieille dictature franquiste, puis le reportage « Le jour se lève en Espagne ». De l'autre, on apprend avec déplaisir le coup d'État militaire à Athènes, la menace qui pèse sur Manolis Glezos, et on se rend au meeting de « solidarité avec le peuple grec », ce qui n'empêche pas le fascisme de s'incruster, on le constate avec les articles qui ne cessent de dénoncer les déportations et les tortures.

Bien que Thorez n'ait « pas fini d'éclairer notre route », le regard posé par *l'Humanité* sur les réalités nationales se modifie par touches insensibles. Naturellement elle assume sa vocation sociale par la place qu'elle accorde aux grèves, aux diverses hausses, sauf celle des salaires, aux ordonnances qui menacent la Sécurité sociale, aux consignes qui fragilisent le baccalauréat, au statut des femmes, qu'elle traite dans un registre étroitement social car pour la pilule il ne faut surtout pas se presser. Elle assume également sa vocation proprement politique. Elle met à profit les trente ans pile du Front populaire pour en réactiver la mémoire et développer l'union de la gauche. Elle se réjouit du résultat des élections législatives et entre les deux

Ci-contre : Le Che mort mais *hasta siempre comandante*.
Ci-dessous : une du 26 novembre 1965.

CINQ HEURES DU MATIN
l'Humanité
ORGANE CENTRAL DU PARTI COMMUNISTE FRANÇAIS
VENDREDI 26 NOVEMBRE 1965

…najor gaulliste
…la fièvre
…ion chez POMPIDOU, FREY
…ministres vont multiplier les
…ns la
…torale

DEUXIEME COUP D'ETAT AU CONGO
LE GÉNÉRAL MOBUTU DESTITUE KASAVUBU et se nomme président de la République
Tshombé est « absolument ravi »

CA…
Il y…
du…
…et l…
électriq…
n'étai…
même…
protégé…

…LONS

LE PEA…
COUTE C…
cinq fois…
d'autoro…
en Fran…
qu'en It…

Un travail de mercenaires…

Enseignement supérieur et démocra…
par Pierre JUQUIN

28 NOVEMBRE
vente de masse

…ANDRIEU.

tours propose une réflexion sur « Les rosiers et leurs ennemis » par A. Rauzoir. Quant aux fêtes de *l'Huma*, le « jamais vu » succède au « jamais vu ».

Si la Fête a une dimension culturelle avec un « cabaret des théâtres parisiens » embelli par la présence d'Ariane Mnouchkine et une exposition Picasso où le visiteur ne contemple plus seulement le Picasso de la *Colombe* mais le Picasso des nus et des autoportraits, *l'Humanité* au quotidien se donne joyeusement dans cette dimension. On déchiffre au passage les noms encore inconnus de Vitez et Chéreau. On ne redoute plus la beauté d'œuvres comme *Les Chevaux de feu* de Paradjanov ou *Les Paravents* de Genet. On découvre un nouvel Aragon. On a rendez-vous avec Claude Simon. Malgré un certain mépris pour le « nouveau roman », Stil n'avait pas raté *La Route des Flandres* ; quand Claude Simon obtient le prix Médicis pour *Histoire*, le lecteur peut retenir de sa déclaration à la presse : « Ce qui m'intéresse c'est vraiment d'écrire, de découvrir grâce à l'écriture. » Moi j'approuve et je me rappelle la citation de Rilke qu'il a placée en épigraphe au roman :

Cela nous submerge. Nous l'organisons. Cela tombe en morceaux.
Nous l'organisons de nouveau et tombons nous-mêmes en morceaux.

Comprenne qui voudra. J'ajouterai simplement que le prénom de Rilke était Rainer et que Madeleine Riffaud l'avait choisi comme nom pendant la clandestinité.

Quels qu'en soient les aspects contradictoires, *l'Humanité* des années soixante tranche par son ouverture. Même si elle conserve ce travers qui fait aussi sa force et son identité, *une absolue subjectivité*. Et l'année 1967 s'achève dans le même bouquet de faits divers, de fêtes et de grèves, de neige, d'aspirations et d'accidents, endormie et éveillée par ce pouvoir de songe comme on a pu voir au Louvre sur le visage de Toutankhamon.

★

Quand l'année 1968 commence, il n'y a aucune raison que *l'Humanité* prophétise les événements qui se dessinaient confusément et qu'elle aborde *in vivo*. Le lecteur pointilleux peut même soulever deux petits lièvres.

Une analyse critique sur les travaux de Lévi-Strauss, structuralisme oblige, lui reproche de considérer qu'« il n'y a pas une histoire, mais des histoires, une multitude d'histoires, une poussière d'histoires ». Non ! pour *l'Humanité* il y aurait plutôt une histoire qui s'accomplit, fût-ce dans la configuration d'une ligne brisée. Après tout, Jaurès n'avait pas prétendu autre chose quand il avait fondé le journal.

Bonnie and Clyde ne plaît pas à Lachize qui a l'intelligence de reconnaître que ce film lui procure « un indéfinissable malaise ». S'il en loue les qualités esthétiques – et on n'oublie pas de sitôt le contrechamp initial où Bonnie descend l'escalier –, il en regrette la « gratuité ». Le titre qu'il a choisi pour sa chronique ne manque pas d'une certaine justesse : « La violence pour quoi faire ? »

Les premiers événements sont la greffe du cœur par le professeur Barnard, le départ du bateau pour le Vietnam, la désignation de Dubcek au poste de premier secrétaire du parti en Tchécoslovaquie. Ensuite, le greffé se porte bien ; le bateau – chargé « bénévolement » par nos camarades dockers et piloté par nos camarades soviétiques – arrive à Haiphong ; la vieille garde est remplacée à Prague mais le lecteur est confiné à des communiqués du présidium, à une interview de Dubcek par simples questions-réponses, et il attend des commentaires qu'une certaine prudence semble différer. Ensuite, il est surpris par les extraits d'une interview d'Althusser à *L'Unità*, publiée le même jour par *La Pensée*, alors qu'il a déjà aperçu la veille le compte rendu d'un *Gramsci* paru l'année précédente et déjà épuisé. Ensuite, il y a la mort en vol de Gagarine et l'assassinat de Martin Luther King, suivi, on aurait tendance à l'oublier, de la mort d'une cinquantaine de personnes aux USA qui découvrent les joies du couvre-feu.

Ci-dessous : une du 6 avril 1968.
Ci-contre : Henri Krasucki lors d'un meeting à Billancourt le 17 juin 1968.

l'Humanité
ORGANE CENTRAL DU PARTI COMMUNISTE FRANÇAIS

VACANCES DE PAQUES
LIBRAIRIE NOUVELLE

C'est l'Amérique du racisme et de la guerre qui a tué Martin Luther King

• COUVRE-FEU A WASHINGTON, OU JOHNSON FAIT APPEL A L'ARMÉE CONTRE LES NOIRS

VIETNAM La déclaration de Hanoi montre la voie menant à la cessation des hostilités déclare le gouvernement soviétique

« J'AI L'ESPOIR QU'UN DIALOGUE VA S'OUVRIR BIENTOT » déclare H. Thant après s'être entretenu avec Johnson (Page 3)

Un message de Waldeck ROCHET à madame Martin Luther KING

Waldeck ROCHET.

DES ALLEMANDS BIEN CONSTITUÉS

Tchécoslovaquie : Le Comité Central a adopté le programme d'action du Parti
UN NOUVEAU GOUVERNEMENT SERA FORMÉ LUNDI

PLAIES VIVES

Yves MOREAU.

Vague d'indignation dans le monde
■ Le crime a été commis à Memphis au moyen d'un fusil à lunette
■ L'assassin a pu prendre la fuite

Deux événements sportifs
■ Cet après-midi à Marseille FOOTBALLEURS FRANÇAIS ET YOUGOSLAVES PENSERONT AU TITRE DE CHAMPIONS D'EUROPE
■ Demain Poulidor Janssen Godefroot Merckx et Gimondi favoris du plus « affreux » des PARIS-ROUBAIX

La Jeunesse Communiste : une force en expansion
Les quatre congrès réunis dans la région parisienne expriment une même volonté

1966

Naturellement, *l'Humanité* assume sa vocation sociale par la place qu'elle accorde aux grèves, aux diverses hausses, sauf celle des salaires, aux ordonnances qui menacent la Sécurité sociale.

“LE MONDE ENTIER F

EGARDE VERS PARIS”

Début mai, le vent se met à souffler. Le titre du 3 contribue peut-être à éclairer une certaine prudence (décidément) qui lestera *l'Humanité* ce mois-là : « Quatre semaines de congés payés – la proposition communiste adoptée par l'Assemblée à l'unanimité ». Le 4, le lecteur a l'œil attiré par les manifestations à Madrid avant de voir qu'après Nanterre la Sorbonne a été fermée. Le lundi 6, il lit que « le socialisme est indissociable de la démocratie » et que Dubcek souhaite rendre plus efficient le rôle dirigeant du parti ; il remarque aussi que les communistes luttent pour les « véritables » intérêts des étudiants ; il peut donc en déduire que « sous les pavés la plage » et « l'imagination au pouvoir » ne sont ni véritables ni intéressants. Le mardi, il a neigé sur le Massif central et *l'Humanité* avance d'une journée les cent cinquante ans de Marx ; elle fait aussi son premier gros titre sur le mouvement étudiant en reportant sur le gouvernement la responsabilité des violences au Quartier latin. Mercredi et jeudi, elle dénonce la répression et « Votre jardin » prodigue des conseils pour l'arrosage du gazon. Le 10, elle titre : « Le monde entier regarde vers Paris » ; on la comprend, des conversations entre Washington et Hanoi s'y amorcent ; à Saigon, l'armée de libération progresse vers le centre de la ville, et en page intérieure un dossier sur l'épargne logement se pose là.

Lundi 13 mai, la grève générale fait toute la une. Après une journée sans journaux, l'ampleur exceptionnelle en est soulignée. Andrieu reprend en éditorial « Dix ans ça suffit » et un rêveur pourrait prendre au pied de la lettre la publicité « Obligez la Société générale à travailler pour vous ». Le 17, on ne rêve pas, la une se félicite que Renault soit en grève et que Frachon ait été décoré de l'ordre de Lénine. Puis la grève s'étend, *l'Humanité* semble mieux à son affaire, elle inaugure une rubrique « *l'Huma* avec les grévistes » empreinte de sérieux, et Andrieu dégote le beau titre « Gulliver debout ». En revanche, deux mises en garde trahissent une sourde inquiétude ; une manchette contre des tracts « provocateurs » appelant à la grève insurrectionnelle puis un encart invitant expressément à ne pas participer au meeting de l'UNEF le 27. Ce jour-là, il y a dix millions de grévistes et il ne s'agit pas de plaisanter.

Ci-dessous : dessins de Ghertman dans *l'Humanité*, juin 1969.
Ci-contre : podium du 200 mètres aux Jeux olympiques de Mexico, 1968.

— Monsieur TIERS.

Fin mai, elle rejette le protocole d'accord de Grenelle avec les salariés de Renault, elle exige un gouvernement populaire et d'union démocratique à participation communiste avec les travailleurs, elle ignore Mendès et la CFDT, tout ce qu'elle ne contrôle pas, elle ignore de Gaulle jusqu'à ce qu'il se réveille et veuille « imposer sa dictature ». La première semaine de juin se place sous le signe laborieux de la reprise du travail et, si les grèves se prolongent, c'est la faute du gouvernement et du patronat. Et puis la vie d'avant reprend plus ou moins son cours, à *l'Humanité* comme ailleurs, Lourdes bat Toulon en finale du championnat de France de rugby et *Les Amours d'une blonde* passent au Logos et Madeleine Riffaud envoie un nouveau reportage, « Vietnam mai-juin 1968 », dont « Le rouge-gorge » est la première livraison, et la gauche prend une grosse claque aux élections législatives et ceux qui peuvent partent en vacances.

Et l'année est loin d'être finie. La guerre continue au Vietnam. Une guerre – dont on n'a jamais entendu parler – flambe au Nigeria. Fidèle à ses ancêtres, *l'Humanité* dénonce un conflit « atroce », refuse d'y voir une rivalité tribale, et le met au compte de la découverte d'un milliard et demi de tonnes de pétrole au Biafra. Elle accuse encore à l'aide d'une photo d'enfants prise au camp de réfugiés de Nwanzé. Cela dit, malgré un autre reportage de Lambotte, que fait-elle d'autre ? Qu'avons-nous fait concrètement ? Dès la mi-juillet, ça chauffe à Prague. À vue de nez, on perçoit à la lecture de *l'Humanité* une sorte de volonté de compromis entre Dubcek et Brejnev. Mais, quand les troupes du pacte de Varsovie interviennent en Tchécoslovaquie en août, on n'est pas étonné par la réprobation exprimée. On peut croire qu'une « solution positive » a été trouvée quand début septembre Dubcek est confirmé dans ses fonctions. On se demande quand même ce que signifie « situation normale ».

Qui se rappelle les dizaines d'étudiants assassinés à Mexico en octobre à la veille des Jeux olympiques ? On se rappelle plutôt le saut phénoménal de Beamon à 8,90 m et la cérémonie de remise des médailles du 200 mètres. Tommie Smith et John Carlos lèvent un poing ganté de cuir noir (Smith le poing droit et Carlos le gauche) et baissent la tête pendant l'hymne américain et le lever du drapeau. Ils déclarent : « Nous ne sommes ni des braves garçons ni des animaux qu'on récompense par des cacahuètes. » Ils sont expulsés le lendemain.

"ÇA CHAUFF

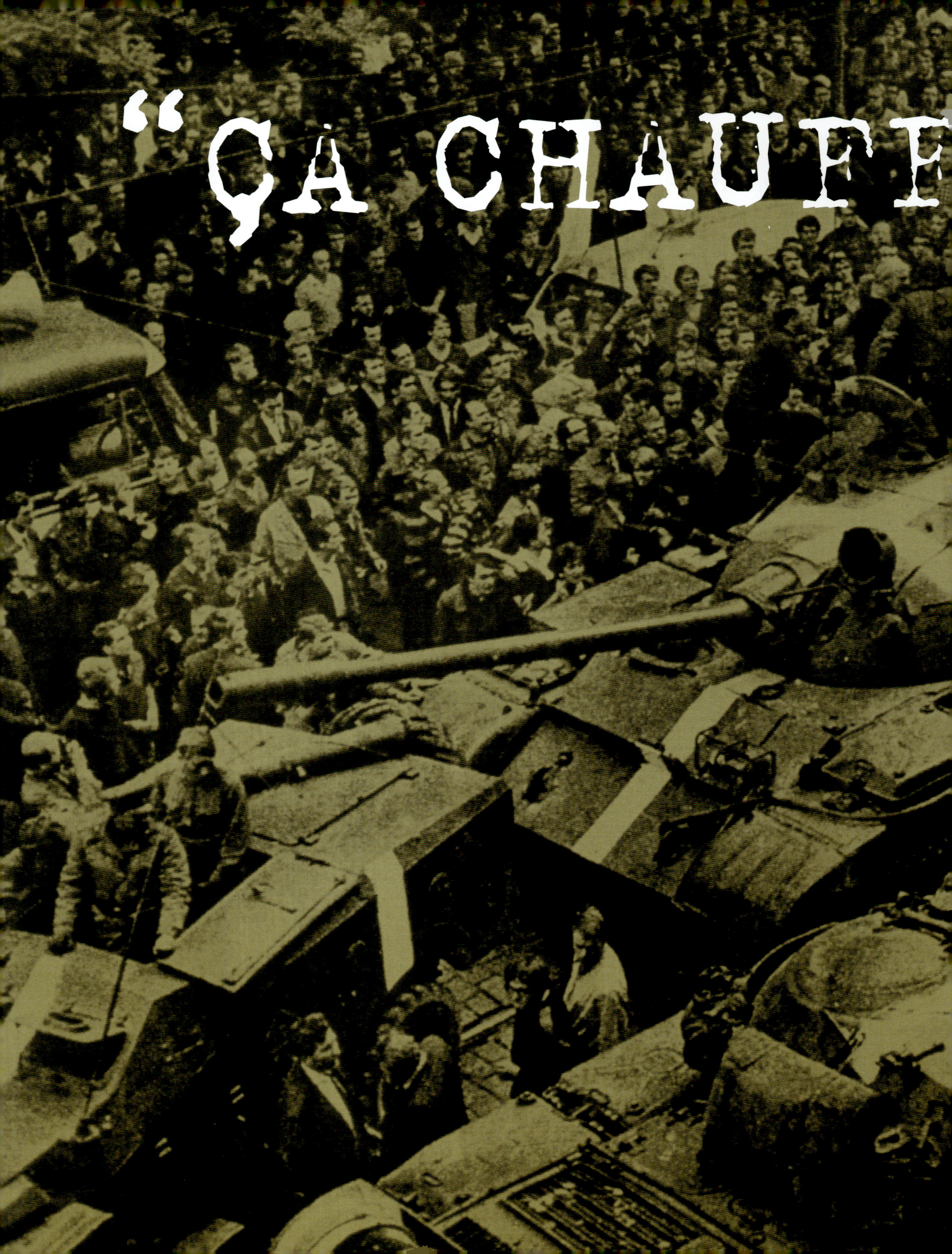

E À PRAGUE"

L'automne s'écoule mi-figue mi-raisin. Avant de passer la main, Johnson annonce l'arrêt – provisoire – des bombardements au Vietnam. Jackie passe à son doigt l'alliance d'Onassis. Mowgli et *Le Livre de la jungle* rejoignent *La Planète des singes* au hit-parade de l'année. On lit que Guevara était hanté par l'idée de la mort. Pour la Noël les astronautes américains qui font le tour de la Lune la décrivent « grise comme du plâtre de Paris ».

La décennie s'achève entre espérance et amertume. Impression ou réalité, *l'Humanité* semble un peu terne. Elle cherche à rassurer son lecteur en lui montrant « les nouveaux communistes ». Pourquoi adhère-t-on ? Le premier répond : parce que j'aime le rugby ; le second : le rêve ça ne suffit pas. Et puis les Halles s'en vont, elles étaient là depuis 1135 et le gros roi Louis VI, ça va faire un vide.

En janvier, une foule considérable assiste aux obsèques de Ian Palac, qui s'est immolé à Prague. Trois mois plus tard, Dubcek est remplacé par Husák. Point à la ligne. Ou presque. C'est le début de la normalisation. Vu d'ici, le silence de *l'Humanité* est désastreux. Entre les deux, Costa-Gavras sort *Z*, un film qui ne vieillit pas, qui démonte l'assassinat de Lambrakis à la veille du putsch fasciste des colonels grecs. La lettre *z* en grec signifie « vivant ». Il est vivant. Lambrakis et Palac et Guevara.

Ici le général de Gaulle part avec dignité. Le lecteur s'en aperçoit à peine, c'est en petits caractères. Duclos tient désormais la vedette. Franchement, au lendemain du premier tour, le lecteur a du mal à comprendre si Duclos a gagné ou perdu. En tout cas, il nous refait le coup de *l'Humanité* en 1920 lors de l'élection du président américain – bonnet blanc et blanc bonnet. Ghertman en profite pour glisser ses premiers dessins. Mitelberg a trouvé un successeur. J'aime autant « M. Tiers » que « Tous pour un ».

Le mois de juin ne resterait pas dans les annales sans la rumeur d'Orléans. Heureusement *l'Humanité* fait bien son boulot. Le lecteur peut lire l'indignation de Mme Jean Zay et le désarroi d'une commerçante victime de calomnies antisémites : « Je ne croyais plus possible le cauchemar de mon enfance. » Le mois de juillet figure dans toutes les annales. « Un rêve venu du fond des âges – l'homme est sur la Lune. » La une n'est pas mesquine. On attendait une Lune soviétique ; elle est américaine. Un peu plus tard, l'oncle Hô disparaît. On s'aperçoit alors à quel point il était resté discret. Il y a *Apollo 11* et *Apollo 12* et il y a les B-52 qui larguent à nouveau leurs bombes et le monde entier qui découvre le massacre de Song My. Enfin *l'Humanité* annonce par une litote la « convalescence » de Waldeck-Rochet. En réalité, le malheureux n'est plus qu'un moribond. Il y a quelque chose de brisé en lui et on ne m'enlèvera pas de l'esprit que les événements de Prague n'y sont pas étrangers. Cette semaine-là, la télévision diffuse *Macbeth*.

Sur la Lune
en novembre 1969.

1970

1979

l'Humanité

ORGANE CENTRAL DU PARTI COMMUNISTE FRANÇAIS

…tifs stratégiques »
U.S. au Vietnam :
villages
…stitut
…ciences...

(Page 2, le câble de notre envoyé spécial permanent à Hanoi, Théo RONCO)

LA COMMISSION EXECUTIVE DE LA C.G.T. :

QUATRE MILLIONS DE TRAVAILLEURS ONT PARTICIPÉ A LA GRÈVE

Maintenant il faut négocier

(Page 3)

…emps

… a mis en lumière une
…a pauvreté de millions

… a créé et crée tant de
…es n'ont ni les moyens

…ns de 1.000 F par mois.
… spécialisés, Français et
…s cadences infernales et
… majorité des employés,
…le centaines de milliers
… l'emploi sans formation
… de ceux qui travaillent.
…i-million de personnes,
… millions de vieux tra-
…our pour subsister.

… mal-logés prend une
…res contraints de quitter
…yer le loyer. Voici que
… insuffisantes, ne fonc-

…AJON

… chères pour beaucoup.
…er sur la nourriture de

… provoqué par les pro-
…e la féodalité financière
…économie et la politique

…ciens et des idéologues
…urs, ils sont, dans cette
… détresse publique.

…s heureux », disait
… dans son message de
…an-Delmas, tout ce qui
…d « à la transformation
…rands bourgeois nantis,
…nun et des révolution-
…oblèmes de la « société
… le monde nageait dans
…s taudis, de la crise de
…les hôpitaux s'occupent
…e » parce que, figurez-
… sont désormais « dé-

Des gosses qui fuient le long de la Route No 1, près de Trang Bang, à 45 kilomètres de Saigon... L'aviation US est intervenue pour soutenir les troupes saigonnaises en difficulté. Le napalm est tombé indistinctement sur tout ce qu'il y avait dessous ; peu importe les civils : la gamine qui a arraché ses vêtements en feu, hurle de douleur, le dos brûlé par la gelée incandescente.

MON CHER FERNIOT...

PRESSIONS ou pas pressions sur certains journalistes ? Le dossier est une nouvelle fois ouvert sur une vieille pratique. La Fédération C.G.T. du sous-sol choisit le moment pour verser au dossier une pièce peu contestable.

Les mineurs du puits 5, à Merlebach, avaient fait grève pendant douze jours, du 16 au 28 octobre 1970, contre la décision des Houillères de Lorraine d'aggraver leurs conditions de travail. M. Ferniot, à R.T.L., avait dit ce qu'il fallait penser de ce conflit social. Ce qui lui valut, l'affaire terminée, de M. Half, président du conseil d'administration des Houillères de Lorraine, la lettre que voici, datée du 28 octobre :

Cher ami,

C'est avec le plus grand plaisir que j'ai entendu votre éditorial d'hier soir et répété ce matin sur les ondes de Radio-Luxembourg.

Il est réconfortant, parce que le fait est rare, d'entendre une analyse aussi rigoureuse et véritable de la situation sociale au cours d'un mouvement de grève dans les mines. Je vous remercie d'avoir dit la vérité et de l'avoir bien dite.

Croyez, cher ami, à mes sentiments bien sincèrement amicaux.

Croyez, chers lecteurs, que M. Ferniot fut très sensible au compliment.

ISRAËL

● D'autres dir… ment le « coup d… 1967.

ARGENTE…

● Une nouvelle … ouverte au pont …

JEUNESSE

● Droit de vote … les législatives, … députés commun…

(Page 4, Jean …

O.R.T.F.

● Préavis de gr… tations mercredi … les centres régio…

La réun… groupe d… commu… socia…

Le groupe de … au Parti Comm… et au Parti Socia… le vendredi 9 … siège du Pa… Français (1).

Il a engagé … rédaction des te…

Il tiendra sa … nion jeudi 15 jui…

(1) La délég… Socialiste était … Gérard Jacquet, … voy, André Bo… Pierre Chevène… Enock, Pierre … Joxe.

La déléga… Communiste Fr… composée de … Paul Laurent, … cent, Henri Jour… napa, Georges L…

PARCMÈT…

● 12.000 places … ment payant s… envisagées par … police et de Pari…

(Page 10, Rog…

CANCER

● A Lyon, le Ce… nal de recherche… a pris possessio…

(Page 10, …

WEEK-EN…
SPORTIF

● L'équipe de F… dimanche dans l… monde mise s… Brésil.

● Les rugbyme… être opposés à … velle-Galles du …

● Merckx s'en … toire dans le To… Roger De Vlae… l'étape.

“EN ATTENDANT BREJNEV”

Le 6 octobre 1971, le lecteur aperçoit en titre à la une : « Est-ce la fin de l'été ? » Il voit une photo de gros flocons et un commentaire, qui le laissent perplexe : alors que l'Europe connaît encore des températures estivales, la première neige est tombée sur Moscou. On croirait la blague que j'aimais bien et qui nous donnait le sentiment d'être inspiré par une distance critique assez naturelle au pays de Descartes et Jarry : Ulbricht assiste à un défilé à Berlin par un beau soleil et tient un parapluie au-dessus de sa tête. On lui demande pourquoi. Il répond qu'il pleut à Moscou !

À la fin du mois, Brejnev vient à Paris. En l'attendant, *l'Humanité* prépare le terrain et ne mégote pas sur les marques de bienvenue. Elle propose le calendrier exhaustif et les horaires des manifestations où on peut venir le saluer. Elle dresse un portrait on ne peut plus sympathique de Leonid Ilitch : il est fils de métallo, komsomol, vaillant soldat de l'Armée libératrice, ingénieur, il fume, il a un fils et une fille, il faisait du sport « mais il n'a plus le temps », sauf pour la chasse, on comprend qu'on est en de bonnes mains. 74 % des Français approuvent sa visite, et – si l'accueil à l'aéroport est seulement « chaleureux » – les hourrah couvrent quand même le canon du protocole, on se croirait revenu dix ans en arrière. Quant aux premières neiges, elles arrivent fin novembre.

En juillet 1972, le lecteur peut lire une déclaration du bureau politique sur les procès en Tchécoslovaquie. Si elle rappelle qu'elle condamne les activités qui portent atteinte à l'intégrité du socialisme, elle indique nettement qu'une opposition politique ou idéologique ne peut être assimilée à une activité « subversive ». En fait, *l'Humanité* balance entre ces deux penchants.

Dès janvier 1970, en vis-à-vis d'un article qui signale le cinquième mois consécutif de baisse de la production industrielle aux USA, elle se félicite de l'extraction du pétrole décuplée en Sibérie occidentale, de sorte que même si le prestige de l'URSS s'est amoindri, même si le rêve s'est ombragé, le lecteur a l'impression que l'histoire suit toujours un cours naturellement favorable. D'ailleurs la rédaction se plaît à citer la déclaration de Pompidou – pour une fois en grâce – quand il visite Novossibirsk : « Ce que j'ai vu, ce que je sais de la Sibérie fait rêver. » Pour les cent ans de Lénine, « le léninisme vit et triomphe » par

Page précédente : fête de *l'Humanité*, La Courneuve, 1979, pendant le concert du groupe Téléphone.
Ci-contre : à la une de *l'Humanité* le 10 juin 1972, photographie qui fera le tour du monde.

le truchement de Brejnev. À la sortie en salle de *L'Aveu* de Costa-Gavras, la critique se montre sévère à l'égard du film et même à l'égard du livre, leur reprochant en gros de ne pas tenir compte du XXe congrès et d'altérer l'histoire au lieu de respecter « la vérité », n'incitant pas à aller voir un film « anticommuniste ». Aucun commentaire ne paraît quand Dubcek est exclu du parti et révoqué comme député. Le lecteur reste perplexe. À l'inverse, les « Notes soviétiques » de Jacques Arnault s'inscrivent dans la nouvelle tonalité réaliste et sont ponctuées par des caricatures parues dans la revue satirique *Crocodile*. Quant au XXIVe congrès du PCUS, il donne l'occasion à Marchais, qui « a bien voulu commenter quelques aspects des travaux en cours », merci, de tenir des propos assez inconditionnels, en particulier quand il reproche au parti tchèque d'invoquer la souveraineté.

La guerre du Vietnam continue. La solidarité de *l'Humanité* continue. Que ce soit des informations, des reportages, des photos, l'appel aux meetings. Personne n'a oublié la petite fille nue qui court sur la route numéro 1 dans la région de Saigon. On voit encore beaucoup d'enfants morts ou en larmes et le bagne de Poulo Condore où les détenus sont enchaînés dans des cages à tigre et les fuselages de bombardiers abattus.

Mahjoub est pendu à Khartoum et ses partisans sont massacrés dans la province du Nil Bleu.

Et la sale guerre déborde au Cambodge et dans la plaine des Jarres au Laos. En décembre 1972, une nouvelle « semaine sanglante » endeuille Hanoi, mais l'agence Reuter révèle qu'à ce rythme il n'y aurait plus de B-52 à Pâques. Un mois plus tard, l'accord de paix est conclu.

Les tragédies se multiplient, Jordanie Irlande Soudan. Mahjoub est pendu à Khartoum et ses partisans sont massacrés dans la province du Nil Bleu. Il y a aussi la figure d'Angela Davis, la boule de cheveux crépus ; en prison, elle accorde à *l'Humanité* une interview où elle dit : « On ne me pardonne pas d'être noire et communiste », on ne lui pardonne pas non plus d'être philosophe. Sinon la question du sionisme provoque un nouveau courrier des lecteurs abondant. Elle est relancée par l'attentat de Munich contre la délégation olympique israélienne ; l'éditorial s'interroge : « À qui profite le crime ? » et en conclut que la cause palestinienne est perdante ; le lendemain, il dénonce les méthodes « aventuristes » d'un groupe « se réclamant » du mouvement palestinien. Lors de la guerre du Kippour, l'enjeu du pétrole est aussitôt mis en avant et aide à comprendre le sens du choc pétrolier. Beaucoup plus tranquillement, la question européenne agite le journal ; après avoir été abordée sous l'angle de l'abandon de la souveraineté nationale, elle l'est sous l'angle plus constructif d'une nécessaire démocratisation de la CEE ; le lecteur découvre la nouvelle stratégie que traduit la déclaration commune PCF-PCI qui élabore l'eurocommunisme.

Le processus d'union de la gauche se développe sur fond de luttes sociales. Au printemps 1971, la question de la retraite à soixante ans occupe le devant de la scène. Grèves, arrêts de travail, *l'Humanité* multiplie les exemples, Paris la banlieue Valenciennes Longwy Bourgoin Firminy Le Havre Cholet Lacq Nîmes, et ainsi de suite, on n'a pas vu ça depuis 1936. À l'automne, le lecteur remarque un titre inquiétant à la une : il n'y a jamais eu autant de chômeurs depuis la Libération, « voir page 6 ». Il y va, il s'inquiète des 329 000 demandes d'emploi. Parallèlement, le dollar se met à flotter. On comprend que le dollar n'est plus indexé sur l'or. Pour le reste, *l'Humanité* propose un petit lexique des techniques monétaires, qu'on doit sans doute à Jacques Kahn. Elle s'intéresse aussi aux injustices de l'impôt et prodigue des conseils pour remplir les déclarations fiscales. Quant au muguet du 1er Mai, il gagne alors ses lettres de noblesse.

Donc *l'Humanité* jette un œil critique sur le congrès socialiste d'Épinay. En revanche, elle s'intéresse aux premiers débats politiques à la télévision ; l'émission « À armes égales » mérite une grande une : « À Chirac du capital, Georges Marchais oppose le parti communiste au service du peuple. » Elle publie le programme du parti communiste. À l'occasion, elle ressort le thème du « complot », orchestré par « le pouvoir », doté de multiples instrumentistes ; les obsèques du malheureux Pierre Overney, militant maoïste assassiné par un nervi, ne deviennent qu'un « prétexte » à manifestation contre le parti. Cependant, le 28 juin 1972, un titre immense triomphe : « ACCORD SUR UN PROGRAMME COMMUN DE GOUVERNEMENT ». Le lecteur pense que c'est reparti comme aux beaux jours du Front populaire. En décembre, cette impression est

Ci-dessous : le président chilien Salvador Allende.
Ci-contre : Motherwell, *In Golden Ochre*, 1961.

Militants parqués dans le stade national
de Santiago après le coup d'État
du général Pinochet le 11 septembre 1973.

confirmée par le succès du meeting porte de Versailles, si « prodigieux » qu'un envoyé de *l'Humanité* ne peut entrer dans le palais. Et la fête de *l'Huma* suivante c'est tout simplement « la mer ».

Si la « nouvelle société » n'a pas bonne presse, le journal ne s'en demande pas moins si le week-end est un mythe. La diversité des exemples tient lieu de réponse. À la Noël, des skieurs dans les gares se retrouvent à la une. Une page « Idées » étudie doctement « Liberté sexuelle et révolution ». L'avortement devient un sujet d'envergure. À peine donnés les premiers coups de pioche pour le boulevard périphérique, on formule l'hypothèse d'un deuxième périphérique à péage et à étage. Une photo du nouvel aéroport de Roissy illustre « un projet futuriste ». La vieillesse vaut le détour ; *l'Humanité* délaisse l'excellent « Pour vivre vieux vivez longtemps » de Tristan Bernard, et adopte un roboratif « Pour vivre vieux vivez actifs ».

Loin de se rétrécir, l'éventail culturel se déploie. Sur le front littéraire, on distingue les très beaux *Incipit* et *Henri Matisse, roman* d'Aragon. On s'intéresse aux différentes voix de la littérature moderne. Stil et Wurmser alternent et laissent d'autres plumes explorer d'autres horizons. Sur le plan pictural, Picasso est bien le camarade et le maître incontesté. À sa mort, *l'Humanité* résume : « Son œuvre domine notre temps. » Elle lui consacre trois pleines pages enrichies par des reproductions et deux autres le lendemain, et on apprend curieusement que les baleines ont commencé à mourir en Méditerranée à cause des boues rouges. Pignon a une place à part. Mais l'attention se porte aussi sur des peintres comme Morandi et bientôt Bacon, et même les peintres non figuratifs ignorés jusque-là. Grâce à Soulages, on parle enfin de traces, d'épaisseur, de quelque chose qui ressemble à des blocs de sensations. Tàpies et De Kooning puis Motherwell le rejoignent dans cet éloge. Sur le plan musical, Messiaen est honoré par ses élèves. Archie Shepp et le free jazz font la une. Le lecteur découvre au Nouvel An 1972 une rubrique « Disques pop » où Michel Doumenc fait passer le souffle posthume de Jimi Hendrix et la perfection de *Rainbow Bridge*. Quant à la fête de *l'Huma*, à côté de Ferrat il y a les Who. Le journal les présente, traduit leur nom (les « Qui »), distingue *My Generation*, se loue qu'ils « prennent le parti des troubles de leur époque » et les considère comme des bêtes de scène. Ils le sont en effet, et La Courneuve sera cet été-là la plus grande scène de rock du monde.

1973 avait commencé par un article sur une exposition de Music présentant l'exceptionnel cycle « Nous ne sommes pas les derniers », qui peint la permanence de l'humanité face à la pire barbarie du siècle. La barbarie revient à l'œuvre au Chili. Le 11 septembre, le président Allende est acculé au suicide lors de l'assaut armé contre le palais de La Moneda, et *l'Humanité* appelle à une manifestation à 18 heures au Champ-de-Mars. Puis elle signale, d'après l'agence Reuter, les contacts entre Pinochet et Washington. Elle signale aussi la hausse du cours du cuivre, le silence du gouvernement français, la terreur fasciste, les détenus parqués au stade national, la chasse aux militants de l'Unité populaire et aux cheveux longs, le collège des médecins qui établit la liste de leurs collègues « à radier, à arrêter, à fusiller », la pénurie de bois et d'ouvriers à Antofagasta pour fabriquer les cercueils, la satisfaction d'ITT et de la CIA, l'aveu des camionneurs reconnaissant qu'ils gagnaient davantage en faisant grève pour paralyser l'économie, les premiers autodafés, les primes à la délation, les premières disparitions, la mort de Neruda, les fusillés par groupes de trente à quarante en chantant *L'Internationale*, la même détresse jusqu'à la fin du mois, un jour comme un autre avec aussi la grève des cheminots à Saint-Lazare, les psychiatres soviétiques s'indignant de la campagne de calomnies antisoviétiques, le rassemblement à Besançon autour des salariés de Lip, un temps frais.

1973 avait commencé par un article sur une exposition de Music présentant l'exceptionnel cycle "Nous ne sommes pas les derniers".

★

Lors des vœux pour 1974, Pompidou prédit « une année difficile et incertaine ». Il attend la mort. Elle le rattrape le 2 avril et *l'Humanité* peut se flatter de n'avoir jamais fait preuve d'indécence pendant sa maladie. Lors de l'élection présidentielle, le lecteur attend les dessins d'un Ghertman toujours très inspiré dans un journal qui s'engage à fond et se remet bien de l'échec.

Auparavant, le journal a multiplié les grands reportages, Inde Laos Bulgarie Somalie Proche-Orient, mission d'études en Tchécoslovaquie dont le lecteur retire l'impression que *grosso modo* ça va bien. Mais quand Soljenitsyne est déchu de sa nationalité et expulsé, la rédaction insiste aussi sur la campagne antisoviétique organisée autour de la parution française de *L'Archipel du Goulag* et rappelle que « repousser l'antisoviétisme c'est l'affaire de tous ». L'objet d'un nouveau reportage en URSS porte d'abord sur « un monde où les mots "chômage" et "hausse des prix" sont inconnus » puis sur les signes éclatants de la réussite scolaire. Pour ses soixante-dix ans, *l'Humanité* consacre une page à « ces hommes qui ont fait *l'Humanité* ». On retrouve avec plaisir Jaurès, Cachin, Vaillant-Couturier, Sampaix, Péri, Courtade. Au sujet de Courtade, le dernier paragraphe cite et instrumentalise – en dehors de toute chronologie – une phrase de son ouvrage sur l'antisoviétisme comme « élément profondément corrupteur du sens national ». Et le cadeau offert à cent CDH est un séjour en URSS et Fajon les accompagne à l'aéroport et leur souhaite bon voyage.

L'été sourit sous d'autres longitudes. Un gouvernement démocratique se met en place à Lisbonne, la dictature s'effondre à Athènes, l'Espagne « marche vers la liberté ». En novembre, Leroy hérite de la direction du journal. Début janvier, la légèreté et la narration du film *Il était un merle chanteur* enchantent. Ensuite, le Moyen-Orient flambe et Jacques Coubard trouve un bon titre : « Objectif pétroland » et voit clair en dénonçant « le rêve des apprentis sorciers américains ». Puis la libération des provinces du Sud-Vietnam fait résonner une dernière fois le nom de Danang et de Saigon.

Ci-contre : Yves Montand dans *L'Aveu* de Costa-Gavras, 1969.
Ci-dessous : une du 23 juin 1972.
Double page suivante : à gauche, hommage à Picasso, *l'Humanité* du 9 avril 1973 ; à droite, Picasso par Willy Ronis, 1950.

l'Humanité

Les élus municipaux alertent l'opinion

A l'issue des discussions entre les délégations communiste et socialiste

Accord sur un programme commun de gouvernement

Déclaration de Georges Marchais

DEMAIN à 18 h 30 Manifestation pour le Vietnam de la Bastille à la Nation

RÉUNION DU COMITÉ CENTRAL

SALUANT L'ACCORD LA C.G.T. : Un des plus importants événements qu'ait connus le mouvement ouvrier français

LE TEXTE COMPLET DU PROGRAMME COMMUN

O.R.T.F.

BOURGUIBA

CLAIRVAUX

BIJOUX

Autoportrait (1907)

POUR DES MILLIONS D'HOMMES IL EST LE PEINTRE

L'œuvre est gigantesque. Ses prolongements sont infinis. Pour des millions d'hommes il est, et restera, LE peintre.

Une sorte de Prométhée fraternel, qui porta dans l'art un feu durable...

GUERNICA (1937)

RAFAEL ALBERTI :

« L'honneur de le connaître et de l'aimer était réservé au peuple »

« Un jour, peut-être éloigné aujourd'hui, lorsque le peuple espagnol connaîtra profondément l'œuvre de cet homme, ce peuple, clair et généreux l'aimera, de même que l'artiste a su aimer l'œuvre du peuple. Pour le moment Picasso n'est qu'un homme pour notre peuple, un symbole fraternel dans son chemin de lutte, long et douloureux. Jamais, dans le pays qui a vu naître Picasso, on n'a vu une exposition révélant sa grandeur cyclopéenne. On ne peut dire que la monarchie l'ait méprisé : elle l'ignorait. Le franquisme, tout en l'ignorant encore plus, le craint. C'est seulement sous la République et pendant la guerre que le nom de Picasso a été enregistré avec tout l'honneur qui lui est dû comme celui d'un des enfants les plus illustres de l'Espagne. Tant mieux.

« L'honneur de le connaître et de l'aimer était réservé au peuple. Picasso en était sorti, comme l'Archiprêtre de Hita, comme Cervantes, comme Lope, comme Quevedo, comme Goya, comme Machado, comme Garcia Lorca, les poumons gonflés d'un souffle créateur.

« Et il retournera vers notre peuple, car Picasso, aujourd'hui plus que jamais, c'est cette terre, cet air que nous adorons, l'amour, la joie, le travail régulier, la vie belle et harmonieuse. »

Rafael ALBERTI.

ELUARD :

« Les abeilles de ses chansons ont fait leur miel dans le cœur des hommes »

« Sous le bois mort du chêne de Guernica, sur les ruines de Guernica, sous le ciel pur de Guernica, un homme est revenu, qui portait dans ses bras un chevreau bêlant, et dans son cœur une colombe. Il chante pour tous les autres hommes le chant pur de la rébellion qui dit merci à l'amour, qui dit non à l'oppression. Les promesses naïves sont les plus sublimes. Il dit que Guernica comme Oradour et comme Hiroshima sont les capitales de la paix vivante. Leur néant fait entendre une protestation plus forte que la terreur même.

« Un homme chante, un homme espère. Et les frelons de ses douleurs s'éloignent dans l'azur durci. Et les abeilles de ses chansons ont quand même fait leur miel dans le cœur des hommes.

« Guernica ! l'innocence aura raison du crime.

« Guernica !... »

Paul ELUARD.

Homme à la guitare et femme couchée (21 janvier 1971). **Encre de Chine sur carton blanc. Ce dessin figurait à l'exposition du Musée Réattu d'Arles, en 1971.**

André L...
directeur de la publ...
9-4-1973 ★
IMPRIMERIE POISSONNIÈRE
5, faubourg Poissonnière
AB DEF

RETRAITES
HOMMES = 60
FEMMES = 55

La veille, *l'Humanité* a pleuré la mort de Jacques Duclos ; 210 000 exemplaires sont diffusés en supplément. Dans le métro – raconte un journaliste –, on lève les yeux et *l'Huma* est un signe de reconnaissance. Lors des obsèques grandioses les visages trahissent une peine profonde. Elle sera assez comparable aux obsèques de Frachon, son vieux compagnon, trois mois plus tard. D'ailleurs, on observe tout un travail de commémoration, traditionnel, déjà accentué l'année précédente avec les trente ans de la Libération, encore plus net avec le souvenir de la libération des camps. La leçon, car il doit bien y avoir leçon, c'est aussi le rôle joué par les communistes et le prix payé par nombre d'entre eux. Un reportage d'Alleg en URSS indique « 600 Oradour ». On peut comprendre le bien-fondé d'une certaine modestie.

À 20 h 19, le 17 juillet, *Apollo* et *Soyouz* se rencontrent dans l'espace ; le lecteur est impressionné. Il peut lire à côté qu'en même temps « le PCF a rencontré les travailleurs » ; il est sans doute moins impressionné. Il ne l'est probablement pas par la signature de l'accord d'Helsinki sur la sécurité européenne pourtant très considéré en haut lieu. Il a tort, car l'article 7, auquel on ne prête guère attention, stipule « le respect des droits de l'homme et des libertés fondamentales, y compris la liberté de pensée, de conscience, de religion ou de conviction ». On ignore qu'un piège se referme derrière ces mots dans lesquels on imagine se reconnaître.

L'Humanité annonce la mort de Chou En-Lai et rappelle sa sentence : “La voie est sinueuse mais l'avenir est radieux.”

Cependant, ni au Portugal ni en Espagne la marche vers la liberté n'est simple. Le régime franquiste prononce onze condamnations à mort – cinq n'y échapperont pas – et *l'Humanité* n'a pas oublié les accents d'antan. Elle est à la pointe du combat : « NON AU GARROT », et elle souligne que l'effroyable collier de fer serré par une manivelle était réservé depuis le XVIIIe siècle aux prisonniers de droit commun et elle rappelle que le dernier supplicié – Puig Antich – a mis douze minutes à mourir. Franco agonise mais mettra trois semaines à s'éteindre. On lira alors en une : « Il n'était pas l'Espagne, il était son bourreau. » Belles paroles assurément, contredites pourtant par la réalité et les commentaires, jusqu'au cri de « scandale » devant la décision de Giscard de mettre en berne les drapeaux des ministères le jour des obsèques, puis sa décision d'assister à l'intronisation de Juan Carlos où il pourrait rencontrer Pinochet.

Double page précédente : salariés des usines Citroën.
Ci-dessous : dessin de Ghertman paru le 15 février 1970.
Ci-contre : enterrement de Jacques Duclos, photographies parues dans *l'Humanité* le 30 avril 1975.
Double page suivante : les Who à la Fête, 1972.

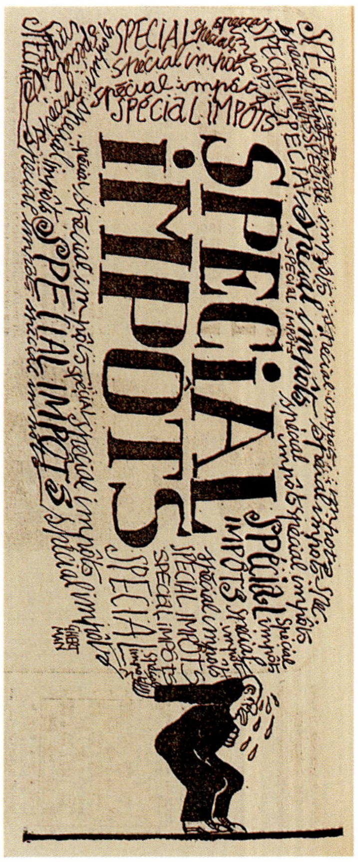

Janvier 1976 commence par des vents à 180 km/h sur la Grande-Bretagne, comme on n'en avait pas vu depuis un quart de siècle. Ensuite, *l'Humanité* annonce la mort de Chou En-Lai et rappelle sa sentence : « La voie est sinueuse mais l'avenir est radieux. » Il est radieux le 15 quand on ouvre son quotidien sur le bonheur d'être jeune à Cuba et quand on écoute à la radio matinale un trio de Schönberg, il l'est moins à Beyrouth où les combats ont fait soixante-dix morts en vingt-quatre heures et à Sacilor du côté d'Hagondange où la sidérurgie coule à pic, et dans la tribune de discussion envoyée par un camarade dignitaire de la cellule Guy Môquet du Perreux qui assure : « Oui nous sommes contre l'immoralité... La révolution ce n'est pas la caserne mais ce n'est pas non plus le bordel. » Il est à nouveau radieux quand le premier vol Concorde AF 085 s'envole pour Rio.

Il l'est moins lors du congrès du parti. L'ambition est de conjuguer socialisme et démocratie. À lire *l'Humanité*, on peut néanmoins se demander quels sont les enjeux et quels démons le parti conjure. L'avenir semble même devenir sinueux lors du XXVe congrès du PCUS. Le lecteur prend connaissance d'un « climat d'optimisme raisonné ». Ce n'est pas très bon signe. L'envoyé spécial semble même caustique quand il cite sur tout un paragraphe les éloges décernés par les congressistes à Brejnev. Le dénommé Chevarnadze n'est pas le dernier en louant celui « qui fait le ciel pur et sans nuages au-dessus de nos têtes ». La rédaction doit être assez contrariée pour resservir un autre lot d'hommages du même acabit. En revanche, je n'ai pas retrouvé trace des médailles attribuées à Leonid Ilitch ces années-là, surtout cet impérissable prix Lénine de littérature. J'aurais pourtant parié qu'il y figurait.

Sinon *l'Humanité* promeut à la fois l'union de la gauche et l'eurocommunisme. EVVIVA LA SOLIDARIETÀ. Elle se met même à l'italien à l'occasion du meeting commun porte de Pantin début juin. Elle met en avant le gain de trois millions de voix du PCI aux élections législatives. Elle célèbre les quarante

EDF

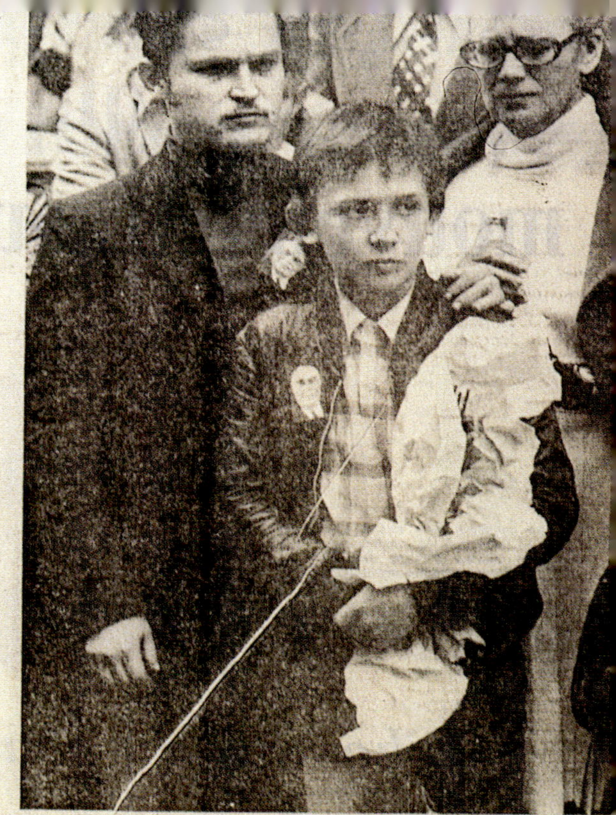

l'Huma

1972. La Courneuve sera cet été-là la

plus grande scène de rock du monde.

l'Humanité
rance a besoin
Parti communiste
us influent
le travail manuel
M. Barre prévoit
LA BOURSE ET LA VIE

DU JEUDI 7 AU DIMANCHE SOIR 10 SEPTEMBRE
A LA FETE DE L'HUMANITE

LE STAND DE L'HUMANITE

L'ECRITURE
LE SIGNE ET LA PAROLE

CETTE exposition bien entendu n'est qu'un aperçu de ce que l'on pourrait souhaiter pour une démonstration des fonctions et de l'histoire de l'écriture. Pour montrer la double caractéristique de l'écriture dans le développement culturel, à la fois notation du langage parlé et composition plastique, dessin, il faudrait un espace gigantesque. Le sujet couvre l'histoire diversifiée de toute la planète. La place est d'autant plus nécessaire que l'on doit se garder à chaque instant de conclusions hâtives qui sont toujours mécaniques. L'écriture touche de si près au fonctionnement intime des hommes et des sociétés qu'il n'est pas possible de parler à son propos "d'invention" ou de fixer une date précise à partir de laquelle elle aurait existé pour conserver la parole. Elle est née d'une naissance longue, au carrefour de deux grandes activités humaines, celle de la réflexion verbale et celle du dessin. Bien avant d'écrire au sens propre du mot, les hommes faisaient des "inscriptions", des tracés divers, doués de capacité de représentation tout en étant très abstraits. L'écriture est "arrivée" par des séries de transformations dont beaucoup sont minimes, pour satisfaire un besoin. Non seulement elle a comblé ce besoin : noter, elle l'a augmenté, elle a joué le rôle de multiplicateur de la pensée. L'humanité dit Marx ne se pose que les problèmes qu'elle peut résoudre. Ce sont les idées qui ont dicté le plan même du stand de notre journal. D'abord, (c'est le vestibule de l'exposition), montrer ce que tout le monde voit : l'écriture est partout : presse, propagande, publicité, littérature, enseignement, communication, graphitis, circulation etc. Une fois ce point de vue assuré, une deuxième section de l'exposition étale la formidable masse des signes que les hommes ont utilisés et qu'ils utilisent encore pour communiquer sans qu'il s'agisse d'écriture au sens habituel : signes de commandement, poignées de mains, signes de serments et de saluts, poings dressés, mais aussi signes d'appartenance, signes magiques et religieux, signaux routiers, signes de fêtes ou de jeux, signes anciens ou modernes sur les outils, dans le travail. C'est seulement après que sera retracée, en résumé, la "naissance" de l'écriture, depuis la pictographie jusqu'à l'alphabet d'un côté et l'idéogramme chinois de l'autre. Puis une section montre les rapports entre les techniques et les langues dans les formes des écritures. Il est évident qu'on n'écrit pas de la même façon en entaillant la pierre ou sur du papyrus, en poinçonnant de l'argile ou sur du papier avec une plume. C'est ici qu'on verra la révolution apportée par les caractères mobiles de Gutenberg ainsi qu'une des plus modernes photocomposeuses qui fonctionnera devant tout le monde. Enfin la dernière partie se consacre à exposer que l'écriture est un art. Nous n'en dirons rien ici, car chacun sait que l'art il faut le voir. C'est la caractéristique principale de l'écriture que de rendre visible la parole. Elle ne cesse jamais d'être une forme, tout en étant le verbe. Elle appartient entièrement aux arts plastiques au moment même où elle est pleinement le discours. Elle est la synthèse parfaite de deux langages de deux techniques, de deux arts. Au commencement étaient la main et la parole. Au commencement étaient le travail et la communication. Au commencement étaient l'action et la pensée. Au commencement était la "personne", riche des rapports entre les personnes. L'écriture développe ce carrefour des humains, des langages et des actes, obscure, transparente, CRISTAL.

Poinçon de "romain du roi" corps 90 gravé de 1694 à 1714 par Philippe Grandjean.

PARC PAYSAGER DE LA COURNEUVE

ans des premiers congés payés. La confiance est de mise. Ni la canicule ni la sécheresse de cet été ne la remettent en cause. Bien au contraire, à l'en croire, les solutions ne manqueraient pas pour limiter ces calamités naturelles. À la Fête, où les sports prennent du galon, la cité internationale décrit « une géographie vivante ». Dans cette géographie, l'Italie est en passe de prendre le relais de l'URSS. L'historien d'art Argan est devenu maire de Rome. Bertolucci pour son *Novecento* et Strehler pour *Il Giardino del ciliegi* (autrement dit *La Cerisaie*) qu'il a monté sont à l'honneur ; un long entretien avec le directeur du Piccolo Teatro de Milan nous rend intelligents. Même la mort de Mao devient un motif d'agiter notre petit drapeau rouge étoilé : « L'une des plus grandes figures de l'histoire disparaît. »

Le lecteur envisage d'autant plus volontiers un avenir radieux que la réalité sociale est sombre. Pour les fêtes, un dessin de Ghertman montre quatre Pères Noël frigorifiés et l'un d'eux lit les offres d'emploi, tandis que nombre d'articles reviennent sur la misère, la situation des ouvriers spécialisés, les moyens de leur « libération ». Si le lecteur veut finir l'année agréablement, il n'a qu'à aller voir au cinéma comme on l'y invite le merveilleux *Dersou Ouzala*. S'il veut la commencer agréablement, il n'a qu'à lire l'entretien sur « la longue route des Hominidés », qui pourra tempérer son impatience. Car *l'Humanité* lance « Les cahiers de la misère et de l'espoir ».

Malgré la misère et les ruses des concurrents socialistes, le premier semestre a plutôt belle allure. Après le succès des municipales, il y a une rencontre Marchais-Berlinguer-Carillo à Madrid et une active relance de la bataille pour un programme commun de gouvernement à actualiser. Il y a aussi, dans un autre registre, le *Casanova* de Fellini, un article de Thibaudeau sur Ponge, les premiers dessins de Wolinski, la série « Lire le pays avec cent écrivains » qui commence par la *Cathédrale de Chartres, vue cavalière* de Genet, le Festival d'Avignon, une enquête sur la répression des mutineries de 1917 et un article sur Spinoza, anniversaire oblige, où l'on verrait que la conscience est naturellement conscience des idées inadéquates que nous avons. Et le vacancier dispose d'un mode d'emploi qui lui permet d'aller à la rencontre des échassiers.

Le reste a moins belle allure. Dès février, Kanapa s'enferre à Europe 1 et *l'Humanité* n'y voit semble-t-il que du feu. Bien qu'il soit un des initiateurs d'un eurocommunisme qui affiche ses distances avec Moscou, bien qu'il ait béni le livre *L'Aveu* lors d'un « Dossiers de l'écran » très attendu, il en fait trop. À propos du rapport secret de Khrouchtchev, il prétend que « nous ignorions » et que – pris d'un doute après les travaux des historiens – nous nous sommes renseignés, nous avons demandé à Cogniot et Cogniot a dit oui, nous avions eu connaissance du rapport, et voilà, dès qu'on l'a su on l'a dit. Trop c'est trop. D'autant qu'en intertitre, je lis : « La vérité ».

Ci-dessous : un soldat égyptien brandissant un portrait du président Sadate pendant la guerre du Kippour, 1973.
Ci-contre : Mao.
Double page suivante : meeting porte de Pantin, juin 1976.

Malgré une fête de *l'Huma* dont le prix d'entrée a été baissé et où on note treize adhésions à la minute, le programme commun et l'union de la gauche sont rompus, le lecteur l'a vu venir, et il ne croit guère aux tentatives pour les relancer. Et puis Sadate et Begin s'entendent, pourquoi pas, mais c'est au détriment des Palestiniens. Et puis, presque en même temps, la Callas et Presley s'en vont. « Le King est mort. Vive le Roi ! » *L'Humanité* se laisse délicieusement aller. Et puis décidément ces fins d'année ont un petit côté « cahier de misère et d'espoir » ; en une, la grande photo d'un appartement vide, l'huissier n'a laissé que le sapin ; en une le surlendemain, la grande photo du même appartement, remeublé grâce à la solidarité.

★

Au coin du faubourg et du boulevard Poissonnière, 1978 s'ouvre sur une enquête : « Pourquoi 1977 fut l'année des champions de la RDA ». La démonstration est cohérente, les rumeurs balayées d'un coup de baguette magique, les portraits sympathiques. Qu'il aime ou non courir, le lecteur – de préférence germaniste – est invité à se placer « dans la foulée de Spartacus » et à se réjouir des médailles gagnées par les enfants de Rosa Luxemburg. S'il a la poésie chevillée au corps, il peut encore tenter de parcourir mon premier article paru dans « l'organe central ». Je l'avais oublié. Le lecteur peut s'arrêter en chemin, je le

EVVIVA LA S

O GIUGNO GLI
RATICON IL P.C.I.
OLIDARIETÀ

comprendrais, même si je reconnais bien ma dernière phrase : *et nous que faisions-nous à cette heure de ce jour-là ?* Cette traversée de *l'Humanité* en serait comme une lointaine prolongation.

Sinon la situation sociale ne s'arrange pas et le parti maintient à peu près ses positions électorales. L'administration Carter appose son veto à la participation des communistes au gouvernement italien. Favorable au « compromis historique », le démocrate-chrétien Aldo Moro est enlevé par les Brigades rouges et on le retrouve assassiné dans le coffre d'une voiture. Là-dessus, le violoncelliste Rostropovitch est déchu de sa nationalité ; *l'Humanité* ne cache ni sa stupéfaction (si stupéfaction il y a) ni sa condamnation (puisque condamnation il y a) ; elle opère une distinction subtile avec Soljenitsyne et elle cite même – à charge – le physicien Sakharov dont elle n'avait pourtant guère parlé.

À voir le nombre de pages accordé à la question « Le débat démocratique dans le parti », qui devient une sorte de rubrique, on suppose que la question ne va pas de soi. Au moins d'un certain point de vue, fâcheux, qu'il s'agirait donc de rectifier. D'ailleurs, un éditorial d'Andrieu répond fermement à l'idée de l'amorce d'un déclin du parti. Les arguments ne doivent pas suffire dans la mesure où succède au débat une vigoureuse riposte contre le rôle joué par « quelques membres » du parti dans la campagne anticommuniste. Aux marges d'un discours d'autojustification visant à préserver la « ligne » et la sacro-sainte unité du parti, le lecteur relève une jolie contribution d'un rédacteur venu de *La Nouvelle Critique* morte au champ d'honneur. « Ma sensibilité communiste » commence par ces phrases lapidaires de Jacques de Bonis : « On m'a dit que j'étais rentré dans le rang. J'ignorais que j'en étais sorti. Je ne savais d'ailleurs pas que j'y étais entré. »

“On m'a dit que j'étais rentré dans le rang. J'ignorais que j'en étais sorti. Je ne savais d'ailleurs pas que j'y étais entré.”

Pendant l'été, *l'Humanité* proteste contre une nouvelle série de procès moscovites dont les accusés plaident non coupables. Puis elle rappelle (ou signale) que Marcel Veyrier n'a pas obtenu son visa pour assister aux procès de Prague l'année précédente. Elle rappelle aussi qu'elle a donné la parole aux initiateurs de la Charte 77. Ce faisant, elle ne renonce pas à l'espoir que les communistes tchèques puissent renouer avec la tentative de socialisme démocratique. Pour la fête de *l'Huma*, elle met en valeur deux initiatives : un espace destiné aux planches à roulettes et la sortie de l'ouvrage *L'URSS et nous*. Elle publie en bonnes feuilles le texte intégral de l'introduction rédigé par Francis Cohen et elle souligne que ce travail a été encouragé par la direction du parti. Si la chose est neuve, tout le monde se réfugie derrière le paravent d'une recherche à poursuivre. Deux jours plus tard, Kanapa meurt et son journal lui rend hommage. J'en retiens une citation d'Héraclite pêchée à son endroit : « L'âme la plus sèche est la plus pure et la meilleure. » Je n'y souscris pas, même sous les feux du vieux soleil grec, et je l'inscrirais plutôt du côté de Diogène, mais l'aphorisme ne me quitte pas.

Ci-dessous : dessins de Wolinski parus dans *l'Humanité* le 9 avril et le 6 mai 1977.
Ci-contre : grève des dockers à Dunkerque, 1977.

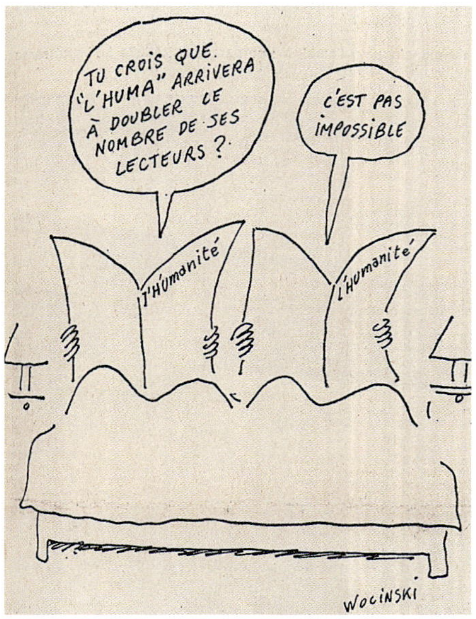

Une nouvelle formule voit le jour à l'automne. Pif reste à demeure mais M. Nuage s'évapore. Le principal changement tient à la maquette. Les pages culturelles gardent leur large ouverture et des réflexions variées s'y mélangent. Les pages de politique internationale versent leur tribut aux motifs habituels de l'actualité internationale et aux nouveaux comme l'Iran avec les reportages de Dominique Bari ou le nouvel ordre mondial avec un très intéressant discours de Marchais à Mexico. Les pages de politique intérieure chantent le refrain de l'union à la base et le grand air des luttes sociales ; le naufrage de la sidérurgie et la Lorraine et plus généralement la crise – qui par définition s'aggrave – s'y taillent la part du lion ; lors de la rentrée scolaire, on débat pour savoir si les enseignants sont des privilégiés.

Il n'y a pas que la crise qui s'aggrave, les relations avec la presse aussi. Ainsi *l'Humanité* fait-elle ressortir le mot d'ordre de Somoza à sa garde : « Tuez les communistes. » On n'en est pas là chez nous mais les coups bas pleuvent sur Marchais avec l'affaire du STO et la rédaction n'a pas de mal à alimenter « le courrier de l'indignation ». Fin novembre, son rédacteur en chef quitte un plateau de télévision lors d'un débat sur les réfugiés du *Hai Hong*, puis la rédaction mobilise les bonnes volontés pour une campagne solidarité Vietnam qui table sur des réflexes bien ancrés et gomme les difficultés politiques de l'après-guerre. De surcroît,

le journal n'admet pas les critiques à l'égard du parti, d'où qu'elles viennent et quelle qu'en soit la nature. Pour un peu, le remarquable article de Claude Prévost sur Nizan passerait inaperçu. Mieux qu'une réhabilitation toujours imparfaite et plus ou moins télécommandée, Claude rappelle que les injures à l'encontre de Nizan l'avaient précisément retenu d'adhérer et il lui offre le beau titre de « frère aîné d'autrefois ».

1979 ne dévie pas de 1978. Corto Maltese s'aventure dans *Les Éthiopiques* à côté des mots croisés et les relations avec la presse restent tendues. À l'attention portée aux réfugiés vietnamiens des *boat people*, *l'Humanité* oppose le silence qui recouvre les réfugiés nicaraguayens. Le XXIIIe congrès du parti n'y change rien. Si la tribune de discussion est très largement ouverte dans les colonnes du journal, le fameux bilan globalement positif tend à enfermer le débat dans une impasse. Au point que la protestation sincère contre la déchéance de Kundera peut sembler factice. L'été, un « Croquis de voyage en URSS » brossé par Wolinski lui vaut les reproches de ses amis de *Charlie Hebdo* qui n'apprécient pas son voyage mais rassure le lecteur par sa drôlerie un brin distante.

Le 9 octobre, le lecteur remarque dans *l'Humanité* le lancement des cahiers de lutte destinés aux salariés des entreprises et la grève des ardoisiers de Trélazé et le mécontentement des éleveurs de brebis et la rentrée des classes au Cambodge et un éloge de la paresse et des nuages au-dessus du parc Montsouris. À la mi-décembre, le journal lance une campagne contre le déploiement de missiles américains en RFA. Il titre « JAMAIS ÇA », un cadavre calciné de Hiroshima à l'appui. Il retrouve le langage des années cinquante et dénonce vertement une escalade programmée par l'OTAN, l'octroi de fusées aux Allemands et les menaces qui pèsent sur la France. NON À LA MORT NUCLÉAIRE, on est le 20 décembre, la photo de cadavre est

l'Humanité
Un appel de G. Marchais :
UNION
de la nation laborieuse
pour le renouveau de la France
GRANDE-BRETAGNE
Élections
générales
anticipées
le 28 février

immense, on est prêt à battre le pavé entre Nation et Bastille. Le même jour, le quotidien consacre une page entière au centenaire de Staline et prononce « une condamnation sans appel ». Après la Noël, la situation se dégrade en Afghanistan. L'armée soviétique s'apprête à intervenir. *A priori*, *l'Humanité* ne voit rien venir. Quand le médaillé Brejnev rappelle une unité de chars stationnée en RDA, elle y voit un signe de détente et s'en félicite. Pour la troisième et dernière fois, je pose la question qui m'était venue pour 1914 : comment des hommes comme Rol-Tanguy et Leroy et mes camarades d'Ivry ont-ils pu imaginer rester fidèles à leur idéal ?

Bien sûr, il y a une certaine myopie et une propension humaine aux petits arrangements avec notre conscience. Mais il y a aussi les événements *comme ils se présentent* ou *comme on se les représente*. On chercherait en vain un gros titre annonçant l'entrée des troupes soviétiques en Afghanistan. Avant la Saint-Sylvestre, le nouveau gouvernement de Babrak Karmal souhaite unir toutes les forces progressistes et fait appel à l'aide économique et militaire de l'URSS en vertu du traité d'amitié signé douze mois auparavant. En face de ces explications d'une étrange limpidité, le lecteur reconnaît les visages de Brassens et Devos qui seront les étoiles du réveillon à la télévision. Début janvier, ce sont les USA qui aggravent la tension (il est vrai qu'ils ont entrepris une vaste manœuvre de déstabilisation). Les entretiens entre Brejnev et Marchais au Kremlin se déroulent dans « une atmosphère de cordialité et d'amitié ». Il en ressort un communiqué commun qui stipule : 1) la reconnaissance des différences de position et des divergences entre les deux partis ; 2) l'absence d'obstacle à la coopération sur tous les objectifs communs, en particulier la paix.

Fort de ce premier point en effet inédit, Marchais fait le beau à TF1. Le lendemain, *l'Humanité* reproduit l'interview *in extenso*. Le calme règne à Kaboul. Les autorités soviétiques ne sont intervenues qu'« en désespoir de cause » et retireront leurs troupes le plus vite possible, et si les USA retirent leurs fusées de RFA on peut escompter un règlement global. Voilà, *l'Humanité* n'a plus qu'à protester contre « le déchaînement de la campagne anticommuniste » qui s'ensuit. Elle appelle à « passer à l'offensive contre le mensonge ». Mais, attaquée, elle fait le gros dos et tend paradoxalement à se replier. Et puis c'est comme s'il n'y avait rien de grave, au contraire, le monde suit son cours avec son cortège de luttes et de films et de faits divers. Elle reste sourde à la gravité du véhément discours « les tanks russes à Kaboul ». Peut-être se croit-elle quitte avec le principe de la « guerre idéologique » dont elle a défini les contours. Elle s'inquiète déjà d'un boycott des Jeux olympiques de Moscou. Avant la fin du mois, Marchais déclare : « Les droits de l'homme c'est nous. »

L'affaire est sans doute entendue. Personne ne le sait, beaucoup l'espèrent et peu le redoutent, mais un vaste chapitre de l'histoire commence à se replier.

1979.

Mais il y a aussi les événements *comme ils se présentent* ou *comme on se les représente*. On chercherait en vain un gros titre annonçant l'entrée des troupes soviétiques en Afghanistan.

FUCK

1980
1991

ORGANE CENTRAL DU PARTI COMMUNISTE FRANÇAIS

l'Humanité

JEUDI 21 MAI 1981 — Nlle SERIE — N° 11425 (141e JOUR) — 5, RUE DU FAUBOURG-POISSONNIERE, 75009 PARIS — TEL. : 246.82.69 — 2,50 F

LA FRANCE A UN NOUVEAU PRESIDENT

QUE LE CHANGEMENT COMMENCE

L'entrée en fonctions de F. Mitterrand ouvre la nouvelle période politique issue de la victoire du 10 mai. La mise en œuvre de l'immense espérance populaire est désormais à l'ordre du jour. Avec les travailleurs les communistes fêtent l'événement dans les usines et dans les rues

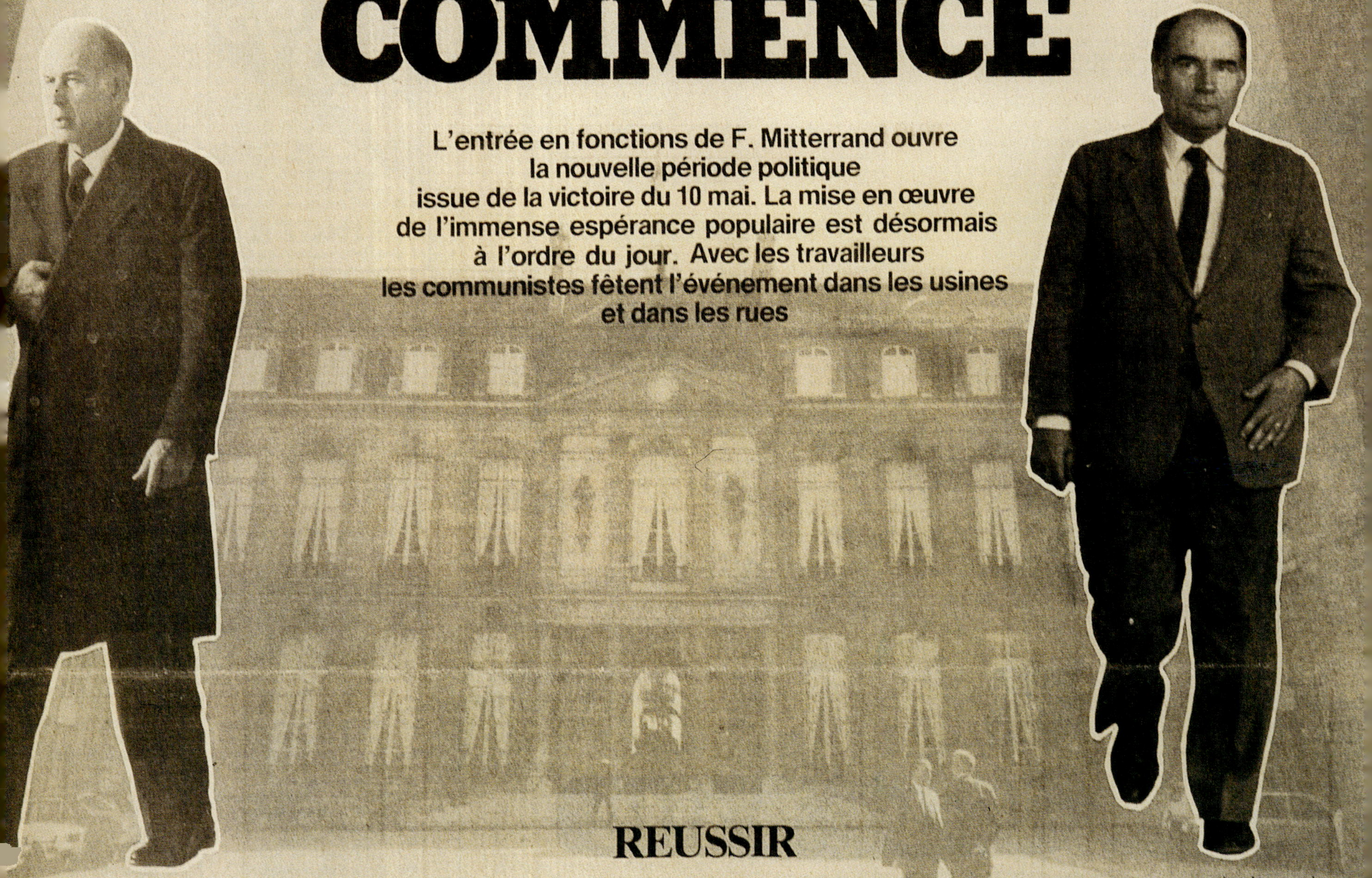

REUSSIR

PAR ROLAND LEROY

C'EST aujourd'hui que le président François Mitterrand, élu pour le changement, prend ses fonctions à l'Elysée.

Après avoir prononcé son au[revoir] télévisé, Giscard d'Estaing [a] approuvé hier le tableau dressé [pa]r Raymond Barre de la situation [de la] France ; tableau maquillé, mais [si]gnificatif cependant. Tout [pr]ouve la nécessité absolue d'une [po]litique nouvelle.

Cette nécessité a été exprimée [lar]gement par les électrices et les [él]ecteurs le 10 mai. C'est pour[qu]oi, depuis lors, joie et espérance [s'e]ntremêlent dans l'expression [po]pulaire.

Joie et espérance sont nôtres [au]ssi. Toute la campagne de Georges Marchais a été conduite avec un seul objectif : battre Giscard et sa politique, ouvrir la voie au changement. Au second tour, l'apport des voix communistes a été décisif.

Sans nous, la victoire du 10 mai aurait été impossible. Sans nous, elle ne pourrait pas être parachevée.

La droite, archi battue, se prépare à sa prochaine défaite. Elle sait qu'elle ne pourra même pas colmater des brèches.

Nous sommes — pour notre part — animés d'une seule volonté : réussir le changement. C'est pourquoi nous ferons tout ce qui dépend de nous pour qu'aucun obstacle, aucune difficulté n'empêche l'élection d'une majorité parlementaire bien ancrée à gauche, grâce à une réelle représentation communiste et l'installation d'un gouvernement d'union de toutes les forces qui ont permis la victoire.

Relisons ce que disait Georges Marchais dans son rapport à la dernière session du Comité central, quand il évoquait les prochaines négociations avec le Parti socialiste : « Nous n'entendons pas aborder ces négociations en demandant aux socialistes de renoncer à leurs idées, à leur programme pour lequel les électeurs ont voté, en bref, à être des socialistes, pas plus que l'on ne peut nous demander de cesser d'être ce que nous sommes. Ce qui est à l'ordre du jour, ce n'est pas la fusion de nos deux partis. Elle n'est ni nécessaire, ni même souhaitable. Par conséquent, nous n'attendons pas des prochaines discussions, et nous ne le demandons pas, qu'elles se traduisent par une identité de vue totale dans tous les domaines.

Nous pensons que cela n'empêche nullement que nous nous mettions d'accord pour confirmer ensemble — chacun obtenant sa place — la défaite de la droite et pour gouverner ensemble, dans une coopération fondée sur la loyauté, le respect mutuel, la discussion démocratique et la solidarité dans l'action.

L'essentiel, pour aboutir, c'est la volonté d'agir ensemble pour répondre à l'attente du pays. Cette volonté, pour notre part, nous l'avons. »

Comment ne pas y voir l'écho vivant de ce qu'écrivait le fondateur de notre journal, Jean Jaurès, dans le numéro un de « l'Humanité » sous le titre « Notre but ».

Il précisait : « Je sais quel est le conflit des méthodes et des tactiques ; et il y aurait enfantillage à prétendre couvrir ces o[...] d'une unité extérieure [...] L'union ne peut naître [...] fusion. Nous défendron[s] ici, en toute netteté et l[es] méthodes d'action qui [nous sem]blent les plus efficaces [et les plus] sûres. »

Quelques lignes au[...] avait affirmé que « la [...] évolution sociale sera [...] plus aisée que tous les [...] tous les prolétaires, s[...] étroitement unis. C'es[t à cette] union que tous ici, dan[s ce jour]nal, nous voulons travai[ller]. »

Nous sommes, aujou[rd'hui plus] que jamais, animés par [...] Jaurès que nous prolon[geons ...] notre volonté de réussir [...]ment.

“ LE MUR ”

Je le redoutais, la matière est de plus en plus dense. Et cette traversée du siècle a des allures de quadrature du cercle. Pourtant il faut faire bref.

À lire *l'Humanité*, on pourrait considérer l'anticommunisme comme la note dominante de la première moitié des années quatre-vingt. L'hiver 80, on fait donner la vieille garde, la génération des anciens, ceux qui ont entonné autrefois *La Jeune Garde* et *Le Chant des partisans*. Fernand Grenier ne tourne pas autour du pot : « Pourquoi cette haine contre nous ? » Sa question ne reste pas longtemps sans réponse : l'Afghanistan et Sakharov ne sont que des prétextes ; en fait, « on ne nous pardonne pas d'exister », d'animer les luttes. Sans doute ! mais – à supposer que la question soit bien posée – la réponse présente l'inconvénient d'évacuer toute critique et permet d'induire une machination qui ravive le refrain du « complot ». De plus, le journal ne dissocie pas le parti de son secrétaire général. Ainsi il publie en bonne place un communiqué de la Fédération des métaux de la CGT qui affirme que « la campagne contre Georges Marchais vise l'ensemble des travailleurs ». On l'accuse d'avoir été à l'école des cadres de Moscou en 1955. Et alors ? On apporte les preuves qu'il n'y était pas, comme si le fait qu'il y eût été eût suffi à en faire « l'homme des Soviétiques » (et inversement). Un éditorial déplore : « Un procès de Moscou à Paris ». À croire que l'éditorialiste a oublié ce que signifiait pour les accusés soviétiques « un procès de Moscou ». Et pour se défendre, Marchais juge bon de dénoncer « la bande des trois » et l'État « totalitaire » de Giscard.

L'anticommunisme reprend et culmine en 1984. À propos du groupe Manouchian, il devient écœurant. On a cru y déceler l'influence souterraine d'un livre, *1984*, d'Orwell. Comme si le Goulag n'était qu'une invention romanesque et comme si le remords ou le repentir d'anciens communistes était nécessairement suspect. Pour les quatre-vingts ans du journal, Leroy part d'une question : « Continuerez-vous à me faire grief d'avoir mis *l'Humanité* au service des travailleurs en lutte ? » C'est une citation de Jaurès qui figure dans une *Humanité* en 1910. En décembre 1984, la rédaction publie un billet d'Escarpit qu'elle reprend avec son autorisation à *Sud-Ouest*, sans opérer de distinction entre la campagne « grossièrement » anticommuniste contre laquelle elle tempête et la campagne « subtilement » anticommuniste observée par Escarpit. Grossier ou subtil, sur quoi ce discours repose-t-il ?

Page précédente : le mur amoureux.
Ci-contre : une du 21 mai 1981.

Pour une large part, il repose sur la situation internationale ou – plus exactement – sur l'analyse de la situation internationale produite par *l'Humanité*. En gros, ce sont des bonnes nouvelles de Kaboul, qui donnent le *la* : dès l'été 1980, le retour d'un régiment de blindés soviétiques et des témoignages sur les « atrocités » commises par les rebelles opposés aux réformes contre l'obscurantisme ; le journal charge Alleg de faire la lumière sur les « contrevérités » propagées par la presse nationale : ainsi « J'ai rencontré le ministre assassiné… Mme Ratebzad responsable de l'Éducation ». Début 1985, le lecteur découvre comment les réformes ont fait revenir un moudjahid du maquis. Ce sont aussi les toujours bonnes nouvelles de Moscou : l'inaptitude à discerner les signes de sclérose du système et de ses dirigeants, ou plutôt la volonté d'y croire *malgré tout*. On se congratule pour « l'anticonformisme tranquille de deux danseurs de rock » ; lors de la mort de Brejnev à l'automne 1982, on salue « sa recherche de solutions aux problèmes qui se posent aujourd'hui pour l'essor de la société socialiste » ; lors de la mort d'Andropov au printemps 1984, on titre « Moscou : la douleur », et à lire le portrait de Tchernenko on reste sur une impression très favorable.

Un éditorial déplore : “Un procès de Moscou à Paris”. À croire que l'éditorialiste a oublié ce que signifiait pour les accusés soviétiques “un procès de Moscou”.

Ce sont encore les trop bonnes nouvelles de Pologne : « À Gdansk on discute ! Au Havre on frappe ! » ; puis la mission de Jaruzelski – qu'on voit en photo sans ses lunettes noires de général – consiste à faire prévaloir la raison ; en décembre 1981, l'état d'urgence n'est décrété qu'en raison du salut national et on sert le bon vieux diptyque : éviter le bain de sang et continuer les réformes ; quand les dirigeants du syndicat Solidarité sont arrêtés, le journal publie une déclaration de la CGT qui refuse de s'associer à une grève de protestation pour « ne pas jeter d'huile sur le feu ». Le même jour, le lecteur parcourt une page entière consacrée au film *La Guerre du feu*. La préhistoire reste de circonstance.

La réalité internationale et les tragédies ne se limitent pas au monde socialiste. Ainsi *l'Humanité* met tout son poids dans le combat pour la défense des droits de l'homme dans le monde : la liste est dense. Il y a l'Irlande et ses grévistes de la faim magnifiés par l'inscription « DON'T LET THEM DIE » peinte en blanc sur un mur. Bobby Sands est le premier à mourir. Ses compagnons Francis Hughes Raymond McCreesh Patsy O'Hara Martin Hurson Joe McDonnel Kieran Doherty Michael Devine Kevin Lynch Thomas McIlwee sont tour à tour victimes de l'intransigeance de Margaret Thatcher. Il y a l'intervention militaire israélienne au Liban et le massacre perpétré par les phalangistes dans le camp palestinien de Sabra, les témoignages publiés par *Haaretz* et le *Jerusalem Post*, l'indignation des 400 000 manifestants à Tel-Aviv. Il y a la guerre entre l'Iran et l'Irak, armés par les puissances occidentales. Il y a l'apartheid quotidien et les pendaisons en Afrique du Sud. Il y a encore en décembre 1984, le même jour, des reportages de ses envoyés spéciaux au Salvador au Sud-Liban en Uruguay et, le lendemain, en Turquie et en Éthiopie : « Il a sept ans il pèse huit kilos on sait qu'il va mourir. »

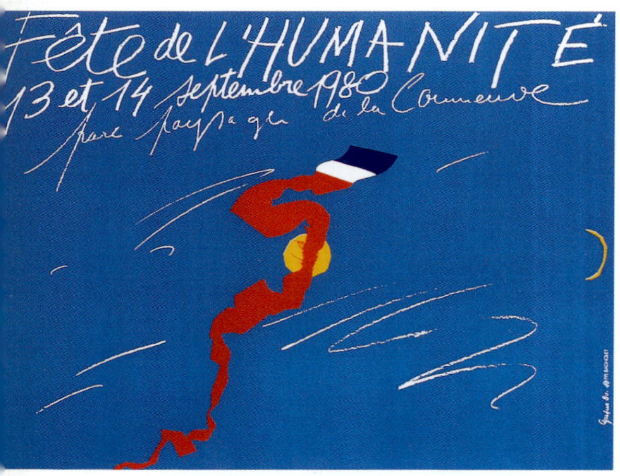

Ci-contre : Lech Walesa le 30 août 1980 à Gdansk.
Double page suivante : manifestation des salariés de Manufrance dans les rues de Saint-Étienne, 1980.

Il y a aussi à cette époque la campagne « J'aime la paix », qui répond au réarmement entrepris par l'administration Reagan, et un million de manifestants à New York en mai 1982. Cela dit, que retient *l'Humanité* de l'actualité nationale ? et qu'est-ce que le lecteur retient de sa lecture de *l'Humanité* ? Pour l'essentiel, des luttes, contre « la casse », contre le chômage, contre le travail à temps partiel, pour « produire français » dans les différentes branches industrielles, des luttes où reviennent les noms d'entreprises qui peuvent devenir symboliques, telle Manufrance. Le lecteur retient également la fermeté mise à dénoncer les attentats antisémites. Quant à l'élection présidentielle de 1981, il faut distinguer les deux tours. Au premier, le journal fait la campagne de Marchais « le candidat des ouvriers », d'un parti qui se targue de compter 709 000 adhérents dont 90 000 nouveaux pour la seule année 1980, de quoi être confiant, de quoi plastronner sur la « république des châteaux » et se vanter que « pas un patron ne vote Marchais ». Le lecteur se dit qu'il y a sans doute beaucoup de patrons au vu des résultats du premier tour et s'étonne peut-être d'une déception inavouée, peu perceptible en tout cas. Au second tour, la campagne est éclipsée

QUE RETIENT *L'HUMANITÉ* DE L'ACTUALITÉ NATIONALE ? DES LUTTES, CONTRE "LA CASSE", CONTRE LE CHÔMAGE, CONTRE LE TRAVAIL À TEMPS PARTIEL, DES LUTTES OÙ REVIENNENT LES NOMS D'ENTREPRISES QUI PEUVENT DEVENIR SYMBOLIQUES, TELLE MANUFRANCE.

SICT - CGT • CGC •
DE MANUFRANCE

par l'agonie de Bobby Sands et le nom de Mitterrand reste d'une rare discrétion. Le 11 mai, c'est quand même la « victoire de l'espoir ». Puis, après avoir senti et pris le vent, pesé plus calmement les choses, ça devient « l'immense espérance ». On voit le drapeau tricolore hissé sur l'usine Dassault et les ouvriers de Renault fêter le « licenciement » de Giscard et les bals populaires et les *toros de fuego* dans les municipalités. Il y a les ministres communistes à la clef et *l'Humanité* dira tout le bien qu'on peut penser des nouvelles lois : abolition de la peine de mort, retraite à soixante ans, 39 heures hebdomadaires, cinquième semaine de congés payés, nationalisations, sans oublier le TGV. À partir de 1983, elle insiste sur la nécessité de relancer l'économie et l'emploi. Puis, en 1984, elle réagit vigoureusement contre l'émission de Montand « Vive la crise » ; elle donne un plus large écho aux grèves, comme celle des usines de roulements à billes de la SKF. Dans ce contexte, elle prépare les élections européennes ; son idée est d'y « prolonger l'esprit de la Résistance » à l'image de la belle série « Les inconnus de la Résistance », qui en commémore le quarantième anniversaire. Mais l'idée fait long feu. Le résultat est calamiteux. En juillet, elle semble considérer que le départ des communistes du gouvernement obéit à la logique.

Hors du champ politique, articles et entretiens ne perdent rien de leur qualité. Ils touchent aux sciences ; le lecteur s'adonne ainsi aux joies de la génétique, il s'initie aux délices de la mécanique quantique et de l'antimatière ; en octobre 1983, il se passionne pour les bosons ; un an plus tard, avec un peu de chance et beaucoup de ténacité, il se passionne pour les bosons « intermédiaires ». Hors de question de négliger les sciences dites sociales ou *humaines* : *l'Humanité* lui offre un entretien avec Jean Favier, directeur des Archives, médiéviste, nœud papillon, pour qui « l'histoire n'est pas un refuge, c'est une joie créatrice » ; un entretien avec Jean Maitron, l'auteur du remarquable *Dictionnaire biographique du mouvement ouvrier français*, en dix-sept volumes, relevant « les oubliés de l'histoire, [qui] n'est pas une histoire sainte » ; le lecteur a droit aussi à des entretiens *imaginaires* avec Marx dont le centième anniversaire de la mort prouve qu'il est toujours vivant et qu'il va bien, merci ; des pages empreintes d'intelligence saluent la mort de quelques grands maîtres autrefois plutôt maltraités comme Foucault et Braudel.

Le lecteur a droit aussi à des entretiens *imaginaires* avec Marx dont le centième anniversaire de la mort prouve qu'il est toujours vivant et qu'il va bien.

À la Fête ou au quotidien, les trophées musicaux s'accumulent : Bartok et Lubat, la tournée des Rolling Stones, Berio, le Printemps de Bourges, Haendel, le groupe Clash, Guilels, Johnny Halliday invité de *l'Humanité*, qui compare son récital au « Tourmalet tous les soirs », mais le soir de l'entretien on apprend la mort du père du bon Dieu, à savoir Jean Effel. Et puis le CD n'est plus de la science-fiction, on est début 1983. La peinture cultive ses lettres de noblesse ; expositions, rétrospectives, ouvrages dont la rubrique « Livres et sociétés », animée par Arnaud Spire, rend compte, par exemple une page bien pensée et bien conduite avec un article, « Le regard touche la viande », consacré à Bacon, et un article, « Sous l'âme d'un brasseur de bière », consacré à Hals. La littérature garde son quotient de critiques. À l'automne 1983, Claude Prévost est intronisé par Wurmser. En feuilleton, on a la bonne surprise de lire *Un privé à Babylone* d'un Brautigan encore très méconnu. À la Noël 1982, à la mort d'Aragon, le journal lui rend l'hommage que son œuvre et sa vie imposent, huit pleines pages, les huit premières, sur les quatorze du journal. La littérature et le livre, ce n'est pas tout à fait la même chose. Si le lecteur ne l'a pas encore perçu, une page « Week-end loisirs » juste avant Noël le lui signifie : elle s'attache aux livres gourmands, une centaine de titres ont paru en 1983, livres de recettes, guides, cuisines régionales, ancestrales, nouvelles, tout est bon, avec « des tirages à faire rêver les romanciers ». Un an plus tard, une nouvelle page « Week-end loisirs » interroge sérieusement : « Bricoler a-t-il encore un sens ? » Moi je ne suis pas à proprement parler bricoleur, mais pour ce qui est du politique, sincèrement, j'ai le sentiment que nous ne cessons de bricoler, de nous livrer à cet étrange replâtrage de nos idées et de nos illusions.

★

Ci-dessous : affiche pour l'Humarathon.
Ci-contre : lecture de *l'Humanité* du 80e anniversaire à la sortie des rotatives.
Double page suivante : Belfast, 1er mai 1981.

Une nouvelle formule de *l'Humanité* sort sur les rotatives du boulevard Poissonnière le 7 octobre 1985. La maquette change les habitudes du lecteur – le voici avec un format tabloïd entre les mains, une trentaine de pages à tourner, une matière presque trop riche. La volonté du journal est d'être « vivant, vif, combatif, contemporain, ouvert, stimulant », ce qui a toujours été son ambition. Il veut aussi être central ; la publication d'un texte d'Henri Lefebvre en représente un signe : tout en rappelant les « désaccords graves » qu'il a eus avec le parti, le philosophe considère « ce que la France perdrait si le parti communiste était marginalisé ». Les mois suivants, *l'Humanité* reprend maintes fois ce thème de la marginalisation comme pour la conjurer.

Mais les visites de Ghertman s'espacent. Dommage. Le 1er janvier 1986, en guise d'étrennes, l'organe central propose une page de blagues du monde entier. La plupart me font rire mais je me méfie de moi-même et j'en retiens une seule, venue de *l'Humanité* mais pas de cette page :

Pourquoi *l'Huma* coûte-t-elle plus cher que la *Pravda* ?

À cause des frais de traduction !

Le 7 octobre 1986, la nouvelle formule fête son premier anniversaire par cette une originale qui magnifie l'esprit critique : « ON N'EST PAS DES MOUTONS ». D'autres unes s'inspirent plutôt de *Libération* et ont moins de sens. En février 1987, elle annonce la création de son nouveau siège à Saint-Denis et montre la maquette de Niemeyer. Accompagnant son exil par une belle page de *La Semaine sainte* d'Aragon, « On entrait dans Saint-Denis », et par un officier de chasseurs à cheval de Géricault, elle se rendra deux ans plus tard dans sa grande barque de béton et de verre informatisée qu'elle inaugure en même temps que la pyramide de Pei ouvre ses portes au Louvre.

Golden Bloom
LET
SANDS

Shops
CARRY OUT
ASTY SNACKS
13
the TAKE AWAY

Afrique du Sud : contre la terreur raciste, des sanctions !

Le PCF appelle à agir pour la suspension de toutes les relations avec le régime de Pretoria. (Pages 3 et 10.)

l'Humanité

SAMEDI 14 JUIN 1986

N° 13006/4,50 F

ORGANE CENTRAL DU PARTI COMMUNISTE FRANÇAIS

Quelques minutes après le déclenchement d'une guerre
ucléaire, une partie de notre planète ne serait plus qu'un
ésert blanc. Comme la une de « l'Humanité » ce matin.
Contre la menace de l'apocalypse
nous avons rendez-vous demain
dans le bois de Vincennes.

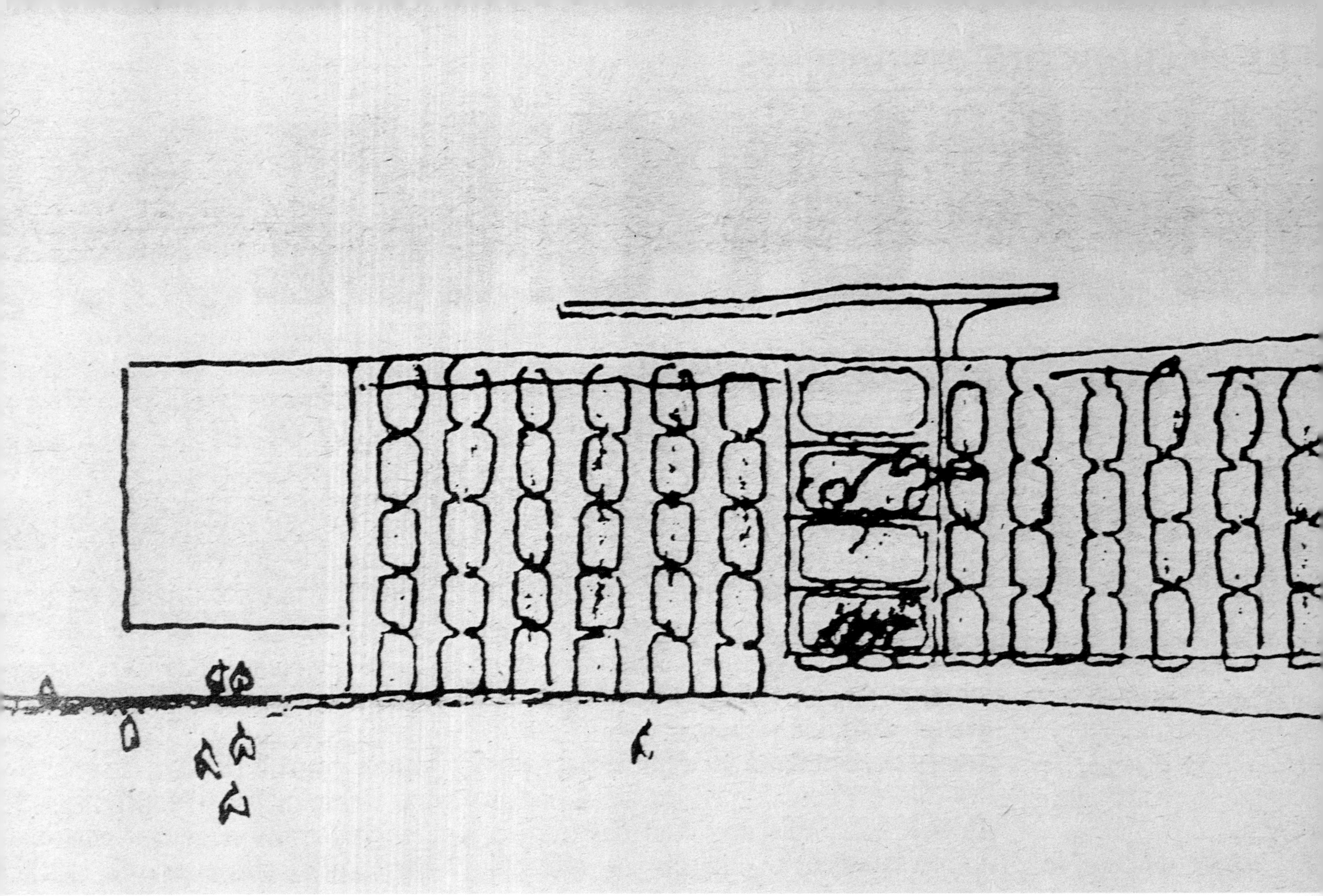

Double page précédente : à gauche, Mandela en prison ; à droite, « Le désert blanc » : une du 14 juin 1986. Ci-dessus : dessin de Niemeyer pour le nouveau siège de *l'Humanité*.

Si on en appelle à l'esprit critique en soi, ses applications demeurent surveillées. Marchais échappe à toute critique, et *l'Humanité* corrige parfois ses bourdes et parfois répercute ses inepties, comme lors de l'émission où il traite les « rénovateurs » de « liquidateurs ». Il y en a beaucoup pour lui, ne serait-ce qu'à la télévision dont il se plaint pourtant d'être privé. Il fait la une le jour de l'émission et le lendemain de l'émission. On en arrive même à un « Georges Marchais à votre domicile », un photomontage où son sourire s'épanouit sur l'écran d'une salle à manger de HLM. Très franchement, le lecteur finit par le trouver encombrant.

Ce trait paraît d'autant plus agaçant que le monde soviétique tente enfin de se transformer. En mars 1985, Gorbatchev accède au secrétariat général. Il a cinquante-quatre ans, tel est l'élément judicieux qui ressort de sa biographie. Il vient à Paris début octobre ; si son voyage ne tient pas la même place que ceux de Khrouchtchev et Brejnev, *l'Humanité* relève ses propos sur la démocratie et montre en une son épouse Raïssa accueillie par Cardin. En février 1986, Leroy se rend à Moscou pour un entretien présenté comme « une exclusivité mondiale ». Gorbatchev s'exprime sur la « nouvelle révolution », les queues devant les magasins, la jeunesse, Sakharov, les Juifs, la censure, l'Afghanistan, aucune question *a priori* gênante n'est occultée, quand bien même il qualifie le stalinisme de « notion inventée par les ennemis du communisme », espèce de légende noire qui nous échapperait. En avril, Tchernobyl n'est qu'un accident et ne vient pas ternir l'éclat récent de l'URSS ; le vrai danger c'est le surarmement atomique relancé par les USA ; et l'événement du jour serait plutôt le premier Humarathon gagné par Castro (un coureur portugais).

1987 est la grande année. Déjà le professeur Sakharov vient d'être autorisé à rentrer à Moscou et c'est bien entendu une grande victoire pour le parti qui n'a cessé de le réclamer depuis le premier jour bien entendu. Ensuite, c'est le départ progressif des régiments soviétiques d'Afghanistan, ceux qui bien entendu

avaient commencé à rentrer dès l'été 1980, et le président Najib vous prodigue toutes les assurances sur la réconciliation nationale de sorte qu'à la longue le lecteur se frotte les yeux et se demande s'il y a eu ou non une guerre en Afghanistan. Puis c'est le 70e anniversaire de la révolution d'Octobre, la gloire de la *perestroïka*, le vent d'octobre 1917 qui se remet à souffler et promet « du souffle pour l'an 2000 », oui, c'est écrit, et plusieurs jours à l'avance *l'Humanité* annonce en bandeau son numéro spécial par ces phrases prophétiques : « Ça n'a pas traîné. Quelques minutes après mon arrivée à Moscou, un journaliste soviétique m'a lâché tout de go : "C'est la deuxième bataille de Stalingrad. Si nous la perdons, nous perdons tout." » Le jour venu, le lecteur retrouve les phrases en question : elles ont été recueillies par Claude Cabanes qui en a fait le début de son article. Enfin, le 30 décembre, le lecteur retrouve huit colonnes en première page un « Hip hip hip Youri » qui le rajeunit et salue le record de durée dans le cosmos de Romanenko.

En 1988, il y en a pour tous les goûts : tour à tour le champion du monde d'échecs Kasparov qui confie au lecteur le combat qu'il mène dans son pays contre la bureaucratie, le champion du monde de la perche Bubka qui saute toujours plus haut, le premier grand couturier soviétique invité par une grande maison de couture parisienne. Même le taux de croissance se remet à grimper. Le lecteur est prêt à suivre le mouvement. « Faites l'amour pas la guerre » : la une expose une photo de landaus montés dans les usines soviétiques où on fabriquait les SS 20.

À ce tarif, on demeure fidèle à « j'aime la paix », et la une vierge du 14 juin 1986 est pareille au désert blanc d'après-guerre nucléaire. Pour le reste, il y a le Nicaragua, les débuts de l'Intifada en Palestine, les violences en Algérie, l'Afrique du Sud avec les assassinats dans les ghettos et le meurtre à Paris de Dulcie September, dirigeante de l'ANC, il y a le 10 000e jour de prison de Mandela, et ce jour-là *l'Humanité* – qui n'a pas failli à sa tradition – parle aussi du retour du roi dollar et de l'arrivée du Tour de France à Luz-Ardiden

et de Kateb Yacine venu en Avignon présenter sa pièce à la mémoire de Robespierre, et des chutes de neige au Lesotho et des habitants de Plouarzel (Finistère) qui ont établi le record mondial de la plus grande crêpe avec 6,1 m de diamètre.

Le lecteur remarque aussi les efforts déployés par *l'Humanité* sur le motif des droits de l'homme en France. Sur le plan politique, elle enregistre le déclin du parti au premier tour de l'élection présidentielle en 1988. En vue du second tour, elle préfère s'intéresser aux vingt ans de 1968 qui semble influencer un titre d'octobre lors du mouvement de grèves dans la fonction publique : « Nous sommes tous des infirmières », oui, le fond réside toujours dans les luttes sociales, aujourd'hui contre la flexibilité, contre l'extension de la pauvreté, pour la défense de ce que *l'Humanité* appelle « les hommes sans droits ».

★

L'année 1989 n'en finit pas. Surtout avec des numéros d'une trentaine de pages qui décrivent chaque jour un satané périple. À la mort de Thomas Bernhard au milieu de l'hiver, Claude Prévost voit en lui un ordonnateur du chaos et titre pour définir son œuvre « UNE GRANDE GAIETÉ », afin, dit-il, de tromper la tristesse. Et, sous un certain angle, tout s'enchaîne dans une sorte de chaos d'une grande gaieté cette année-là : elle débute par un sobre VIVE LA RÉVOLUTION qui vaut déjà pour le bicentenaire et oppose deux réveillons : celui de la clôture de la Bourse qui fête une progression de 56 % en un an et celui des salariés d'une entreprise du bâtiment à Caen autour d'un brasero. Puis, par une étrange contraction du temps, toute la merveilleuse et savante histoire de la Révolution défile à travers la seule année 1789 : de la mort du roi le 21 janvier (1793), à l'ouverture des États généraux le 5 mai qui vaut un « spécial Huma » sur l'actualité des cahiers de doléances d'hier et d'aujourd'hui, à un 14 Juillet marqué par la liesse populaire et placé sous le sceau souverainement optimiste de « La révolution continue », à un spécial Robespierre pour le 27 juillet (1794) et un spécial 10 août (1792) qui déplore un silence officiel sur ce jour où « le peuple impose sa loi à l'Assemblée ».

Par une étrange contraction du temps, toute la merveilleuse histoire de la Révolution défile à travers la seule année 1789.

Tout s'enchaîne aussi selon cette figure du chaos sur le plan mondial. En février, *l'Humanité* s'indigne du jugement « scandaleux » qui a condamné Havel à neuf mois de prison pour trouble de l'ordre public. En avril, elle souligne l'enthousiasme et l'émotion partagés lors du voyage de Gorbatchev à Cuba et en juillet elle prendra pour argent comptant – en simple dépêche – la cynique condamnation à mort du général Ochoa pour trafic de drogue. En avril toujours, elle signale les troubles dans le Caucase. En mai, elle s'enthousiasme à nouveau pour la rencontre Gorbatchev-Deng Xiaoping à Pékin ; l'événement est historique, le fil est renoué, le lecteur ravi ; soudain la situation devient tendue à Pékin et Gorbatchev s'éclipse et pendant deux semaines le lecteur espère que les manifestations auront une issue favorable jusqu'au 5 juin où la répression sanglante provoque « CONSTERNATION ET INDIGNATION ». Les lettres capitales n'y changent rien, ni le rappel du besoin de démocratie ni les protestations contre les balles dans la nuque pour exécuter les étudiants arrêtés, ni fin juin l'accusation de « crime d'État contre le socialisme » quand de nouvelles balles dans la nuque résonnent lugubrement, non, d'ailleurs, au moment du 40e anniversaire de la République populaire, quatre mois plus tard, *l'Humanité* retrouve son calme pour évoquer la cérémonie place Tian'anmen « dans une Chine encore meurtrie ». En juin, Gorbatchev reparaît en RFA et favorise le rapprochement Bonn-Moscou. En même temps, à Budapest, 300 000 personnes rendent hommage à Imre Nagy, c'est une manchette dans *l'Humanité* qui semble plus réservée, qui signale qu'aucun représentant du parti communiste français n'a fait le déplacement, et qui se fend d'un bref historique non signé et intitulé par euphémisme « Le drame de 1956 » afin de réaffirmer pour qui aurait le moindre doute un NON assez minimal au stalinisme. À la mort de Kadar, trois semaines plus tard, le commentaire laisse songeur : on le présente comme le précurseur de la perestroïka.

Double page précédente : manifestation des étudiants place Tian'anmen, mai 1989.
Ci-dessous : une du 16 février 1989.
Ci-contre : manifestation place de Mai à Buenos Aires en octobre 1982.

Municipales : appliquer les accords
Les communistes à la rencontre des gens, partout. (Pages 2 et 3.)
l'Humanité
Un numéro spécial sur les affaires et la spéculation
Dans les coulisses de l'exploit d'un raider. Révélation sur l'art de faire fortune en cassant l'emploi. Comment, à la Bourse, fonctionne le détournement de fonds. Si Pechiney nous était compté. Une interview de Karl Marx sur le fond des affaires... (Pages 11 à 22.)
L'ARGENT

On aimerait savoir ce qu'il en a été dit lors de la conférence de rédaction du lendemain. Cela dit, la seconde moitié de l'année ne déçoit ni le chaos ni la grande gaieté. En juillet, le voyage de Gorbatchev en France vaut quinze pages dont la moitié de photos qui donnent l'image d'un pays en mouvement. Chez nous, le débat dans le grand amphithéâtre de la Sorbonne en constitue le point d'orgue. En août, un « méga »-concert témoigne que « Moscou rythme avec rock ». Et puis le paysage s'assombrit : la Pologne glisse vers on ne sait pas encore quoi ; mi-septembre, une manchette signale que « l'Allemagne de Kohl veut déstabiliser la RDA » et l'éditorial s'inquiète des risques d'un exode. Dieu merci, un rayon de soleil brille : la rencontre au sommet entre Gorbatchev et Marchais au Kremlin, avant que Marchais ne dicte sa conduite au jury Nobel par un maladroit « Choisissez Mandela » et que les Nobel ne lui répondent en accordant leur prix au dalaï-lama. En octobre, il faut bien annoncer, fût-ce discrètement, l'interdiction temporaire des grèves en URSS, puis la « fin de parti » en Hongrie où le parti communiste se transforme en parti socialiste, puis les manifestations en RDA avec la conviction – ou l'espoir – que la concertation prévaudra, que le dialogue est ouvert, avec Honecker, avec Krenz, avec plus personne, même si la RDA ne fait que les manchettes tandis que les gros titres portent sur le mouvement social français – ce qui est *aussi* important. Début novembre, le lecteur apprend que l'accord est total entre Gorbatchev et Krenz, que les foules est-allemandes réclament des réformes, ça tombe plutôt bien, ce sont celles que les dirigeants s'apprêtent à leur accorder. Mais le 8, à côté du gros titre « ROCARD VOUS ENTENDEZ », une nouvelle manchette lui apprend la démission du gouvernement est-allemand. Le 9, il voit que la situation s'arrange à Berlin grâce à « un renouvellement révolutionnaire » ; le 10, il observe que la RDA a ouvert ses frontières, qu'on peut rester optimiste ; la preuve, le 11, « la RDA a commencé la destruction du mur », et sur la

“QUE VIV

E L'HUMA"

VILLENEUVE LE ROI
AVENUE DU
ROLE PROLONGEE
LISTE D'UNION DE LA GAUC
ACCORD EN VUE

photo – de l'agence Reuter – on voit un milicien qui tend une fleur aux jeunes Berlinois assis sur le mur place de Brandebourg. À *l'Humanité*, on semble croire au « souffle » bienheureux de la révolution, à la deuxième jeunesse du communisme qui a dû échapper à nos camarades hongrois, et Marchais se déclare carrément « réjoui ». En fait, c'est la RFA qui se retrouve confrontée au tournant historique pris par la RDA. Il suffisait d'y penser.

On le sait, ni le chaos ni la grande gaieté ne sont à leur terme. Fin novembre, toute la une se désespère : « Billancourt : le crime », quand la Régie prévoit la fermeture du site en 1992. Le même jour, le chambardement commence à Prague et *l'Humanité* semble désormais blindée. Aussitôt, la contagion gagne la Roumanie et *l'Humanité* n'y va pas par quatre chemins en blâmant le « socialisme défiguré » par le système Ceaucescu, mais sans doute la remise en cause est-elle trop tardive car elle ne suffit pas à contenir ni atténuer les critiques acerbes voire basses à l'encontre du parti communiste français. Du coup, l'invasion états-unienne au Panamá et les cadavres alignés dans les morgues passeraient presque inaperçus. La dernière semaine voit encore l'exécution de Ceaucescu et l'élection de Havel et une dernière grille de mots croisés : « Verticales I, en dix lettres : caractère de la brute. »

Au 1er janvier, la réponse figure en dix lettres : bestialité.

On ne s'étonnera pas que 1990 soit moins agitée malgré un état d'urgence en URSS et les tensions dans le golfe Persique. La libération de Mandela emballe à juste titre *l'Humanité* qui lui accorde une place majeure, pendant plusieurs jours, il ne l'a pas volée, la fête à Wembley non plus, il est sûrement le grand bonhomme de la fin du siècle. En revanche, la réunification de l'Allemagne afflige *l'Humanité* qui s'appuie sur les propos de Günther Grass, rapide à dénoncer un « diktat ». Sinon, le 14 avril, l'œil attiré par un sixième sens, j'aperçois une petite bombe pour moi : « La vérité sur Katyn » : l'URSS reconnaît officiellement le massacre des officiers polonais en 1940, « voir page 6 », je m'y précipite, je découvre, vaguement effaré, moins par la « vérité » que par sa présentation, qu'il a fallu un demi-siècle « pour que les historiens publient leurs conclusions ».

Double page précédente : vendeurs de *l'Humanité-Dimanche* à Villeneuve-le-Roi, 1989.
Ci-dessus : Antoine Vitez en costume de Versailles.
Ci-contre : la chute du Mur, novembre 1989, photo Depardon.
Double page suivante : la guerre du Golfe.

Il y a des jours où il vaudrait mieux se contenter d'acheter *L'Équipe*. Heureusement *l'Humanité* souscrit largement au thème des luttes et des inégalités et se fait l'écho du souci exprimé par le collectif « Ça suffat comme ci » qui réclame notamment l'annulation immédiate de la dette des pays pauvres. Malheureusement l'année connaît son lot de deuils, c'est comme ça depuis 1904, cette fois-ci des hommes au plus haut point estimables, en mai Antoine Vitez, en juillet Paul Laurent. Michel Boué trace un beau portrait de Vitez à partir de leur première rencontre autour du *Phèdre* monté au Studio d'Ivry en costumes de Versailles sur une marqueterie nue, indique qu'il mettait un point d'honneur à légitimer chaque virgule et que ses mots creusaient sa réflexion dans les interviews, rapporte qu'à la Comédie-Française son frigidaire restait vide à part des yaourts que je suppose blancs. Claude Lecomte lance un ultime et émouvant « Salut Paul… cette petite phrase de bonjour, combien de fois l'aurai-je prononcée en quarante ans… », mais voilà, un jour, les mots n'ont plus le même sens qu'avant.

J'avais décidé de m'arrêter fin 1991. Le feuilletage de *l'Humanité* confirme mon intuition. L'année commence par la guerre du Golfe et finit par la désintégration de l'URSS. Ajoutez à la farce du putsch moscovite les désastres de la guerre, ajoutez encore la razzia sur l'or noir, les troubles en Yougoslavie, le massacre des Kurdes, les cent mille morts au Bangladesh à la suite d'un cyclone, le sommet de Maastricht, vous avez une foutue année et le sentiment d'assister à la clôture d'une époque et la sensation d'entrer dans l'extrême contemporain.

Pour autant, même si *l'Humanité* ne se spécialise pas vraiment dans la bonne nouvelle, on peut y trouver des raisons d'espérer. Pas seulement les cent ans du 1er Mai de Fourmies et les cent cinq ans du 1er Mai de Chicago, pas seulement les vertus inaltérables de la jeunesse ni celles d'une sainte colère, pas seulement cette vieille affiche des années cinquante ressortie du sac à malices, « Le sourire du coco-dile est sa meilleure arme » et tant mieux si ce n'est pas faux, mais aussi, cet été-là, l'entretien avec Archie Shepp à l'occasion de la fête de la Musique et l'éclipse totale de soleil à Mexico et les mineurs de Carmaux qui

1989.

À *l'Humanité*, on semble croire au "souffle" bienheureux de la révolution, à la deuxième jeunesse du communisme.

L'année commence par la guerre du Golfe

et finit par la désintégration de l'URSS.

remettent à Indurain déjà en jaune un morceau de charbon et la mer qui reste la destination préférée des vacanciers ou encore, à l'automne, « le message d'avenir » que délivrent les martyrs de Châteaubriant et la découverte dans les calanques près de Cassis d'un nouveau site d'art pariétal préhistorique avec des chevaux bisons cervidés dessinés *à hauteur d'homme* au charbon de bois et une sentence de mon vieux camarade Pierre Bergounioux qui considère que le récit de fiction tend à « dresser l'image du monde neuf qui commence avec chacun de nous et finira avec nous ». Il ne faut pas demander plus que ce léger miracle.

Cela dit, la situation de *l'Humanité* devient préoccupante. Roland Leroy le reconnaît sans détour, c'est la situation la plus difficile depuis 1905 quand les rédacteurs écrivaient à la lueur des bougies et depuis 1929 quand le gouvernement tentait d'asphyxier le journal par tous les moyens. Les difficultés sont plus graves mais, écrit-il, les possibilités de les surmonter plus grandes. Que vive *l'Humanité*, c'est le nouveau leitmotiv et le titre du 12 décembre. Jean-Pierre Léonardini y résume les choses de manière magistrale : « Quelqu'un m'a dit un jour : “Finalement c'est bien d'être journaliste. On te paie pour avoir une opinion.” Un peu court. Mais il n'avait pas tort. Surtout qu'avoir une opinion de nos jours, c'est presque un privilège. Quant à pouvoir l'exprimer, en vue d'un partage, convenez-en, c'est inestimable. » Le 25, la une est parfaite : « IL FAUT CROIRE AU PÈRE NOËL ». Je parierais volontiers cent kopeks que le Père Noël a le visage narquois de Marx. Pour les étrennes, le choix s'impose : *l'Humanité* en abonnement cadeau. Pif considère qu'une fin d'année s'arrose et il ouvre une bouteille de champagne. La météo annonce un temps froid et beau. Le lecteur jette un dernier coup d'œil sur le ciel embrumé de Dordogne. Et pour 1992, son journal lui lance : « Camarade ! Ami ! Faites vos vœux. »

Gorbatchev démissionnera-t-il ce soir ?

evrait l'annoncer à la télévision russe. Les affrontements s'étendent en Géorgie et au Nagorny Karabakh. (Pages 4 et 5.)

l'Humanité

MERCREDI 25 DECEMBRE 1991

N° 14730/6 FRANCS

ORGANE CENTRAL DU PARTI COMMUNISTE FRANÇAIS

COMMERCE EXTERIEUR : LA SEDUCTION PAR LES CHIFFRES

Le nouveau redressement de la balance commerciale française ne contredit pas les causes profondes du déficit chronique. (Page 9.)

VEILLE DE SCRUTIN EN ALGERIE

Les élections générales auront lieu demain jeudi. On pense surtout aux lendemains difficiles. (Page 6.)

INGERENCE SAUCE MEDECIN

Le procureur réclame une peine d'emprisonnement ferme contre l'ancien maire de Nice. (Page 7.)

IL Y A NEUF ANS, ARAGON

Le grand poète français, notre camarade, s'éteignait dans la nuit du jeudi au vendredi 24 décembre 1982. Le jeune écrivain Valère Staraselski analyse ce riche héritage. (Page 13.)

FAUT CROIRE AU PERE NOEL

Oui, il le faut. Même et surtout si le monde aujourd'hui ne donne pas beaucoup de gages d'espoir. Noël doit garder sa signification de paix et de reconciliation pour les enfants de la Terre bouleversée. (Pages 2 et 3, nos informations, un texte de Marguerite Yourcenar et l'éditorial de Claude Cabanes.) Et un grand merci au graphiste Michael Gaumnitz qui, œuvrant pour le service Communication de Saint-Denis, a brossé ce portrait de barbu sympathique.

FB • Suisse : 1,90 FS • Algérie : 2 DA • Antilles-Réunion : 9 F • Italie : 2.300 LIT • Espagne : 185 PTA • Grèce : 220 DR • Luxembourg : 42 F LUX • Tunisie : 750 m • Maroc : 6,50 DH • Cameroun : 450 F CFA • Côte-d'Ivoire : 370 F CFA • Divers Afrique : 450 F CFA • Canada : 2,50 $ CAN • RFA : 2,50 DM • USA : 2,25 $

“J'AI FORC
RÉÉCRIT L'
J'AI EU CET
PEU COMMU
À LA RETRA

EMENT
HISTOIRE,
TE CHANCE
UNE D'AVOIR
CER. ”

umanité
anité hebd

Et maintenant

Trois mois ont passé depuis le préambule. J'ai feuilleté chacun des 36 500 numéros de cent ans d'*Humanité(s)* et j'ai narré ces histoires sans le moindre recul, j'ai travaillé sur le vif et sans filet, j'ai touché la chair des choses et bu ce que Michelet appelle le sang noir des morts, j'ai porté mon regard sur le regard porté par *l'Humanité* sur le monde, j'ai regardé passer le fameux train de l'histoire et je m'y suis vu comme dans la théorie de la relativité, j'ai dû choisir en permanence un nombre infime de faits et de mots de portée variable et rendre à leur néant provisoire des données infinies, j'ai tenté de me replacer devant la part d'imprévisibilité de tout événement, j'ai souvent été surpris par l'acuité de la vision des articles et parfois par leur aveuglement mais j'ai vu sans surprise la place prise par les réalités et l'imaginaire soviétiques, j'ai essayé de saisir la logique et les errements du discours, j'ai été triste de certaines phrases et plutôt fier de certaines pages balayées par des vents violents, j'ai adopté naturellement un principe d'empathie voire d'amitié sans lequel on s'interdirait de comprendre l'essentiel, j'ai déterminé une mise en intrigue qui tient tout autant d'une mise en abyme, je n'ai penché vers l'histoire que par la grâce du récit, oui, j'ai le sentiment d'avoir fait un prodigieux voyage à travers le siècle et j'ai l'impression

Manifestation des cheminots,
Paris, décembre 1995.

TATUTAIRES
PUBLIC D QUALITE

d'avoir écrit une espèce de récit de voyage, j'ai vagabondé, j'ai traversé des paysages qui tenaient parfois de l'enfer ou du paradis, j'ai rencontré des hommes volubiles et des taciturnes, j'ai souscrit encore une fois à la grande rêverie mélancolique, et si ce n'est pas très original c'est comme ça depuis au moins Virgile, je me suis évertué à la plus grande disponibilité possible, je me suis figuré cette aventure, je me suis rappelé qu'en rêve – avant même de me représenter en champion – j'envisageais d'être grand reporter, dans quel autre journal que *l'Huma*, j'ai forcément réécrit l'histoire, j'ai eu cette chance peu commune d'avoir à la retracer.

Entre 1992 et 2004, *l'Humanité* continue son chemin, c'est heureux, mais elle cherche à préciser sa voie et son identité, c'est naturel, je constate la suppression de la mention « organe central », qui me paraît de bon aloi, et la suppression de la faucille et du marteau, qui me chagrine. Entre 1992 et 2004, l'histoire ne s'est pas arrêtée, ça se saurait, et j'en retiens quelques parcelles ou plutôt quelques blocs de granit étrangement situés autour de l'année 1995, Rwanda Rabin Sarajevo, la tragédie du Rwanda qui aggrave la détresse d'un continent africain où les hommes pourtant ne se privent pas de rire, l'assassinat d'Yitzhak Rabin qui torpille le processus de paix au Proche-Orient, le siège de Sarajevo qui nous renvoie plus ou moins incrédules aux heures du coup de feu qui a donné au siècle un pli définitif, et chez nous en décembre la grève des cheminots et les feux de Bengale rouges sur les grands boulevards, j'en retiens aussi la jeunesse à sa façon toujours disposée à se battre contre les injustices et pour un autre monde, la jeunesse comme les manifestants dans les rues ou les amoureux du banc public ou le petit-fils sur les épaules du grand-père. Depuis 1992 beaucoup d'eau et de larmes ont coulé, beaucoup d'encre, il y a encore la guerre en Tchéchénie et la guerre en Irak, et je retiens enfin, janvier 2004, les photos venues de la planète rouge et la nouvelle que le vol habité vers Mars est pour bientôt et j'ai l'intime conviction que *l'Huma*, sinon le grand-père, sera présente dans trente, quarante ans pour applaudir comme elle avait applaudi aux premiers envols des faucheurs de marguerites, comme elle avait crié hip hip hourrah pour les premiers vols des cosmonautes. Il y a enfin la formidable une du 27 juin 1995, *L'Origine du monde* de Courbet, pour fêter son entrée dans un musée national, comme quoi la toile et *l'Humanité* ont en commun une visée limpide, un horizon fondamental et chatoyant.

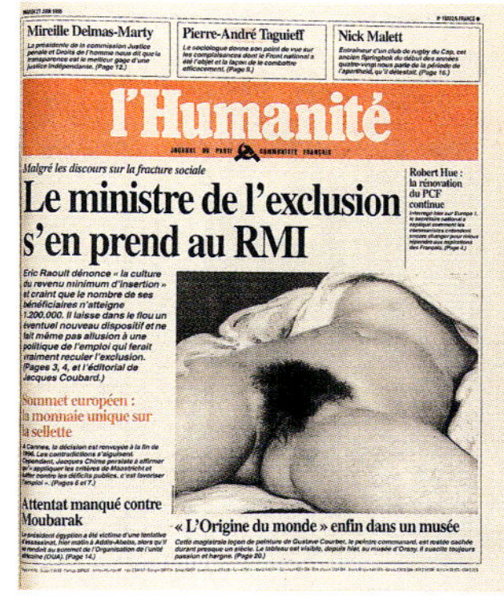

Mireille Delmas-Marty

La présidente de la commission Justice pénale et Droits de l'homme nous dit que la transparence est le meilleur gage d'une justice indépendante. (Page 12.)

Pierre-André Taguieff

Le sociologue donne son point de vue sur les complaisances dont le Front national a été l'objet et la façon de le combattre efficacement. (Page 9.)

Nick Malett

Entraîneur d'un club de rugby du Cap, cet ancien Springbok du début des années quatre-vingt nous parle de la période de l'apartheid, qu'il détestait. (Page 16.)

l'Humanité

Malgré les discours sur la fracture sociale

Le ministre de l'exclusion s'en prend au RMI

Eric Raoult dénonce « la culture du revenu minimum d'insertion » et craint que le nombre de ses bénéficiaires n'atteigne 1.200.000. Il laisse dans le flou un éventuel nouveau dispositif et ne fait même pas allusion à une politique de l'emploi qui ferait vraiment reculer l'exclusion. (Pages 3, 4, et l'éditorial de Jacques Coubard.)

Robert Hue : la rénovation du PCF continue

Sommet européen : la monnaie unique sur la sellette

Attentat manqué contre Moubarak

« L'Origine du monde » enfin dans un musée

Cette magistrale leçon de peinture de Gustave Courbet, le peintre communard, est restée cachée durant presque un siècle. Le tableau est visible, depuis hier, au musée d'Orsay. Il suscite toujours passion et hargne. (Page 20.)

On ne met pas un point final à un livre pareil sans se dire qu'on aurait dû ajouter ceci ou cela. Parmi mes regrets : n'avoir évoqué ni la grève des cochers de fiacre ni la constance des folles de Mai à Buenos Aires, n'avoir pas fait vivre le journal de l'intérieur, fait sentir l'odeur du marbre et du tabac, le bruit des machines, donné la parole aux typos et aux administrateurs, cerné la diversité de ses rédacteurs ; ne pas l'avoir comparé à d'autres journaux, par exemple *Le Monde* ou *Le Dauphiné libéré* ou *L'Unità*, ne pas m'être plongé dans *l'Humanité-Dimanche* ni être allé bavarder avec André Carrel, ne pas avoir montré la somme de dévouements qu'il a suscitée, ne pas avoir exploré toutes les illusions perdues ou demeurées ou toutes les certitudes quand bien même, on l'a vu, nous ne sommes guère assurés avec nos pensées adéquates ; avoir été injuste, peut-être même si je n'ai jamais émis le moindre jugement, trop indulgent ou trop sévère, parce que c'est facile de se donner le beau rôle après coup.

« On ne met pas un point final à un livre pareil sans se dire qu'on aurait dû ajouter ceci ou cela. »

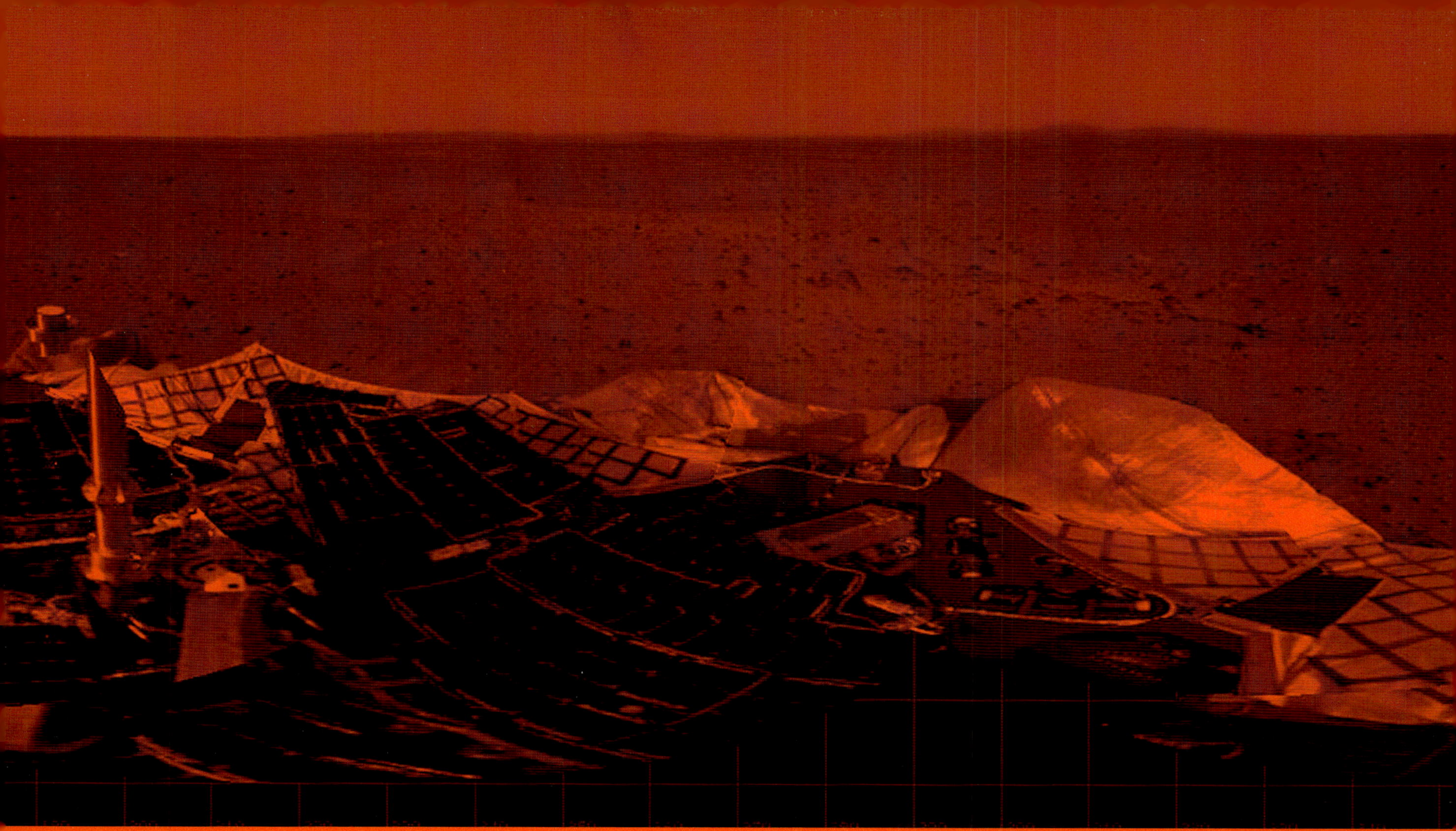

J'ai l'intime conviction que *l'Huma* sera présente dans trente, quarante ans pour applaudir le vol habité vers Mars comme elle avait applaudi aux premiers envols des faucheurs de marguerites, comme elle avait crié hip hip hourrah pour les premiers vols des cosmonautes.

“ Aujourd’hui, avenue Jean-Jaurès, dans la barque de verre, on se pose la question de savoir si un autre monde est possible. ”

À l’égard de Georges Cogniot, j’ai laissé transparaître un grief parce que son profil stalinien prenait le pas sur sa connaissance de Lucrèce et parce qu’il figurait l’éminence grise auprès de Maurice Thorez, jusqu’à ce que je tombe, par hasard, sur cette anecdote qui ne change rien à l’affaire mais pourtant change tout : l’évasion de Cogniot du camp de concentration de Compiègne avec dix-sept camarades en juin 1942, l’un d’eux repris dans un bistrot pour avoir demandé comment sucrer son café, arrêté, fusillé, il s’appelait Louis Thorez. Et je veux encore rapporter ici la belle histoire racontée par Émile Besson dans un entretien du hors-série de *l’Humanité* consacré au centenaire du Tour de France. Il suit sur la moto de *l’Huma* son deuxième Tour en 1954 ; un après-midi, sur la moto qui roule à côté, il reconnaît le grand radioreporter Alex Virot qui le dévisage et lui dit soudain « Milou qu’est-ce que tu fais là ? » et alors Émile le dévisage à son tour et reconnaît le capitaine Alex, capitaine de la brigade anti-Gestapo ; il n’aurait jamais imaginé que ce fût le même homme, et les deux hommes évoquent des souvenirs ; et puis en 1957, entre Barcelone et Aix, la moto de Virot tombe dans un ravin, le capitaine Alex a la colonne brisée, Émile lui ferme les yeux et – dans l’entretien – il ajoute aussitôt que le 3 septembre 1970 il a fermé ceux de son fils Jean-Jacques. Milou dit en conclusion que la vie continue. Il a raison et l’histoire de *l’Humanité* n’est pas près de finir. Aujourd’hui, avenue Jean-Jaurès, dans la barque de verre, on se pose la question de savoir si un autre monde est possible. Il faut l’espérer. En tout cas, les forces ne manquent pas qui veulent ou voudraient contribuer à

« la réalisation de l'humanité » pour reprendre les premiers mots du premier numéro. Bien sûr, l'humanité c'est aussi la part d'inhumanité qui la constitue, la violence dont Jaurès croyait le 18 avril 1904 qu'elle refluerait, l'aliénation tenace, pas seulement l'improbable bonté des individus. Et il n'est pas trop tard pour rappeler que *homo* en latin signifie homme (ou femme), *id est* créature raisonnable par opposition à *bestia* et aussi bien créature sujette à l'erreur par opposition à *deus*. Tout est dit, *errare humanum est*, il arrive à *l'Humanité* comme à tout le monde de se tromper et d'errer. Quant à *humanitas*, on peut y discerner le caractère de ce qui est mortel, et si je résume au strict minimum je dirais volontiers que l'humanité est ce qui me rend comparable à quiconque ici-bas. Et maintenant que pouvons-nous ajouter sinon que vive *l'Humanité* et qu'elle remonte la pente et qu'elle anime une résistance joyeuse et que flotte le drapeau rouge sur notre monde émotif et que nous continuions à croire au Père Noël, qu'il ait le visage de mon père ou celui de mon fils.

Campagne d'affichage, 2003.

l'Humanité
VINCENNES
7 SEPTEMBRE
1947
CARTE
D'AMI
1945
HUMANITE
LA LUTTE CONTINUE
Halte !..
Camarade
As-tu
amené ton
adherent
au
Parti?...
TOUJOURS PLUS
TOUJOURS MIEUX
CDH
1950
PAIX AU
VIETNAM
l'Humanite
paix
au
viet nam
l'Humanité
PAIX
AUVIET
L'Humanité
bonne année 94

Crédits photographiques

© Adagp, Paris, 2004 : 40, 81, 250
© Dedalus Foundation/Adagp, Paris 2004 : 297
© Succession Picasso, Paris 2004 : 257, 302

4-5 Mr Penot/Collection Patrick Staat/ cliché Jacques Vasseur
6 Robert Doisneau/Rapho
8 Robert Capa/Magnum
10-11 Robert Doisneau/Rapho
12 Droits réservés
14-15 Lapi/Roger-Viollet
17 Collection Patrick Staat/ cliché Jacques Vasseur
18-19 Marcel Besson
21 Collection Patrick Staat/ cliché Jacques Vasseur
22 Janine Niepce/Rapho
23 Alain Gesgon/CIRIP
25 Collection Patrick Staat/ cliché Jacques Vasseur
26-27 Droits réservés
29 Collection Patrick Staat/ cliché Jacques Vasseur
32 Keystone
34 *l'Humanité*/cliché Jacques Vasseur
36 Keystone
37 Collection *l'Humanité*
38, 39 Roger-Viollet
40 J. Hyde/CNAC/MNAM dist. RMN
42 Rue des Archives
43 LL/Roger-Viollet
44 Hervé Lewandowski/RMN
45 Roger-Viollet
46 Keystone
47, 48 *l'Humanité*/cliché Jacques Vasseur
49 à 51 Rue des Archives
52 *l'Humanité*/cliché Jacques Vasseur
53 Harlingue/Roger-Viollet
54 (à gauche) : Lapi/Roger-Viollet (à droite) : Martinie/Roger-Viollet
55 (à gauche) : Harlingue/Roger-Viollet (à droite) : Roger-Viollet
56 *l'Humanité*/cliché Jacques Vasseur
57 Branger/Roger-Viollet
58-59 Roger-Viollet
60 *l'Humanité*/cliché Jacques Vasseur
61 Rue des Archives
62-63 *l'Humanité*/cliché Jacques Vasseur
64 Branger/Roger-Viollet
65 Rue des Archives
66-67 Harlingue/Roger-Viollet
68 *l'Humanité*/cliché Jacques Vasseur
70 Rue des Archives
71 *l'Humanité*/cliché Jacques Vasseur
72-73 Roger-Viollet
74 Rue des Archives
75 AKG Paris
76 Boyer/Roger-Viollet
77 *l'Humanité*/cliché Jacques Vasseur
78 Roger-Viollet
79, 80 *l'Humanité*/cliché Jacques Vasseur
81 Bridgeman-Giraudon
82-83 *l'Humanité*/cliché Jacques Vasseur
84 Branger/Roger-Viollet
85 Rue des Archives
86-87 Branger/Roger-Viollet
88 Harlingue/Roger-Viollet
89 *l'Humanité*/cliché Jacques Vasseur
90 à 93 Roger-Viollet
94-95 Harlingue/Roger-Viollet
97 *l'Humanité*/cliché Jacques Vasseur
98 Rue des Archives
100 *l'Humanité*/cliché Jacques Vasseur
102 Roger-Viollet
103 *l'Humanité*/cliché Jacques Vasseur
104 Leemage
105 Harlingue/Roger-Viollet
106 Rue des Archives
107 *l'Humanité*/cliché Jacques Vasseur
108 Rue des Archives
109 *l'Humanité*/cliché Jacques Vasseur
110 ND/Roger-Viollet
111 Martinie/Roger-Viollet
112, 113 Rue des Archives
114-115 Rue des Archives/The Granger collection, New York
116 Roger-Viollet
118 à 120 *l'Humanité*/cliché Jacques Vasseur
121 Bridgeman-Giraudon
122 *l'Humanité*/cliché Jacques Vasseur
124-125 Rue des Archives
127 *l'Humanité*/cliché Jacques Vasseur
128 Keystone/Archives *l'Humanité*
130, 132 *l'Humanité*/cliché Jacques Vasseur
133 Keystone/Archives *l'Humanité*
134 *l'Humanité*/cliché Jacques Vasseur
135 Roger-Viollet
136 (de gauche à droite) : Rue des Archives, Martinie/Roger-Viollet, Martinie/Roger-Viollet, Rue des Archives
137 (de gauche à droite) : Rue des Archives, Martinie/Roger-Viollet, Martinie/Roger-Viollet, Keystone/Archives *l'Humanité*
138 *l'Humanité*/cliché Jacques Vasseur
139 Rue des Archives
140 *l'Humanité*/cliché Jacques Vasseur
141 Bridgeman-Giraudon
142-143 Musée de l'histoire vivante, Montreuil
144 Roger-Viollet
145, 146 *l'Humanité*/cliché Jacques Vasseur
147 Rue des Archives
148, 149 Roger-Viollet
150-151 Musée de l'histoire vivante, Montreuil/Fonds Daniel Tamanini
152 *l'Humanité*/cliché Jacques Vasseur
153 à 155 Rue des Archives
157 *l'Humanité*/cliché Jacques Vasseur
158 David Seymour/Magnum
160 *l'Humanité*/cliché Jacques Vasseur
162-163 Lapi/Roger-Viollet
164 Yevgeny Khadei/Corbis
165 *l'Humanité*/cliché Jacques Vasseur
166 Bettmann/Corbis
167 *l'Humanité*/cliché Jacques Vasseur
168-169 Willy Ronis/Rapho
170 *l'Humanité*/cliché Jacques Vasseur
171 David Seymour/Magnum
172-173 Jean Gabriel Seruzier/Rapho
174 Keystone/Archives *l'Humanité*
175 *l'Humanité*/cliché Jacques Vasseur

176-177 David Seymour/Magnum
178 *l'Humanité*/cliché Jacques Vasseur
179, 180 Rue des Archives
181 Harlingue/Roger-Viollet
182-183 Henri Cartier-Bresson/Magnum
184 Rue des Archives
185 *l'Humanité*/cliché Jacques Vasseur
186 Roger-Viollet
188 *l'Humanité*/cliché Jacques Vasseur
189 Willy Ronis/Rapho
190-191 Lapi/Roger-Viollet
193 Keystone
194 Robert Doisneau/Rapho
196, 199 *l'Humanité*/cliché Jacques Vasseur
200-201 Rue des Archives
202, 207 *l'Humanité*/cliché Jacques Vasseur
208-209 Rue des Archives
210 à 214 *l'Humanité*/cliché Jacques Vasseur
218-219 Lapi/Roger-Viollet
220 *l'Humanité*/cliché Jacques Vasseur
222-223 Lapi/Roger-Viollet
224 Robert Doisneau/Rapho
226 *l'Humanité*/cliché Jacques Vasseur
228-229 Rue des Archives
230 Keystone/Archives *l'Humanité*
231 *l'Humanité*/cliché Jacques Vasseur
232 Robert Capa/Magnum
233 *l'Humanité*/cliché Jacques Vasseur
234-235 Hulton-Deutsch collection/Corbis
236 Lipnitzki/Roger-Viollet
237 Rue des Archives
238 Alain Gesgon/CIRIP
239 Lapi/Roger-Viollet
240 *l'Humanité*/cliché Jacques Vasseur
241 US National Archives/Roger-Viollet
242 Jean-Philippe Charbonnier/Top
243 *l'Humanité*/cliché Jacques Vasseur
244-245 Roger-Viollet
246 Keystone
247 *l'Humanité*/cliché Jacques Vasseur
248 Collection Patrick Staat
249, 250 *l'Humanité*/cliché Jacques Vasseur
251 Rue des Archives
252-253 Bettmann/Corbis
254 Erich Lessing/Magnum
255 *l'Humanité*/cliché Jacques Vasseur
258 Corbis Kipa
260, 262 *l'Humanité*/cliché Jacques Vasseur
263 Rue des Archives
264-265 Lipnitzki/Roger-Viollet
266 Keystone
267, 268 *l'Humanité*/cliché Jacques Vasseur
269 G. Bloncourt/Rue des Archives
270, 271 *l'Humanité*/cliché Jacques Vasseur
272 DR/Archives *l'Humanité*
273 Archives *l'Humanité*
274 *l'Humanité*/cliché Jacques Vasseur
275 Roger-Viollet
276-277 Musée de l'histoire vivante, Montreuil
278 Rue des Archives
279 A. Nogues/Corbis Sygma
280 Bettmann/Corbis
281, 282 *l'Humanité*/cliché Jacques Vasseur
283 G. Bloncourt/Rue des Archives
284-285 Bruno Barbey/Magnum
286 *l'Humanité*/cliché Jacques Vasseur
287 John Dominis/Life
288-289 Rue des Archives
291 Bettmann/Corbis
292 Patrick Zachmann/Magnum
294 *l'Humanité*/cliché Jacques Vasseur
296 Bettmann/Corbis
297 Bridgeman-Giraudon
298-299 Bettmann/Corbis
300 Sunset Boulevard/Corbis Sygma
301, 302 *l'Humanité*/cliché Jacques Vasseur
303 Willy Ronis/Rapho
304-305 Janine Niepce/Rapho
306, 307 *l'Humanité*/cliché Jacques Vasseur
308-309 Claude Gassian
310 Hervé Gloaguen/Rapho
311 *l'Humanité*/cliché Jacques Vasseur
312 Christian Simonpietri/Corbis Sygma
313 Bettmann/Corbis
314-315 *l'Humanité*/cliché Jacques Vasseur
316 Wolinski/Document *l'Humanité*/cliché Jacques Vasseur
317 G. Azenstarck-Bard/Rapho
318-319 Villeneuve/Rapho
321 Bettmann/Corbis
322 Guy Le Querrec/Magnum
324 *l'Humanité*/cliché Jacques Vasseur
326 Grapus/DR
327 Bettmann/Corbis
328-329 Roger Oleszczak
330 ASSI/*l'Humanité*
331 Pierre Trovel/Archives *l'Humanité*
332-333 Bettmann/Corbis
334 Rue des Archives
335 à 337 *l'Humanité*/cliché Jacques Vasseur
338-339 René Burri/Magnum
340 *l'Humanité*/cliché Jacques Vasseur
341 AFP
342-343 Lily Franey/Rapho
344 Marc Enguerrand/Enguerrand/Bernand
345 Raymond Depardon/Magnum
346-347 Hires-Merillon/Gamma
349 *l'Humanité*/cliché Jacques Vasseur
352 Xavier Lambourg/Metis/editingserveur.com
354-355 Philippe Schuller/editingserveur.com
357 *l'Humanité*/cliché Jacques Vasseur
358-359 NASA/JPL/Ciel & Espace
361 *l'Humanité*/cliché Jacques Vasseur
362-363 Agence Leg pour *l'Humanité*
364, 368 Olivier Verdon

Isabelle Ducat,
Olivier Verdon
et Bernard Chambaz
remercient :
Nathalie Beaux Richard,
Karine Benzaquin,
Jacques Binsztok,
Pierre Clavilier,
Régine Colombo,
Josiane Comet,
Jacques Coubard,
Alexandre Courban,
Lucille Davis,
Charlotte Debiolles,
Nicolas Devers-Dreyfus,
Cyril Drouot,
Yvette Ducastel,
Josiane Fontanier,
Gabriel Gaultier,
Marion Guillemet,
Claude Hénard,
Muriel Hennebick,
Éric Lafon,
Aline Lancien,
Pierre Laurent,
Yann Le Goff,
Patrick Le Hiaric,
Joël Lumien,
Alain Madelennat,
François Michel,
Jean-Jacques Petit,
Michel Quarez,
Jean-Louis Raach,
Sabrina Romain,
Lucien San Biagio,
Dimitri Sarris,
Anne Soto,
Patrick Staat,
Danielle Tartakowsky
Jacques Vasseur,
Germaine Willard.